冯尔康 著

古人日常生活与社会风俗

插图本

中国工人出版社

目录

婚姻家庭

小　叙

呈现在读者面前的是一部读史札记，它以古人社会生活为范围，内容包括古人衣饰的规制与风尚，古人的婚姻家庭生活，人口的再生产、死亡、丧葬、迁徙和社会救济，社会结构中人们的群体生活，古人的文化娱乐等。

在笔者的写作过程中，注意到以下几个方面。

第一，厘清某些史实。笔者共写了六十多个小题，立题多是具体的历史人物、事件、制度、风俗，即从具体的史实出发，叙一人，道一事，把过节儿搞清，而不在于一般的抽象概括，更不作脱离史实的空论。为澄清事实，笔者以可靠的历史文献资料为依据，间亦利用有待考证的材料，必云“据说”如何如何以区别之。要之，笔者以为先把资料搜集了，史实梳理清楚了，才有进行综合分析的可靠基础，所以首先需要做好第一步的工作。

第二，关注社会生活在不同历史时代的变化。人们的社会生活有传承性，也有变异性，变化中有量变和质变。

目前笔者的研究还没有达到考察质变的阶段，只是了解到某些社会生活在中国传统社会内部的变化情况。笔者的目标是企望认识社会生活变化的规律和发展的方向，这是后话了，希望日后有机会做这件事情。

第三，留意社会生活与其他历史内容（如政治、经济、文化生活）的联系，希望认清它们之间的关系、相互作用以及对历史发展的影响。笔者在这方面只对个别问题有了粗浅的认识，如人们的衣着与等级制度关系、生育同人口政策及社会矛盾的关系、女子与家庭结构的演变、婚姻与政治的关系、文娱与政治的关系等。

第四，发表简单的议论。摆了事实，感想随之而来。

也就是说历史资料所反映的古人社会生活情景刺激着现代的研究者，于是产生一些想法。其实社会史所研究的历史上人们群体生活和生活方式，与今人的关系至为密切，不可能不引起人们的关注，即使是好奇心，恐怕也是一种兴趣。因此明了某些社会史事实之后，感受是人人会有的。笔者略抒一二，既是表明对那些史实的认识，也是觉得那些启示有和读者交流的必要。

第五，笔者所发表的感想，集中起来，无非在三个方面：

一是批判君主专制主义和宗法性家长制，伸张女权，说明历史上争取人道主义的合理性。笔者不仅同情家庭、家族中的晚辈、妇女、贱民以及平民的生活上的不幸，对于君主社会帝王、贵胄生活上的某些不如意也给予描述。其实后一种人是君主制度的实行者，何以不分青红皂白地给予“开脱”之笔？因为笔者认为专制制度是最根本的东西，它也会毁坏它的主要维护者。最重要的是制度，而不是个别的人，笔者揭示帝王胄子的某些不幸生活方面，正是为深刻说明君主专制制度的不合理，非彻底清除不可。

二是批评迷信，宣传科学，抨击生活领域里种种劣风陋习，表彰历史上向往文明生活方式的人和事。

三是从古人社会生活中分析我们的民族文化，赞扬进步的有益的成分，厌弃落后的因素。

总之，笔者以拳拳之心盼望我们民族摆脱过时的、落后的古老传统的束缚，创造新文明，人民生活幸福美满，以高度文明的生活方式、生活面貌立足于世界各民族之林。

本书各篇分类的安排，依其内容的分类而定。分为：人群身份及其服饰，婚姻家庭，生育、丧葬礼仪与习俗，文艺娱乐，宗族生活及其他几大类别。

本书各篇分量不一，少的一两千字，多的五六千字。这是依据每篇内容丰绌来定的。笔者既系写札记，为读者阅览方便，力求写得简单明了，两三千字，三四千字，表达清楚就好，不愿拉长篇幅，耗费读者的宝贵时间。在各篇中有的叙述的事情相近，本可写为一篇，而却故意拆成两篇写，就是出于缩小篇幅的考虑。

这个小书，对于某些社会生活内容没有涉猎，或者写得极其简单，各个历史时代的照应也不够，如先秦、辽、金、元、清等时期的内容甚少，这是由于笔者搜集资料尚不充分，有许多该写的事情写不出来，也还由于笔者另写了一部相关的书，为避免重复，不写在本书了。

人群身份及其服饰

主奴关系的唐明皇与高力士有似“难兄难弟”之谊

唐明皇与高力士，名分上是主奴关系，实有“难兄难弟”之谊。

明皇与力士年龄几乎相同，前者生卒年为685—762年，后者为684—762年。出生差一年，卒于同年。生前，他们同享荣华富贵，共度患难。唐明皇由藩王入主大内，人主自雄；高力士由小内竖而权势炙手可热，得自明皇的恩赐：受封为骠骑大将军、齐国公、内侍监。力士忠于职守，经常住于殿中帷幄之内，不回宅第。各地奏疏，他先开览，小事立即处断，大事才奏报明皇。明皇绝对信任他，说力士当班，我可以放心地休息。皇上宠幸如此，各种人都设法巴结他，希图同他搞好关系。太子亲密地叫他“二哥”，诸王公主尊他为父辈，称他“阿翁”，驸马等皇亲称呼他为“爷”。就连明皇也不叫他的姓名，而径以他的官职“将军”相称。明皇信任力士，力士知恩图报，真正是君臣际合，始终如一。

这对君臣亲密而患难与共的关系，事实甚多，兹列举数端，以见一斑。

力士暗投明皇，助平韦氏。力士是岭南潘州（今广东茂名）人，曾祖父冯盎是唐太宗朝的越国公，武则天时力士被岭南讨击使阉割送入宫中，成为宦官高延福的养子，从了“高”姓。力士聪明伶俐，为人谨慎细密，武则天用他传达诏令。韦后害死唐中宗秉政，时为临淄王的唐明皇谋图推翻韦氏政权，与唐高宗女太平公主联合发动兵变，诛杀韦氏集团成员，尊奉乃父为睿宗皇帝，其为皇太子。在这次政变中，明皇收容三教九流人物，如道士冯道力、处士刘承祖，善于心计的高力士认为明皇将来必然发达，倾心投靠，助讨韦后。有了这份厚重的晋见礼，被明皇视为心腹，令他“日侍左右”（《旧唐书·高力士传》）。

力士参与清除太平公主势力的活动。睿宗系懦弱之君，朝政被太平公主和太子明皇控制，而这双方势不能两立，明皇先发制人，率领少数亲兵消灭公主集团。发难时，高力士参加战斗，拥戴明皇登基，因而被超拜银青光禄大夫，知内侍省事，成为太监总管。

力士谏议明皇勿予宰相李林甫权柄。明皇在位年久，倦于政务，以李林甫能理事，一概委任，李林甫因而“久典枢衡，天下威权，并归于己”（《旧唐书·李林甫传》）。高力士怕影响到皇权，形成尾大不掉之势，遂建言明皇对李林甫不宜信用太专，说“天下柄不可假人，威权既振，孰敢议者”（《旧唐书·高力士传》）。明皇听了很不高兴，力士马上叩头谢罪，说自己发了疯，讲错了话。明皇知道他是好意，设酒席招待他，使他安心。宫中的人因此欢呼万岁，歌颂明皇体谅力士的忠诚。

力士赞助明皇册立肃宗为太子。开元二十五年（737），明皇废黜第二子、太子李瑛，武惠妃谋求立其子、第十八子寿王李瑁，得到李林甫的支持，明皇想立年长的儿子，但拿不定主意，焦灼中不思饮食。力士适时地为他解忧，说册立长者，谁也不敢争竞。明皇于是下决心，册立第三子、忠王李亨（后来的唐肃宗）为太子。力士的话，有了一言九鼎的味道，也难怪太子称他为兄了。

力士两度迎还杨贵妃。明皇对杨贵妃真是“集三千宠爱于一身”（白居易《长恨歌》），须臾不可离，可是爱深难免嫌隙生，天

杨贵妃上马图

宝五年（746）七月的一天，明皇将杨贵妃谴责出宫，然而不过半天，思念不已，拒绝茶饭，情绪暴躁，动辄笞挞宫人。力士深知是为杨贵妃出宫引起的，奏请将贵妃迎回，明皇等不得，当天夜间把她招回宫里，贵妃承认过失，明皇乃高兴异常。天宝九年（749），杨贵妃再次获谴出宫，又是力士奉命把她招回来。

力士谏言压抑安禄山而明皇不从。明皇宠幸安禄山，命他专一镇守北方，但是安禄山阴谋反叛，力士有所觉察，不敢直说，不过仍然提醒明皇："北兵悍且疆，陛下何以制之？臣恐祸成不可禁！"（《新唐书·高力士传》）不幸被他言中了，安禄山果然造反，害得明皇逃亡蜀中。

力士从明皇幸蜀，耽天下之忧。明皇出逃，原来一个与高力士地位相当的大太监袁思艺投降了安禄山，而力士保驾西行，路途兵士躁动，明皇不得已派高力士传旨，赐杨贵妃自尽于马嵬坡，但是军士仍鼓噪不愿相从，迫得明皇只好说"朕自有子弟中官相随，便于卿等作别"（《旧唐书·玄宗纪》）。太子在灵武即位，尊奉明皇为太上皇，明皇兴奋地忘掉逃难的忧愁，力士则劝他谨慎地对待形势，不能过于乐观。他说东西两京失守，民人流亡，天下痛心，陛下怎能说没有忧患！这种话请陛下不要讲出口，臣也不敢听啊！

力士最终保护太上皇的努力。唐肃宗恢复两京，迎接作为太上皇的明皇回长安。开始礼节周到，父子情深，但新朝太监李辅国当政，高力士大约没有把这个昔日的下属看在眼里，不去联络感情。李辅国与肃宗张皇后挑拨明皇、肃宗父子关系，致使肃宗将明皇从兴庆宫迁往西内加以控制，在移徙的路上，李辅国指使军士挡道，将有不利于明皇的举动，高力士见状，挺身而出，大声地说：太上皇是五十年的太平天子，李辅国要干什么！又说太上皇问将士们好！这样把李辅国和士兵镇住，使明皇安全到达西内。

力士的流放和明皇、力士之死。力士被李辅国视为迫害明皇的障碍，将之流放巫州（今湖南黔阳）。他于此作《感巫州荠菜》五言绝句："两京做斤卖，五溪无人采。夷夏虽有殊，气味都不改"（《全唐诗》卷732）。表示世事虽有变化，而他对明皇的忠心不二。宝应元年（762）明皇在极度抑郁中亡故，肃宗寻即驾崩，代宗继立，大赦天下，高力士遇赦回长安，途中获知明皇业已归天，非常痛苦，以不能攀扶明皇梓宫，吐血而亡。并遵明皇遗命，陪葬明皇泰陵，而且是泰陵唯一的陪葬者。墓在陕西蒲城县，今已被发掘。如果真有在天之灵，高力士真是追随其主子唐明皇于冥冥之中了。

在高力士与唐明皇的关系中，贯穿着忠与信的伦理道德。力士对主子是绝对的忠诚，一心一意地保卫明皇的江山，保护明皇的人身安全，并希望明皇家庭生活幸福。他利用明皇给他的权力，贪婪地追逐财富，结交官僚，纵容下属太监作恶。但是他不结党，不搞自己小圈子，在政治上原则性很强，就是围着明皇转，为明皇帝位的获得、巩固而奋斗不懈；明皇正是欣赏他的这种忠心，对他坚信不疑，并且原谅他的贪求之罪。

作为刑余之人的太监，本来就被人贱视，何况东汉、唐朝、

太白醉酒图

明代太监弄权，败坏政局，历来为百官和史家所指斥，至今依然如此。高力士作为唐朝内监，先就被置于受批判的地位，文艺作品中的高力士为诗仙李白脱靴故事，成为大快人心事；岭南向杨贵妃供应鲜荔枝，又是高力士引导的，也是他的一大罪状。不过如果我们对宦官不是采取一概斥责的态度，而是具体分析的话，从高力士与唐明皇关系来看，力士忠谨有余，擅权败政并不严重，对他的评价应当客观一些，无须过分苛求。据媒体报道，高力士的家乡茂名市拟给他树立塑像，蒲城拟在其墓地建立展览馆，则是给他正面的评价了。笔者倒侧重在力士与明皇主奴关系的协调方面，他们的历史，可以说是君主专制制度下君臣关系的典范，从这个角度作一番研讨，或许能深入认识古代中国的专制主义政体及与其相适应的忠君观念，特别是忠君意识为什么那么强烈，为什么那么影响深远，以至于我们都经历过“早请示，晚汇报”，跳忠字舞，高呼万岁和“四个伟大”。

唐明皇与高力士的君臣际合，是盛唐时期君主完全能够制驭宦官，请读者往下看《唐僖宗与田令孜的主奴关系》，则是晚唐时期宦官玩弄皇帝于股掌之上的另一种局面了。

唐僖宗与田令孜的主奴关系

皇帝与宦官的主奴关系，在中国历史上大多数的情况下是按法令和伦理规范实现的，也有例外的时候，就是主弱奴强，也即是人们通常所说的宦官擅权。这种情形在东汉、唐朝和明朝最严重，而唐代尤有特点：连天子的废立也常常由宦官来决定。从唐穆宗起，唐代有九个皇帝，其中穆宗（821—824在位）、文宗（827—840在位）、武宗（841—846在位）、宣宗（847—859在位）、懿宗（860—873在位）、僖宗（874—888在位）、昭宗（889—903在位）七个皇帝为宦官所立，只有敬宗（825—826在位）是穆宗册立的，最后的皇帝哀帝（904—907在位）是藩镇朱温所立，不关宦官的事，然而只有四年唐朝就亡国了，所以唐朝后期80年的国君是宦官所掌握的。唐僖宗在位期间爆发了黄巢起义，可是对其生活影响最大的还是掌权的宦官田令孜。

唐僖宗是懿宗的第五个儿子，受封晋王，兄弟八人，继位时 12 岁。记载谓懿宗病危之际，下诏立他为太子，说他“孝敬温恭，宽和博厚，日新令德，天假英姿，言皆中规，动必由礼”（《旧唐书·僖宗纪》）。仿佛他的继承大统真是由于人才出众而为乃父所赏识。其实，他是在懿宗大行之后，由宦官神策军左军中尉刘行深、右军中尉韩文约所立，是以即位之日就封他们为国公，并由他们在宫中执行政务。

少年继位的唐僖宗多少有点痴呆，一味贪玩，不安心在宫中，常到兄弟们的王府中戏耍，爱斗鹅，使得鹅价上涨到 50 万钱一只。同宫中小优宦狎昵，他们因而恃宠骄横不法。对同他一块玩的人，高兴起来就大量地赏赐，一天也要支出巨万。和僖宗最亲近的宦官是田令孜，田是四川人，本姓陈，唐懿宗时随从义父田某进入内侍省为宦者，他认识字，有谋略，还在僖宗当晋王时就侍候僖宗，共同起卧。僖宗继位后称呼田令孜为父亲，任用他为左神策军中尉，把政事委付给他。田令孜知道僖宗昏庸，对其玩乐不但不行劝阻，反而加以助长，如僖宗赏赐无度，国用匮乏，田令孜教内园小儿劝僖宗没收长安的中亚商人和国内商人的宝货，有反抗的送到京兆府打死，得钱以糊弄唐僖宗玩耍。

田令孜深知僖宗不足为惧，放胆胡作非为。卖官鬻爵，连报告都不用，径直矫旨去办。宰相卢櫹阿附田令孜，诸事顺着田的主意办，并按田的意思去向皇帝作说明。王仙芝、黄巢起义业已发生，田令孜和官员瞒着僖宗，使他安心玩乐。左拾遗侯昌蒙嫉恨这样的朝政，上书痛斥宦官“用权乱天下”，结果却被赐死在内侍省。

及至黄巢大齐军进入长安，唐僖宗仓皇出逃，有十几个天真的军士不让僖宗走，说黄巢是帮助皇帝清除田令孜等奸臣的，田令孜就把这些人杀了，让僖宗往四川跑。安史之乱时唐玄宗避难于蜀中，僖宗步此后尘，除四川的地理因素，还因田令孜的弟弟（或说哥哥）陈敬瑄担任四川节度使，田令孜要僖宗入川，便于他们兄弟控制，就这样僖宗逃到了成都。田令孜及神策军既有保驾之功，因而晋官爵为左金吾卫上将军、晋国公。成都驻跸之处自然比长安的皇宫狭小，僖宗不高兴，每日与嫔侍喝酒赌钱麻醉自己，有时回想长安的生活而流泪。田令孜就说一些宽慰的话，什么皇帝圣明啊，黄巢小贼就要被消灭啦，把呆皇帝说乐了接着玩耍，他好从容掌权。

田令孜犒赏从驾诸军，却不给当地的"黄头军"（戴黄帽，故名），该军不服，田令孜乃毒害其首领，激起该军作乱，这时田令孜关闭宫门，禁止百官出入。黄头军失败后，左拾遗孟昭图上书，说从长安出发时不要百官，这次又是只有宦官和皇帝在一起，可是皇帝是九州天子，不只是宦官天子，希望皇帝罢黜宦竖信用百官。田令孜根本就不把奏疏交给僖宗，而假传圣旨，贬斥孟昭图为嘉州司户参军，又派人在路上把他害死。孟昭图在上书以前料到必然被害，果然是那个结局。

黄巢失败，唐僖宗复回长安，田令孜以为胜利是他运筹帷幄的结果，更加专恣自肆，不容僖宗发号施令。说起这种情形，僖宗也流泪不止。这时田令孜任左右神策十军使，指挥的军队有新军 54 都，每都 1000 人，左、右神策军各 27 都，总数在 10 万人以上。

长安官多、兵众，财用不足，田令孜想增加财源，在安邑、解县的盐税上打主意。原来这两处归盐铁使管辖，黄巢起义时唐朝把它交给河中节度使王重荣代管，由王向中央交一部分食盐。田令孜派义子匡祐到河中，态度傲慢，引起河中军士不满，匡祐回到长安，劝说田令孜削除王重荣，田令孜于是要把河中盐利收归中央，以便用盐税补养他的军队和打击王重荣。王重荣不愿放弃既得利益，抗言田令孜专擅，又联合河东节度使李克用沙陀部，田令孜于是自将攻打王、李联军。结局是神策军溃败长安，乃纵火焚烧坊市和宫室，田令孜带着唐僖宗再度出逃，到了凤翔，又要逃往兴元，僖宗不愿再走，田令孜派兵挟持以行。在这混乱中，邠宁节度使朱玫为控制天子，立嗣襄王李煴为皇帝，尊僖宗为太上皇，诸节度使击杀朱玫，俘虏李煴，僖宗始得复回长安。

当唐僖宗在凤翔时，诸镇节度使上表请杀田令孜，以“安慰群臣”；随从宰相率群臣上言“令孜专国煽祸，惑小人计，交乱群帅”，也要求诛杀田令孜。在内外文武官员压力下，唐僖宗并不明正田令孜之罪，只是任命他为剑南监军使，但仍留在身边。后来田令孜实在混不下去了，带领拱宸奉銮军到成都，以有病请求解职，僖宗乃下命削其官爵，流放儋州（今海南儋州），但是他依托陈敬瑄并不去流放地。

田令孜去位，取代他的是另一个宦官杨复恭。杨复恭在镇压黄巢起义中立有功勋，为田令孜所忌。当田令孜在兴元为众人所痛恶时，唐僖宗任用杨复恭为枢密使，回到长安后，杨复恭正式取代田令孜地位，出任左神策中尉、六军十二卫观军容使，受封魏国公。唐僖宗病重之时还没有指定继承人，百官认为僖宗哥哥吉王最贤明，主张册立他，杨复恭看中了僖宗的弟弟寿王，竟自立了他，是为唐昭宗。朝臣敌不过宦官，这又是一个明显的例子。唐昭宗与杨复恭的关系，简直有点像唐僖宗与田令孜关系的重演。

田令孜在成都依傍其兄弟陈敬瑄，恰有义子王建任壁州刺史，在川中活动，抢占地盘，田令孜向陈敬瑄说王建是我的儿子，把他招来，免得骚扰。陈敬瑄答应了，当王建在路上时陈敬瑄反悔，于是双方交战。唐朝令宰相韦昭度出任西川节度使，陈敬瑄拒不受代，王建更以朝廷之命奋力进攻，田令孜乃到王建军中求和。王建军进成都，先杀了陈敬瑄，然后对田令孜用刑，田以当过十军容使的高官，不愿尸首分离，被缢杀（《新唐书·田令孜传》《旧唐书·僖宗纪》《新五代史·前蜀世家》）。

唐僖宗与田令孜的关系，有三个阶段的变化。从做晋王到在成都的后期，僖宗是任性玩耍，生活与政事都依赖田令孜安排，故呼之为“尚父”，而田令孜也极力趋承皇帝，固宠，恃宠，从而发展自己的势力和招权纳贿；从成都后期到兴元时期，田令孜把天子视为手中玩物，连表面的尊重都缺乏了，僖宗从而对他不满；僖宗从兴元回京，在朝内外官员的策动之下，终于抛弃田令孜。看来田令孜对僖宗有个加紧控制的过程，但到极点也正是他失败的起点，可见皇帝尽管是傀儡，也还有他的一定权威，在一定条件下仍可以处置红极一时、权盛一世的亲信。

田令孜能代表唐僖宗掌管政事，一个重要的原因是僖宗年龄小，又昏庸，12岁即位还是不懂多少事的少年，又没有受过严格的教育，从小就贪玩，自然就依靠像田令孜那样的亲信太监照顾生活和处理朝事。可见宦官专权的重要条件是皇帝为童昏之人，容易落入他的手中。皇帝不可能都是童昏的，宦官为此而创造条件扶立童昏的人。

田令孜秉政的身份主要是神策军左军中尉、十军容使，他掌握着军队，这就是他的权力的凭借。“两唐书”的作者分别在《宦官传》里讲到内臣典军对于政治的作用。唐玄宗用宦官为监军，使其权力常常超出统军的节度使，唐德宗起把禁军左右神策军、天威军交给宦官统帅，护军中尉、中护军皆为若辈，于是“政在宦人，举手伸缩，便有轻重”(《新唐书》)，甚而把皇帝掌握在股掌之中，废立生杀由之。唐代宦官权力一步步加重，一旦掌握禁军成为定制，其权力就牢固了，具体人员可以变动，而其权力则不可动摇了，不可变更了。所以小人得志尚不太可怕，最可畏的是使小人得意的条件制度化，如此他们则要长期肆虐了。

前面谈到田令孜养子匡祐、王建，他们原来也都是田姓宦官的养子。太监养假子是当时的习惯。宦官以养子培植和巩固自己的势力，用他们做内侍省、神策军的首领，地方军政长官。杨复恭派养子做州刺史，称为“外宅郎君”，又用养子600人做诸道监军，造成“天下威势，举归其门”的形势(《新唐书》)。养子势大了也会与养父争权夺利，互相削弱力量，但是宦官养假子基本起着维护其权力的作用，这也是内监擅权的一个条件。

凡是皇权加强的时候，就容易发生太监弄权的局面，东汉、唐、明宦官之祸都是出现在皇权强化的时代。皇权加重了，相权就会相对削弱，这时皇帝或因不信任文武百官，需要内臣去作侦刺；或因事权过分集中而忙不过来，需要宦官予以协助。种种原因，使得皇帝不得不依靠太监，从而受制于家奴。唐朝皇帝就是这样，害怕武人跋扈，把禁军交给宦官，作茧自缚，不能自已。

唐僖宗与田令孜主奴关系的不协调，是唐代后期君主与家臣关系状态的表征，这是唐朝中央集权加强的形势下，中后期藩镇割据危及皇权的形势下，宦官典军的条件下，不可改变地出现童昏之君，为太监愚弄，太阿倒持，主奴关系不立。

宦官掌权，多半治理乏术，暴敛无艺，小人得志，正人受害，引起政治斗争，以至爆发战争，百姓更是处于水深火热之中。宦官弄权是乱政，是坏事情。太监作为一种职业，是服侍人的人，他们去干政，必然破坏政治格局，朝臣的反对是势所必然的，也就是说朝臣、内臣的斗争（唐代南衙北司之争）是不可避免的。宦官没有经过从政的训练，不具备治理国事的素质，所具有的却是引诱人主作恶的宵小本领，因此弄权只能败坏政事，制造政治混乱。古人反对宦官干政，是从维护皇权立场出发，也是维护朝臣利益的，是以等级身份的观念鄙视刑余之徒的宦官。今人对宦官干政也持批评态度，是从政治体制及其社会后果的两重因素考虑的，问题倒不在于他们的身份，而是他们不具备从政条件。什么职业的人做什么事，俗语说卖什么的吆喝什么，该干什么的不干他那个行当，却偏要让他干行当以外的事，不能成事也是意料中的事了。唐朝皇帝如果让太监守其本分，司其职务，比让他监军干政或许会要好一些，即使对皇家本身也会如此。管理政事的应当由具备管理能力的人来从事，无疑政事会办得好一些。

古代贤人常常对皇帝讲“亲君子远小人”。太监就是小人的重要成分，贤明之君不当受小人之累，但是历代总有亲近小人的皇帝。太监就在皇帝身边，皇帝又是有着至高无上权力的，他一受太监影响，政治就要败坏了，这也是不容易避免的。从唐僖宗与田令孜的关系，即君主与宦者的关系认识到，“远小人”的说教并不能解决多少问题，关键还在于皇权太重，他受一个人或某些人的影响，就会在政治的清浊中反映出来，所以君主独裁才是真正可怕的，需要彻底清算的。

古代著名沦落女子

骂人最厉害的大约莫过于“男盗女娼”，对于女人则是“娼妇”。《红楼梦》里王夫人、王熙凤、李奶妈生气时骂侍女统统是“小娼妇”，这对于女人是最严重的蔑视和伤害。娼妓，以及女尼、女冠中有娼行的人，也就是本文标题中的“沦落女子”，最让人看不起。可是其中有名的，诸如南齐的苏小小，唐朝的李治、薛涛、鱼玄机，宋代的李师师，明清之际的李香君、柳如是、顾眉，近代的赛金花、小凤仙等，却又受到很多赞扬，这是为什么？在古往今来的男性为主的社会里，这种违背三从四德的女人，究竟为什么会得到舆论的宽容呢？让我们先来看看她们受到称赞的情形，然后寻找其原因。

唐代沦落女子多擅诗文

对古代沦落女子的赞誉，主要表现在其生前与士大夫酬答唱和，身后诗文书画被保存流传，真假遗迹受人凭吊，被人评论，褒多于贬。

著名沦落女子日常侍奉的，多系达官贵人、名流学者、风流幕客和读书士子，其中的官妓，不是这类人，也不易征召到她们。她们凭借这个条件，与上层人士往来，互赠诗词、书画，会因受到赏识而被赞赏，声名鹊起，不仅当世口耳相传，以至文献记录，延誉千百载，薛涛就是显例。她遗留下的诗大部分是赠答相知者的，内有西川节度使韦皋、高崇文、武元衡、李德裕、王播、李夷简、段文昌、杜元颖，诗歌名家元稹、刘禹锡，郎中李程，员外郎卢士玫，御史中丞萧祐，刺史郭某某、郑某某，侍御吕某某等等。元稹、白居易、王建（大历进士，工乐府），都有诗赠她。和贵人往还，并得到他们的揄扬，大大提高了沦落女子的声誉。

唐代沦落女子多能作诗，其佳作即被口耳相传，并有流传于后世的。清康熙间编辑的《全唐诗》第八〇二卷所收全是妓女的诗篇：第八〇〇卷是“名媛”诗，然而在作者中有红绡妓、寿春妓；第八〇三卷和第八〇四卷分别是薛涛、鱼玄机的专卷；第八〇五卷则是汇辑女冠李冶、元淳，女尼海印的诗。薛涛、李冶、鱼玄机的诗最引人注意。薛涛的诗集《锦江集》五卷，北宋

清吴友如绘《古今百美图·薛涛》

以前有蜀刻本；《薛涛诗》一卷，有明万历三十七年（1609）成都洗墨池刻本；明人胡震亨《唐音统签》内含《洪度集》；《薛涛李冶诗集》，收入《四库全书》中；《洪度集》，光绪陈矩刻本；张蓬舟笺注《薛涛诗笺》，1981 年四川人民出版社枣梨，是薛涛诗的第一个笺注本；陈文华校注《唐女诗人集三种》，为薛、李、鱼三人诗集，并将有关三人的古文献资料也辑录进去，此书于 1984 年由上海古籍出版社印行；薛涛的诗，还被一些选家收入诗歌汇集或选入诗话中，这里不必再说，倒想对李冶的诗就此作些说明。李诗除了上述与薛、鱼合刻本外，大量出现在诗汇和诗话里，就笔者所知，至少有以下20种：《又玄集》《才调集》《文苑英华》《唐诗品汇》（唐代高仲武编选）、《中兴间气集》《唐诗纪事》《名媛诗归》《唐诗快》《唐文粹》《唐诗选派会通评林》《乐府杂录》《全唐诗录》《唐宫闺诗》《唐诗别裁》《吟窗诗集》《全唐诗》《分门类纂唐歌诗》《唐音统签》《唐才子传》和《中国历代女子诗词选》。一千多年下来，薛涛的诗尚流传90首左右，李冶的有十几首，虽说不多，已属不易，且寻找并不困难，《全唐诗》提供了最大的方便。

沦落女子的被赞誉

古代名妓有遗迹或后人制造的遗迹流传，为人瞻仰，让人寻觅她们的芳踪，向往与评说她们的事迹。杭州西子湖畔西泠桥下有传说是苏小小的坟墓，是以白居易《杭州春望》诗云："柳色春藏苏小家。"涉及薛涛的"古迹"最多。薛涛颇享哀荣，由西川节度使段文昌作墓志铭，墓在成都锦江河岸，即今成都东郊望江楼公园附近；唐末郑谷《蜀中三首》诗之三专写其坟，其碑题曰"唐女校书薛宏度墓"。薛涛的画像有多种，有石刻的，今存成都望江公园。薛涛居住在成都西郊浣花溪时创制花笺，以后盛名传播千百年；大约是明朝人据以造出薛涛井，谓为造纸之水源。明人何宇度《益部谈资》记载说，井在锦江南岸，时属蜀王制笺处，每年定期命匠制纸，"用以为入京表疏"。柳如是自身遗留下多幅山水画和诗词，清人余秋室为她绘制的《河东君初访半野堂小景》，保存完好。

古今人对沦落女子和她们的诗词给了许多赞扬和评论。明人编《名媛诗归》，收入薛、李等人的诗，把她们视作“名媛”。元人辛文房撰《唐才子传》，“下至妓女女道士之类，亦皆载入”，沦落女子则被当作“才子”看待。唐末张为作“诗人主客图”，将诗人区分为主客两类，每类又各分上入室、入室、升堂和及门四等，将薛涛列入李益为主的“清奇雅正”类的升堂等第，给了一个不错的诗人位置。

宋人编的《宣和书谱》说薛涛“虽失身卑，而有林下风致”，将她视为士大夫一流的人物。在以理学为官方哲学的清代，康熙

河东君初访半野堂小景

间官修《全唐诗》辑录薛涛诗，在她的小传中，也认为她“有林下风致”。稍后官修《四库全书总目》，认为薛涛的诗“托意深远”“宜其名重一时”。同时评价李冶的诗，与“大历十子”相提并论。明人胡应麟在《诗薮》中更说她的诗，“幽闲和适，孟浩然莫能过”。明清之际黄周星在《唐诗快》中为鱼玄机的被杀而惋惜不已：“夫造物待才人，固极刻毒矣，何其待才媛亦复尔尔耶？”

大体说来，古人赞赏著名沦落女子的地方，多在承认她们的文学造诣，特别欣赏她们的诗画有男子气，以及像男人一样关心国事。在这些评述中夹杂着写了她们的一些史事，而对明清之际的董小宛、柳如是、陈圆圆、李香君等人，都有专文传记——《冒姬董小宛传》《柳夫人小传》《圆圆传》《李姬传》《影

柳如是画作

梅庵忆语》。还有专写沦落女子的《板桥杂记》，称赞她们“侠而慧”“能辨别士大夫贤否”。

近现代学者对沦落女子的历史亦有所关注，有专门论著，而评价之高，则为古人所未及。史学大师陈寅恪因柳如是作有“金明池·寒柳堂”词，晚年乃用“金明”“寒柳”为书斋名和著作名，如《寒柳堂集》《金明馆丛稿初编》《金明馆丛稿二编》。陆键东在所著《陈寅恪的最后20年》书中，盛称柳如是为“性格奇异、人格闪着光芒的历史人物”。王书奴的力作《中国娼妓史》在讲到董小宛、柳如是等人时，说她们“亮节高风，柔情侠骨，

清吴友如绘《古今百美图·徐月英》

其可泣可歌举动，真非晚近士大夫所能做得到的”。

20世纪初楼藜然在《灵峰草堂本洪度集序》里，认为薛涛的留名后世，是历史上有些须眉男子所无法比拟；又以为，若薛涛生在“震旦维新，女校林立”的时代，“教习员中必当高置一席”对待她。康正果在《风骚与绝情》一书中对古人赞扬沦落女子的立足点和某些论点颇不以为然，提出着眼于维护女性尊严的观察角度，认为“妓怨诗的中心愿望：向往一种与男人建立伦理关系的生活”，并从鱼玄机的《游崇真观南楼睹新及第题名处》七律，看到女诗人提出了过去从来没有提出的怀才不遇的新问题。1988年乔以钢在《中国女性的文学世界》一书中指出唐代女冠、乐妓生活方式上有开放型特点，从而放任不羁地表现爱情心理成为其诗歌创作的一个重要内容。

名妓受褒奖的原因

为失三从泣泪频，
此身何用处人伦。
虽然日逐笙歌乐，
长羡荆钗与布裙。（《全唐诗》卷八〇二）

唐代江淮间娼妓徐月英的沉痛《叙怀》，正如康正果所说，表达出她们要求的是正当的、也是正常的两性生活和家庭关系。由此可见，在研究沦落女子历史时，需要摒弃男性中心观念，只用女子主体论也不理想，而要考察两性关系和使用性别理念。综观古往今来人们对著名沦落女子褒奖的原因，笔者以为可以归纳为下述几点：

（1）适应上层男性社会生活需要，被捧成名角

与上层男性交往的沦落女子，知名度历久不衰的，自然有其自身的条件，同时也是受知于男性，是被男子捧出来的。在古代，对于伤风败俗的女子，诅咒犹恐玷污了嘴，怎么会彰扬呢？原来在“男女授受不亲”的社会规范环境下，男性为寻求异性刺激和抒发抑郁感情，为研讨诗文，为显示雅士风度，为出风头和提高名声，需要名妓配合，著名沦落女子就是这些因素的综合产物。科举制度在唐代正式确立，进士中式时，大会曲江池，招引官妓，纵情调笑。更有甚者，平时带着妓女，驾着小牛车，前往名园曲沼游玩，脱去帽子，又把衣服脱掉，用草遮盖，并且狂呼大叫，不拘礼节，也不管旁观的人怎么看，还将这种情形叫作“颠饮”。著名沦落女子往往聪慧过人，谈吐风雅诙谐，深谙音律，擅长诗赋，是文士雅集的理想座客和监令，有她们出场，男士们兴致就上来了。据《唐语林》记载，一次西蜀官员聚会，薛涛在座，行酒令，要求语带禽鱼鸟兽内容，一位刺史说“有虞陶唐”，其实“有虞氏”非鱼，说错了，大家忍住没笑出来；轮到薛涛，她说“佐时阿衡”，众人说她话里没有鱼鸟，应当罚酒，她却笑着辩解：“衡”字里有小鱼子，刺史大人的“有虞陶唐”才没有一点鱼呢！说得众人大笑起来，那位刺史也才恍然大悟。薛涛机智风趣的应付，令满座生辉，妙趣横生，士大夫当然要征

召她们游宴了。

士人雅聚，往往要吟诗作赋，工词赋的沦落女子，可以参与讨论，并可即席演唱，主人、宾客必定高兴地与她们唱和。文士特别爱读她们的诗词，因为她们写的情诗，比较能反映心声。如同乔以钢所说，不像良家妇女那样受礼教观念的约束，男士当然爱看，而赞赏她们有才。所以元稹《寄赠薛涛》说："言语巧偷鹦鹉舌，文章分得凤凰毛。纷纷词客皆停笔，个个公侯欲梦刀。"薛涛写了那么多的赠答诗，原因就在这里。在"伴君如伴虎"的年代，官员地位不稳定，妓女年老色衰就更悲惨，两者之间有着命运无常的共同点。是以被贬江州的白居易，见到"老大嫁作商人妇"的长安妓，同病相怜，写出"同是天涯沦落人，相逢何必曾相识"的有名诗句。

在"内讳不逾闲"的古代，良家女子的笔墨不宜传诸社会，避免人家把她们的诗词与僧道、娼妓的放在一起，而沦落女子的文字不存在这个问题，士人尽可评说。良贱女子作诗的不同社会处境，令男士较欣赏沦落女子的作品。不仅如此，士人还需要妓女传播他们的诗词，以提高和保持知名度。沦落女子歌唱词曲，为其作者扬名，白居易就是受益者。白离开杭州任所几年，犹赠诗云："故妓数人凭问讯，新诗两首倩流传。"把他的新作请旧识的妓女去歌唱传播。因为他的歌普及民间，许多沦落女子知道他，以至他在汉南，主人请客，他一露面，诸妓就知道是《秦中吟》《长恨歌》的作者到了。

妓女，尤其是官妓，要想出头，必须自身素质好，并得到士人的赏识。但士人能抬举她们，也能贬抑她们。据说以写侠士诗著名的唐人崔涯，每将诗题于娼肆，不胫而走。他的毁誉，能令这个娼馆或者车马络绎不绝，或者门可罗雀。他写诗嘲笑李端端，李忧心如焚，请他可怜，另写一首好的，他应允了，于是豪富争到李家去。南曲妓颜令宾能作诗词，见到举人就尽礼侍奉，并乞求他们写诗歌，结果装满了箱子；病重时，宴请士人，请求他们为她写挽词，他们照办了。颜死后，人们按那些词给她唱挽歌，声调悲怆，以后长安人送葬也唱这种挽歌，颜令宾因此而有诗遗留下来，并被收在《全唐诗》里。由这两个事例可知，沦落女子出名与否，在名士的掌握之中。因此，不论她们的本意如何，总要竭力逢迎名士。

要言之，士人的社会生活需要捧出名妓，双方相得益彰。但是前者站在主动地位，而后者则处于被动和屈辱境地。

（2）超俗的真情恋，受到某种同情、理解或尊重

沦落女子被认为是只认钱不认人，不讲感情的人，并因此受到鄙视。其实她们中许多人像前述徐月英一样，厌恶那种人不人、鬼不鬼的处境，渴望有正常的家庭生活，盼望从良嫁人，哪怕是去做妾。但是这也仅是她们的追求，难于实现。有的人有了意中人，为觅求合法的结合，不惜殉情而死。河中府娼崔徽，与从兴元节度使署来的幕客裴敬中相爱。裴离开后，崔极度怀念他，托人给他带去自己的画像，并传话说，若裴见不到画中人，那就是她为情郎而死了。后来真的思念成疾，得了精神分裂症而死亡。

还有一位太原妓恋慕欧阳詹，欧阳离开太原时约定回来迎娶她，于是她日日夜夜盼着情人的到来，想出了病，又把发髻剪下连同情诗一并寄给他，但是过了约定日期欧阳还是没有到，她绝望地写下了遗恨诗而死。诗曰："自从别后灭荣光，半是思郎半恨郎。却识旧来云髻样，为奴开取缕金箱。"恨爱交织，最终仍为爱而死。欧阳闻讯之后，伤心成病而离开人世。"不是情人不泪流"，他显然不是负心郎，是客观的因素，造成这对情人的悲剧。"愿天下有情人终成眷属"，是人们的美好愿望，而这对于沦落女子却难实现。

男子也有为沦落女子痴情亡故的。唐朝左庶子薛宜僚爱恋乐籍段东美，奉派出使新罗时，思念段氏不已，终因病重辞世。待到灵柩运返青州，段氏赶到驿馆，痛哭身亡。薛与段、太原妓与欧阳詹之类的爱情悲剧，被古人当作逸闻趣事记载下来。对于士人的死世人多以为是怪诞不值，而对烟花女子则认为是殉情，很难得，故给予同情。

古人的同情，也表现在小说戏曲中对负心郎的谴责。唐人小说《霍小玉传》，写公子李益的忘情负义，抛弃名妓小玉而同卢氏结缡，迫使小玉卧病，痛斥其非而死。后人以此衍化出明人的平话《杜十娘怒沉百宝箱》和汤显祖的传奇《紫箫记》《紫钗记》。这种文艺作品表达的对沦落女子的同情，与文献对薛涛等真实人物记录中所流露的感情相一致，表明古代确实有人多少能理解沦落女子的爱情。

（3）"才"在人们心中的实际展示：爱才与重才轻德

著名沦落女子的有才，不必赘述了。古人之所以赞赏她们，在很大程度上是欣赏她们的才华，尤其是文采，因而原谅她们的卑贱身世和下贱生活。元人辛文房在《唐才子传》里写了薛涛的才智之后说："殊不意裙裾之下，出此异物，岂得以非其人而弃其学哉？"人们说不以人而废言，他这是不以学而废人。持这类观点的人不少，前面提到过的楼藜然，说薛涛"不幸流入乐籍，不获以名节显，（犹幸）以才自拔，俨然与卓文君、巴寡妇鼎峙于蜀都也，乌得以妓少之哉？"据说，清代文坛怪杰、杭州人袁枚有"苏小乡亲"闲章，竟然与妓女认同乡，从而招致他人的讥笑。他却说，几百年后人还知道苏小小，不会晓得吾辈，为什么嫌丢人呢？也就是说著名沦落女子能以才彦而留名。因才留名是好事，哪里是耻辱！才华——盛名——留芳，"才"是先决条件。对人的评价，中国的传统观念和评论标准，虽说是德才兼顾，但在官方，主要以德行衡人，所谓崇人伦优于重事功，实际是重德轻才。对于女子的三从四德要求，尽管有妇功的内容，然而基本上是德的条件。可是在对著名沦落女子的评价中，有些人与官方准则相反，轻忽伦理，注重才学。官方的哲学与人们的实际观念常常脱节，对著名沦落女子的品评差异，正好说明这一点。

（4）高贵与卑贱的政治情操对比：抒发政治情怀，鞭挞无耻男性

肯定著名沦落女子的人常常对国家、民族前途具有高度的责任感，并从这个角度比较达官贵人与沦落女子对重大政治事件的不同态度，以抒发他们向往清明政治的理想，展现他们爱憎分明

的爱国精神。

沦落女子对自身的不幸往往发出无可奈何的哀怨，薛涛更为自己被发配松州流露不满，她在《罚赴边有怀上韦令公》二首中写道："闻道边城苦，而今到始知。羞将门下曲，唱与陇头儿。""黠虏犹违命，烽烟直北愁。却教严谴妾，不敢向松州。"使用对比的方法表达自家的不满。唐朝受吐蕃侵扰，不能保护百姓，却把贱妓罚到边疆劳军，这算什么道理！杨慎在《升庵诗话》中就此称道她的诗"有讽喻而不露，得诗人之妙，使李白见之，亦当叩首，元、白流纷纷停笔，不亦宜乎？"把李白、元稹、白居易非要比下去，并非公允之见。不过是借助评论薛涛不幸遭遇，发出对唐代中期腐败政治含蓄的谴责。

对比法被人们更明显、广泛地运用于明清之际的人事上。吴伟业《圆圆曲》、丁传靖《沧桑艳》，不是为陈圆圆而作，书写"冲冠一怒为红颜"，是斥责吴三桂假复明之名而降清。虽然吴伟业本人不足道，但是此曲本意是明确的。王书奴以高风亮节评价董小宛、柳如是等人，是把做不到的士大夫比下去。陈寅恪欣赏桂剧《桃花扇》有感，赋诗云："殉国坚贞出酒家，玉颜同尽更堪嗟。可怜蜀世佳公子，不及辛夷况李花。"褒奖李香君的坚贞，谴责参加清朝科举的侯方域之流。他在失明膑足的晚年写《柳如是别传》，发"奇女"之"幽光"，是为"痛哭古人，留赠来者"，寓意深矣！这种政治态度的对比，就作者来讲，有两种情况：一是一般性地发点感慨，古人多如此；另一是怀有高度的忧国忧民意识，借助著名沦落女子的政治气节，抒发自身的感情，鞭挞无耻政客和欺世盗名的文人。因此这种评论是针对不同类型的男女两性人物，是表彰性与抨击性同时并存，不单是为沦落女子而发。

男性为主体的社会，男子对女子的评价，无疑是以男子的尺度来衡量。所欣赏的女性，或所能接受的女子行为，必是不触犯男子利益的，必是一部分男子受益的，这在古代尤其如此。近现代以来，由于人权观念深入人心，政治的民主化和妇女运动的开展，对女性的评论，逐渐从两性关系来考察，就比较接近客观实际了。所以人们对女性的认识，在演变，在发展，在前进，相信随着时代的进程，人们对著名沦落女子的看法还会出现变化。

明代的丐头

笔者阅读明人冯梦龙编的《古今小说》第二十七卷《金玉奴棒打薄情郎》所写的丐头女儿的婚姻故事，知道丐头的生活和他们的社会地位。再从沈榜的《宛署杂记》第十一卷《养寄院孤老》获知北京丐头的实际生活状况。其他著述，如曹梦驹的《说梦》第二卷《拐匪破案》也有关于丐头的记载。乞丐是一个社会问题，乞丐王国的"君主"是人们有兴致了解的事情，所以笔者写《养济堂和老民的生活》一篇时，故意甩开孤老与丐头的人际关系，以便这里把丐头作为一个单独问题提出来。

明神宗万历年间（1573—1619）北京宛平、大兴二县养济院各收容贫病无依靠的孤独老人 2100 多人，政府对他们每人每月给太仓米一斗，一年给甲字库棉布一匹，为管理孤老，在每 100 多名孤老中认定一个会头，由会头管辖众人。这孤老就是乞丐，他们并不一定是宛平、大兴县人，有的是附近府县的，因听说朝廷收容投奔而来；这会头就是这里所说的“丐头”。丐头同政府官员、胥役、乞丐、所在地方的商人及居民发生关系，有自身的经济。

宛平、大兴县政府规定，养济院的孤老，不管住在院中与否，每月到院一次，接受县丞的查点，如有死亡，开除其名缺，不再发给米布。丐头掌管所属的孤老，不让他们到养济院接受清查，他的理由是孤老多是残疾人，行动不便，县丞不要求他们到院，就是实行仁政，以搪塞县官。官员不当面查点，丐头对死去的孤老不上报，或者死多报少，以多领口粮和布匹，归入己身。县官很容易发现丐头在吃空额，想要加以整顿，这时丐头就让几十个瞎子，穿着又脏又破的衣服等候在京城大道上，当有九卿路过时，他们就痛哭要求行善，弄得九卿很厌烦，责怪宛平、大兴两县管理不善。两县官员害怕丐头用这招儿整治他们，再不敢到养济院清点人数，因而丐头得以继续吃空额，战胜了县官。有时顺天府或礼部要检查养济院，丐头就说给孤老发的粮食不够吃，现在众人分散到各个村落讨饭去了，一下集中不起来，遂约定清点日期，届时丐头又把不在册的人找来冒充，以敷衍过去。沈榜任宛平知县，经多方调查，获知丐头情弊，想出对付他们的办法：按孤老原报名册，依年龄分组，从 70 岁组开始查对，查完了查 71 岁的，如此类推。沈榜查了半年多，清出 100 多个空额。他只清查 70 岁以上的孤老，即只查了一部分人，丐头也答应了，这是双方互相让步，故而沈榜比他的前任获得局部的成功。但丐头仍和官府暗斗，继续吃空额。丐头与衙役的关系，同主管官员的大不一样，他们吃空名蒙混县官容易，对胥吏则瞒不过去，因此他们往往通同作弊，丐头把吃空额的米布分给胥吏一部分，空额就吃得长久和安稳了。

丐头对乞丐有很大的权威，指挥乞丐，不敢不从，如前述宛平丐头打发盲丐去街头拦截百官乞怜，没有敢违抗的。丐头以武力和经济手段控制乞丐，如万历年间，在江苏松江，丐头王奇拐带少年，刺瞎他们的眼睛，教他们如何在街头哀叫乞讨，规定他们每人每天交50文钱，夜间还要在身体上凌辱他们。住在他们周围的居民，每天晚上都听到王奇的打人声，乞丐悲惨的嚎叫和痛哭声，显然王奇在逼迫他们交钱和鞭打他们。这些乞丐给打怕了，后来王奇暴行引起居民愤怒，加以告发，这时乞丐还不敢控诉他，说的时候颤抖得说不成句子，可见丐头统治多么残暴了。《金玉奴棒打薄情郎》就丐头与乞丐的经济关系写道："众丐叫化得东西来时，团头要收他日头钱。若是雨雪时，没处叫化，团头却熬些稀粥，养活这伙丐户，破衣破袄，也是团头照管。所以这伙丐户，小心低气，服着团头，如奴一般，不敢触犯。"这小说家言，却真实地反映了丐头与乞丐的经济关系，一方面是勒索乞丐，一方面又在必要时给以接济，使乞丐离不开丐头。

丐头敢于指使乞丐拦截九卿，对居民和商店的骚扰更不在话下了。《金玉奴》故事讲，早先的丐头女儿结婚没有请现任丐头，现任就招呼五六十个乞丐闹到家门，把客人吓跑了，让他们大吃一顿，喜家还另送钱酒鸡鹅以赔礼。现任丐头对老丐头尚且如此，对他人更不必说了。居民有红白喜事，商店开张营业，必须

《古今小说》中乞丐扰闹金玉奴婚礼图

先给丐头送礼或请吃饭，否则办事的日子，他唆使众乞丐在门前吵闹，令贺喜的人进不了大门，也让来客笑话主人小气。所以凡办事者不得不对丐头有一番招待。这样，居民对丐头既讨厌、鄙视，又让三分，丐头只管眼前得利，不顾人们的看法，按照流氓无产者的观点行事。

丐头或得到乞丐的孝敬，或冒领米布，甚至在乞丐中放债，有的人就阔了起来，所以《宛署杂记》说他们“家饶衣食，富于士民”。《金玉奴》讲金团头“住的有好房子，种的有好田园，穿的有好衣，吃的有好食；真个廒多积粟，囊有余钱，放债使婢”。这些话不免夸张了些，但也与实际并不太离谱。清初河道总督靳辅曾说：“富庶地方之丐头，类皆各拥厚赀，优溺坐食，其温饱气象，反胜于士农工贾之家。”（《皇朝经世文编·生财裕饷第一疏》）所用词汇几与《宛署杂记》相同，可见丐头中确有一些富户。

乞丐里面有富人，好像是不可思议的，然而是实有的现象。世界上的事情是复杂的，看事物就要从客观实际出发，才能正确认识它，不尊重实际，就不可能了解丐头这种人了。

丐头之所以富裕，是丐头制度造成的，社会上只要财富占有不平均，甚或悬殊，就一定会有乞讨者，这种人也会有他们的首领，既压迫他们，又代表他们，只有消除乞讨现象，才能不产生丐头。

乞丐贫穷困苦的境遇令人同情，但他们是寄食者，有流氓习气，不是社会积极因素，而丐头是流氓习性的集中体现，丐头的势力越大，越说明他所存在的那个社会弊病越多，越要改造，丐头的状况是社会弊端的一种测量器。

丐头与政府的关系，在政府利用丐头管辖乞丐上是一致的，而丐头吃空额使两者关系不协调。这在明朝是如此，到了清代后期，丐头对政府更有了特殊价值，就是充当衙门的密探。他们按照吏胥指示，跟踪居民，报告情况，领取赏银。丐头充当这个角色很便利，因他们本来就整天游荡街头，被他们监视的人也不会发觉。乞讨本来就是一种社会病，丐头再成为政府不在名册的耳目，越加说明这个社会的黑暗，政治的腐败，丐头的丑恶。

明清堕民的社会生活

浙江绍兴府、宁波府和江苏常熟县有一种人叫“堕民”，户籍登记上叫“丐户”，但他们与《明代的丐头》一文中所讲的以讨要为生的乞丐绝不是同一类型的人，他们不以乞讨为职业，有其生活来源和生活方式，是一种特殊的人。

堕民是怎么来的，诸种典籍说法不一，已经不可能考证清楚，笔者只能有个大概的了解。南宋初年有一部分人反对政府，或者还投降了金朝，南宋政府把他们打败后，杀戮之外，将剩下的人和叛变者的妻子儿女贬为贱民，世代不得改变。朱元璋建立明朝后登记户口，把他们定为“丐户”，继续作践他们。他们的职业和生活方式，按照规定，与平民迥然不同，诚如明人徐渭所说：“四民中居业，（彼）不得占，彼所业，民亦绝不冒之；四民中所籍，彼不得籍，彼所籍，民亦绝不入；四民中即所常服，彼亦不得服，彼所服，盖四民向号曰：是出于官，特用以别且辱之者也。”（徐渭《青藤书屋文集·会稽县志诸论·风俗论》）下面我们一一考察他们的生活状况。

男性堕民的主要职业是吹鼓、演戏、抬轿子，在他们生存的地区，这些事成为他们的专业活计，士农工商中没有人去做这种事。居民遇有红白喜事，地方官和士大夫有宴会，他们就去应役，岁时节日中的一些活动，如迎春祭芒神，腊月的打傩，均由他们化装演出，除夕他们到民家鼓吹祝贺。他们因为抬轿，被称为“轿堕贫”。宁波民谣：“戛击戛击送，堕民抬夜桶。抬到吃肉肉，袋里有铜铜。”（《民国《鄞县通志·文献志》庚编《方言·童谣》）就是表现堕民给新娘往婆家送嫁妆的生活。

女性堕民从事保媒、卖珠、接生等活动。她们走街串户，到

明益庄王墓出土仪仗像俑

妇女当中去，由于良家女子轻易不能出门，所需要的物品不易到手，或者男人买的不顺心，堕民女子给她们送来所喜爱的物件，如化妆品脂粉花卉之类。堕民女子特别在婚姻上为人服务，为姑娘开面，做发髻，保媒，跟随或代表新郎迎亲，指导新娘完成繁琐的婚仪。

堕民还从事各种小手艺制作和做小买卖，塑造土牛、土偶，拗竹灯檠，捕蛙、龟，卖饧、饼，个别人打铁、制绳。

堕民基本上从事服务性的微贱活计，干侍候人的活，直接为人们的生活服务。他们的劳作为人们生活所不可缺少，但是又被人看不起，视为低等的。他们的服务对象，就一个堕民讲，有一定的主顾；但从丐户整体讲，不属于某一个家庭、家族、特定的一部分人，而是面向整个社会。当然他们更多的是为社会上层服务。

堕民服务取得报酬，大体上不是一次一得，而是根据服务对象的财力和应役的状况来定。堕民女子往往比男子得到的多。她们出门随身携带口袋，以便随时接受顾主的施予。宁波民谣嘲笑堕民妇女，有一句“花花包裹两肩肋”，就是反映拿大口袋领赏的现象。

堕民职业微贱，在内部却有贫富的不同。有的人拥有田产和金钱，有的一贫如洗，因此堕民尽管职业相同，但经济生活并不一样，所以它不是经济概念，而是政治身份概念。何以见得？从堕民的生活方式和政治生活上体现出来。

堕民的婚姻，在同类人中选择配偶，繁衍出一代代堕民。他们虽为平民婚姻服务，但不得与良民通婚。

在衣饰上，堕民有自己特有的装束。男子戴狗头型的帽子，女子穿青色上衣，不许卷袖，穿蓝色裙子，一定要做横布的，不许穿红鞋，发髻稍高于良家的妇女，簪子只能用骨角的，不得戴耳环，出门不论晴雨，必定携带长柄雨伞，而且要头朝地夹在腋下，大多缠足，小到二寸七分。这群男女到了公共场合，人们一眼就可以认出他们是堕民。

堕民聚居，房屋矮小，在常熟被称为“贫巷”，宁波叫作“衖子巷”，坐落在宁波城西和江东一带。

在交通上，堕民不许乘车马。

社交方面，堕民与良人相见，不能像一般人那样行拱手礼，更不敢同坐，称呼有钱有势的老年男人为“老爷”，妇女为“太太”，青年的男女为“少爷”“相公”“奶奶”。对一般的农民、手工业者顾主，称作“某官”，也不敢直呼姓名，即对平民也毕恭毕敬，自身不敢居于平民地位。

堕民不能读书，更不能参加科举考试，成不了有功名的人。清代雍正年间削除丐户贱籍，堕民要在改业之后的第四代，才可以读书进学，而且要亲属中已没有从事贱业的人。

堕民不能科举，意味着失去做官的可能性。明朝政府明确规定，堕民不能充当吏员、粮长、里长，更不要说做官了。堕民有钱，也不得捐纳为官。明代绍兴有个业医的甄姓堕民，离开老家，偷着捐赀为北通州的胥吏，还想凭借资财改换门庭，捐纳为京卫指挥使司经历（从七品的小官），但被在京的同乡发现了，告

明代皂隶形象

发他是堕民，“安能登仕版”，害得他不敢就任，依旧当他的医生（沈德符《万历野获编·丐户》）。他因远离家乡，才能冒充民籍纳资为吏，若在本乡，就更难冒籍了。说到底，统治者严禁堕民挤入上流社会。

总之，受官方法令和民间习惯的制约，堕民的政治待遇和生活方式表明，他们同倡优隶卒一样，是为平民所不齿的贱民，没有任何政治权利，没有人格，有的只是被侮辱与被损害，是最受压迫的人。在中国古代等级结构中，粗略分类的话，有皇室、贵族、官僚、绅衿、平民（包括庶民、地主、大商人、小土地所有者的农民、手工业者乃至平民佃农）、奴仆和倡优隶卒各种贱民，堕民即属于贱民之中，处于社会最低下的地位。

堕民的贱籍，经历几百年，到清代雍正朝予以除豁。雍正元年（1723）允许浙江堕民从良，八年（1730）准许常熟丐户出籍。其内容与办法是：原来的丐户经过申请，由地方政府批准，脱离丐籍，转入民籍；丐户申请脱籍时，必须抛弃原来职业，从事正当的职业，地方绅衿、恶势力不得逼迫他们重操旧业；丐户籍属改变之后，既属平民，就要向政府纳税当差。用一句话说就是允许丐户改业，转为良民，向政府纳税。

雍正朝除豁令并没有取得多少效果，堕民当然愿意改业从良，但是大多数人没有经济条件改业，而“捕龟、卖饼、穿珠、作媒，俱系贫民糊口常业”（萧奭《永宪录》卷二下）。他们不干这类营生，只有失业，为了生存，还得从事被人歧视的旧业。到了20世纪，绍兴人鲁迅仍看到堕民从事旧业，因在《我谈“堕民”》一文中说他们“为了一点点犒赏，不但安于做奴才，而且还要做更广泛的奴才”（《鲁迅全集》第5卷）。在清朝，堕民没有新的谋生之道，社会也没有给他们提供新的就业机会，作为一个整体，他们是很难改业从良的。

堕民的职业是社会需要的，特别为社会上层需要，后者要求他们去服役，一般也不允许他们改业。由于随等级制度形成的等级观念，平民看不起他们，“羞与为伍”，即使从良了，也不把他们当良民看待，所以堕民要想解放，有了政府的一纸法令之外，还必须与社会上守旧势力和等级观念作斗争，才可能得到实现。

事实是雍正除豁令之后，大量的堕民依然是丐籍，作为一个社会问题仍然存在。到了清朝末年，由于资产阶级民主革命的兴起，堕民解放运动自下而上地开展起来，民众中逐渐有人深感压迫堕民的不合理。如宁波人卢洪昶说："同是人也，而强名丐、名堕以辱之，不平何如焉，吾誓拯之出，以全人道。"（民国《鄞县通志·文献志》丁编《堕民脱籍始末记》）他联络一部分堕民同情者创办堕民学校，于光绪三十年（1904）获得清朝政府批准，该校毕业生具有与良人学校毕业生"一体给予出身"的权利（《清德宗实录》卷五三六）。与此同时，两万多户堕民得以除籍。但是堕民并没有得到真正意义上的解放，鲁迅说："绍兴的堕民，直到民国革命之初，他们还是不与良民通婚，去给大户服役。"（《病后杂谈之余》，《鲁迅全集》第6卷）又说："记得民国革命以后，我的母亲曾对一个堕民的女人说：'以后我们都一样了，你们可以不要来了。'不料她却勃然变色，愤愤地回答道：'你说的是什么话？……我们是千年万代要走下去的！'"（《我谈"堕民"》）可见堕民的解放在民主革命中有前进，但他们还没有完全摆脱贱民的地位。中华人民共和国成立，堕民才真正获得新生。堕民的解放，经历两百多年的历史，可见问题之难。

由堕民的社会生活，我们获知，在君主制时代，等级的划分，不全是以经济作标准，而更在于一个人群的社会政治地位，它体现在政治权利方面，如读书、出仕、法律身份、社会礼仪等领域，衣饰、居住、交通等生活范畴，也同样体现人们的政治地位。堕民这个群体就是从政治待遇到生活内容都贯穿贱民的内涵，成为一个等级，所以分析等级主要依据政治因素；政治地位又同职业联系着，职业又与经济状况相一致，职业也是确定等级的不可忽视的因素，这也说明经济状况与等级也有关系，但不是决定性的。因此考察等级问题时，对经济状况要摆到适当的地位，它不是基础，这同分析阶级是大不相同的。

堕民的生活史，使我们深切地感到等级制的不合理。由于政治的原因把一部分人罚为贱民，是政治迫害的固定化；等级制度把人分为特权者、平民和贱民，贱民被打入十八层地狱，没有任何权利，是严重的不平等制度，不人道的制度；等级制有极大的稳定性，它持续的时间特别长。等级制压抑社会底层，使他们的活力、创造力得不到发挥，这是阻碍社会生产力发展的制度。

堕民的生活史，还使我们认识到清除等级思想的重要性。思想落后于实际，等级观念的清洗比铲除等级制还要难，进入民国后的绍兴堕民妇女对鲁迅母亲所说的话鲜明地表明了这一点。被等级制压迫的人不痛恨、不感觉等级制的病害，说明等级思想侵蚀人的灵魂到何等严重的程度，清理起来当然困难。鲁迅因堕民的不觉悟而大声疾呼批判奴才思想，目光犀利，颇有力量。其实主子思想、奴才思想存在于社会各个阶层，岂止是堕民！讨伐顽固的等级思想，同其本身的长期社会存在一样，也应当是长期的任务。

商人、工匠的服饰礼制与习俗

历史上的商人和工匠的服饰，历朝政府作了一些规定。

汉高祖八年（公元前199年）下令："贾人毋得衣锦绣绮縠絺罽。"（《汉书·高祖纪》）规定商人不能穿带有图案花纹的细绫细葛料子制作的衣服，换句话说只能穿没有花纹的低质量的服装。汉朝政府在作出这项决定时，并没有对农民或其他平民的穿着作出规划，这时对商人的"特殊"待遇是限制他们服用华丽衣裳。这是笔者看到的有关商人的早期服制资料。

晋朝法令："士卒百工不得着假髻。"（《太平御览》卷七一五）西晋妇女喜欢戴假发，男子的情况我们不清楚。这条规定是针对士卒与百工的，士卒身份低于农民，这里把百工与士卒同样看待，而法令里没有提及读书人、农民，显然不能戴假发的只是工匠和士卒，士人和农民绝不会受这个限制，表明

着犊鼻裈男子

百工地位不同于一般的平民。

隋朝关于人们的袍服，着重从料子的颜色上加以区别，政府规定：五品以上官员穿紫色的袍子，六品以下官兼用赤色的、绿色的，没有品级的胥吏着青色的，庶人用白色的，屠户、商人用黑色的，士卒用黄色的（《旧唐书·舆服志》）。品官、胥吏、农民、商人、士卒不同颜色的服装分得清清楚楚。

唐朝初建，天子的常服，沿袭隋朝的习惯，穿黄色的袍子，但渐渐穿赤黄色的，“遂禁士庶不得以赤黄为衣服杂饰”（同上）。赤黄色成为皇帝的专用色，士庶不能用，商人、工匠更不必说了。

唐高祖武德四年（621）定制，一、二、三品官，四、五品官，六、七品官，八、九品官各有其服饰，无品级的官吏、庶人、部曲、奴婢许穿绸、绝、布料的服装，颜色是黄色的或白色的，还可以用铜、铁制的带子和饰物，不得用金银玉带（《新唐书·车服》）。工商的服色也就在庶人的范围里了。唐太宗规定，袍子加襕，庶民用白色。唐文宗重申其先人定制，没有官身的人，只能穿粗葛布料子的衣服，用绿色的铜带和铁带。又规定商贾、庶人、僧道不能骑马，商人的老妻才许坐苇篷车，或二人抬的兜笼（《新唐书》）。

后唐明宗天成二年（927），以服制多废坏，规定吃官粮的吏役“只得衣紫皂，庶人商旅只著白衣，此后不得掺杂”（《旧五代史·明宗纪》）。商人与农民穿同样的衣服。

北宋太宗下令，县镇场务诸色公人、庶人、商贾、伎艺、不系官伶人，只许穿黑、白二色的衣服，用铁、角带钩，不得用紫色。富商大贾可以骑马，但马鞍不能带彩绘，工商庶人不能乘坐檐子，可以乘车，或二人抬的兜子（《宋代·舆服志》）。对于乘车，宋神宗熙宁九年（1076）规定，庶民只许坐牛车，车身可以作黑色的装饰，不得彩绘，不许在车前排列仪仗物品（《宋史》）。

北宋商人的穿着，孟元老的《东京梦华录》比前面说到的所有规定都要清楚一些。他说东京各种职业的人的衣着：“其卖药、卖卦，皆具冠带。至于乞丐者，亦有规格。稍以懈怠，众所不容。其士农工商诸行百户衣装，各有本色，不敢越外。谓如香铺裹香人，即顶帽披背；质库掌事，即着皂衫、角带、不顶帽之类。街市行人，便认得是何色目。”（卷五《风俗》）工商中各个行当的人，都有习惯形成的、公认的服装，大家严格遵守，不得破坏。南宋临安的商人着装，据吴自牧的《梦粱录》所载，与北宋汴京人相同，“街市买卖人各有服色头巾，各可辨认是何名目人”（卷十八《民俗》）。

金朝服色制度，把工商包括在内的庶人，许用絁绸、绢布、

货郎图

南宋《杂剧卖眼药图》

毛褐、花纱、无纹素罗、丝绵做衣料，头巾、腰带、领帕准用芝麻罗制作，兵卒准用无纹压罗、䌷绸、绢布、毛褐，比庶人少花纱、丝绵，奴婢又比兵卒少无纹压罗（《金史·舆服》）。

元朝庶人不许穿赭黄色衣服，许用暗花纻丝绸绫罗毛毳，帽笠不得用金玉装饰，靴子不能增饰花样，而皂隶公使人只准用绢绸做衣料，娼妓贱民只许用皂色褙子（《元史·舆服》）。

明太祖朱元璋对农民与商人的服饰有严格的不同规定。农夫的衣服可以用绸、纱、绢、布来做，商人只能用绢、布，而不得衣绸、纱之服，如果农民家里有一个人做买卖，全家的衣着就跌入商人的行列，不能再用绸纱做料子了。农民戴斗笠、蒲笠，可以出入市井，包括商人在内的不事农业的人不许戴。到明武宗时，增加一条禁令，商人与贱民仆役、倡优不许穿用貂皮大衣，它并不涉及农民，显然农民有这个权利（《明史·舆服志》）。

各个朝代服饰制度表明，各种身份的人，百官、士人、农民、工匠、商人、士卒、隶役、倡优都有特定的衣服及其装饰品。工商不同于贵族官僚，也不同于有功名的读书人；有的朝代中工商虽在庶人范畴内，似乎与农民相同，但多数情况下又不能服农民之服，所以就总的情形讲，有异于农民，不及农民；商人与士兵、奴隶、贱民等类人也不一样。商人服饰的特点主要有三

着斗笠蓑衣者

条。一是只能用低质量的衣料和其他原料，如只能穿粗绸的絁，生丝制品的绢，棉布，铜或铁的衣带钩，不能穿绫罗绸缎等高级衣料制品，也不能用金银玉石做衣服装饰物。二是衣服上不能有花纹图案，必须是素的，而不能像皇帝、贵族、官员那样有日月山川及动物的图像。三是衣服颜色必须是白色、黑色两种，其他颜色不能用。总起来讲衣服质量是低的。商人不乏有钱者，有财力制作各种高质量的服装，但政府规定的服制使他们不能凭金钱穿着豪华的衣装。

历朝政府制定服饰法规，强制执行，各种人都不得违犯，特别是社会下层和贱民，监督比较严格。这种监督来自两方面。一是官方的，依法处理。不按规定穿衣，叫作“服色违制”，或叫“服色逾制”，政府有处理办法。如元朝规定：“服色等第，上得兼下，下不得僭上。违者，职官解现任，期年后降一等叙，余人决五十七下。违禁之物，付告捉人充赏。有司禁治不严，从监察御史、廉访司究治。”（《元史·舆服》）一般人要犯禁，得挨57板，服饰被没收赏给告发人。明太祖朱元璋特别向民间发出告示，不得在服装、首饰、器物、住宅方面违制，举例指出：“本用布绢而用绫锦纻丝纱罗”，严惩不贷（《大诰续编·居处僭分》）。政府奖励告发者，因而产生另外一方面的监督，即民众之间，高服制等次的人不允许低等次的人穿着本等次的衣服，同等次的人也不愿意看见本等次的人服饰变为高档次。如清初叶梦珠在《阅世编》中所说，若平民出身的读书人没有取得功名，穿上秀才的服装，士人必然“群起而哗之”，指斥他到“无颜立于人世”的地步。

在服色逾制中，商人违制，历来是官员攻击和纠正的目标，朱元璋指出的本用布绢而用绫锦的就是指商人。

历朝统治者何以都要制定和执行服饰法规呢？唐代杜佑等人的话给我们解了疑惑。杜佑在《通典》卷六十一《礼典·君臣服章制度》里说：圣王制衣裳，作五色与章服的区别，目的是通过它把人区分为贵贱等第，并据此采取相应的治理原则与方法。在杜佑以前，西汉人王吉说："古者衣服车马贵贱有章，以褒有德而别尊卑。"（《汉书·王吉传》）杜佑以后，南宋人王栐在《燕翼诒谋录》中写宋太宗制定服饰制度，是"以别贵贱"。古人的认识是一致的，衣饰制度中尊贵者的质地好、有纹章，是为了表彰他们，不同的人有不同的衣装是为区别人们的社会身份和地位，把它作为人的贵贱身份的一种标志。表彰尊贵者及区别贵贱还不是终极目标，它是以此令人思想统一，承认各自的身份地位，特别是老百姓要承认被人治理的下层的社会地位，这就是孔子所说的："长民者，衣服不贰，从容有常，以齐其民，则民德一。"（《礼记》）明人丘濬说人君治理天下，而使臣民听我治理，与我合作，不在别的因素，就在"爵号之名，车服之器"（《大学衍义补》卷二）。君主以服饰制度作为治理人民的有效手段之一。服饰制度所反映的是等级制度，社会本来就存在各种身份地位的人，统治者用服饰制度把它固定化，法律化，维护等级制，实质上是维护上层等级，而使下层等级屈服。服饰制度是等级制度的产物，又是维护产生它的制度的上层建筑。

在服制中，商人、工匠的规格低于百官、士人很容易理解，

《清明上河图》中的劳动者

为何低于农民？而农民家中若有一个人经商，全家在服饰上要降低一等，这不明明白白地轻视商人吗？商人有经济条件穿好衣服，偏偏低于财力尚不如他的农民，不就清楚不过地表明政府有意地压制他吗？是的，历代王朝都有重本抑末政策，重农业压制工商业及其从业人员，不许商人穿高贵的华丽衣服，是表示他政治地位低，不买他经济上的账，相反还要通过政治上的规章制度压制他的经济力量的发展，所以商人的服制，是重农抑商方针的体现，也是施行这个方针的一种手段。这一点，前人早就注意到了。《仁恕堂笔记》的作者黎士宏就朱元璋的服饰政策，说这是“阴寓重本抑末之意”（上海古今图书局辑《古今笔记精华》卷四）。对此，统治者在制定政策时更是明确的。金章宗和参知政事张万公都觉得风俗侈靡，要用分别贵贱的各种制度来制约，左丞守贞因而要求更定服饰之制，金章宗说如果那样做的话，怕要失人心，守贞回答说“止是商贾有不悦者”（《金史·舆服志》），因此不必担心，于是定了新的服制。统治者不顾忌商人的反抗力量，而是考虑怎样压制它，贱商的服制就是这样问世的。

商人有资财，自然要借以改变自身卑下的政治地位，他们往往不怕服色逾制，要同贵人比高低。东汉仲长统说大商人“身无半通青纶之命，而窃三辰龙章之服”（《后汉书·仲长统传》）。商人没有爵秩，甚至连啬夫、伍长也不是，可是竟然穿着有日月星辰山龙华虫图案的贵人之服。东汉正式确立十二章服制度，天子衣服绘画12种天象、动物、器物的图像，三公诸侯是九种，九卿以下官员是7种，庶民没有（《后汉书·志·舆服》），商人穿章服违制，所以仲长统说是怪现象。南朝刘宋中军录事参军周朗说当时“商贩之室，饰等王侯，佣卖之身，制均后妃”（《宋书·周朗传》），可见商人及其家属在服制和住宅方面都不守定制，好为华丽之服和雕梁画栋之宅。唐高宗给雍州长史李义玄下令，严厉管制服色与丧葬违制的人，因为“紫服赤衣，闾阎公然服用；兼商贾富人，厚葬越礼”（《旧唐书·高宗纪》）。在这里商人是服色、丧葬逾制的主要成员。

明人吕坤说织金妆花衣裳本是王府仕宦人家的品服，但如今“商贾工农之家一概穿着”（吕坤《实政录·禁约风俗》），商人又是主要的服色违制者。这类记载甚多，不必胪陈，反正是商人不安于本等服色，竞着新丽之衣，政府禁止，只有一时的效应，不久商人又逾制了，商人与政府在服制上不停地出现摩擦。

以往人们总以“商人奢侈”来谴责他们服色的逾制，如果承认商服制度是重农抑末政策和等级制度的产物，就不必对商人服装违制那么痛恶了。

个人乃至社会群体穿什么衣服，本来是生活上的事情，但历来被政府、人们看得很重要，原来它关系到等级制度的根本问题，具体到商人又关系到崇本抑末的治国方针，所以统治者历来重视，抓住不放，总在服装上整人。由此可知服饰制度不是小事，而是历史上的重大问题，要认识历史，不可不注意这种制度，这是笔者研究商人服饰史所得到的一个启示。再一个启发是总在服装问题上指责人不一定有道理，你给人统一服装，而人各有个性，各有爱好，各有审美观，你何必多所指斥，乃至归结到政治上，岂非大有“服色违制”的味道吗？然而那是多少年前的老骨董，难道还应当把它视为宝物而舍不得扔掉吗？服饰制度既然表明人的等级身份，人们就以衣帽观察他人的社会地位。这个观念再衍化，就是以人的衣饰的好坏决定对他的态度，穿戴华丽贵重者尊崇之，穿戴平常者鄙视之，而不管其人的品德如何，事业如何。以衣饰取人，作为等级制的服色制度的产物是要不得的，今人不应当再有意无意地使用它了。

先秦两汉时期几种服饰的流行

齐桓公时齐国人一度爱穿紫色的衣服。因为桓公喜欢穿紫衣，众人跟着学，于是紫衣价格上涨，高达元白色的五倍多。桓公感到这是一种奢侈浪费，就问管仲怎样才能禁止，管仲回答说：据我所知，国君喜好的食物，臣民必须要吃它，国君欣赏的衣服，臣民也会跟着穿。现在你自己吃的是精好食品，穿的是紫色的衣裳，白狐皮的外衣，你自己这样怎么能要求臣下节俭呢？接着建议桓公不再穿紫衣，并要对群臣讲紫色有臭味，不是好东西，如此一来人们嗜紫的毛病自然消除了。桓公采纳了管仲的意见，改变服装，穿白色的衣服，戴白色的帽子，不过一年的时间，齐国人变得节俭了（刘向《说苑·反质》）。

楚文王熊赀（公元前689—前677年在位）喜欢戴獬冠，楚国的人学着戴，以为时髦（《淮南子》）。

帻的兴起是汉元帝带动的。帻在上古是不能

管仲画像

戴冠的执事人员的一种帽子，到汉文帝时群臣贵贱人等都有戴用的，但是人们由于职务不同用料的颜色各异，形式也有小的差别，如武官用赤帻，皂吏用青帻。汉元帝额上有一撮毛发，觉得不好看，为了人家看不见，开始用帻，把一撮毛遮盖起来。他是皇帝中第一个好用帻的，自此之后，群臣效法逐渐多起来（《后汉书·舆服下》及注引《独断》）。

东汉中叶大将军梁冀，废立自专，权倾内外，妻孙寿受封为襄城君，服制同于长公主。这对夫妇作恶多端，而妆饰打扮异于常人，创造出新发型、新服装。《后汉书·梁冀传》说孙寿“作愁眉，啼妆，堕马髻，折腰步，龋齿笑，以为媚态。（梁）冀亦改易舆服之制，作平上潍车，埤帻，狭冠，折上巾，拥身扇，狐尾单衣”。这些装饰，据《后汉书·五行志》及李贤注的解释：愁眉，把眉毛画得细而曲长；啼妆，在眼下流泪的地方作些化妆；

头裹巾帻人像

堕马髻，发髻不在头顶正中，而偏于一侧；折腰步，走起路来，轻轻摇摆，像是脚不能支持身体一样；龋齿笑，有牙痛那样的笑，笑也不那么咧嘴；平上潼车，给车装饰平顶的外罩；埤帻，帻的前脸向下；折上巾，头巾的上角折回；拥身扇，大扇；狐尾单衣，后裙拖在地上，像狐狸尾巴（《后汉书》）。孙寿的装束，所追求的是一种病态美，愁眉、啼妆、龋齿笑，都像犯病的表情，像啼哭过，折腰步大约走起路来像后世的小脚女人，这样装束和动作，给人造成一个娇弱可怜的女子形象，使人怜爱。大将军家的这种审美观为当时人所接受，于是“京都歙然，诸夏皆仿效”（《后汉书》），从梁家流行到洛阳和全国。及至梁冀被诛，他家的那些妆饰式样也为人所不屑了，消失了。

汉灵帝性好聚敛和挥霍，他别出心裁地玩乐，尤其是“好胡服、胡帐、胡床、胡坐、胡饭、胡箜篌、胡笛、胡舞”。皇帝喜用西北少数民族的服装、生活用具、饮食和乐器，又带动了臣下：“京师贵戚皆竞为之。”（《后汉书》）

这几个故事中有一个共同点，就是服饰爱好方面上行下效，国君嗜好的，贵族首先跟着学，贵族喜爱的，他的奴仆，他的同类和官僚也爱好上了，民间也随之时兴了。在上者兴趣转移了，在下者随着趋于新花样。汉代民谣：“城中好高髻，四方高一尺；城中好大眉，四方高半额；城中好广袖，四方全匹帛。”说明风俗的流传，从城市到乡村，从首都到地方，从社会上层到社会下层，而且是上有好者，下必甚焉，愈传得广，比原样愈厉害。

战国帛画中的女性装束像

在服饰爱好上的上行下效风俗的出现看似是极其自然，但仍有着深刻的社会原因。既然装束体现人的社会身份，上层人士的着装代表他的地位，下层人士如果有条件模仿的话，就会改变形象，似乎也是上流社会的人物了。同时为了和上层人士接近，仿效他们的装饰，才能入流，才可能被上流社会接纳，和上层人士混在一起。所以说在下的人向比自身社会层次高的人学习衣着方式，首先是为了提高社会地位。还应看到这种学习还有一个审美的因素。上层人士的衣饰，往往有它的美的成分，它或者样式新颖、美观，或者质地优良，或者人着装之后显得高雅、文明、端庄、威严、漂亮，令人倾慕。爱美之心人皆有之，上层人士的着装美，也会引起人们的模仿。上层社会的装饰中还有一种病态美，即如孙寿那样的装扮并不真美，但是下层人士不分美丑，全都学习。这固然有着美的欣赏水平问题，但更重要的还是思想上的奴隶主义驱使的。在古代，人们等级观念严重，低等级的人连在思想上也向往高等级的文明，因此对他们的装饰会不分美丑，一概接受。其实这种学习毫无道理，人们应当发展健康的美，向上的美，而不应当是病态的美，颓废的美。

上行下效，上变下也变，因此服饰习俗总在不断地变化。变异既然出自上方，在上的人的个性、爱好很能影响服饰的变异。他们如果充分意识到自身的作用，在装束上，让它有个性，美丽，大方，健康，那才是对世人、世事有益的举动。

为人贱视的更始衣冠

绿林军及其所拥护的刘玄，经过洛阳到长安，取代王莽新朝，建立更始政权，任职的官员多半来自社会下层民众，是普通农民、厨师、商人。这些人原来没有社会地位，没有名望，让人看不起，认为他们不足以当大任，就连更始的军帅将军李淑都说：当今位至公卿和重要官职的尚书，都是打仗出身的士卒等平凡的人，他们的资质当个亭长，捕捉小盗还可以，但不是掌握纲常的辅弼材料，因而要求重视百官的任用，改聘英才。百姓也对更始官员的状况表示失望，形成俚语："灶下养，中郎将。烂羊胃，骑都尉。烂羊头，关内侯。"讽刺更始官员的出身卑下。

人们对更始官员的这种观点，还不完全是由于他们的卑微出身造成的，同他们不注意衣着仪表也有很大关系。

更始的将领从平民上升为将军，然而还是根

戴帻劳动者

据原来的习惯穿着。他们戴帻，穿诸于，绣镼，襜褕，锦袴，绣面衣（《后汉书·光武帝纪》《后汉书·刘玄传》）。帻，前文业已提到，这里略作申述，据应劭的《汉官仪》讲，是“古之卑贱不冠者之所服也”（《后汉书》）。蔡邕的《独断》说是“古者卑微执事不冠者之所服也”（《后汉书》）。它是不做官的百姓和虽在公府而不配戴冠的胥役所戴的，换句话说，戴帻的人不是官，是庶人和同于庶人的人。诸于，是袖子宽大的上衣，像妇女穿的褂子，所以记载说更始将官“服妇人衣”。绣镼，亦写作“绣裾”，是背心，穿时套在褂子上。锦袴，锦色套裤。襜褕，短衣，不是朝服，汉武帝时外戚武安侯田蚡穿襜褕入宫，被认为不敬，取消了他的侯爵封邑（《史记·武安侯传》）。更始将领的这种衣帽，是平民百姓的服装，不是贵胄官僚的品服。

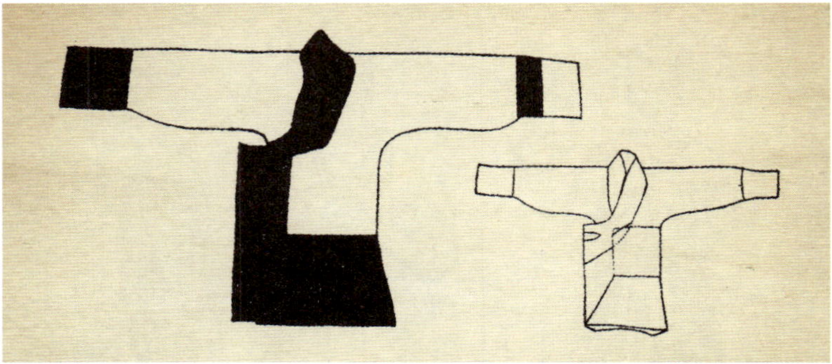

汉代女直裾

古代比较定型的官服是在东汉年间形成的，但在周秦服制已经建立，周朝已有九章服，汉承秦制，自身也订立了一些衣冠制度。官服与民服绝对不同，这一点不待到东汉已经很清楚，绿林军打了天下，建立了政权，却没有像西汉官员穿起官服，更没有自己的服饰制度。而这个制度，如笔者在《商人、工匠的服饰礼制与习俗》篇所说，是为“别贵贱”，“辨等威”，是崇爵显官的，更始官员没有相应的服饰，如何显出尊贵和权威呢？在等级观念严重的社会情况下自然成为政治权威问题。当长安的官吏和士人代表出关迎接更始队伍时，见将领们穿女式平民服装，大失所望。一些人看不起这种装束的将领，心里笑话他们，还有人从而认为更始政权成不了气候，不会长久，给它做事，将来会倒霉，因而逃到别处，不与更始政权合作。另一方面，刘秀到洛阳，按照西汉规矩办事，人们看着心气顺，有人感动地说：“不图今日复见汉官威仪”，有的人进而倾心刘秀集团（《后汉书》）。这是人们因为官员着装而对政权产生不同的看法和相应的对待态度，更始官员的平民装束建立不起权威，失掉一些人的拥护，成为更始政权迅速失败的一种因素。

历代统治者为了巩固自己的政权，在政权草创或初建时继承前朝的服制，稳定后就根据本朝实际情况加以修订和补充，他们对于皇帝、贵族、百官以及这些人的妻子的服饰制度规定得不厌其详。因而读者能在二十四史的《舆服志》或《礼志》《仪卫志》看到大量的资料。历代统治者如此用心，就是给贵胄官员树立相应的权威，以使他们行使职权。冕只能皇帝用，进贤冠由文官专用，法冠是司法和监察官员用的，武冠由名称可知是给武将使用的，方山冠是乐人戴的，却敌冠是皇家卫士戴的。人们看到他用的什么冠，就知道他的官职，他在执行公务时，就知道如何对待他。可见冠服有利于官员执行公务。一个政权服色制度制订得好，对于它的稳固显然是有价值的。君主制时代百官服制很繁琐，形式的东西太多，那是专制制度和迷信思想造成的，不可取，但不必因此而不研究它，而摒弃它可以启发后人的因素。

一个政权制定它的公务人员的服装制度，公务人员穿着整洁的严肃的制服，会使民众尊重他所代表的国家机构的权威，使其执行公务来得顺利，可以提高行政效率，行使其政权职能。不懂得服饰制度的重要，是政治上的浅薄，也就是不知道从多方面来认识政治，来维护自己的政权。更始政权在服制上的失败教训应当说是深刻的，足资后人借鉴。

晋唐间流行的发式和衣帽

西晋武帝立国之时，人们脚穿的屐，男子是方头型，女子是圆头型，用这样的型制既区别男女用屐，也区别男女身份，因为圆表示顺的意思，女子穿圆头屐，意味着顺从男子。时隔不久，妇女的屐也流行起方头的来了，于是男女无差别（《晋书·五行志上》）。到刘宋时，权倾内外的、被民间视为“真天子”的越骑校尉戴法兴制作圆头屐，“世人莫不效之”，从而改变了方头型的传统流行式样。

西晋永嘉年间（307—312），妇女束发，梳得松松的，使髻不能直立，头发遮盖额头，直到眼睛为止（《晋书·五行志上》）。几十年后女子发型发生了大的变化。太元（376—396）中，公主和贵妇们的盛饰发型是缓鬓倾髻，时行戴假发，这假发装在笼子上，用的时候戴上，称为“假髻”，又叫“假头”。贫家妇女做不起，说起来就叫作“无头”，

女式翘圆头鞋

麻鞋

需要用时向人家借，唤作“借头”（《晋书》）。刘宋时女子发型又一次变异。彭城王刘义康府中的妇女梳头，将头发分成三份，结成髻，向上联在一起，称作“飞天纷”，并流传到民间女性中（《宋书·五行志》）。

北齐武成帝、后主时期，宫中妇女剃发，戴假髻，其形状像只飞鸟，以为美观，地方上妇女学习，使它不胫而走（《北齐书·武成纪、后主纪》）。

唐宪宗元和年间（806—820）妇女作圆鬟椎髻，两鬓不再妆饰，也不擦脂抹粉，只是用乌膏涂嘴唇，令人看了是一副悲啼的面孔，这倒有点像东汉孙寿的追求病态美。白居易对这种打扮，在《世妆乐府》中有所描述：“时世流行无远近，腮不施朱面无粉。乌膏注唇唇似泥，双眉画作八字低。妍媸黑白失本态，妆成尽是成悲啼。”（《全唐诗》卷四二七）白居易赞成人类的自然美，反对违反人类本性的化妆。

唐僖宗时，宫人把头发束得紧紧的，待到黄巢起义进长安，僖宗逃到四川，宫人这种发型被当地的妇女接受，不过人们称这

《北齐校书图卷》中人物服饰

唐《捣练图》中女子服饰发式

种形状是“囚髻”。而在长安的女子变了发式，即把头发分梳到两鬓，包住面孔，当时人管它叫“抛家髻”（《新唐书·五行志》）。

唐中宗女儿安乐公主织造毛裙，引起众人追求羽毛服的热潮。安乐公主用百鸟毛织了两条裙子，一条献给母亲韦后，一条自用。她的裙子呈百鸟的形状，正面看一种颜色，侧面看又是一种，日光下观看、灯光下观看各不相同。她用百兽毛制马鞍的面子，可以看出各种兽形，韦后则改用百鸟的毛制造鞍面。安乐公主出嫁时，益州官员送给她单丝碧罗笼裙，用金缕织成花鸟。自从安乐公主有了百鸟毛裙，百官之家，有钱人家都来效法，长江、岭南奇禽异兽羽毛都被采购一空。这种奢华风气的严重，使得唐玄宗即位后，“悉命宫中出奇服，焚之于殿廷，不许士庶服锦绣珠翠之服”，从而煞住了采捕鸟兽羽毛编造织物的风俗（《旧

隋唐女子发式

唐书·五行志》)。

东晋初建时，男子的上装短，短到衣带系在腋下，穿的裤腿上下一般大，不收口，戴的帽子在脖子处系带。《晋书》的作者认为这种上小下大的冠服流行式，反映下逼上的形势，是王敦反叛的征兆。这当然是无稽之谈，它不过表明东晋初年人们的审美观罢了。

南齐东昏侯萧宝卷（499—501年在位）以游乐为务，“自制杂色锦伎衣，缀以金花玉镜众宝”（《南齐书·东昏侯纪》）。助他玩乐的人又制造了四种帽子，并根据形状起了名字，分别叫“山鹊归林”、“兔子度坑”、“反缚黄离喽”、“凤凰度三桥”（《南齐书·五行志》）。

唐初，太尉长孙无忌用乌羊毛制成浑脱毡帽，许多人仿造，他曾被拟封为赵国公，因此当时人把这种帽子叫作“赵公浑脱”（《新唐书·五行志》）。

唐昭宗时，十六王宅的主人们争奇斗丽，各有自己的巾帻式

南唐顾闳中《韩熙载夜宴图》（局部）

样，长安人羡慕不已，跟着穿戴，当去制作的时候说："为我作某王头。"（《新唐书》）"王头"怎么做？这话不过是说按某王巾帻的式样给我仿制，这一省语，反映十六宅诸王巾帻式样流行的广泛。

葛洪在《抱朴子·讥惑》篇讲东晋初年的服饰变化之快及其原因："丧乱以来，事物屡变，冠履衣服，袖袂裁制，日月改易，无复一定，乍长乍短，一广一狭，忽高忽卑，或粗或细，所饰无常，以同为快，其好事者，朝夕仿效，所谓京辇贵大眉，远方高半额也。"（《外篇》卷二十六）他说人们"以同为快"，道出了中国古人"求同"的一种审美倾向。当某人首先穿戴某种衣服、帽子、鞋子，首先梳某种发型和作某种化妆时，在他是创新，是不想同于别人，不安于现成的，这是求异。但某种式样出现，众人纷纷学习，特别是宫中的、贵族的新装饰，人们模仿得非常迅速。达到目的了，也就满足了。模仿，希望和别人一样，是求同心理的表现；认为别人的衣饰形式好，加以学习，是一种求同的审美观。可以这样说，我国古人在服饰上求同的力量大于求异的力量，认同的审美观大于求异的审美观。衣饰求同，使自己的装束同于他人，既不会有怪式样遭到别人指责，也不会因为衣着古板遭人讥讪，跟别人相同了，心里也就安生了。

衣饰的求同，至少有两方面的原因。第一，中国是长期的大一统的国家，专制主义的中央集权和专制主义的文化统治，使人们无论在政治思想上、物质文化和精神文化上都要统一，不许有差异，反映到服饰上就是追求一致；第二，民众的认同是受社会上层的影响。社会上层地位高，受人尊崇，他们的爱好被认为是高尚的，下层人士多向之学习，所谓求同，就是社会下层求着与上层相同，在服饰问题上也是这样，所以笔者在讲到先秦两汉人们着装时指出上行下效的现象，本篇所列举的事实也反映这种趋向，这就是求同。

中国人的认同哲学思想和求同审美观，有着悠久的历史，这种思想和审美观对社会发展起什么作用，对服饰美起什么作用，是应当研究的课题。对此哲学界已开始注意了，如果哲学社会科学界都来开展讨论，我们就可以提高认识了。

汉人采用少数民族生活方式

《先秦两汉时期几种服饰的流行》篇中提到汉灵帝喜用少数民族的衣服器物，这在秦汉不多见，而两晋至金元是我国民族大融合的时期，随着少数民族的入主北方和统一全国，汉人采取少数民族的生活方式就多了起来，甚至有一定的普遍性。

《晋书·五行志》记载："泰始（265—274）之后，中国相尚用胡床貊槃，及为羌煮貊炙，贵人富室，必畜其器，吉享嘉会，皆以为先。太康（280—289）中，又以毡为头及络带袴口。百姓相戏曰：'中国必为胡所破。'"晋武帝建立王朝之初，中原的达官贵人就爱使用少数民族的床和盥漱器皿，家中必备少数民族的煮烤等烹调用具，宴请客人，首先上的是少数民族器具所盛的食物，这表明当时以使用少数民族器具和食用少数民族食品为时髦。接着又时兴起少数民族的毛毡，用毛毡作帕头（包头巾），以毡条缘衣带袴口。民间的戏言反映晋

唐代戴帷帽骑马女泥俑

初汉人上层人士喜用少数民族物品成为一种社会风气，并有不可扼制之势。而普通老百姓没有条件用少数民族器物，对上层人士的享用有所不满，这也是自然产生的心理。

北朝少数民族政权的统治者，必须面对坚持本民族生活方式或改行汉人生活方式的问题。从实际情况看，他们是融合各民族文化，制定了相应的礼仪制度，而不是纯粹哪一个民族型的，所以《旧唐书》说北魏、北齐“舆服奇诡，至隋一统，始更旧仪”（《舆服志》）。北朝政府对属下汉民的衣着，有时加以规定。汉人一方面有坚持本民族生活方式的习惯，一方面也吸收作为统治民族的少数民族的文明。南朝中书郎王融上书讲到北朝汉人的生活情况，说：“前中原士庶，虽沦慑殊俗，至于婚葬之晨，犹巾褠为礼。而禁令苛刻，动加诛辍”（《南齐书·王融传》）。北魏强迫汉人遵从鲜卑人的一些生活方式，汉人部分地接受了，而又保留本民族的一些习惯。它主要表现在婚丧礼仪中，在这时人们还要穿戴汉式衣巾，王融说的“巾褠”，“褠”是禅衣，汉人交际时的盛装，可见北朝汉人在重要家事的时候还要穿着本民族盛装，以示对那件事的重视。在这时候，不按少数民族的婚丧礼仪进行，是不同民族不同生活方式的体现。但也只是在这种情况下，其他环境里就随便了。我们知道在清朝，满人强迫汉人接受其生活方式，汉人遵奉了一部分，但也有保留，比如葬礼还是按汉人习惯进行，这就是所谓“生降死不降”。男人遵命剃头梳辫子，不再像明朝人那样束发，但是妇女仍然是汉式头，这就是所谓“男降女不降”。清朝汉人的“生降死不降”，与北朝男人的仍行汉人丧葬礼如出一辙，是汉人少数民族化中自然出现的事情。总之北朝的汉人有条件地采用了少数民族的一些生活方式。

唐朝是汉人政权，没有强迫汉人少数民族化的问题，但是汉人却大量吸收少数民族文化，充实或改变自己的生活内容。这在妇女的装束上表现最明显。以女子的面具变化来说，羃䍦——帷帽——胡帽——露髻的演变过程，同少数民族服饰有关。北齐和隋朝制度，宫人骑马外出时外套羃䍦，把全身罩住，让人看不见面孔和肌肤，这是少数民族的办法，到唐高祖、太宗时期，宫人遵行这个习惯，骑马用羃䍦，王公家的女子出行也是这样。高宗永徽（650—665）之后，宫人改用帷帽，帽裙拖到脖子，使肤体多少露出一点了，官僚家属很快效法，引起高宗的不满，先后下令禁止，他说："百官家口，咸预士流，至于衢路之间，岂可全无障蔽。"弃羃䍦用帷帽就是"过于轻率，深失礼容"，因此要予以"禁断"。随后经历武则天、唐中宗时代，所有的女子都弃羃䍦用帷帽。

到唐玄宗初年，宫人骑马出门，改戴胡帽，脸上涂粉画眉，一点也不遮盖。不久，连胡帽也不戴了，露髻驰骋于道路（《旧唐书》）。胡帽以后的变化，在长安是迅速的，在地方却有透额罗网巾的出现，它又叫"遮眉勒"，作为遮面的象征，以代替胡帽。在敦煌壁画中，有唐玄宗时太原都督乐廷瓌夫人王氏行香图，画面中有三个女子戴着透额罗网巾。到宋代透额罗转化为勒子，再往后，勒子由青年女子的装饰品变为中老年妇女的御寒工具（参阅沈从文《中国古代服饰研究》）。经历了一个过程，妇女才从面障里解脱出来。从幂䍦到胡帽再到勒子，胡帽使用是转变中的一个关节，这是少数民族服饰影响及于汉人的一例。

据欧阳修的《新唐书·五行志》记载，唐玄宗天宝年间人们好胡服胡装："天宝初，贵族及士民好为胡服胡帽，妇人则簪步摇钗，衿袖窄小。"沈从文根据出土的大量壁画和雕塑，认为欧阳修所说的胡服胡帽是衿袖窄小的上衣，条纹卷口的裤子，软锦靴子。又认为它的流行早在武则天时代，而到了天宝年间人们的爱好已发生了变化（《中国古代服饰研究》）。不管怎么说，文献记载与出土文物表明，唐朝前期流行过少数民族服装，妇女喜好少数民族的头饰。

唐朝政府规定，礼服中的骑装裤褶要同靴子配套，而靴子是

胡服胡妆的唐代美女

唐代边疆民族服饰

唐代戴帷帽的仕女骑马俑

身着胡服的唐人

少数民族的鞋子，用于戎装（《旧唐书》）。不用说唐人的靴子是从少数民族那里学来的。

“太常乐尚胡曲”（《旧唐书》），少数民族的音乐进入庙堂，在贵胄之家和民间流行。唐朝宫廷有十部乐，为燕乐，清商，西凉，龟兹，疏勒，康国，安国，扶南，高丽，高昌，这些乐大多在北朝、隋代就出现了，而且从名称上也可以知道，多来自边疆少数民族和周边邻国，如北魏的西凉乐，并且北周以来，管弦杂曲多用西凉乐，而在鼓舞方面则用龟兹乐。唐代所创造的乐舞也是这样，如《秦王破阵乐》《庆善乐》（武功县庆善宫为唐太宗诞生地）、《大定乐》（歌颂平辽东）等，都吸收了龟兹乐的成分。与擂鼓掺杂，每一演奏，“声振万里，动荡山谷”，非常雄壮（《旧唐书·音乐志》）。武则天到玄宗之间，寒冬十二月宫中时或举行“泼寒胡戏”，表演者赤身跳跃，泼水投泥，中书令张说认为这是亵乐，不可寓目，玄宗乃罢演这种游戏（《旧唐书·张说传》）。要之，唐人赏心悦目的歌舞，实包含了大量的少数民族艺术成分。

《旧唐书》还讲玄宗时“贵人御馔，尽供胡食”。那时少数民族的饮食进入社会上层的餐厅，特别是奶酪制品为人们所珍视。唐宣宗给翰林院韦澳、孙宏“银饼馅”美食，“皆乳酪膏腴所制”（王定保《唐摭言》）。唐中期，有穆家四兄弟穆赞、穆质、穆员、穆赏，道德高尚，人们以珍品名目称赞他们：“（穆）赞少俗，然有格，为‘酪’；（穆）质美而多入，为‘酥’；（穆）员为‘醍醐’；（穆）赏为‘乳腐’云。”（《旧唐书·穆宁传》）醍醐，是所谓从乳出酪，从酪出生酥，从生酥出熟酥，从熟酥而得醍醐，是乳的最上品。这些牛羊乳制品，不是一般人所能常吃的，所以人们才用它们比喻穆氏兄弟的贤明。这一比喻反映了唐代社会上层人士以少数民族奶制品为上等食物。

唐人吸收的这类少数民族文化，丰富自己的物质与精神生活，但这些大多是北方和西北少数民族创造的，与此同时，也吸收了活跃在西南的吐蕃人文化，其中吐蕃人赭面曾风靡中原，为汉人女子所乐从。赭面是吐蕃人把脸染成赤色。吐蕃人生活在西藏高原，脸色本来就红黑，女子染红色，也近于本色。唐初文成公主入藏，看不惯这种化妆，弃宗弄赞就令吐蕃女子暂不赭面（《旧唐书·吐蕃传》）。没有多久，吐蕃人复旧，不仅如此，随着吐蕃势力的发展，唐蕃联系的增多，唐朝妇女倒以赭面为美观，使它流行起来。白居易诗云："圆发无鬓堆髻样，斜红不晕赭面状。"（《全唐诗》卷四二七）就是讲的中唐时期仕女赭面的状况。

唐太宗的废太子李承乾是一个极端崇尚突厥生活方式的人，笔者抄录《通鉴纪事本末》上的一段文字，读者就可深知了："（太子）又好效突厥及其装饰，选左右貌类突厥者五人为一落，辫发羊裘而牧羊，作五狼头纛及幡旗，设穹庐，太子自处其中，敛羊而烹之，抽佩刀割肉相啖。又尝谓左右曰：'我试作可汗死，汝曹效其丧仪。'因僵卧于地，众悉号哭，跨马环走，临其身，剺面，良久，太子欻起，曰：'一朝有天下，当率数万骑猎于金城西，然后解发为突厥，委身（突厥可汗）思摩。'"（卷二十八《太宗易太子》）

辽朝兴起，北宋在与它的角逐中总处于劣势，上层人士里不

元代诸色人的衣着

乏患有“恐辽病”者，也有人对契丹人的衣食用具很感兴趣，加以效法。宋仁宗庆历八年（1048）诏令：“禁士庶效契丹服及乘骑鞍辔、妇人衣铜绿兔褐之类。”（《宋史·舆服志》）“契丹故俗，便于鞍马”（《辽史·仪卫志》），马上服装和坐骑用具有独到之处，故而宋朝官民中都有人仿效制造，日常使用。宋仁宗的禁止诏令表明，汉人采用契丹人器具的已不是个别现象，这才引起仁宗的关注。

元朝统一中国，强迫汉人遵从蒙古人的一些生活习俗，待到明太祖朱元璋推翻元朝，迭发诏令，恢复汉人生活方式，由此我们获知元代汉人蒙古化的严重情况了。

朱元璋建立明朝的第二月（洪武元年二月）下令，“复衣冠，如唐制”。据《明太祖实录》记载："初，元世祖起自朔漠，以有天下，悉以胡俗变异中国之制，士庶咸辫发椎髻，深襜胡帽，衣服则为裤褶、窄袖及辫线腰褶，妇女衣窄袖短衣，下服裙裳，无复中国衣冠之旧。甚至易其姓氏为胡名，习胡语。俗化既久，恬不为怪，上久厌之，至是悉命复衣冠如唐制：士民皆束发于顶，官则乌纱帽、圆领袍、束带、黑靴；士庶则服四带巾，杂色盘领衣，不得用黄玄；乐工冠青云纹字项，巾系红绿帛带；士庶妻首饰许用银镀金，耳环用银珠，钏镯用银，服浅色团衫，用纻丝绫罗绸绢；其乐妓则戴明角冠，皂褙子，不许与庶民妻同；不得服两截胡衣；其辫发椎髻胡服胡语胡姓一切禁止，斟酌损益，皆断自圣心，于是百有余年胡俗，悉复中国之旧矣。"由此得知元代汉人生活习俗的改变主要表现在：(1)发式上，是束发，还是被发，辫发，椎髻；(2)与发式相联系，在冠帽上，是汉冠巾，还是胡帽；(3)衣服方面，是博大衣裳，还是短衣狭袖，是右衽，还是左衽；(4)语言方面，是汉语，还是少数民族语；(5)姓名，是汉姓，还是少数民族姓名；(6)丧葬方面，这个诏书没有提到，往下看我们就知道了。

同年十二月辛未，监察御史高原侃上言："京师人民循习元氏旧俗，凡有丧葬，设宴会亲友，作乐娱尸，惟较酒肴厚薄，无哀戚之情，流俗之坏至此，甚非所以为治。"朱元璋因而令礼官制定官民丧礼(《明太祖实录》卷三十七)。江南丧葬尚且如此遵从蒙古人的礼俗，在北方流行得应更加厉害了。

洪武四年(1371)十二月壬寅，朱元璋鉴于"军民行礼，尚

蒙古贵族和妇女的衣着

循胡俗，饮宴行酒，多以跪拜为礼”，乃令中书省和礼部定官民揖拜礼。主管官员遵令定出相应制度，于是“一切胡礼悉禁勿用”（《明太祖实录》卷七十）。这种人生的通常礼节的不同，也是不同民族生活习惯的一个内容。

汉族统治者对汉人的接受少数民族生活方式，大体有两种态度。

一种是唐朝式的，比较开明，干预较少。唐初统治者富有政治气魄，武功强盛，敢于大量启用少数民族成员，对被打败的突厥人给予信任，贞观间突厥人被封为将军及在中央的五品以上官员一百多人，同汉人朝臣几乎相等（《通典·边防》）。唐太宗用突厥贵族阿史那忠为右骁卫大将军，宿卫宫禁，人们把他们的相得比作汉武帝与金日磾的关系(《新唐书·阿史那忠传》)。太宗任用左骁卫大将军阿史那社尔检校北门左屯营，即典兵于宫苑内，太宗死，他要求殉葬，可见君臣之间感情深厚(《新唐书·阿史那社尔传》)。太宗又用契苾何力为左领军将军，命他宿卫北门，检校屯营事，太宗死他也请求身殉(《新唐书》)。他们死后都陪葬唐太宗昭陵。笔者曾于1977年秋天去昭陵参观，获知阿史那忠墓已发掘，欣赏了他墓中出土的壁画。昭陵前有十四君长石像，象征着各个少数民族拥戴这位“天可汗”。唐太宗受到尊崇是理所当然的，敢于任用敌对的“异类”为自己的侍卫，可以想见他有多大的政治胆量了。有此胆识，对于少数民族文明、生活方式何惧之有！所以唐初这样的君主及其开放性政策，就促进了汉人吸收少数民族文明。这种吸收是必要的，它丰富汉人的物质与精神生活，提高人们的生活情趣，发展中国各民族文化，增强中国民族活力，有利于社会进步。唐太宗这些君主有自信力，相信汉人文化的高水平，相信自己的政治力量，不怕被别人同化，因而敢于采取相应的对待少数民族或外国的政策。

另一种类型，如宋仁宗式的，害怕汉人接触、接受其他民族的文明。其实，越怕越不行，北宋地大人多而国势虚弱，打不过强敌辽朝，对西夏也不能取胜，最终亡于新兴的女真人之手。所以北宋保守本民族固有文明，并没有长期保住自己的政权。相反，我们看到北宋初年对手辽朝却是比较开放的，在保持本民族特点的同时，允许契丹人学习汉人生活方式，并且从皇室做起。

蒙古人的辫发样式

辽朝根据国情，实行南、北两面官制，南面官治理汉人，北面官治理契丹人和其他北方少数民族，与此相适应，官员采取与其所治理的民族人民相同的生活方式，而不管官员本身是哪一个民族的人。辽太宗会同（937—945）间规定朝服，太后、北面官穿契丹服，皇帝、南面官着汉服，若契丹人做南面官，也用汉服；辽景宗乾亨（979—982）以后，举行大典时，三品以上北面官也穿汉装；兴宗重熙（1032—1054）以后，凡举行大典，所有的人都着汉装（《辽史·仪卫志》《辽史·太宗纪》）。辽朝并不那么怕汉化，北宋何必那样惧怕辽朝的文明，这是弱者的心理反应。有恐惧感的弱者，只有摆脱自身的心理负担，奋发图强，才会赶上强者，使自身也成为强者。

各个民族都有其优秀文化，都有可供他民族吸取的东西，汉族从少数民族文化中补充养料，少数民族汲取汉族文明，互相取长补短，这种民族文化的融合，提高了中华民族的文化水平。今天的中国文化，是汉族与各少数民族文化互相交融的结果，包含了各民族的文化。在我国历史上，各民族文化的发展不尽相同，水平也不一致，因而使一些汉人形成一种错觉，以为少数民族缺乏文明，其实是不了解历史，不知道古代就有民族文化融合的事实，就有汉人积极接受少数民族文明的事实。只看到少数民族文明中落后的成分，不作全面认识，是缺乏知识的表现，切勿以己之无知误认他人为愚昧！中国各民族文化融合的传统，需要很好地发扬。

会稽公主与刘裕纳衣

会稽公主，名刘兴弟，父南朝宋高祖刘裕，母刘裕嫡妻武敬臧皇后。她是长女，刘裕建宋后封她为会稽公主。

刘裕，丹徒人，青年时家境清贫，打芦草，捕鱼，以维持生活，欠人家社钱还不起，穿的是妻子臧氏做的“纳布袄”。他在东晋富贵之后以及做了皇帝后，生活上清简寡欲，官员给他做脚蹬子，要用镀银的钉子，他不允许，说用铁钉就很好了。他的女儿们出嫁，送钱不多，也没有锦绣金玉的妆奁。他的整个生活是“未尝视珠玉舆马之饰，后庭无纨绮丝竹之音”（《宋书·武帝纪》）。侍中袁颉赞扬他节俭，他却说：“田舍公得此，以为过矣。”非常满足他的物质生活了。臧氏当了贵妇人之后，也是“器服粗素”（《宋书·后妃传》）。刘裕地位变化，怕后人不知省俭和谨慎，特意把旧的纳布衫袄交给会稽公主保存，同时说：“后世若有骄奢

魏晋劳动者装束

不节者，可以此衣示之。”（《宋书·徐湛之传》）给长女教导弟妹的权力，并以往日的贫苦作为家训的资料。会稽公主于是将纳布衣珍藏起来。

会稽公主出嫁徐逵之。徐逵之是秘书监徐钦之的儿子，东晋末年任彭城、沛二郡太守，晋安帝义熙十一年（415），掌握东晋实权的太傅、扬州牧刘裕进攻晋宗室平西将军、荆州刺史司马休之，徐逵之率领精兵作为前部先锋，但不幸阵亡。战争胜利后，刘裕命太傅府内直督护丁濬主持徐逵之的丧事，会稽公主把丁濬叫到阁下，询问丧葬安排，每问一事，就叹息叫一声“丁督护”，声音异常悲哀，后人根据她的悲鸣，谱成曲子，她的侄子宋孝武帝刘骏配了歌词，这首乐曲名叫《督护》，到唐朝还流行（《唐书·音乐志》）。就此一事，充分反映会稽公主与徐逵之是对恩爱夫妇，她对丈夫的永逝怀念不已。无可改变的事情是她成了年轻的孀妇，儿子徐湛之还幼小，不过这倒使她有精力照顾娘家的家务。

刘裕称帝三年就亡故，继立的少帝只一年被废，由文帝刘义隆继位。在皇室中，会稽公主居于嫡长女地位，文帝很尊敬她，宫中的大小事情都要征求她的意见，然后才能实行。元嘉三年（426），文帝亲征荆州刺史谢晦，请会稽公主入居宫中，总管宫内事务。公主在家务事里，或有不如意的地方，就号啕大哭，文帝也畏惧她。

公主子徐湛之，因年幼丧父，特为外公刘裕所钟爱，封为枝江县侯，文帝任用他为散骑常侍、骁骑将军、秘书监，并受到舅舅、彭城王、司徒、大将军刘义康的喜爱。刘义康总揽朝政，不顾文帝的权威，又同他原来的长史、欲为宰相的领军将军刘湛等结党，党人中有的人以给刘义康谋取帝位为政治目标。元嘉十七年（440），文帝先发制人，杀死刘湛等人，贬刘义康为江州刺史。徐湛之与刘湛关系密切，在刘义康被拘留时又去看望他，因此在审理这个集团时，牵连到他。宋文帝发怒，要将处他以极刑，湛之害怕，毫无办法，只好告诉母亲。会稽公主爱子心切，听了这话，立即翻腾出她父亲的纳布衣，带到宫中，见到文帝，也不行臣子之礼，放声痛哭，随手把纳布衣扔在地上，指着它对文帝说："汝家本贫贱，此是我母为汝父作此纳衣。今日有一顿饱饭，便欲残害我儿子！"这里说"汝家"如何，"我"如何，是把自己与娘家分开，好像是站在客观立场看问题。她以父亲旧日贫贱时的遗物，教训做了皇帝的弟弟，让他富贵了不要忘掉贫贱，不要不认亲戚，反对杀害徐湛之。文帝处理兄弟刘义康，本是骨肉相残，姐姐提出父亲的事，于是也悲哀起来，决定不再处分外甥了，并任用湛之为太子詹事（《宋书》）。会稽公主干预这件事情还没有终止。刘义康被遣出京城，去了江州，过一段时间，文帝到会稽公主家，在宴会非常高兴的时候，公主离席，不停地行以脑门碰地礼，悲伤得不能自制。文帝不知她要干什么，只得亲自来扶她，她于是叫着刘义康的小名“车子”说：“车子岁暮，必不为陛下所容，今特请其生命。”说了又痛哭，文帝也感动得流泪，告诉她不必有这个忧虑，又指着埋葬刘裕的蒋山发誓，绝不加害刘义康，如若违背诺言，就是对不起亡故的父皇。说着就把刚才喝的酒派人赐给义康，还在给他的书信上说：“会稽姊饮宴忆弟，所余酒今封送。”（《宋书·刘义康传》）公主在儿子事情上是撒泼，到弟弟事情上以骨肉柔情面貌出现，纯是就事而发，以期达到目的。文帝关于义康的允诺只是一时的，后来公主死了，有人造反要奉戴刘义康，事关九五之位的大事，文帝就将他赐死了。徐湛之一直为文帝信任，官至尚书仆射，文帝长子刘劭杀害其父，同时杀死湛之。

历史上有几个开国皇帝爱回忆在民间时的困苦，刘裕给会稽公主的任务表明他是一个。朱元璋也是一个，他的上谕，口口声声“朕本淮右布衣”，并在《御制皇陵碑》里讲家世和本身的苦难，以教育后世子孙。不过他们的愿望总是落空的。会稽公主用刘裕的纳布衣去救犯罪的儿子，并没有用到正途上，而文帝、刘义康、刘劭兄弟父子相残，哪里有骨肉至情。至于朱元璋，死后不久就发生靖难事件，四子燕王朱棣竟夺了侄子建文帝朱允炆的帝位，和朱元璋的期望更是背道而驰！皇子皇孙的境遇，与出身寒微的创业君主的经历有天壤之别，使他们的思想认识有截然的不同，已经处于优越地位的后辈，所想的、要的、做的与先辈不一样，生活方式也迥异，因此老人欲以往日的苦制约后人的思想根本做不到，只不过是空想、妄想。老人愿意回忆往事，叙述旧日的苦，也表现出他对自己改变自身地位的能力的自诩，他从社会底层走上高层，他是可以欣慰了，他的回忆对他来讲是有价值，可是这种回顾是向后看，对别人不会产生多大的积极作用，刘裕、朱元璋忆旧落空，就是明证。

最后要考察刘裕的“纳布衫袄”的纳布是什么？《庶物异名疏》认为它是一种布名。许慎《说文解字》讲“纳”字：“纳，丝湿纳纳也。”明人《正字通》：“纳，衣敝补缀也。”即谓“纳”是补衣服。《新方言》：“今淮南吴越谓刺绣为纳绣，直隶谓粗缝曰纳。”“纳”是刺绣，或是大针线缝衣。《玉篇》解“纳”，“或作衲、鈉”。这些说明，仍使我们对纳布不甚了了，不过可以综合一下，刘裕“纳布衫袄”的“纳布”，有两种解释，一是纳布的衫袄，二是打了补钉的衫袄，我想后一种理解或许是正确的，更符合于刘裕当年的衣着情况：贫穷的刘裕穿百衲衣服。如果是的话，这篇文章的题目可改为《会稽公主与刘裕百衲衣》。

女将军和女扮男妆出仕者

女子从政的政治生活与家庭生活如何，是个大问题，其间情况复杂，难以简单说透。概略言之，有正式称皇帝的，如武则天之建周；有垂帘听政型的，如果从西汉吕后算起，到清末西太后，许多朝代都有；有后妃通过皇帝干政的，历朝有出现，西晋惠帝贾后可视作典型；有边疆少数民族中的执政者或实际掌权者，如明代瓦剌部的三娘子（开始在呼和浩特建居民点房舍的人）；还有非正式政权，比如农民起义，不乏妇女当首领的，有的人公开称皇帝，像唐代的陈硕真；大多数不建帝号但在那里指挥起义军，也要处理民政，这类人不少，自西汉末年的吕母始，至清代中朝的王聪儿，中有杨安儿、唐赛儿等人；还有血战沙场的女将军、女扮男妆的出仕者。这里所要叙述的是后两种人。

武都氐族人杨大眼妻潘氏是笔者知道的早期协助丈夫领兵的将领。杨大眼仕拓跋魏，历官直阁将军、征虏将军、东荆州将军、武卫将军，屡次出征，与萧梁及荆州少数民族战斗。潘氏武艺高超，善于骑射，自行来到丈夫军中，身着戎装，当厮杀时和丈夫一起与敌军刀剑相交，当游猎时并骑出入丛林。战斗或打猎完毕，回到军营，夫妻同坐幕中，与部下将领、幕客随意交谈，笑声四起，杨大眼有时高兴地指着妻子对众人说：“此潘将军也。”可见夫妻情好之深，当众表现出来，不像后世人忌讳公开表达这种感情。他们生有三个儿子。后来杨大眼出征，潘氏留在洛阳，对丈夫不忠诚，被大眼杀死，与始初的情形迥异（《魏书·杨大眼传》《北史·杨大眼传》）。

洗夫人（约 512—602），南朝高凉郡（今广东南部）人，家族世

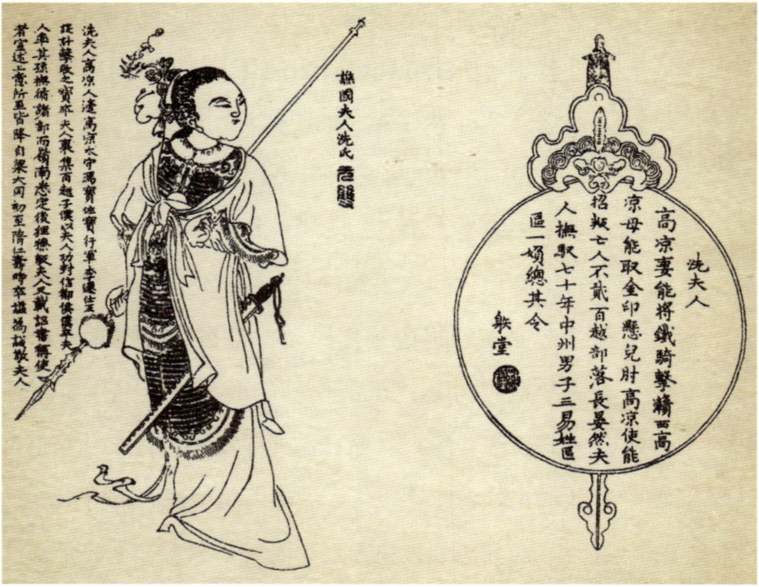

清金古良《无双谱》中洗夫人画像

代为越族首领，少年时代就才华出众，协助长辈安抚部众，行军打仗。年长与高凉太守冯宝结婚。冯氏来自北方，这时已四世为太守，但治理仍不合当地民情，号令不行，冼夫人婚后与冯宝共理政事，处理刑狱，告诫冼氏宗族守法，有犯罪的严惩不贷，做到令行禁止。当侯景攻打台城，反对梁武帝时，高州刺史李迁仕伪称援助梁朝，召冯宝会师，冼夫人看出诈情，伪言贡献物资，率兵袭击李迁仕，与陈霸先（后来的陈武帝）合作取得胜利。冯宝死后，冼夫人理事。陈朝广州刺史欧阳纥谋反，召冼夫人儿子冯仆相助，冼夫人宁肯儿子被害，不从其乱。欧阳纥失败，陈朝因冼夫人功劳，封冯仆为信都侯、平越中郎将、石龙太守，冼夫人受封为中郎将、石龙太夫人。陈朝灭亡，冼夫人统辖广东诸郡，被尊为“圣母”，寻归顺隋朝，封为宋康郡夫人。王仲宣起兵反隋，围攻广州，冼夫人发兵与战，亲自披甲，乘马，护卫隋朝使者裴矩，抚绥四方，隋文帝以她“甚有大功”，封为谯国夫人。冼夫人又上书揭发番州总管赵讷贪虐害民，朝廷查实，处理了赵讷，冼夫人奉诏书，奔走十几个州，安抚民众（《隋书·谯国夫人传》、《北史·谯国夫人传》）。

平阳公主是一位领兵打仗获得成功的妇女。她是唐高祖李渊的三女儿，隋时与柴绍结婚。李渊太原起兵时，平阳公主正在长安，柴绍对公主说：你父亲起兵将要打京师，我应当去出力，但我们一起走走不了，怎么办呢？公主很有主意地说：你快点放心走吧，我一个女子好说，自有走的办法。柴绍遂出走太原，公主到了户县，变卖家产招募人马，聚众数百人，树起反隋的旗帜，以响应她父亲。又派人联络当地小股反隋武装，占有户县、周至、武功等地，在军中申明纪律，禁止抢掠，老百姓高兴，很快众达7万，威震关中。隋炀帝的京师留守发兵攻打公主，公主屡次击败他们。李渊领兵渡过黄河，柴绍来迎接公主，公主率领精兵万余人，与李世民在渭北会师。在进军长安时，公主与柴绍各置幕府，继续统兵征战，她的部队称为“娘子军”。她曾驻军于山西平定地方的娘子关，这个地区因此而得名，成为后世的军事重镇。平阳公主的业绩受到后人的敬重，文人墨客不乏颂咏之作。明人王世贞《娘子关偶成》咏道：“夫人城北走降氐，娘子关前高义旗。今日关头成独笑，可无巾帼赠男儿。”（王世贞《弇州山人四部稿》卷五十一）希望当时对瓦剌的斗争中也有平阳公主式的女英雄为国立功。话说回来，平阳公主每战身着甲胄，或以军鼓指挥战斗，或执剑冲锋在前，大约是积劳的原因，起兵六年后公主亡故。对她的死，李渊极其悲伤，令丧礼加厚，送葬的仪仗队中要有羽葆（华盖）、鼓吹、大路（大辂，大车）、麾幢、虎贲、甲卒、班剑。羽葆是有大功勋的人才可能赐用的，李渊以此酬劳女儿助建唐朝的功劳，但是太常寺官员提出异议，说鼓吹是军乐，自古以来也没有用在妇人葬礼上的，不能用。李渊坚持原令，并开导说：像公主那样领兵征战，助建国家，古来也没有呀！用鼓吹军乐正合她的身份事绩。葬礼就按李渊的命令进行了（《新唐书·平阳公主传》《旧唐书·柴绍传》）。

韩世忠的妻子梁红玉与丈夫的结合有一段传说故事。据说她当妓女时，看中穷困的韩世忠，给予资助，使韩世忠后日得以发挥才能。当宋室南渡，苗傅、刘正彦废高宗立太子赵旉时，韩世忠领兵进讨，苗傅将在杭州的梁红玉及其子韩亮关押起来，寻又封梁氏为安国夫人，派她去招抚韩世忠，梁红玉到军中，帮助丈夫继续进兵，促成高宗复辟。随后韩世忠任浙西制置使，驻守镇江，与金兀术战于黄天荡，梁红玉随同韩世忠在军营，当战斗激烈时，亲自击鼓，鼓舞军士斗志和勇气，终于在将士通力奋战下打击了金军。韩世忠任宁武安化军节度使、京东淮东路宣抚处置使，开辟楚州，与士兵一同劳作，梁红玉亲自织草帘子，以便建造军营（《宋史·韩世忠传》）。梁红玉贵为国夫人，从军打仗、生产，不畏劳苦，实有一番作为。她的生活，自会是充实的。

秦良玉，四川忠州人，与石砫宣抚使马千乘结婚。石砫是少数民族土司，长官世袭，秦良玉生活在这样的家庭中。万历年间，明朝出兵攻打贵州播州少数民族，马千乘统帅3000人参加战斗。秦良玉文武俱能，善于骑射，兼通文词，见识高明，很有胆量，而且风度娴雅，见丈夫出征，另外带领精兵500自备粮草从征，战斗结束，在川南的战功，他们夫妇数第一。马千乘死后，良玉代行其职。

天启（1621—1627）时，明朝对辽东后金作战，秦良玉奉调领兵3000进驻山海关参战，以功受二品服，得封诰，又奉命回四川征兵，恰逢奢崇明、樊龙等在重庆、四川反明，秦良玉被委为总兵官，统兵讨叛，取得胜利。在战斗中明朝的官兵怯懦不前，未见敌即先逃遁，却嫉妒秦良玉的战功，秦良玉为此上书，指责那些人“以六尺躯须眉男子，忌一巾帼妇人”。天启皇帝因而令文武大吏以礼对待秦良玉，不要因她是少数民族的土司而歧视她。崇祯三年（1630），明朝因后金占据永平等城，又诏秦良玉率师勤王，良玉捐家产助明朝，进京，受崇祯帝召见。后金军退出永平，良玉返川，参加对农民军的战争。川抚邵捷春不懂军事，良玉知道在他指挥下要吃败仗，但无力改变他的军事部署，结果在一次战斗中三万人被张献忠打得全军覆没。秦良玉提出招兵二万，一半由自家供给的建议，未被采纳，遂回石砫坚守，后以年老病死。良玉统兵，号令严明，军纪严肃，其部在乡间称为“白杆兵”，很有战斗力（《明史·秦良玉传》）。

女将军之外，现在来看女扮男装的出仕者。

南朝时，浙江东阳女子娄逞，穿上男性服装诈称男子，她会下围棋，识字，能讲解书籍，凭借这些本事与官员交游，当官，做到扬州议曹从事。在这里，女儿身的真情被人发现，宋明帝刘彧撤掉她的官职，强令她返回原籍。娄逞没有办法，只有穿上女子服装离去，临行时叹惜地说：像我这样有能力的女子，却不能跟男人一样在社会上活动，现在只好回家当老太婆去了，实在可惜呀（《南史·崔慧景传附传》）！

据《太平广记》记载，唐代中兴名将郭子仪属下官员张昝死了，其妻冒充是张昝的弟弟，接着做官，最后出任御史大夫。五代时蜀国女子黄崇嘏，改着男装，伪称为男人，也进入仕途，摄理司户参军，办事明快而有条理，又能作诗，受蜀相周庠的赏识，要把女儿嫁给她，她才暴露身份，被迫离开政府，回到临邛。

黄崇嘏男妆出仕

女子领兵和出仕的事实，向人们表明：

第一，女子不甘心做家庭主妇的单调生活，要求走出家门，进入社会，打入仕途，管理国家大事，施展才能，实现抱负。但是君主制时代别内外的伦理道德，不许“牝鸡司晨”的教条，把女子禁锢在家庭中、闺阁内，不许她们步入社会，进入官场。这就迫使一些有强烈进取心并有才华的女子想方设法走向社会，女扮男妆的怪现象就是这样出现的。而她们的这一行动，竟被视为“人妖”，是不祥的兆头（《南史》）。那些女将军的出现，是在战争的特殊年代，男子被迫不得不允许，是例外，战争一结束就没有这种现象了。从平阳公主的葬仪之争上看，男子歧视女子，不承认她们的功绩。

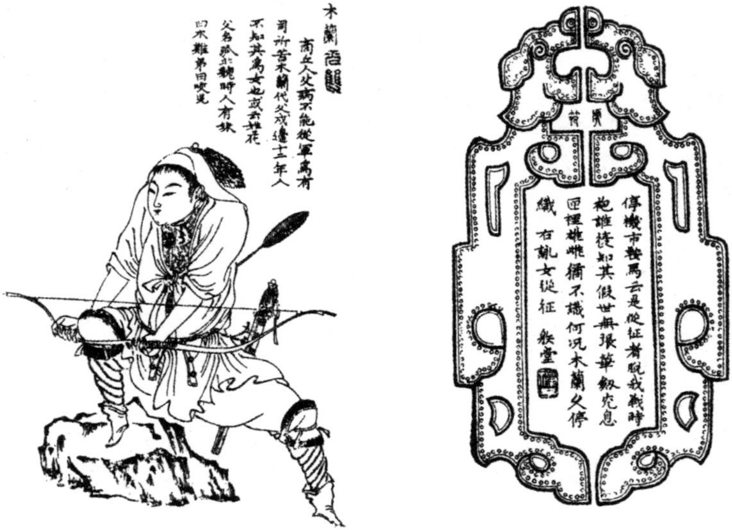

清金古良《无双谱》中木兰从军图

第二，女将军的战绩表明，女子聪明才智不让于男人，即使需要大智大勇的战争场合的要求，女子也完全能够胜任。冼夫人、平阳公主、秦良玉的才智，读者必会早有印象：绝不下于她们的丈夫。其实柴绍也是能人，《旧唐书》说他“矫捷有勇力，任侠闻于关中”。他去太原找李渊，路遇李建成，分析形势，急往太原，在建立唐朝中立功，表现得很有智能，由此更可知平阳公主的能耐之大了。秦良玉敢于蔑视那些无能的明军将领，就在于她有勇有谋，智能在那些须眉之上。

第三，少数民族中出现的女将领多，说明那时这些少数民族对妇女的压抑相对汉族少一些，尚能部分地允许女子表现自己才能。

传统时代歧视妇女的才能，认为她们愚昧，见识少，所谓“长头发，短见识”。上述事实，驳斥了这种观点。女子的智慧、才能和男子是一样的，其实，根本的问题倒是社会对待男女不一样。由于男尊女卑，不允许女子发挥才能，说她们智能低下，不过是为说明男尊女卑的合理性。另外，还要看到人的才能不完全是天生的，是通过受教育得来的，进行社会实践提高的。但是女子普遍被剥夺了受教育的权利，从事政治和其他社会活动的权利，以至处理家庭外部事务的权利，因而聪明才智得不到提高，在一些方面笨拙无力，这不能责怪女性自身，它应当由压抑女性的社会制度来负责。不明究竟，反而倒果为因，污蔑女子低能，更加说明那种社会制度要不得，应当彻底改造，使女子的创造力得以发挥，从而促进社会发展。

女扮男妆的风尚

前面写过女扮男妆出仕者的生活，对女性男妆的现象仍有兴趣，因作续篇。

记载中最早好穿男服的女子是夏桀的宠妃末喜。末喜，不同记载或叫“妹嬉”“末嬉”“妹喜”“未喜”。《晋书·五行志》说：“末喜冠男子之冠。”明确说明末喜戴男人的官帽。《汉书·外戚传》师古注说末喜“美于色，薄于德，女儿行，丈夫心。桀常置末喜于膝上，听用其言，昏乱失道。于是汤伐之，遂放桀，与末喜死于南巢。”古人把桀、纣看作是中国历史上的坏皇帝的典型，他们之所以无道和亡国，是由于末喜和妲己，这两人又是坏女人的表征。从师古的话可知，末喜像男子一样，愿意过问政治，夏桀还听了她的话。她应该是一个政治人物了，尽管是失败者。为此她不安心于后宫生活，既要从事政治活动，就要像男人一样装束。应该说她是女子男妆的先行者。

春秋时齐灵公喜见身边的妇女作男子妆扮，于是媵妾侍婢穿男人服装，戴男人装饰。国中妇女纷纷效法，都城满目皆是男装女子，于是他又看不顺眼，下令禁止民间女子穿着男服，惟独宫女照常是男子打扮。民间女子对灵公的做法不满，仍然喜穿男装，灵公生气，下令凡见男装女子就撕裂她的衣服，剪断衣带，给人难堪。但是还有少数女子不怕凌侮，照旧穿男装。晏婴深知强迫改装行不通，向灵公建议：若要禁令通行，最好先从宫内做起，如果宫中妇人都穿女子的服装，民间女子的男子打扮会不禁自绝了。灵公照晏婴的主意办，女子爱好男子装束的风潮就过去了（《晏子春秋》卷六）。

唐朝前期是妇女着男装的盛行时代。一次唐高宗和武则天举行家宴，他们的爱女太平公主一身男性装束，身穿紫衫，腰围玉带，头戴皂罗折上巾，身上佩戴着边官和五品以上武官的七件饰物，有纷（拭器之巾）、帨（拭手之巾）、砺石（磨石）、佩刀、刀子、火石等，以赳赳男子的仪态歌舞到高宗面前，高宗、武后笑着对她说：女子不能做武官，你为什么作这样的打扮（《新唐书·五行志》）？太平公主男妆，就其个人来讲也不是偶然的，她是一个“多权略”的女子，是唐初在武后、韦后之下的第三个有权干预政治的女人，而韦后自知智谋不及她，因而对她有所畏惧。她参预武则天的谋议，武则天也最喜欢她。武则天末年，她与唐中宗、张柬之诛杀武则天男宠张易之等，使中宗继位，以后又与唐玄宗清除韦后势力。玄宗初年有七个宰相，其中五位是她的人，因此“军国大事，事必参决，如不朝谒，则宰臣就第议其可否”。这种情况为玄宗所不能容忍，乃诛其党，赐死公主（《旧唐书·太平公主传》）。太平公主的男妆，一是她的性格像男人，故喜着男服；一是为干预政治，不愿脂粉气太重，以男妆具其威仪，助其施展政治才能。

元人绘女性化男子像

《旧唐书·舆服志》记载，唐玄宗时宫中妇人，“或有著丈夫衣服靴衫，而尊卑内外，斯一贯矣”。即宫内宫外，贵族民间，多有女子身穿男式衣衫，足蹬男人皮靴，女子服装男性化了。唐武宗时也有女子身着男装。武宗妃子王氏，善于歌舞，又曾帮助武宗获得帝位，是以深得君王的宠爱。王妃体长纤瘦，与武宗的身段很相似，当武宗畋猎时，她穿着男子的袍服陪同，并骑而行，她与武宗的形象差不多，人们分不出来哪个是皇帝，哪个是妃子。武宗还想把王妃立为皇后，宰相李德裕以妃子娘家寒素和本人无子为理由，反对册立，遂使王妃失去执掌后宫的机会（《新唐书·后妃传》）。王妃的男装显然是武宗所欣赏的，至少是被武宗接受的。

男人女人生理不同，服饰式样有差别

也是自然的事情。但古人的传统观念，把男女服装绝对分开，不得掺杂、逾越，否则将要遭到谴责。如男子穿妇人服，三国时以清谈著名的思想家何晏“好服妇人之衣”，被另一思想家傅玄指斥为穿“妖服”。女子穿的男装，也被视为妖服，所以正史《五行志》里往往设有“服妖”一目，责备女子的男装，如《新唐书·五行志·服妖》在写出太平公主男装事实后，接着说“近服妖也”，加以贬责。男女装混穿，在正统的观念里是严重的政治问题，而不是生活小事，更不是个人兴趣的事情。傅玄说：“夫衣裳之制，所以定上下，殊内外也。”原来统治观念认为男子主于外，女子主于内，故有男女的服饰制度，使男女各守本分，不得逾越，若女子僭服男装，会出现牝鸡司晨的事，是家庭的不幸，国家的不幸。傅玄还举例子，说夏桀因宠末喜戴男子冠亡国，又说何晏本身遭到杀身之祸，而且三族皆被夷灭（《晋书》）。所以君主制时代，男女服制的不同，是男尊女卑的反映，不许女子着男装是制驭女子的一种手段。因此那些敢于男装的女子，在一定意义上说是反抗的行动，绝不能以“服妖”视之。指责人家装束“男不男，女不女”的传统观念，并不是天经地义的，不可改变的，那种服制上的尊卑贵贱男女的等级制度和观念应当彻底清除。再从审美角度观察，巾帼而着男装有的颇有须眉之气，有何不好！为何要搞服装的一统天下，清一色岂不令人厌烦！再说禁止女子男装，也是徒劳之举，且看历史上舆论反对，朝廷禁止，到头来还是不时出现，禁又何益？何必去办这种蠢事，还是听从民便为好。

农民、地主的构成成分

——兼论中国古代社会形态

在古代，农民是怎样的人群，有个时期人们以为佃农就是农民的代名词。对于战国秦汉至明清（鸦片战争以前）时期的社会，大多认为农民与地主阶级建立一种生产方式，形成封建社会形态。这两者间的矛盾是社会主要矛盾，相当于欧洲中世纪农奴与领主时代的社会形态，这种似乎是定论的见解，如今令人生出疑问：只有佃农才同地主构成生产关系，佃农能是农民的代名词吗？它能概括所有的农民吗？社会主要矛盾是所谓的农民与地主的矛盾吗？对此，笔者将依次了解农民、地主的构成、以及他们同国家的关系。

认识农民的成分，要从生产关系与等级结构诸方面作出分析。所谓农民，是指农业中的劳动者，其中有自耕农、半自耕农、富裕农民，他们拥有自己的耕地，自耕自食，或者租佃他人少量土地，或者耕地略有富余出租给他人，再或者雇佣少量农业佣工帮助耕作。以上三种人在国家编制中都是编户齐民，属于平民身份。租赁地主土地耕作的农民，基本上可以区分为两类，即平民佃农，属良民身份；另一种是中古时代的“客”（户口编制在主人家的客户）。宋代以后的“随田佃客”“佃仆”受主人的某种人身控制，法律地位介于良民和贱民之间，是半贱民。受雇于人的农业佣工，也可以分为两种，一是平民佣工，一是身份低于良人但比贱民高的雇工，就是明清时期所谓的“雇工人”。比雇工人身份更低的农业劳动者是农业奴隶，在政府和私人地主的田庄上劳作。以上各种人虽身份有所不同，但都是农业生产者，是通常所说的农民。此外，还有生活在农村的平民地主和小土地出租者，他们是不是农民呢？这是个值得讨论的问题，笔者以为他们同样可以被视作农民，原因有三：第一，他们出租土地，可以视为农业经营者；第二，大多居住在农村，交纳农业税，应国家对农民的徭役之征；第三，职业是农民，在国家的户籍制度中，将人户区分为四大类，即士、农、工、商，地主属于农民类。上述各种人，共同构成农民。

在各种农民中，佃农与地主形成租佃的生产关系，处于对立矛盾的统一体中。佣工、农业奴隶与地主也形成东伙、主奴的生产关系。至于自耕农、半自耕农和富裕农民，在生产过程中与地主不产生租佃关系，根本不能形成生产关系的统一体，换句话说，他们之间不存在生产关系的问题。在劳动农民中有与地主形成生产关系的，有的不会产生这种关系，因此所谓封建时代的农村生产关系，能不能仅以或主要以租佃关系来表述呢？笔者以为要看佃农和自耕农各自在社会中的比重，假如佃农占大多数，自耕农的比重不足计数，自然可以用（地）主佃（农）关系表达这个时代的生产关系。如果不是这种情形，就不宜于这样认识事物了。自战国秦汉迄于明清，都有大量的自耕农（包括半自耕农、富裕农民）的存在，从战国李悝、西汉贾谊起，政治家、政论家讲的纳税人，都是指的自耕农，均田制下的均田户其实也是自耕农，这些自耕农是政府极其重视的纳税人，是农户的主体。宋代以后自耕农有所减少，有时佃农占到农户的多数，这就是康熙帝所说的“小民所自有田者不过十之三四”的情形。即使如此，自耕农仍然达到30%—40%，比重并不算小。在一个朝代的初期，自耕农占多数，这可能已是学者的共识。大体上可以说自耕农是农民的主体，他们与地主不构成生产关系，因此主佃关系很难说成为社会的主要关系，地主与佃农的矛盾未见得会成为社会的主要矛盾。

自耕农与地主没有生产中的关系，而他们和平民地主却共同地与国家发生密不可分的联系。他们是有田地的人，可是土地在名义上是属于国家的。事实是皇帝对土地有着最终的支配权，或者说最高所有权，均田制就是以土地为国家所有作为前提，在名义上向农民分配田地，而事实上是国家承认农民对耕地的占有，并以一百亩（隋唐制度）作为征收租庸调的标准。可见国家具有双重身份，既是管理者，又是土地最高所有者，所以向有土地的农民征收赋税和征发徭役，而无土地的佃农并无赋税，只有徭役。

早期役重于税，而后变为税重于役，到了清代雍正年间将人头税摊入地亩征收，更加大土地税。事情的实况是自耕农和地主成为国家赋役的主要承担者，国家与农民，特别是与其主体的自耕农和平民地主形成对立统一关系，处于一个统一体中。

田主又是怎样构成的呢，它与佃农的关系如何？

地主的结构，需从等级身份和土地占有状况来分析。皇帝不仅是全国土地的最高主人，他和他的家族还直接经营一部分耕地，这就是少府、内庄宅使、皇庄、内务府所管理的田地，可视之为皇室地主。贵族拥有采邑、禄田和自置的田地，他们是贵族地主。官僚有职田和自有的土地，成为官僚地主。拥有土地的退职官吏和有功名的绅士，是缙绅地主。上述诸种人在社会的等级结构中处于不同的地位，但都有不同程度的特权，是特权等级。他们的土地，或全部没有赋役负担，或减免部分赋役，因此他们是特权地主（或者如同研究者所说的身份性地主）。在等级结构中处于平民地位的地主，要按照土地占有的多少、财产和人口状况完纳赋役。贱民在等级结构中位置最低，这是就社会政治身份而言，但他们中有极少数人富有财产，占有土地，出租给佃农，成为贱民地主。平民地主和贱民地主不仅没有减免赋役的权利，还是不法官吏鱼肉的对象。贱民地主人数极少，在社会生活中影响甚微，可以不做考虑；而平民地主地位重要，他们同自耕农一起，成为国家赋役的主要承担者。以上这些人都是田主。

主佃关系存在着剥削与压迫，佃农要向地主交纳地租，大约相当于收获物的一半，董仲舒所说的“或耕豪民之田，见税十五”，即是指此。还有附加地租，佃农要为地主做一些无偿的劳动，或在粮食之外交纳鸡鸭等物，这种附租反映地主对佃农有着某种人身的控制权，此种制约力，特权地主比平民地主要来得强烈，因为他们身份高，制驭佃农的能力自然比平民地主强。到了明朝，政府干预地主对佃农的人身控制，规定主佃为少长关系，如同家庭家族成员间的兄长与少弟关系，但是这种情形只能在平民地主与佃农中出现，因为佃农是不可能与特权地主称兄道弟的。所以在主佃的生产关系中，佃农的地位要视其田主的地位而定。剥削、压迫造成佃农的反抗，内容与形式则多种多样，态度则有温和与暴烈的差别。

主佃关系是君主专制时代农业生产关系的体现，并成为社会基本矛盾之一。

考察至此，可以略述农民与国家的关系了。

这里说的农民，包括所有的农民，主体是纳税人的自耕农和平民地主。国家对农民的控制，通过户籍、赋役制度和法律的实行来实现。农民面对政府的赋役，进行各种抗争，常用的方法是隐匿户口、“诈老诈小”、逃亡，甚至自残肢体以避役。当政府的征发超过可能的限度时，农民就会以暴力进行反抗，所以中国历史上出现绵延不绝的农民暴动。农民同国家的关系缓和与紧张状态反复地出现，使两者间的矛盾成为社会的基本矛盾。

归纳笔者的浅薄之见：第一，在中国的君主专制社会形态下，社会存在着两种基本矛盾，即以纳税人自耕农、平民地主为主体的农民与国家的对立；佃农与地主的对立。以此不同于欧洲的农奴制形态。第二，对这种形态下的国家、平民地主、自耕农的重要地位，尤需注意，而不能只看重贵族地主和佃农，佃农绝对不是农民的代名词，通常也不是社会的主体。第三，国家在社会中特殊地位的形成，除了其政权因素，更因其为最高层级的土地所有者。

南北朝时期宗族的等级结构及其内部冲突

同样是宗族，有着不同的社会地位，特别是与等级身份纠缠在一起，本书含有《南北朝时期宗族类型和构成》篇，阐释各种类型的宗族构成宗族整体，对不同类型宗族亦有稍微具体的说明。本篇与该篇有内容相同之处，本可取消，唯因重在表述宗族的等级结构与社会结构的重叠关系，故不嫌重复了。

皇族、士族、平民宗族有不同的社会权利和义务，由此决定他们的社会地位和在社会结构中的排列秩序。皇族因与皇帝同一血系，地位崇高而尊贵，时或掌握政府中枢大权；士族世代充任高级、中级官职，能与皇族分掌中央政权，具有较高文化素质，是思想舆论的控制者，其生活方式和作风能够影响整个社会；平民宗族担负出徭役的义务和充当下吏，在地方上有社会势力，个别成员可以上升到高级官僚的地位，但不能改变这个宗族平民地位的本质。这三类宗族高下不一的政治地位，使宗族处于不同的社会层次，即在全部宗族中区分为不同的等级，其排列的顺序应当是皇族居首位，士族次之，平民宗族处于低层，其结构式为；皇族——士族——平民宗族。在每类宗族内部，又有不同的层次，统观其架构，则为：

皇族：尊属
　　　|
　　　疏属
　　　|
士族：甲族（膏粱、华腴、甲姓、乙姓）
　　　|
　　　低等士族（丙姓、丁姓）
　　　|
平民宗族：豪族
　　　|
　　　寒门（小姓）

宗族类型的层次差异，同时也是社会的等级差别。皇族、士族具有出仕权、免役权，从而成为社会的特权等级，平民宗族有赋役义务，没有必然出仕的特权，可以出仕，表明其成员的平民身份，属平民等级成份。所以从社会等级来区分，皇族等级高于士族，士族高于平民宗族。由此可知，各种类型宗族的层次区分与社会等级划分完全一致，实质上也是等级差别，可以说宗族等级与社会等级融为一体。南北朝时期社会等级的顶端是皇帝，以下各等级是：皇族；士族（皇族与士族也可以合称为特权等级）；平民等级；贱民等级（含贱民、半贱民，诸如佃客、衣食客、部曲、吏家、百工、军户、僧祇户、佛图户、奴婢等）。宗族结构没有社会等级结构复杂，但在特权等级、平民等级层面上相同，这就是不同等级宗族的结合，成为社会等级结构的一部分。由于特权等级、平民等级是等级制中最重要的部分，所以宗族等级也就是社会等级的主体。

在等级性结构中的各类宗族，处于不同的政治地位，有着压抑与被压抑、歧视与被歧视的关系，在它们之间必然发生矛盾和冲突。这矛盾是多方面的，有皇族、士族、平民宗族相互间的，有同一类型宗族内部不同层次间的，有不同地区宗族间的，还有属于不同政治集团宗族之间的。各种类型宗族的冲突在政治领域的表现是：

其一，皇族与素族，特别是与士族的矛盾，集中在对中央政府控制权的争夺上。如果说东晋是门阀士族势力平行于皇权的时代，南朝则改变了这种状况，皇权加强了，打破了士族与皇族势力的平衡，但其优势维持一段时间之后就结束了，到南朝末年皇族竟处于劣势，素族，尤其是平民宗族在中央政府的地位提高了。

其二，士族与平民宗族的矛盾，突出反映在出仕权和晋升权方面。南朝官制，士族任清（要）官高品，寒人任浊官低品，士族出仕起家官便是六、七、八品官，甚而五品官，寒人起家为流外七班，此种清、浊分流的官制严重限制了寒门的升迁。这种官制实行的结果，是延续两晋以来的“上品无寒门，下品无势族”的情况，宗族出身决定了人们仕途的命运。

其三，区域间的宗族歧视，反映不同政治集团的利益。南北朝时期各地宗族有其特点，所谓山东人（函谷关以东）“尚婚姻”，江左人“尚人物”，关中人“尚冠冕”，代北人“尚贵戚”，不同地区的宗族风尚，产生于南北朝、东西魏、北齐北周的对峙局面；各地宗族的不同特点，就是以此保全自身，并利用它与其他地区宗族进行争竞。

膏粱

——中古士族的最高等第

《红楼梦》中出现"膏粱"一词，整理者的注释，以及各种辞书对这一词汇的疏解，似乎均不甚到位，原因就在于对中古士族最高等地——"膏粱"的不甚了解所致。

《红楼梦》第一回"好了歌"的"注"有句云："择膏粱，谁承望流落在烟花巷。"中国艺术研究院红楼梦研究所校注本就此注解道："择膏粱——意谓挑选富贵人家子弟作婿。膏：脂肪；油。粱：精米。膏粱：本指精美的饭菜，这里用作'膏粱子弟'的省称。"对于"膏粱"的解释，并无不妥，一般说是确切的。其他辞典也莫不作如是之解，如颇具权威性的商务印书馆的《现代汉语词典》(1997年修订本)"膏粱"条曰："肥肉和细粮，泛指美味的饭菜：膏粱子弟(指富贵人家的子弟)。"也是1997年由四川辞书出版社印行的《汉语成语词典》的“膏粱子弟”条：“膏粱：肥肉和细粮，泛指精美的食品。比喻过惯了骄奢享乐生活的富家子弟。”这些是新出辞书，再查早先的，比如民国年间刊行的《辞源》，“膏粱”条有二解：“(一)肥肉美谷也。《孟子》：所以不愿人之膏粱之味也。(二)《唐书》：郡姓者，以中国士人差第阀阅为之制，凡三世有三公者曰‘膏粱’，有令仆者曰‘华腴’。”第一解众家皆同，第二解引出《新唐书》有关“膏粱”之文字，而未作说明。又如台湾梓行的《中文大辞典》“膏粱”亦释意有二：“(一)肥肉与美谷也。……(二)谓富贵之家也。《唐书·高俭传》：‘先宗室，后外戚；退新门，进旧望；右膏粱，左寒畯。’杜甫《驱竖子摘苍耳》诗：‘饱食复何心，荒哉膏粱客。’柳芳《世族论》：‘三世有三公曰膏粱，有令仆曰华腴’。”在第二解上比《辞源》进了一层，指出膏粱是“三世有三公”的富贵之家。这些释文虽有丰约之别，但第二解也还不能完全到位。这可能是对中古时代的士族等级制度尚不甚了了所造成的。

在历史上以汉化著称的北魏孝文帝于太和十九年(495)下诏定姓族，给鲜卑贵族官员确定崇高的社会地位，以与汉人官僚士族长期形成的地位相匹配，巩固他们在中原政治上的优势。与此同时也从法令上在汉族士族内部区分出等次。《新唐书·柳冲传》记载，谓柳芳(非柳冲)著文论述春秋至隋唐的氏族、士族史，在讲到北魏时代的中原“郡姓”(汉人士族)时说：“郡姓者，以中国士人差第阀阅为之制，凡三世有三公者曰‘膏粱’，有令、仆者曰‘华腴’，尚书、领、护者为‘甲姓’，九卿若方伯者为

‘乙姓’，散骑常侍、太中大夫者为‘丙姓’，吏部正员郎为‘丁姓’。”（中华书局标校本第18册第5678页）理解好这份记录，需要明了北魏的职官制度，是以笔者对照《魏书·官氏志》所载的北魏太和中期官制，得知士族中的膏粱、华腴、甲姓、乙姓、丙姓、丁姓的区别，取决于这些家族成员的官位状态，而且这官位不是只看一时一职，要视家族成员连续三世职务情况，始能定入某一等次。所谓“三公”，在中国历史上通常的情形是指太师、太傅、太保，然而在北魏时期把这三种勋衔称作“三师”，而以太尉、司徒、司空为“三公”，属正一品中的官阶（北魏官职分正、从九品，每品又分上、中、下三阶），根据规定，一个士族在其成员中有连续三世出仕太尉、司徒、司空职衔的，成为膏粱士族。若家族中三世出任官阶为从一品上的尚书令、从一品中的尚书左、右仆射的，即为华腴士族。如若三世官职在正二品中的尚书、领军、护军以上的则为甲姓士族。设若三世官职在正二品上、下的九卿，从二品下的刺史（北魏世宗初年的官职，上州与中州刺史为三品，下州刺史为四品）以上的为乙姓。倘若三世官职在正二品下的散骑常侍、正三品下的太中大夫以上的就为丙姓。若三世居官在从四品上的吏部郎中以上的家族，则为丁姓。上述规定表明，在北魏太和中，凡三世居官在从四品上阶以上的家族可以定为士族；因为各个家族官品的高低差异，士族区分出六个等第，即第一等的膏粱，第二等的华腴，第三等的甲姓，第四等的乙姓，第五等的丙姓，第六等的丁姓。由此可知，所谓膏粱，具有两种含义：一是通常所理解的精美饭食的意思，二是南北朝时代第一等士族的专门称谓，系专有名词。

写到这里，笔者不得不认为前述诸部辞书及《红楼梦》校注本对“膏粱”的解释，是正确的，又是有所缺憾的。当然，《现代汉语词典》一类的中型辞书只作出一种说明是完全可以的，而有的书倘能将第二解也表达出来，似乎更好。像《红楼梦》“择膏粱，谁承望流落在烟花巷”处的“膏粱”注释，仅及“挑选富贵人家子弟作婿”的一层意思，未能把选择第一等士族（意即最高等的贵胄官宦之家）的含义也诉说出来；如若能补充上，读者无疑会对《红楼梦》原文理解得更深刻一些：婚姻是选择最高贵的家族，结果却跌入最下等的贱民娼妓行列，是多大的悬殊，又是多么的可悲！如此，再理会“好了歌”的“注”的结束语“甚荒唐，到头来都是为他人作嫁衣裳”，岂不意境更深。

笔者之所以注意到“膏粱”的士族等级词义，是因为研究中古时代社会等级结构课题时，从社会结构视角读《新唐书·柳冲传》，将“膏粱”的常见含义之外的等级概念捕捉到了。由此想到先贤说的做学问必得有打破砂锅问到底的精神是何等的重要，小到对一个名词、术语，大到对一种制度、一个事件、一种观念，只有穷根溯源，才有将事情弄明白的可能，而且仅仅是可能！不如此，就更不好说了。人云亦云，学术事业自然难于开拓进展。笔者还从上述诸书“膏粱”一词的解释中体会到，早先枣梨的书，如《辞源》等，给读者的知识倒比晚进的多，现在各种类型的辞书出版的真不少，究竟有没有超过以前的图籍呢？前进了多少呢？实在不能令人乐观。提倡精品图书，是时候了！

婚姻家庭

古代女子的择偶

《诗经·卫风》有一首题为《氓》的诗，前半部写一对青年男女从相爱到结亲。大意是说一个敦厚的男青年到女家来买丝，目的不是买物，而是要娶卖丝的女子为妻。女子也有了情，就送男子回家，送出很远，男子要求很快成亲，女子说不是故意拖延时日，你还没有请人来说媒，还是等到秋天再结婚吧。这样二人约定了再会的时间和地点。届期，女子先到，见男子还没有来，心里又想念对方，又怕对方失约，因此悲伤起来，眼泪流个不停。稍后男子到了，女子高兴得又说又笑，男子向女子说，对我们的婚事，已占卜过了，没有不吉利的地方，我们结婚吧。女子痛痛快快地答应了，搬上自己的财物，乘着男子的车离去，结成了伴侣。这是一个民间的女子，接受一个普通男人的爱情，成为了夫妇。《氓》这首诗是反对女子自由恋爱的，但却反映先秦时期民间自择配偶的一定的普遍性。

下面的文字不再观照民间女子的情爱，而要叙述古代贵族、官员家庭自选夫婿的女子的婚姻。

先看春秋郑国徐吾犯妹妹的择婿。徐吾犯是郑国大夫，妹妹徐吾氏很美丽，下大夫公孙楚送了聘礼，订为未婚妻。上大夫公孙黑羡慕徐吾氏的容颜，也送来礼物，强作婚约。在这两个求婚者面前，作为家长的徐吾犯不知如何是好，遂报告执政子产。子产说这是国家政治不清明，才出现两个大夫争夺妻室的事，不是你家的过错。你也不用犯难，问你妹妹，她爱嫁谁就嫁谁。徐吾犯同两大夫商量了，都同意由徐吾氏决定的办法，于是二人分别来到徐吾家求亲。公孙黑穿着华丽的服装，将作为聘礼的物币置于堂上；公孙楚衣军服，在院中射箭，接着跳跃到车上离去，他没有再送贽礼，因为在先已给过聘金，认为不需要另送了。徐吾

郑国执政子产画像

氏在屋内认真地观看了两位大夫的行动，选择了自己的情人。她认为公孙黑确实漂亮，但不能做自己的丈夫，而公孙楚表现出男子汉的气概，决定嫁给他。她的哥哥尊重这种意向，徐吾氏遂同公孙楚结为伉俪。这桩婚事到此并未结束，失败的公孙黑不甘心，要杀死公孙楚以夺取徐吾氏，公孙楚一怒之下把公孙黑打伤，于是招来流放之祸（《左传·昭公元年》），徐吾氏后来生活如何，不得而知。她在两大夫之间，不以品貌、爵秩取人，有其爱情的标准。

西晋贾午与韩寿的结合，有类似于《西厢记》中张生、莺莺相爱的某些情节。贾午是司空贾充的次女，贾充宴请宾客，贾午常常从内室窥视客厅情景。韩寿是贾充的幕僚——司空掾，常来参加宴会。他长得俊美，风度又好，被贾午看中。爱慕的感情不能控制，睡觉中也想到他，然而无从接近，就问身边的婢女，知道不知道他是谁。正好有一人原来是韩寿的奴婢，贾午就通过她与情人通音信，并约韩寿夜间跳墙进入闺阁。二人情好，贾午把西域进贡的奇香从贾充房间偷来送给韩寿。贾午有了情人，高兴异常，以至乃父感觉到她“悦畅异于常日”，终于发现他们的往

杨宇翔绘公孙楚射箭求婚图

来，并承认既成事实，让二人成了亲（《晋书·贾谧传》）。

刺史徐邈的女儿，与贾午是同时代的人，也有一段选婿的经历。徐邈为给女儿择配，大会佐吏，令女儿在内室观看，暗中挑选。来客中有从事王濬，姿貌俊秀，年轻时不注意名节，后乃改变行为，立大志向。他在宴席中的表现，被徐女相中，告知母亲，徐邈就让他们结为夫妇（《晋书·王濬传》）。王濬后来在平定孙氏吴国中立了大功，官拜抚军大将军、散骑常侍。徐氏女真是慧眼识才。

以上诸女是在父兄监护下择婿的，而南朝荀闸之的女儿则是完全自主的。荀闸之，广陵人，官给事中，他女儿的婚事，《南史·荀伯玉传》记云："当嫁，明日应行，今夕逃随人去，家寻求不能得。"看来，荀女早已有了恋人，不满意家长相中的夫婿，在出嫁的前夕，随着意中人逃跑了，而且事情做得秘密，家里人找也找不到，很可能还得到别人的帮助。她决心与家庭决裂，可见爱情深笃，不管什么情况也不动摇。

唐末郑畋女儿选婿，其结果别是一种情形。司空、门下侍郎平章事郑畋有女当婚，时有余杭人罗隐，善作诗，尤喜咏史，然而屡次考试不能及第，郑畋赏识他，时与往来。郑畋女儿非常喜欢罗隐的诗，不时诵读，郑畋以为女儿爱慕罗隐，想为他们作配，于是招请罗隐，郑女在帘内观看他。这一看不要紧，由于罗隐长相丑陋，同她从诗中得的印象相反，因而对罗隐深为厌恶，从此不再念他的诗。郑畋知道女儿原来只是爱读罗隐的诗，而并不喜欢这个人，就不再给女儿谋算这门亲事（《旧五代史·罗隐传》)。在自家婚事上，郑女表明了自己的态度，而且得到父亲的充分理解。

南宋理宗没有儿子，只有一个女儿，封为周、汉国公主，喜爱异常。公主到了及笄之年，议选驸马，宰臣建议选本科进士第一名周震炎。当周状元廷谢时，公主在屏风内看到他，表现出不高兴的情绪，理宗知道了女儿的心意，就不采纳宰臣的意见，周震炎从而失去了做驸马的机会。理宗是宁宗杨皇后所立，为酬恩，选定杨后侄孙杨镇做驸马，对这桩婚事公主再没有异议。婚后，理宗为有天伦之乐，在大内附近为公主建造宅第，时常到公主府欢聚。但是好景不长，公主活到22岁就病死了(《宋史·公主传》)。

这些女子选婚的方式和结果有所不同，但又有相同之处。大体上可分为三种类型。一是荀阐之女儿的完全自主婚姻。荀女反

宋理宗画像

对家长的包办婚，有自己的恋人，一点不征求家长的意见，按照自己的愿望办，在家庭不可能支持的情况下，以出逃实践婚姻自主的追求。婚配是自家的事，配偶要自己来选择，她追求的是恋爱自由。这种要求，在儿女作为父母附属物的时代是很难实现的，特别是女子，要遵行三从四德的伦理，哪能容你自由恋爱！凡是追求这种自由的，其婚姻和婚后生活多半是不理想的。即以荀女而言，出逃本身就是不幸的，离家后必然遇到许多困难，后来不知什么缘故，到寺院当了尼姑。是情人抛弃了她，还是情人死了，史无记载。不过在南北朝时期并不以再嫁为耻，不管哪种情形，她都可以再婚，她没有这样做，万念俱灰地遁入空门，不能不说与出逃有关。她为摆脱父母之命、媒妁之言的婚姻，付出了血泪的代价。自行婚配，还不符合传统婚姻礼仪的要求。古代议亲，根据礼法要经过六个步骤，即“纳采”“问名”“纳吉”“纳征”“请期”和“亲迎”。首先要有男方请的媒人到女方家问可不可以议亲，同意了，女方报告女子姓名，男方回去占卜，得到吉兆，告知女家，并送聘金，约定日期，新郎迎娶新娘过门。只有经过这些步骤，做到“明媒正娶”，婚姻才是合法的。若是恋爱结亲，就没有纳采、问名、纳吉等步骤，就不用请媒人，即使请了，也是事后补救，算不得数。不请媒人，不按婚仪程序走，就为礼法和舆论所不容。《礼记·曲礼》讲：“男女非有行媒，不相知名；非受币，不交不亲。”凡是没有保媒的女子的结亲，被叫作“私奔”。《诗经·卫风·氓》里的那个自由结婚的女子也深知这一点，要求对方拖延婚期，以便请媒人——“匪我愆期，子无良媒”。荀氏女出逃，当然没有媒人，不行六礼，被正统派歧视，说荀家“出失行女子”(《南史·荀伯玉传》)。不仅舆论蔑视，女子在夫家的地位也低，《礼记·内则》讲：“聘则为妻，奔则为妾。”把自由结婚的女子当作妾来对待，将良人降为贱人，对于自由成亲的女子迫害到了多么严重的程度。

另一种类型是在家长主持下的局部内容的自主婚姻。像徐吾氏在公孙楚、公孙黑二人中择其一，徐邈女在家长的属员中选择，郑畋女和周、汉国公主对特定的专人发表意见，可供她们挑选的对象有限，而且平素没有交往，谈不上有什么爱情，往往以一眼定终身。这一眼主要是看对方的相貌和作风，她们是千金小姐，要求夫婿的长相和风度也是很自然的，有合理性。她们的择偶还不是恋爱婚姻，但确有某种成分，确有值得肯定的地方。这些女子的家长在女儿的婚事上是比较开明的，他们征求婚姻当事人的意见，只是在一定范围内令她们选择，一旦她们表示了态度，家长是尊重她们的，按她们的心意去办。尊重当事人，不搞父母之命神圣不可变动的信条，表现出某种民主的作风。像徐邈、郑畋那类的家长是难得的，他们的女儿应该说是幸福的了。这些人的开明举动，与他们为人有关，如郑畋是“器量弘恕”的人，对他人尚能“以德报怨”(《旧唐书·郑畋传》)，对子女也不那么刻板，而较宽容。徐吾犯听从子产的意见，才令其妹自择夫婿，子产是当时有名的政治家，出了这个好主意。如此看来，徐吾氏等是碰到了较开明的人，是幸运儿。

第三种类型是家长承认女儿选择对象的既成事实，如贾充同意贾午与韩寿的婚事。贾午的行为在当时认为是丑事，贾充发觉后，不愿张扬，乃使他们结合。这种家长面对现实，不去制造恋爱悲剧，也有开明的地方。这种人在君主时代受到一些歧视，那是以传统礼法要求他们，说他们家教不严。那个时代确实如此，但家教严，就是女子信守三从四德，与儿女有何好处！所以今天倒可别作分析，摒弃传统观念，对贾充辈无须作过苛的评论。

“父母之命，媒妁之言”，包办青年男女的婚姻，早在三代就出现了，但是从上述青年男女，特别是女子自选配偶，或在父母家长主持下发表一定的意见的事实，我们知道当时青年选择配偶的权力比后世要多一些，也就是说婚姻不自主（即包办婚姻）有个发展过程，在古代是越往后越严重，从而愈加引起强烈的不满。与此现象相反，青年婚姻自主权的恢复也必然有个过程，而且是相当长的，在古代不可能完结，在中国近代有了很大的发展，但要想完全实现还需当代人的继续努力。现代人需要有支持青年争取婚姻自主的强烈意识，要明辨是非，彻底清除包办婚姻的思想残余。婚姻自主，是青年男女，尤其是女子应有的权利，君主制时代她们得不到，去争取的妇女备遭迫害，被歧视为“失行女子”，然而后人从她们身上看到争取自由的精神，争取美满幸福生活的精神，实在是正当的，甚至是可敬的。

汉家童养皇后

童养媳，亦称“待年媳”，古时民间多有这种人。她们大抵是贫穷家庭的幼女嫁到也是寒微的婆家，等到成年，才同丈夫正式成亲——“圆房”。这样女家先减轻人口负担，由男家代为养育，同时男女双方家庭都可以减少婚礼中的开支，这是穷苦人家采取的一种婚姻形式。待年媳在公婆家劳动，多遭虐待，苦不堪言。俟成婚后，亦多有不幸的事情降临她的身上。童养媳过的是多灾多难的生活，是不幸的人。然而在汉朝皇家却也出现童养媳，她虽则贵为皇后，但生活遭遇的不幸，有与民间相同的地方。

汉昭帝上官皇后原是待年皇后。上官后祖父是左将军上官桀，父亲上官安，外祖父是大司马大将军霍光。汉武帝死时，以八岁的儿子昭帝继承皇位，令霍光、上官桀、车骑将军金日磾等辅政。霍光与上官桀是儿女亲家，同金日磾也有这种关系，

汉昭帝画像

他实际执掌着政权。昭帝因年幼无母，由大姊鄂邑盖长公主居住宫中照料。这时上官后才几岁，其父要把她送进宫中做皇后，以提高自己的地位，但是霍光认为她年龄太小，不同意。盖长公主有姘夫丁外人，想把他按照尚公主的制度封为列侯，上官安表示通过岳父、父亲帮盖长公主和丁外人的忙，致使盖长公主同意上官安女儿入宫，先为婕妤，一个多月后立为皇后。这是始元四年（公元前83年）的事，昭帝11岁，上官后6岁，都不能成亲，所以上官后是在宫中童养，等待年长才能真正结婚。因她被立为皇后，朝廷大赦天下。她去拜谒高祖庙，赏赐宗亲、贵族及高级官员钱帛。上官安被封为骠骑将军、桑乐侯，初步满足了权势欲。

元凤元年（公元前80年）上官桀、上官安父子谋反，欲自立为帝，失败被杀，上官后才9岁，年幼没有参预其事，未被株连，继续当皇后。大约她外公霍光当政，也保护了她。在上官安谋反

霍光画像

时，他的党羽中有人说反叛可能会影响到皇后安全，上官安却说顾不了那么多了，反对汉家是主要的。出事后，上官后还是为祖父、父亲立冢，用个人的奴婢去守坟。昭帝 17 岁行加元礼，才算正式成人，这时上官后 12 岁，估计她开始管理宫中部分事务了。霍光希望昭帝与上官后有个儿子，便制造障碍，不使昭帝接近其他宫女，以便只与皇后有夫妻生活。但是，他们没有生育。

元平元年（公元前 74 年），21 岁的昭帝死去，15 岁的上官后便成为寡妇。霍光等以上官后的名义迎立汉武帝孙子昌邑王刘贺为皇帝，刘贺尊奉叔母上官后为皇太后。刘贺淫乱无道，霍光等商议废掉他，启奏上官后，上官后遂驾临未央宫承明殿，身穿珠玉装饰的短袄，端坐在武帐中，侍御数百人手执武器，召见刘贺，听尚书令代表群臣宣读刘贺的罪状，上官后指责刘贺“为人臣子当悖乱如是耶”，于是将他废黜（《汉书·霍光传》）。在霍光等安排下，上官后同意册立武帝曾孙刘询为皇帝，即汉宣帝，宣帝尊叔祖母上官后为太皇太后。宣帝亲理政务，上官后不会有什么政事可干，但是宫中出现了使她想不到的事情。

霍光妻子东闾显，爱小女儿成君，想把她纳入宫中为皇后。宣帝在入宫前已娶许氏，生有元帝，宣帝即位封许氏为婕妤，不久册立为皇后。霍光妻没有达到目的，恰巧许后怀孕生病，遂乘机买通女医毒死皇后，把成君送进宫掖，立为皇后。这霍皇后在娘家是上官后的姨母，到刘家却成了侄孙媳妇，这种辈分颠倒及姻亲关系，请看下面图表。

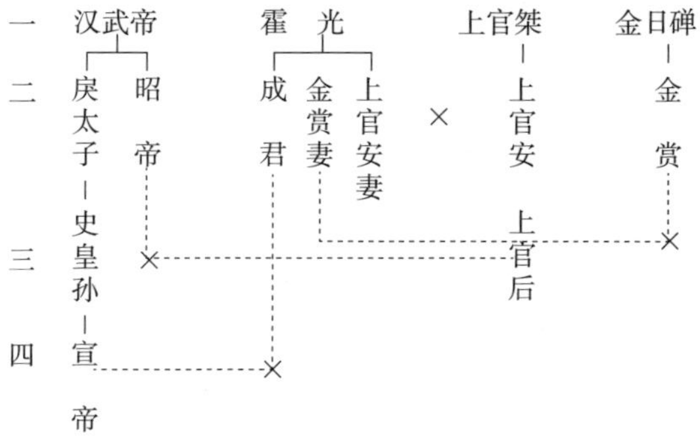

许后在世时，五天进长乐宫一次，朝见上官后，亲自递送食品，表现出晚辈对长辈的尊敬。霍成君为后，遵照许后的成例，按时去侍候做了祖婆婆的姨侄女儿上官后。上官后因双重关系，对霍后也表示出应有的礼节。上官后活到建昭二年（公元前37年），死年52岁，在宫中47年，当寡妇却长达37年。

上官后成为待年媳并不是由于娘家的贫寒，恰恰相反，却是有大富贵作基础。她的父亲上官安与昭帝姐姐盖长公主为自身的利益捏合了这门亲事，其性质虽与民间的童养婚迥然不同，但对婚姻当事人来讲，同样是不幸的。

上官后15岁成为嫠妇，尽管尊为皇太后、太皇太后，但是生活上有何乐趣呢！作为一个女人，47年的宫中生涯，无异于画地为牢的生活，只是物质生活比囚徒要好得多罢了。她与昭帝的结合，也是一种包办婚姻，由此可见，即使在社会最高层的婚姻中，包办婚对于当事人也是一种灾难。

作为一种制度，它是对着全部青年男女的，都起作用，而不管其社会地位高低，因此这种婚姻制度是最不合理的。

“糟糠之妻不下堂”

看到这个题目，很多读者就会想到东汉的宋弘和湖阳公主的婚事，想到反映这个故事的京剧和电视剧，还会联想到和它形成鲜明对比的陈世美不认前妻的故事，想到《铡美案》和《秦香莲》等戏剧。人们对它们的主人公一褒一贬，是千百年来形成的观念。今天这些剧目以各种艺术形式与观众频频见面，自然有其道理。不过笔者知道宋弘而外，历史上还有不弃贫贱之妻的，愿意对他们有所评述。

宋弘是两汉之际人，西汉哀平之世任侍中，王莽新朝官共工（少府），更始政权召他，以死不赴任，刘秀即位征为太中大夫，随即出任大司空，受封为栒邑侯。宋弘为人，注意宗亲关系，所得俸禄，分赠九族，个人没有资产，“以清行致称”，身居相位，以辅君荐贤为己任。刘秀的姐姐湖阳公主死了丈夫，弟弟想给她再招个驸马，就假意与

刘秀画像

她评论朝臣，以了解她选择夫婿的意向，湖阳公主说宋弘“威容德器，群臣莫及”，表示看中了宋弘，而且颇有敬意。刘秀获知姐姐的目标，愿意帮这个忙。一次因议事召见宋弘，特意安排湖阳公主坐在屏风后面听他们谈话。刘秀要做媒，但很讲究策略，并不直接提出问题，而是先了解宋弘对待婚姻的基本态度。刘秀讲：俗谚说，人尊贵了就不再接交旧日平民朋友，富有了就抛弃家贫时的妻子而另娶新妇，这是人的常情吧？刘秀试探宋弘是否谚语中所说的那种人，宋弘回答说：“臣闻贫贱之知不可忘，糟糠之妻不下堂。”表示他是不会因富贵而弃友、易妻的人。“糟糠”，这里指粗糙的食物，糟糠之妻是制作粗茶淡饭的妻子。清代有一个贫士娶了一个妾，妾每天所做的食物，“惟粗粝而已”，所以他的妻子开玩笑说：“古闻糟糠之妻，不闻糟糠之妾。”（徐珂辑《清稗类钞》）这儿说的“糟糠”准确地反映宋弘所说的意思。刘秀得知宋弘的严肃态度，只好对姐姐说：你已经听见宋弘的话，他的态度你也知道了，你们是不可能结婚的（《后汉书·宋弘传》）。

刘秀希望姐姐和宋弘成亲，但尊重当事人的意愿，不以天子权威来强迫命令。这一点和戏剧中的描写是不相同的，不能不说在这桩婚事上刘秀的做法是正确的，态度是开明的。宋弘拒绝这个婚姻，表现出尊重患难与共妻子的态度，忠诚于爱情，当然值得肯定。同时还要看到他是传统社会禁欲主义信徒，反对郑声，反对女色等，这是他的政治观念，已不完全是生活态度问题。后人在表彰他忠于夫妻生活的同时，也不宜拔高他，说什么他在婚姻问题上与皇家作“斗争”。

宋弘拒婚，确实树立了榜样。南宋国戚夏执中就以他为楷模，和糟糠之妻永为夫妇。夏执中，江西宜春人，曾祖父夏令吉当过县主簿，以后家庭情况很不好，父亲寄住在寺庙里，把姐姐送到宫中。他姐姐后来成了宋孝宗的皇后（成恭夏皇后），因此娘家人得到封赏，夏执中最初被任命作承信郎，不久升为阁门宣赞舍人，奉国军节度使。夏执中以一介平民和妻子来到临安，皇宫里的人认为国舅妻子太土气，没有名门的地位，于娘娘面子上也不好看，为使夏后高兴，主动劝说执中休弃妻子，另从上流社会选婚。但是执中听不进去，夫妻和好如初。一天，夏皇后召见，亲自劝说弟弟另行婚配。执中对此早有思想准备，当即说出宋弘对刘秀讲过的话，“臣闻贫贱之知不可忘，糟糠之妻不下堂”，作为对姐姐意见的回答。夏后得知弟弟的坚定态度，也就不好再勉强他了（《宋史·成恭夏皇后传》）。这一对贫贱出身的夫妇终于白头到老，想来也是同穴而葬了。

还有一批不知名的新贵而不易妻的人，他们是宋弘同时代的人，是赤眉军的领导成员。赤眉军从山东兴起，打下洛阳，进入长安，纵横当时中国主要地区，一度占有天下。这些将领多是平民出身，战争使他们成为新贵，地位大大改变，但是他们在生活的许多方面，还是旧日习惯。在家庭生活上，维持原来的夫妻关系，不另娶新妇。赤眉军失败，他们投降汉光武帝刘秀，刘秀在处置他们时，看到这些人有三个长处，第一条就是保留原妻。刘秀说他们“攻破城邑，周编天下，本故妻妇无所改易，是一善也”。因此优待他们，令在洛阳居住，每家赐给一所宅院，二顷田地（《后汉书·刘盆子传》），这些将领遂能全家团聚，安居乐业了。

“糟糠之妻不下堂”的实践者，诚可赞扬，也应当赞扬。第一，他们忠于感情，夫妻已经长期生活在一起，互相了解，互相照顾，有共同情趣，因而不愿分离，以维持和发展原有感情。第二，丈夫念旧，现在社会地位大大改变了，但是昔日不高贵，夫妻有过一段共同奋斗的生活，从痛苦中走过来的，不愿放弃旧日的恩情，为谋求新的幸福而使妻子陷于新的更大的不幸。第三，不势利，因为若再结亲，对方的门第必是高贵的，甚至超过自身，可对未来的发展提供有利因素，而要实现新婚必须抛弃旧妇，这种遗弃就纯粹是势利所驱使了。不尊重夫妻感情，为势利而弃旧另娶的婚姻是不道德的；不为势利所惑，维持原来的婚姻，是道德高尚的表现。

当然，今天观察古人的这种社会现象，应该进一步，还要分析那些实践者的思想状况，以便认识得深入一些，也即恰如其分地肯定应当肯定的东西。另外，对那些反此道而行的人，也同样要分析，一概地简单地骂倒当然容易，可是事物是复杂的，不改变社会地位的人也有离婚的，改变地位的人的离异难道仅有地位变化的原因吗？若有其他缘故，就不能全然忽视了。不应该形成这样的公式：社会地位提高了的男子离异再婚，就是陈世美行为。事情贵在具体分析，笔者的意思是说不要不加分析地无限赞扬“糟糠之妻不下堂”的实践者，也不要随便就给改变婚姻的人扣上“陈世美”的帽子。一切要看他们的行为是否符合当时的社会道德，为追逐财势而放弃感情的人的婚姻是不道德的，该诅咒的。

曹魏的立后

魏明帝在做平原王时，娶河内人虞氏为妃，继位以后，却立贵嫔毛氏为皇后，把理应由王妃晋升的虞氏撇在一边。明帝祖母卞太皇太后（曹操之妻）看不过去，前往安慰她，虞氏不客气地说："曹氏好自立贱，未有能以义举者也。"（《三国志·魏书·后妃传》）虞氏以不得立为皇后而说出抱怨的话，虽然有个人情绪，但提的问题很尖锐，也值得计较一番。

魏武帝曹操的原配夫人丁氏，因恨曹操无情义而与之感情不和，被遣回娘家，曹操还令丁家将其再嫁，丁家没有执行。丁夫人被逐后，曹操以卞氏为继室。卞氏，原是妾，生魏文帝曹丕，曹操为魏王，册封她为王后，曹丕代汉尊之为皇太后，明帝继位尊为太皇太后。卞后得到曹操的宠爱，根据《三国志·魏志》所载，有两件事情值得注目。中平六年（189）董卓到洛阳废汉少帝立献帝时，曹

曹操画像

操变服出逃避祸，袁术传言他已遇害。这时留在京城的曹操部属打算出亡，卞氏出来制止众人，她说，现在曹君吉凶还不知道，如果大家今天走散，明天知他还在，你们以后怎样相见呢？退一步说，就是有了祸，大家一块死有什么了不得的！众人听了她的话，留了下来。建安二十二年（217）曹丕被立为魏太子，王府官员向卞氏建议，你的儿子当了太子，天下人都很高兴，你应当把府中所有财物拿出来赏赐众人。卞后不以为然地说，曹丕被封，只说明我对他的教导没有过失，我高兴也正在这里，但是没有因他当太子要大肆庆贺、赏赐众人的道理。这番话传到曹操耳里，高兴地说："怒不变容，喜不失节，故是最为难。"赞扬她识大体，做人稳重，处理事务得当，当然对她感情好，委以主持家务的重任。

曹丕在战争胜利中，占有了袁绍儿子袁熙的妻子甄氏，甚为宠爱，生育魏明帝和东乡公主。甄氏出身“世吏二千石”的世家，是属于贵者身份的，但是曹丕称帝以后宠爱郭后、李贵人、阴贵人，引起甄氏不满，发出怨言。曹丕一怒之下，将她赐死，并在葬礼上侮辱她：“及殡，令披发复面，以糠塞口。”甄氏该立皇后却不得立，只是死后由儿子明帝追谥为皇后。

曹丕立的皇后郭氏，在汉末战乱之时，曾流落到铜鞮侯家为奴，后来进入曹丕府中。当时曹丕尚未为太子，郭氏出谋划策，帮助曹丕获得储位，即《三国志》所说的：“后有智数，时时有所献纳。文帝定为嗣，后有谋焉。”曹丕害甄氏欲以郭氏为后，朝臣有不同意见，中郎栈潜上疏，说明皇后关系国家治乱盛衰，应当策立合格的人，不能因为爱幸，以妾为妻，如果那样做会给政治上带来混乱的后果。曹丕不从众议，还是把郭氏立为皇后。但是明帝继位后为他母亲报仇，以曹丕对待甄氏的办法逼死郭后，并予甄氏那样葬法，这是皇家的一报还一报了。

明帝立的毛皇后，出身卑微。其父毛嘉是典虞车工，因女儿之贵，被封为博平乡侯。这样暴富之人，还不懂得上流社会的礼仪风俗，如明帝下令朝臣到他家赴宴，以抬高他的社会地位，在这个光彩的社会聚会中，毛嘉“容止举动甚蚩呆，语辄自称‘侯身’，时人以为笑”。明帝本意是要抬举毛家，但不懂礼法的毛家却出了丑。后来明帝爱幸转移到郭夫人（明郭元皇后）身上，一天召才人以上妃嫔游后花园，惟独不叫毛后参加，而且不让告诉她。隔天，毛后见到明帝，不知禁忌，问昨天玩得高兴吗，引起明帝的不痛快，将她赐死。这是前朝甄后悲剧的再现。

从上述事实看，虞氏讲的“曹氏好自立贱”，当有两方面的含义。一是指不能正嫡庶的名分，废妻立妾，即以妃嫔为皇后。妻妾是主从关系，以卑贱之妾而为尊贵之妻，使主从失序。二是指所立的皇后出身微贱。一句话，那些皇后，本人地位和家庭出身本来都是卑下的。

虞氏这样批评曹魏立后乖张，随后孙盛也指责说：“魏自武王，暨于烈祖，三后之升，起自幽贱，本既卑矣，何以长世？”既然立贱为人所讥，魏武祖孙何以立贱呢？对曹操祖孙的处境、性格作点考察，是不难明了其中的道理的。

其一，所立之后，有助于巩固人主的政治地位。卞氏在曹操不得意时，协助他维系小集团，以便从困境中走出来，图谋发展。郭氏帮助曹丕获得储位，才为称帝理政奠定基础。曹魏之兴与卞氏有关，曹丕之立与郭氏有关。卞氏、郭氏虽然都没有走到政治舞台的前台，但她们政治性的活动为其夫君所看重，从而把她们抬到国母的地位。

其二，能理家，而不做外戚干政的事。皇后出身微贱，外家自然没有政治势力，魏武父子也给外戚官爵，但使他们远远不能执掌朝纲。曹操有意识不给卞氏兄弟高官、重赐，曹丕曾想追封卞太后父母，尚书陈群反对，曹丕也即作罢。卞后与郭后每每抑制外家，不允许他们违法招祸。卞太后“每见外亲，不假以颜色，常言：‘居处当务节俭，不当望赏赐，念自佚也。外舍当怪吾遇之太薄，吾自有常度故也。吾事魏武四五十年，行俭日久，不能自变为奢。有犯科禁者，吾且能加罪一等耳，莫望钱米恩贷也。'”卞后本人，也是常常“菜食粟饭，无鱼肉”，自待甚薄，自律甚严。丁夫人虽为曹操所休，卞后却能屈己联络，四时派人赠送礼物，有时迎到府中，表现了她理家的才能。郭后亲戚要娶妾，为此，郭后告诫诸位亲属：“今世妇女少，当配将士，不得因缘娶以为妾。宜各自慎，无为罚首。”既考虑国事，又考虑家庭，能理曹家，善待外家，就符合皇后的条件了。曹氏这样要求皇后，避免外戚预政，改变了东汉末年外戚、宦官轮流干政的弊病。

其三，侍奉人主，以色进用。这是不言而喻的事情。后妃要深懂人主之心，善于侍奉，才能得到宠幸。一旦色衰意乖，就会被打入冷宫，产生废黜的悲剧。明帝就因另有郭元后之宠而废了毛后。

曹魏在战乱时期立皇后，情况特殊，不能固守常规，立贱有其社会原因，有其必要性，也有其合理性，不能以“立贱”本身讥笑它。但“立贱”总不是常规，原因是不符合君主社会礼法。后宫有森严的等级，不得僭越，皇帝也不能随意以宠爱与否而废黜皇后册立妃嫔，否则乱了制度就无法维持后宫的正常秩序。立后还要符合人望，因为皇后不只是皇帝的妻子，还是母仪天下的国母，要臣下畏服她，本人要有相应的条件，如出身高贵和清白，为人正直，御下有方等，否则臣下看不起，累及对皇帝圣明的看法。因此皇帝立后就不简单是个人的情爱问题，同时是一种政治行动，所以要特别谨慎。像曹魏那样不按礼法立后，是特殊情况，不会历代相沿，只是历史上短暂的一现。曹魏立贱时受大臣阻拦，立贱后遭人讥刺，尊为天子，对自身的婚事也不能完全按照愿望去做，可见情爱性爱的原则很难实现。等级制度与婚姻制度相糅杂，爱情就不可能成为婚姻的基础，就是在帝王身上也不例外。所以在君主专制社会里影响人们行动最严重的还是各种制度，特别是基本的社会制度。

晋武帝的择婚原则与实践不一

晋武帝为皇太子司马衷（即后来的晋惠帝）选妃，几经比较看中了卫瓘的女儿。武元杨皇后和一些亲戚却选中贾充的女儿，这时晋武帝讲出他看中卫家及否定贾氏女儿的原因："卫公女有五可，贾公女有五不可。卫家种贤而多子，美而长白；贾家种妒而少子，丑而短黑。"（《晋书·惠贾皇后传》）他说的是卫家、贾家具体情况，但"五可""五不可"，却是道出了他关于婚姻选择的原则，所谓"五可""五不可"也是令人有兴趣明了的吧？

晋武帝的"五可"，指的是女子及其娘家五项好条件：所谓"贤"，是贤惠；所谓"多子"，系指能够多生育男儿，不包括女孩；"美"指容貌美丽；"长"，身材高大；"白"，皮肤白净。"五不可"是与"五可"相对的，指为人妒忌，生儿子少，容颜丑陋，黑皮肤，身材短小。

卫、贾两家情况，确实是晋武帝所说的那样。

晋武帝画像

卫瓘与邓艾、钟会灭掉蜀国，封公爵，官司空、侍中、尚书令。本身兄弟三人，生有六个儿子，后被陷害遭屠戮，同时遇难的有六个孙子，另有两个孙子在逃，即有八个孙男，卫家可以称得上是多男子的。卫家子孙姿质秀丽，在晋代是享有盛名的。卫瓘孙子卫玠儿童时“风神秀异”，乘羊车行于街市，“见者皆以为玉人”，纷纷赶来围观。卫玠舅父骠骑将军王济是“隽爽有风姿”的人，见到卫玠就说：“珠玉在侧，觉我形秽。”自叹仪表不如外甥。卫玠不仅长得好，风度也好，所以“京师人士闻其姿容，观者如堵”。他死时才 27 岁，对他的早逝，当时人认为是“被看杀”的（《晋书·卫玠传》），这是漂亮反被漂亮累了。卫瓘第四子卫宣，被晋武帝指定尚繁昌公主，长相一定错不了。晋武帝讲的卫氏之贤，应当包括卫瓘夫妇及儿女的品德在内。卫瓘是敬谨自持的人，对皇家克尽忠诚，居功不傲。参与平蜀，又消灭反叛的钟会，朝廷论功，自认为虽有谋略之劳，“而无搴旗之效。固让不受”（《晋书·卫瓘传》）。他对待部属很严格，所谓“性严整，以法御下”。朝廷多给他的封爵，不让儿子承受，送给两个弟弟，所以“远近称之”。对于子女的婚嫁，不愿与帝室联姻，晋武帝令其子尚主，卫瓘辞谢：“自以诸生之胄，婚对微素，抗表固辞。”但没有得到允许。卫瓘为人正直，认为司马衷不适合当太子，并向武帝作了忠告，因此后来招致太子妃贾氏的怨恨，乃至遭到杀身之祸。卫瓘的忠谨义气，必定得到他的夫人的支持，若是家有量窄偏爱的主妇，很难做到向兄弟义让爵位的事。残杀卫瓘的执行者楚王司马玮因罪被诛之后，卫瓘的女儿向大臣上书，要求惩办凶手，给她父亲恢复名誉，终于如愿以偿，可见卫氏是贤能的人。晋武帝所说的“五可”，验诸卫瓘之家，一一不爽。

贾充，是本书开篇已经露过面的人，他字台间，是建立晋室的大功臣，晋武帝的拥戴者，封鲁郡公，官司空、尚书令、侍中，为人品行不端，“无公方之操，不能正身率下，专以谄媚取容”（《晋书·贾充传》）。贾充后妻郭槐，有子黎民，三岁时，贾充因喜爱他就着乳母的怀抱抚摩他，郭槐以为贾充与乳母有私情，就把乳母打死，黎民怀念乳母，生生夭折了。后来贾充又有了一个男孩，刚过了周岁，郭槐又以为贾充与乳母私通，害死乳母，儿子也随着死去。这就造成贾充没有子嗣。贾充有前妻李氏，“淑美有才行”，因娘家获罪而被流徙，后释放回京，晋武帝特许贾充有左右两夫人，但郭槐不同意，使得贾充不敢与李氏往来。贾充一出门，郭槐就令人跟踪，防止贾充到李氏那里去。这些就是晋武帝说贾家性妒和少子的根据。郭槐生有二女，长女贾南风，就是贾皇后，身材短小，青黑色皮肤，眉后有疵，长相不佳，而且同她母亲一样多妒，做了太子妃后，“太子畏而惑之，嫔御罕有进幸者”。她亲自掷戟，使孕妾的儿子堕地死去。她的妹妹贾午，就是和韩寿结婚的那个人。晋武帝说贾家人丑而黑，以贾南风来说也是实情。

“五可”与“五不可”，虽说是五项内容，实际上可归并为三条，就是人品好坏，生育子嗣的能力，长相俊丑。品行优劣，在择婚中，又集中在妇女是否妒忌上。自从人类社会进入以男子为中心的时代，男子可以多妻妾，一人可以有几个甚至几十个、几百个妻妾，同时强调女子的性忠诚。在这种情况下，夫与妻妾之间就会产生爱情纠纷；妻妾各有子女，为了各自子女的利益，娘家的利益，互相之间也会有争竞；待到子女长成人，又有嫡庶之争。妻子为了保护自身及子女的利益，反对丈夫娶妾，反对一夫多妾，但在那个时代，一夫多妻制是反不掉的，于是就在家庭中发生妻子不容丈夫娶妾和有外遇的事情，这个现象被概括为“妇妒”。“妒”当然是男子所不允许的，被视为坏品行，列进“七出”之中。在男性为中心的社会，妇妒被看成要不得的，今天分析起来，妒是女子自卫的一种反映，也是一种自卫手段，它在方法上不一定好，但在那种社会制度下是被迫无奈而采取的消极方式。对于这种妒忌，倒使笔者同情妇女，不必像传统社会男权主义者那样对它深恶痛绝。但是对妒也要具体分析。主妇因妒而虐待他人，就不简单是爱情专一而产生的妒忌了。像郭槐那样，仅仅凭着疑心害死两位乳母，同时致死两个儿子，是有血债的罪人，她的行为大大超过了自卫的界限。她是一种妒妇类型的代表，这种类型的妒应当受到谴责。传统时代反对妇妒，包含反对郭槐式的妒害，这一点，也应当注意到。晋武帝说贾家的“五不可”就含有一定的道理了。

“多子、多福、多寿”，是人皆有之的思想和愿望。“不重生男重生女”，是极个别时期的反常现象，多生儿子才是人们的真实心理。可是那时囿于科学知识，人们以为生不生儿子，只取决于妇女。这样人们在选妇时，就要看她的家族生育史，即能否生育以及生育性别的历史。晋武帝比较卫、贾两家，都是能生育，只是卫氏男性多而贾氏女性多。晋武帝这样看问题，不是他的创造，在他两百多年前，王莽就讲过了。王莽侄儿王光私自买了侍婢，王莽为掩盖他的不良行为，就把那个侍婢赠送给还没有儿子的后将军朱博，并矫情地说“此儿（指侍婢）种宜子”，才给你买的（《汉书·王莽传》）。“种宜子”作为选妇的条件，由来已久了。这个条件，首先是不科学的，其次对女子是苛刻的。不过，如果要化腐朽为神奇的话，由此引起对家庭生育史的注意，对研究不育症或许是有意义的。

晋武帝提出选婚的原则，但却不是实行家，他做的和他的原则恰恰相反，这是由于别人插手太子选妃的缘故。郭槐一心想使女儿成为皇太子的妃子，贿赂太子的生母武元杨皇后，晋武帝提出与卫家议婚，杨元后就说贾家的女儿“有淑德”（《晋书·武元杨皇后传》），并令太子傅荀觊说项，荀觊上言："贾充女姿德淑茂，可以参选"（《晋书·荀颉传》，侍中荀勖也向晋武帝说贾充女儿"才色绝世，若纳东宫，必能辅佐君子，有关雎后妃之德"（《晋书·荀勖传》）。晋武帝在皇后和一些大臣包围下，不能坚持自己的认识，同意从贾家为太子选妃，杨元后、荀勖等所讲的也是女方贤德和貌美，看来与晋武帝选婚原则没有出入，不过他们极端不尊重事实地虚美贾氏罢了。贾南风做太子妃后暴露出妒忌的毛病，晋武帝想废掉她，充华赵粲不赞成，说："贾妃年少，妒是妇人之情耳，长自当差。"武悼杨皇后也说："贾公闾勋社稷，犹当数世宥之；贾妃亲是其女，正复妒忌之间，不足以眚掩其大德。"（《晋书·武悼杨皇后传》）荀勖、杨珧等又给贾妃说情，晋武帝也就容忍了。晋武帝定的原则，不能实行，说明他对那些原则并没有深刻的认识，也说明实践是很困难的。

晋武帝择婚的五项原则中，贯穿着一个精神，是看对方的家风，即以家风的好坏作为选择好媳妇的一个条件。晋武帝的认识是古人的普遍观点，也是古人从实践中总结出来的。在古代，家庭作风的传统对其成员影响很大，原因是家长制社会，家内统治严密，家长的作风深深地影响其子孙。那个时代男儿要继承父祖的遗产、职业、社会关系，离开家庭难于生存，更难发展事业，不得不禀命于父祖；女儿虽无财产继承问题，但同样希望家业兴旺，也好在婆家有地位。儿女都因与家庭利益极度一致，从而受制于家庭，很自然地继承父祖的作风，依家风行事，这就使子孙的好坏与家风的优劣有很大的一致性。以此择妇，自然有其合理性。这一精神到近现代仍有价值，但日益丧失它在古代的那么重要的意义。在近现代，随着家长制的削弱，家长对子女的影响也在减少。子女可以自谋职业，离开家庭，以至不要遗产，这样家长无法强化对子女的控制，子女也没有必要绝对尊重家风，因而年轻人的作风可能同家庭传统作风大不一样。显然在现代婚姻中晋武帝的那个看家风的精神就不能完全照用了。要之，社会条件在变化，处事原则也要随着改变。

宋初的政治联姻

北宋建隆二年（961）发生的“杯酒释兵权”、“欢宴罢节镇”的著名故事，人们都知道这是宋太祖防止武人篡权的手段。其实与此同时他还采用皇室子女与功臣子女联姻的办法，以制驭大臣，稳定赵宋政权。

宋太祖始建国，就将同母所生的寡居的妹妹燕

宋太祖雪夜访赵普图（局部）

宋太祖画像

国长公主嫁给殿前副都点检、滑州节度使高怀德，以事笼络，不过这时还没有有计划的政治联姻方针。待到欢宴罢节镇之后，宋太祖看到功臣之间互相姻好而不乐于与皇室通婚的现实之后，才认真实行这项政策。

事情是这样的：开宝初年（968），赵普为宰相，李崇矩任枢密使，李将其女儿嫁给赵普的儿子承宗，对这种军政首领的联姻，宋太祖异常不满。李崇矩与宋太祖在后周时私交深厚，每当宋太祖过生日，李崇矩便派儿子继昌送去贺礼，宋太祖还教过继昌射箭。宋太祖登基后，于建隆三年（962）授继昌西头供奉官，并要他尚公主，李崇矩谦让不敢当，继昌“亦自言不愿”，不仅如此，崇矩还急急忙忙地给儿子聘定妻室，使宋太祖大为失望（《宋史·李崇矩、李继昌传》）。此后宋太祖、宋太宗决心推行皇室与功臣联姻的政策。

宋太祖有六个女儿，三个夭亡，成长的三人的婚配是：

昭庆公主（魏国大长公主），开宝三年（970）下嫁忠正军节度使王审琦之子、内殿供奉官都知王承衍（952—1003）。承衍婚媾时19岁，昭庆公主死于大中祥符元年（1008），结婚时可能比承衍略小（《宋史·公主传》、《宋史·王承衍传》）。

延庆公主（鲁国大长公主），开宝五年（972）出嫁郓州节度使石守信之子、天平军衙内都指挥使保吉（954—1010）。公主死于大中祥符二年（1009），保吉次年死，结婚时19岁。

永庆公主（陈国大长公主），开宝五年（972）嫁右仆射魏仁浦子、供奉官咸信，咸平二年（999）死，咸信约卒于天禧二年（1018），结婚时23岁。

宋太宗有七个女儿，长女早逝，两个女儿出家为尼，太宗为两个女儿主了婚，另两个小的则是由她们的哥哥真宗做的主。她们的婚姻情形是：

蔡国公主（徐国大长公主），太平兴国九年（984）出嫁雄武军节度使吴廷祚子元扆（962—1011），元扆婚时23岁。

宣慈长公主（扬国大长公主），至道三年（997）下嫁镇宁军节度使柴禹锡孙、太子中舍柴宗亮子柴宗庆，明道二年（1033）死，几年后宗庆故世。

贤懿长公主（雍国大长公主），咸平六年（1003）出嫁司空王溥孙、国子博士贻正子贻永，次年死。

隋国长公主（荆国大长公主），大中祥符间下嫁前述李继昌的儿子遵勖，皇祐三年（1051）死，得年64岁。

宋太宗画像

宋太祖、太宗为他们的儿子所娶之妻，据《宋史·宗室传》记载，燕懿王德昭妻韩国夫人为太子太傅王溥女，昭成太子元喜娶隰州团练使李谦溥女（《宋史·李谦溥传》谓为谦溥弟、如京副使谦升女），商恭靖王元份妻为崇仪使李汉斌女（《宋史·元份传》）。

皇室、大臣子女间的通婚，给他们的婚后生活带来较大变化，驸马的政治地位提高，政治生活改变了，这里不说，单看他们的一般社会生活情形。

选为驸马的人在家族中的地位变化了。《宋史·公主传》讲："旧制选尚者降其父为兄弟行。"这话不如说"选尚者升入父行"。前述尚主的王贻永与其父贻正、柴宗庆与乃父宗亮名字中有一字相同，就是遵皇家之命升了一辈，王贻永原名克明，尚主后升行改名。柴宗庆尚主后升为乃祖柴禹锡的儿子，和他父亲宗亮同辈了。李继昌不愿娶宋太祖的女儿，他的儿子李遵勖却娶了宋太宗的女儿。李遵勖原名勖，宋真宗给他加了"遵"字，同时“升其行为崇矩子”(《宋史·李遵勖传》)。《宋史》讲到这几个驸马，一处是某人之孙，一处又是同一个某人之子，子、孙不一，就是对尚主升行叙述得不清楚。祖孙、父子、叔侄关系是血缘关系确定的，因为尚主，孙子成了儿子，子侄成了弟兄，这是对血缘关系的嘲弄。本来血缘的名分不可改变，皇帝的命令就可以叫它变化，皇权真是再大不过的了。宋朝皇帝这样做，也是为保持皇室在姻亲中的相应辈分地位。宋太祖、太宗兄弟与王溥、李崇矩等是同辈，他们的女儿所尚的驸马若是王、李等的孙辈，不提高驸马的辈分，就等于皇家降了一辈，故而采取这一措施，以使婚姻双方辈分平衡。这么说或不易明白，看下表就能一目了然。

一辈	二辈	三辈
宋太祖	德昭 × 王溥女	
宋太宗	贤懿长公主 × 王贻永 宣慈长公主 × 柴宗庆 隋国长公主 × 李遵勖	
李崇矩	李继昌	李遵勖
王溥	王溥女 王贻正	王贻永
柴禹锡	柴宗亮	柴宗庆

驸马与父辈同行，提高了在宗族中的地位，连公主生的儿子也乱了辈分，像王承衍的儿子世隆，“每坐诸叔之上”（《宋史·王承衍传》）。人们虽然看不惯，但也无可奈何。

驸马尚主，家庭生活有好有坏，金枝玉叶的公主给驸马气受是常有的事，也有感情甚好的，如隋国长公主与李遵勖。当李继昌过生日，隋国长公主屈尊以儿媳的身份给继昌拜寿，宋真宗知道了很高兴，给她衣物作为她送给继昌的寿礼，公主初嫁时所居堂甃、瓦甓多有鸾凤形状，遵勖以为这样特殊不好，命人铲去。公主穿有龙饰的服装，遵勖以同样的原因把它们藏起来不用，公主也没有异议。遵勖喜好园林建设，嗜爱奇石，不远千里，雇人载运。他是进士出身，好作文词，在自家的花园里与名士相聚会，公主尊重他的爱好，每有宾客来宴，必亲自主管膳食，使遵勖及其友人得以尽兴。遵勖死后，公主不再穿华丽衣服，一次在宫中宴会，宋真宗亲自给她戴花，她以寡居而不戴。她失明了，真宗特地赏赐3000两银子，她不要，并对子孙说：哪有因为母亲病了要赏赐的。这位公主在生活上严格要求自己，遵循礼法，不像贵主，倒像三从四德的命妇。不过在公主中像隋国长公主这样生活的太少了。

也有驸马生活上简朴谨慎的。吴元扆喜读春秋左传，“声色狗马，一不介意”（《宋史·吴元扆传》）。公主的奶妈可以入参宫禁，元扆怕她到宫中妄有请托，特向真宗说明，不要答应奶娘的什么要求，因此真宗大为叹赏，“于帝婿中独称其贤”。

有的驸马在公务之外，爱好文艺，如王承衍“晓音律，颇涉学艺，好吟咏”。

有的王子生活并不美好。赵元份与李汉斌女儿婚后关系平常，《宋史》谓李氏“悍妒惨酷”，造成家庭的不安宁。王府中的女婢，稍不如李氏之意，就遭到她的鞭打杖责，甚至于打死。皇帝对元份妻妾的赏赐，李氏以夫人的身份而独占。元份病了，皇帝亲临探视，却不见李氏及他人侍候。元份死了，李氏毫无哀戚之意。皇帝因为元份的缘故，在其生前不处分李氏，他死后，撤销李氏的封号，并逐出王府。李氏那样对待别人，遭到这样的结局，生活也不会快乐。

本文开篇说宋朝皇室与大臣联姻有其政治目的，行文即将结束，按照作文前后呼应的原则，在说明贵胄青年男女的家庭生活之后，对此得有所交待了。宋太祖杯酒释兵权，任命石守信为天平节度使，高怀德为归德节度使，王审琦为忠正节度使，张令铎为镇宁节度使，赵彦徽为武信节度使，取消他们禁军将领的职权，一律到辖区就职。这些人交出中央军权，甘心与否，会不会出乱子，宋太祖并没有十分把握，于是想到用姻亲关系来笼络他们。前此已与高怀德结成郎舅关系，次后把目标对准石守信、王审琦等人。宋太祖召见王审琦儿子承衍，说要把女儿嫁给他，承衍奏称已有妻子乐氏，不能尚主了，宋太祖说不要紧，你做我的女婿，让乐氏再嫁人好了。承衍不敢再不答应，宋太祖就令人用御马送他回家，厚资嫁出乐氏，使昭庆公主与承衍结了亲。事毕，宋太祖对承衍说：“汝父可以安矣。”是的，王审琦可以安心做他的节度使了，不怕宋太祖无端加害于他了，但这只是宋太祖说话的一半含意，其实更可以安心的倒是说话者本人：他可以制驭武将的谋反，安心于他的政权的稳定了。联姻，作为一种辅助手段，确实起到安定赵宋政权的作用。这一手法在当时实行是必要的、适时的，表明宋太祖有谋略，不愧为开国之君，所以邵伯温说到这件事，赞叹地讲：“太祖驾驭英雄”，“圣矣哉”（《邵氏闻见录》）！圣不圣不必说，政治联姻是权贵婚姻中的常事，宋太祖不过做得适时罢了。

皇室与贵胄联姻，也是一种门第婚，即是在社会最高层次进行的，它任何时候都起着维护双方家族政治、经济的作用。但是在特定的情况下，如北宋初年，它更具有浓厚的政治色彩，起着巩固皇室政权的作用，关系着政局的安危，成为政治联姻。它的主持人拿着子女的婚姻作为政治工具，不顾及他们的意愿，它自然是排斥性爱的，很难给婚姻当事人创造幸福。君主专制社会的包办婚姻把一切人都包括在内，胄子也不能幸免，它实在是一种恶劣的婚姻制度，政治联姻尤其如此。

北宋几位再婚妇女的生活

在理学家程颐说出“饿死事小，失节事大”，反对寡妇再嫁的同时，却有几位再婚的孀妇，生活没有受什么“失节”的影响，相反过得还不错。

浙江钱塘人宁直，宋真宗时进士，出任慈县令，死时儿子宁适尚在襁褓之中，妻子李氏改嫁洛阳人赵州太守任布，把儿子寄养在宁氏宗族中。一天任布的客人问主人，尊夫人李氏前夫的儿子还好吧，把任布问得摸不着头脑，归询李氏，李氏哭着说：我初嫁你时，不愿以小孩连累你，就把他留在宁氏族中了。今听说宁家破落，孩子也不知道流落在哪里了。李氏顾了任家，顾不得孤儿，心中悲苦，不是任布问及也不敢说。任布是“知恩、知道、知命、知足、知幸”，“纯约自守”的人（《宋史·任布传》），富有同情心，可怜李氏母子分离的不幸，花很多钱访求到宁适，收养家中，改姓任氏。任布待他如同己子，让他五岁开始受教育。任布官枢密副使时，要推荐宁适做官，李氏很感动，但是辞谢了。她对宁适说明原因：你是宁家的儿子，亲生父亲死了没地方容留才到这里，你应当自立，以刻苦学习取得功名，这样我死了才能瞑目。宁适听了母亲的教导，发愤读书，考中进士，这时李氏才高兴。李氏亡故，任布对宁适说：以前没有推荐你，是尊重你母亲的志向，现在荐举你，表明你跟我的亲生儿子一样，请你不要推辞了。宁适鉴于继父的诚意，出去做官。待到任布死，宁适如同亲生父亲故世一样，解职服丧。后来奏闻朝廷，复姓归宗，但宁、任两家欢好如初，世为婚姻（邵伯温《邵氏闻见录》）。李氏一身兼顾宁、任二家，有信念，善教子，终如其愿。

刘湜，彭城人，家境贫寒，父亲早死，母亲改嫁给一个当兵的。刘湜读书中进士，做官，想到母亲，于是穿着朝服，到兵士家把母亲迎回家中孝养。后来做广州太守，在任二年，以故乡有老母，要求内徙，皇帝体谅他的感情，将他调任徐州太守。他回到家乡，得以侍奉母亲（《宋史·刘湜传》）。这位老妇人前半生艰辛，后半世饶裕。离开兵士家时，记载未言她的后夫，可能已不在世了，否则刘湜对他什么态度，应有交代的。

《岳阳楼记》的作者范仲淹，苏州吴县人，两岁时丧父，母亲带着他再嫁朱姓，朱家管他叫朱说。范仲淹与朱氏兄弟一同读书，考中明经科的学究科，继父和异姓兄弟待他一定不错。范仲淹长大，知道自己的身世，感谢母亲的抚养，拜别朱家，外出求学，考中进士，当了广德军司理参军，于是迎接母亲到家中奉养，恢复自家姓氏，用了后来通行的名字。范仲淹对待母亲很孝顺，母亲故世，辞官守丧。他经常回忆母亲生前的情况，因她在世时家庭经济不宽裕。后来虽然富贵了，但不愿奢侈。不来客人，家里不吃肉，妻子的衣食，以温饱为满足。可是对待亲友却乐于帮助。他捐田建设范氏义庄，赡养同宗族的亲人（《宋史·范仲淹传》）。

杜衍有一段父死母嫁的痛苦生活。杜衍是山阴人，父亲杜遂良官尚书度支员外郎。他是遗腹子，母亲改嫁河阳钱姓，他从小跟祖父生活。长到十五六岁，异母的两个哥哥以为杜衍的母亲改嫁，一定把财物带到新夫家去了，向杜衍要钱财，杜衍哪有金钱来应付，被哥哥用剑砍伤脑袋，不得已到河阳投奔母亲。但钱姓继父不同于宁适的继父任布，根本不愿收留他，他只好在外流浪，后来得人资助才读书中进士（司马光《涑水记闻》卷十）。

宋仁宗张贵妃之父张尧封，进士，任石州推官，早死，遗下妻子钱氏、女儿（张贵妃）和庶子化基。钱氏要求张氏族人帮助，遭到拒绝，钱氏无法生活，把女儿卖给齐国大长公主家为歌舞伎，自己改嫁蹇氏，生子守和。公主家把张贵妃送进宫中，由仙韶部宫人贾氏教养，当仁宗在皇后宫中饮酒时，张贵妃以俳优演奏，被仁宗赏识，以后大受宠爱，封贵妃，乃父被追封为清河郡王，钱氏受封为齐国夫人，张贵妃兄化基、异父同母弟蹇守和，均得官（《涑水记闻》卷八、《宋史·张贵妃传》）。这是孤儿寡母陷于卑贱生活，因偶然机会而得皇帝恩赏，生活从地下升到天上的。

王博文，曹州济阴人，祖父王谏曾任两京作坊副使。他幼年丧父，母亲张氏改嫁韩姓。博文好学，中进士，历官地方上的知州、转运使和中央的殿中侍御史。他认为“子无绝母礼”，母亲虽改嫁离去，并不妨碍向朝廷给她请封号。母亲死时，他正在做开封府判官，认为应当像对待没有再嫁的母亲一样，给她服丧，于是向政府请求，解官持服，获准后守丧，除服了才又出来做官（《宋史·王博文传》）。

类似王博文为改嫁母守孝的还有一个郭稹。郭稹年幼丧父，母亲边氏改嫁王姓，生有儿子。郭稹中进士，“学问通博”“文思敏赡”，官刑部员外郎、集贤校理。母边氏死，要求解官服丧。礼官宋祁认为郭稹的服丧是过分行为，因为边氏到王家生有儿子，已有人给她戴孝，而郭稹没有叔伯兄弟，郭家靠他一人承祠，不应当为出嫁母守孝了。宋仁宗就此事令群臣议奏，侍御史刘夔认为若儿子不为出嫁母亲守丧，则是他们间的关系如同道路上不相认识的人，“则必亏损名教，上玷孝治”，因此应当同意他的要求。仁宗最后也准许郭稹解职，以实现他的守孝意愿（《宋史·礼志》《宋史·郭稹传》）。

这些孤儿寡母间的相互关系和生活实践，使人有一个鲜明的感觉，即儿女对寡母的改嫁，通情达理，毫无怨恨，爱护尊重，生养死葬，唯恐不得尽意，唯恐老人心情不舒畅。这些儿女，多是读书人，中进士，为官作宦，有的至参知政事，有的是贵妃。他们丝毫不以母亲改嫁为耻，却以迎养再嫁母为应尽的义务，为人子之道。“饿死事小，失节事大”的束缚寡妇的意识她们是没有的，事实上也是不承认的。母子、母女的关系，是天然的关系，是任何情况下也改不了的，也得承认的。刘湜、范仲淹、杜衍、张贵妃、王博文、郭稹等人对改嫁母的态度是合于人性的。他们体贴母亲的苦衷，谅解她不守寡的处境和原因，反而产生使她们晚年幸福的强烈愿望，在条件许可时加以实现。事实表明，“饿死事小，失节事大”的观念在北宋还没有什么市场，待到南宋逐渐成为人们的行动准则之后，社会对于寡妇的迫害更重了，实际上这对孤儿也不利，也是他们的灾难。

随着“失节事大”观念的流行，对于为再嫁母的守孝制度，朝廷和民间产生了不同的态度。民间尊重出嫁母的大有人在，元代池州人李鹏飞，生母姚氏是妾，受正妻欺凌，出嫁蕲州罗田朱姓。鹏飞长到19岁，知道生母情形，决心去寻找，找了三年才见到。这时朱家正患流行病，鹏飞把母亲接到家中，奉养一个时期又送回朱家，然后经常去探视，母亲死后，每年带领子孙去祭祀（《元史·李鹏飞传》）。政府的态度同民间不一样，产生了变化。明朝初年，进士王希曾再嫁的母亲任氏死了，他请求守三年的丧，明太祖令臣下讨论，礼部尚书李原名认为，“希曾之母既已失节”，不应当守制三年，只服一年就够了，明太祖同意了他的意见，王希曾的愿望没有实现（《续通典·礼典》《明史·李原名传》）。为出嫁母守孝观念和制度的变化，显示道学家的伦理观越来越成为人们的行动指南，越来越丧失人性，越来越不利于孤儿孀妇，说明君主专制制度更加不合理。由于明清以来严重歧视再婚的妇女，子女不愿意寡母再嫁，而从行动上加以阻挠，及至母亲再婚了，觉得受人歧视，因而对母亲有看法，不亲近。这样轻视再嫁母亲的思想流传开来，很难消除，时至今日，不少青年反对父母再婚，手段恶劣，乃至迫使业已再婚的分离，造成老人晚年的不幸。从这个现实看，这些人的行为和思想远不及好几百年以前的范仲淹等人，不能不说其行为不当，思想陈腐。

一般来讲，男子对于妻子的前夫有一种本能的忌妒，而对妻子带来的前夫的子女则态度不一。有的像任布那样，视之如同自己的亲生儿女，甚或因怜悯之心，超过对己子的待遇；但也有如杜衍继父钱某式的，视妻子前夫的儿子为累赘，拒不收留，或者加以虐待。任布类型的丈夫有男子汉的宽厚胸怀，尊重妻子，从而及于她与前夫所生的儿子，把抚养和教育他们作为自己的责任。妻子见丈夫如此尊重自己和爱护孩子，必然增强对丈夫的敬爱，因此夫妻感情深厚，生活必定美满，会是一个幸福的家庭。反之，虐待妻子的前夫子女，妻子心里痛苦，很难增进对后夫的感情，后夫的这种态度还会影响到他的子女与带来的子女的关系，这种家庭难于和睦。男子对于妻子前夫子女的态度，关系着全家生活状态，善于处理的人才会得到幸福生活。而善待妻子前夫的子女，承担抚养义务，是道德高尚的表现。任布类型的后夫对待妻子前夫儿子的热忱负责精神，虽然古往今来屡见不鲜，但是仍值得推崇，因为杜衍继父钱某那样的人也不少见，发扬前者，以杜绝后者，提高我们民族的道德水平。

异父母的兄弟姊妹如何相处，这也是处理好家庭关系的重要内容。张皇妃在得到宋仁宗宠幸后，有条件照顾家人，对同父异母的哥哥和同母异父的弟弟一样给予恩惠，不歧视异父兄弟，把他们看作一家人，实属难得，也是好品质。

处理好妻子前夫子女的关系，处理好异父兄弟姊妹关系，要有一个思想前提，就是承认妇女再婚的正当性，对她们的再婚给予同情、支持，至少要谅解，克服烈女不嫁二夫的陈腐观念。把妇女二次婚姻看成是正常现象，对她的前夫子女就不会另眼看待了，“拖油瓶”之类的意识就不会存在了，家庭关系就会处理好了。

总之，子女尊重再嫁母亲，异父的兄弟姊妹相互爱护，丈夫抚养妻子的前夫子女，是处理家庭人际关系的正确态度，反映道德品质的高尚，是我们民族的一种良好文化传统，需要今人很好地继承和发扬。

两汉南北朝的休妻

“孔雀东南飞，五里一徘徊。”焦仲卿在母亲逼迫下休妻刘兰芝，是我们熟知的故事。文艺作品反映的倒是社会经常出现的现象。

我们看历史资料，获知一些人休妻，其绝情无理之状令人愤慨，其被遗弃的妻子的惨痛令人同情。读者看到下述事实，想来一定会有同感。

陈平是西汉初年有名的历史人物，少年时家里很穷，和哥哥陈伯共有 30 亩田，陈伯从事农业生产，供养弟弟读书。陈平长得高大肥胖，邻里的人说陈伯家那样穷，陈平怎么吃得长得那么好。陈伯的妻子对陈平不做农活本来就有气，听了邻居的议论，就说家里不过吃的是粗糙的食物，哪里有精美的食品！有这么一个不事生产的小叔子，还不如没有哩！陈伯认为他养活弟弟是尽做哥哥的责任，妻子不能和他一个心路，不利于兄弟关系的和好，就把妻子休弃了。陈平读书，不仅不生产，连生活上也是嫂子侍候，嫂子有些怨气是很容易理解的，陈伯应当同妻子商量，争取她的同情，来供弟弟学习。陈伯不与妻子协商，竟然将她抛弃，做得太过分了（《汉书·陈平传》）。

西汉王吉，字子阳，琅玡人，官至博士谏大夫。年轻时被举孝廉，出任郎官，按理应当是很会处理家庭内部人际关系的，否则难于被地方政府看中而被荐举。但是否如此呢？且看他对妻子的态度。王吉为了求学来到长安，东家邻居有棵大枣树，枝杈伸到王吉的庭院中，枣子熟了，王吉的妻子从树上摘枣给丈夫吃。王吉开始不知是邻居的东西，后来发现了，认为妻子手脚不干净，就把她休掉。东邻看到这个家庭的破裂，心里不安，认为这是那棵枣树的罪过，要把它锯掉。邻居们觉得锯掉树太可惜，于是一致要求王吉把妻子迎回来，恢复婚姻，东邻也就不用伐树了。王吉听从了众位高邻的劝告，与妻子重新结合，所以当时产生这样的歌谣："东家有树，王阳妇去；东家枣完，去妇复还。"（《汉书·王吉传》）王吉的妻子是爱护丈夫的，因有感情，才偷摘邻居的枣子给丈夫吃，王吉应当领这份情。当然妻子占小便宜不对，需要教育，这并不是大不了的事，与夫妻关系并不相涉。但是王吉小题大作，认为这样的妻子丢了他的人，非离婚不可，似乎不如此不足以表示他人格的高尚。他这么一想，就不管妻子的处境了。邻居们也认为王吉太绝情了，太矫情了，出来劝导。所幸王吉听了众人的话，以复婚挽回自己的过失。可见王吉的举孝廉，可能是处理好了父子兄弟关系，而夫妻关系他是不懂得如何协调的。

王莽的祖父王禁，官廷尉史，娶妻李氏，又娶了几个妾。王禁因多妻妾，生有四个女儿，八个儿子。李氏生儿子王凤、王崇与女儿政君（汉元帝王皇后），不满意丈夫娶妾，王禁就把她休弃。李氏另与苟宾结婚，生子苟参。王政君进宫，成了元帝的皇后，后来成为皇太后，进用宗亲，命乃父王禁把已守寡的乃母从苟家迎回，恢复夫妻关系，并任用异父弟苟参为侍中、水衡都尉（《汉书·元帝王皇后传》）。李氏怨恨王禁多妾，是维护自身利益，王禁以男子的多妻权而黜妻，是不合理的一夫多妻制造成的。由于女儿当太后的政治原因使他们重新结合，则是意外的事情。

西汉末年，鲍永的父亲、司隶校尉鲍宣为王莽所杀，鲍永学习《尚书》，孝养后母。有一天他的妻子在他后母面前骂狗，鲍永认为妻子不稳重，在婆母面前喧嚷是不懂礼节，不知孝道，就把妻子抛弃了（《后汉书·鲍永传》）。狗在人前讨厌，轰它出去，即使声音高了一些，也是极其平常的事，鲍永竟然为此采取出妻的手段，实在令人惊异！

两汉之际，求仕而不得的冯衍，家庭生活也不如意。前妻任氏，性情暴躁，不许丈夫娶妾，生有五个孩子，而不理家务。冯衍买了一个婢女，做家务杂活。这个女奴“头无钗泽，面无脂粉”，惟供做饭之用，不是妾。任氏怕她被丈夫收用，对她百般虐待，这个女子不死，也是万幸。当她病倒了，儿女们干家务活，任氏也不照管。这是所谓“既无妇道，又无世仪”的女子。冯衍认为有这样的妻子是不吉祥的，在夫妻生活多年之后决心休掉她，给她的弟弟任武达写信说：“不去此妇，则家不宁；不去此妇，则家不清；不去此妇，则福不生；不去此妇，则事不成……衍以室家纷然之故，捐弃衣冠，侧身山野，绝交游之路，杜仕宦之门，阖门不出，心专耕耘，以求衣食，何敢有功名之路哉！”任氏不容丈夫娶妾有道理，不事家务就没有尽到主妇的责任。冯衍说任氏不管家而使家不成其家有一定道理，但把自身仕途的无望归咎于妻子，则是谬误了。当然，因他家庭的不和，让人小看了，舆论对他不利，不过这种影响不会太大，冯衍以不祥物怪罪任氏则不完全合乎实际了。冯衍与任氏离异后，又娶了妻子，后妻对前妻孩子态度恶劣，甚至要害死12岁的冯豹，相反冯豹对后母却很好。冯衍大约鉴于后妻对孩子的无理，又将其休去。他给友人写信说：“自伤前遭不良，比有去两妇之名，事诚不得不然，岂中心之所好哉！”（《后汉书·冯衍传》）离异是他的不幸，有不得已的苦衷。

班超通西域名垂千古，然而在西域有一段休妻的伤心事。班超为巩固、发展东汉在西域的势力，建议联合乌孙，进攻龟兹。汉章帝命李邑出使乌孙。李邑到西域，正碰上龟兹攻打疏勒，心中畏惧，不敢向前，反而向皇帝诬陷班超“拥爱妻，抱爱子，安乐外国，无内顾心”。班超听到这个消息，想到曾参的事：曾参离家至费，鲁国有同名人杀人，有人告诉曾母你儿子杀人了，曾母不信，继续织布。又有一人说了同样的话，曾母还是不信，照常织她的布。待到第三人来诉说时，曾母吓得逃跑了。班超想，曾参是贤人，曾母是了解儿子的，但人们反复说他的坏话，他母亲也不得不信了。我今天远离朝廷，有朝中来的人说我坏话；我还没有曾参的贤名，中央难道就不怀疑我？继而又想，既然说我留在西域是为得家庭之乐，我要抛弃妻子，就安不上这个罪名了，于是狠狠心，休了妻子。班超休妻是迫于情势，但最倒霉的还是他那个无辜的妻子，本来是恩爱夫妇，不幸竟被流言生生拆散（《后汉书·班超传》）。

黄允是颇有才华的人，司徒袁隗要为侄女找配偶，见到黄允，说要有这么个人做女婿一生也知足了。黄允听到这个话，要赶着去做宰相的东床佳婿，就想遗弃妻子夏侯氏。夏侯氏深知黄允自私自利的为人，他有了这个主意不会改变，只好同意，但向婆家提出一个请求：我要走了，想同亲友会一会，以表表离别之情。婆家同意了，大集宾客三百余人，在宴饮中，夏侯氏突然抓着黄允的袖子不放，数说他 15 件见不得人的事，然后离开了黄家。从此黄允声名狼藉，没能成为袁家的女婿，官场上也不得意。在此以前素以知人著称的郭太说黄允："卿有绝人之才，足成伟器。然恐守道不笃，将失之矣。"（《后汉书·黄允传》）黄允是无情无义之人，夏侯氏在他做出绝情的事后毅然离开他，倒也痛快。

河南尹应顺的妻子是再嫁之妇。其前夫是邓元义，且有子邓朗。本来夫妻关系尚好，但婆婆厌恶她，把她关闭在空房中，不按时给以饮食，她也不抱怨。公爹尚书仆射邓伯考发现这种情形，但改变不了婆婆对儿媳的看法，为可怜她，就把她送回娘家。后来她跟应顺结了婚。邓元义也说她没有过失，只是他的母亲对她太不好了。这位夫人不忘前夫之子邓朗，给他写信，得不到回答，给他衣裳也被烧掉了。她到亲戚家设法把儿子找来，邓朗见母亲，只拜一拜就走了，夫人追出去说："我几死。自为汝家所弃，我何罪过，乃如此耶？"但儿子还不谅解她（《后汉书·应奉传》）。应顺对妻子与前夫儿子的往来不干涉，是通情达理的，他的妻子因而是幸运的；但她儿子很不懂事，采取了错误态度，很伤母亲的心。

许敬与应顺是同乡好友，家贫，有妻，没有生子，双亲年事已高，以为无子是妻子的毛病，在应顺帮助下休妻另娶（《东观汉记·应顺传》）。应顺不嫌"弃妇"固好，但让人休妻就不对了。

广汉人姜诗，妻庞氏。姜诗对母亲特别孝顺，庞氏侍候婆母尤其尽心。母亲喜欢喝江里的水，而家距离江边六七里，庞氏经

杨宇翔绘姜诗休妻图

常去江里打水，供婆婆食用。一次遇上大风，庞氏不能及时赶回，而婆婆又渴了急着要喝水，姜诗因此责备庞氏，休出家门。庞氏到姜诗邻居家借住，日夜纺织，除供自身食用外，买了好吃的，请邻居大娘送给姜诗母亲吃，并且不让说明是她赠送的。日子久了，姜母奇怪邻居为什么总给好饮食，加以询问，明白了原委，备受感动，内心也觉有愧，就把庞氏召回家中，使分离的夫妇重归于好（《后汉书·列女传》）。庞氏遇风而误婆婆喝水，并非过失，因为这样细小的事情，姜诗竟然绝情，难怪连他母亲后来也感到内疚。

魏高贵乡公曹髦当政时，扬州都督毌丘俭起兵反对执政的司马氏，旋即失败。刘仲武是毌丘俭的女婿，毌丘氏生子刘正舒、正则。毌丘俭起兵，刘仲武怕受牵连，休弃妻子，令毌丘氏别宅居住，同时娶妻王氏，生子刘陶。后来毌丘氏亡故，刘正舒要求将他母亲与刘仲武合葬，刘陶不同意，刘正舒达不到目的不脱孝服，闹了几十年，直到他死，这问题也没有解决（《晋书·礼志》）。这是政治斗争带来的夫妻离散的悲剧。

南朝孙谦，青年时“躬耕以养弟妹”，后来历事宋齐梁三朝，在中央和地方做官。他有个叔伯哥哥孙灵庆，因病寄住孙谦家中。孙谦外任归来，问灵庆生活情形，灵庆就说饮食忽冷忽热，茶水亦不周全。孙谦认为这是妻子照顾不周到，委屈了堂兄，立即把妻子休出家门（《梁书·孙谦传》）。孙谦妻纵有对孙灵庆照顾不周的事，也不是应被休弃的大事呀！

男子弃妇，究其原因，最主要的是认为妻子犯了“七出”之条。这七出是：一无子，二淫佚，三不事舅姑，四口舌，五盗窃，六妒忌，七恶疾。许敬休妻即以其不生育；鲍永妻、姜诗妻庞氏、孙谦妻、邓元义妻之见弃，即为她们不孝敬公婆和尊亲；陈伯出妻，以她好口舌搬弄是非为由；王吉去妻，因其窃盗；王禁休李氏、冯衍休任氏，皆因她们妒忌。这些妇女之被逐出夫家，除了冯衍妻任氏有一些不妥当的地方，其他人或是无可指责的，或虽有不如人意处，但绝不是大过失。她们虽应了"七出"之条，却是真正无辜的。由此可见，"七出"之条在两汉至南北朝的实践是无理的，它是男子控制女子的伦理道德和手段，是压抑女子的工具。它的本质是这样的，但同时它也可以使感情破裂的夫妇离异，倒也有顺乎人情的一面，如冯衍所说："夫妇之道，义有离合。"(《后汉书·冯衍传》)允许离婚，符合人情客观要求。但是应当充分注意到离异权只握在男子手中，他可以行使这种权力，而女子大多只有听从离异的义务，夫家要弃绝，她再要求也没有用，所以"七出"对于女子总是不利的。

出妻的原因，还有班超、刘仲武式的，为政治缘由而休妻。休妻者虽有感情上的不忍，但为保住自身政治地位，还是出妻了，所以受害最深的还是女子，最痛苦的也是女人。

至于黄允式的出妻，为图进身，趋炎附势，亡情绝义，此乃势利小人所为，为人所不齿。不过应当看到，黄允式的人物，历史上不绝如缕，不是个别现象。清朝乾隆时有一个姓朱的候补县丞，听说按察使有个外甥女要嫁人，就骗妻子，说岳母病了，令其回乡省视，又给了护送的仆人600两银子，暗示把老婆也给他。仆人把他妻子带走了，他就托人为媒，娶按察使外甥女为妻，又别事钻营，终于做到封疆大吏（朱克敬《暝庵杂识》）。

在古代社会，伴随着大量的弃妻现象，有七出休妻的制度；休夫的事也偶有发生（泼水难收故事中的朱买臣），但绝没有休夫的制度。休妻制度表明家庭中夫妻各自地位的不同，即夫为主，妻为从，这是夫为妻纲的一项重要内容。总之，“七出”之条及其实践是男女不平等的表现，是对女子的一种制驭手段，而不是解除婚姻关系的合理途径。

休妻虽是夫妻关系的破裂，在很大程度上也是父子关系的反映。“七出”的头一条是“无子”，意味着断后，“不孝有三，无后为大”，绝后对不起父亲，也得罪于祖先，为避免断根，就要与不生育的妻子分离；第二条“淫佚”，即妻子生育的男孩不一定是本家族血统，无异于是以外姓为后，也是对父祖有罪；第三条“不事舅姑”，是父母与儿媳直接冲突。这些内容，使笔者知道家庭中的父子关系重于夫妻关系，为协调父子关系，就必须要调整夫妻关系来与它相适应，父子关系决定儿子的夫妻关系，包括这种关系的解除。父子关系以孝道为准则，夫妻关系应当以情爱为基础，为了实现孝道而放弃爱情，这就是古人的孝大于情。

不管什么原因，“七出”是妇女的灾难。保护妇女正当的婚姻权利，保护女子的正常的婚后生活，这是由来已久的问题，是有历史根源的事情，只要男女还没有达到各方面的真正的平等，这个问题就不可能不存在。虽则随着时代的变化，妇女解放事业的前进，它的严重性会削弱，但总是不可忽视的问题。

卖妻者的夫妻感情

笔者手中有几则关于丈夫出卖妻子的历史资料，卖妻的丈夫与妻子如何对待夫妻生活，各怀什么感情，各以什么态度对待夫妻的分离，其情状较为复杂，非一言所能道尽。

徐孝克，祖父是南齐太守，父亲是萧梁戎昭将军、太子右卫率，长兄徐陵官尚书右仆射、建昌县侯、安右将军。孝克本人“遍通五经，博览史籍”，出仕为太学博士。当侯景之乱时，京城大饥，十人中有八九个饿死，作为官僚的徐孝克家里没有米，连稀粥都喝不上，可是孝克想让生母陈氏活下去，就打了妻子臧氏的主意。臧氏是领军将军臧盾的女儿，长得俊美。孝克向妻子说：现在遇到战争灾难，连母亲也养不活，不如把你嫁给富人，对我家对你都有好处，不知你的意思如何？臧氏不同意。孝克秘密与侯景的将领孔景行商量好，强迫臧氏出嫁给孔，臧氏不得已哭泣离去。孝克将卖妻所得，供养母亲。臧氏仍然怀念徐家，几次偷着送东西给他们，保证陈氏没有断顿。

孝克为养母，出家当了和尚，要饭兼带养活母亲。次后孔景行打仗死了，臧氏在街头寻找孝克，等了好多天终于见到了，对他说：当初你卖我，并不是我对不起你。今日我可以离开孔家了，该回去侍候你母亲，不知你答应不答应？孝克同意了，自己也还了俗，与臧氏重为夫妇。孝克官至散骑常侍，家里仍然很穷，母亲想吃粳米粥，也不能经常办到，母亲死后，只吃麦饭，不忍再吃粳米（《陈书·徐孝克传》）。孝克对母亲感情深笃，是孝子，但对妻子薄情，对不住妻子而毫无歉意，臧氏却对他一往情深，是多情的妻子。臧氏的父亲臧盾是“有孝性”的人，居父丧，五年不出庐门，形骸枯悴，连本家都认不出他来（《梁书·臧盾传》）。臧氏可能从父亲那里知道孝子的心情，原谅了孝克的寡情。

酷吏来俊臣是有名的告密专家，他的父亲来操是个赌徒，与同乡蔡本是好友，并与蔡妻私通。来、蔡二人赌博；来操赢钱数十万，蔡本没有钱还，就把妻子赔给来操（《旧唐书·来俊臣传》）。这是两个无赖，拿妻子当金钱财物，随便交易。蔡本夫妇没有感情，蔡把赌博看得比妻子还重；妻子也不讲道德，不以丈夫为意；来操乘人之危夺人妻子，事实上也不尊重蔡妻。

明朝万历年间，甘凉地区大旱，许多人家没有吃食，丈夫就把妻子卖了。有对夫妻在分别时，妻子频频回头相看，不忍离去，丈夫也舍不得妻子，于是上前相对痛哭，难舍难分，最后一横心，一齐投到河中淹死（吕坤《实政录·救命会劝语》）。这对夫妻感情深厚，分离不是自愿的，是天灾人祸逼迫的结果。

明末高淳县有个游姓佃农，欠田主租子还不起，不得已把妻子卖了 30 两银子，准备还租。大概是卖妻伤心过度的缘故，不留心把银子丢了，他越想越难过：老婆卖了，银子丢了，租还不了，该到死的时候了。所幸拾主何调元在那里等候失主，才使游某得以活下去（光绪《高淳县志·好义》）。

清康熙年间，安徽芜湖受灾，大量的居民缺食，城北有一个男人要卖妻子，一个买主出了 12 两银子，已经商定成交了，但

《点石斋画报·当妻谈新》

是妻子伤感地大哭，不愿离开丈夫。这生离死别的场面引起路过的邓光远的同情，立即回家筹措了银子，交给那个卖妻者，使得将要分离的夫妇得以完聚（嘉庆《芜湖县志·孝义》）。

嘉庆时，福建长汀人兰贵陇，娶妻吴氏。吴氏结婚时17岁，与兰贵陇堂兄兰应陇通奸，被丈夫发现，就以贫穷为名，托媒婆邓秋妈出卖吴氏。媒婆找到王恩封，王出财礼番银50元，兰贵陇写立婚书，收清财礼，这时吴氏20岁。但是兰应陇从中作梗，杀死王恩封（中国第一历史档案馆档案，内阁全宗·刑科题本·婚姻类，嘉庆四年第105包）。

嘉庆三年（1798），四川德阳人黄透元26岁，其父黄同兰52岁，他们原籍汉川，在老家无法生活，迁移到德阳，没有田地，租种田主的土地。黄透元娶江子陇的女儿为妻，夫妻感情不好，经常吵闹，黄同兰感到这样的局面不能长久地维持下去，征得亲家江子陇的同意，把江氏卖给曾宣做妾，收取财礼17千文。到过门的时候，黄家又向曾宣要酒水钱，曾宣不答应，双方争执起来，以致黄透元误将来抬人的轿夫打死。卖妻违犯清朝法令，四川总督勒保在审理这个命案时，提出如下的处理意见，供皇帝审批：黄透元拟绞监候；黄同兰、曾宣、江子陇均合依买休卖休律杖一百折责四十板；媒人减一等折责三十五板；财礼钱文照追入官；江氏由官府另行择配（中国第一历史档案馆档案，内阁全宗·刑科题本·土地债务类，嘉庆三年第73包）。黄透元的婚姻实由其父做主，江氏的命运决定于夫家和娘家父亲，当事人都没有多少发言权，江氏的被卖，包含着被休弃和被出卖的双重内容。

看到这些事实，令人气愤的是夫权的罪恶。丈夫不顾妻子的感情、愿望，说卖就卖，把妻子推给另一个“主”人，而妻子没有人身权利，没有人格。所以卖妻的现象是女子社会地位之低最真实的反映，是女子不幸的家庭生活的一种集中表现。

妻子作为财产被卖，明清时代见得多，在唐朝以前，休妻的只是把女子送回娘家，并不要收一笔财礼卖给别人。宋以后寡妇再嫁遭到更多的社会阻挠，妇女社会地位更低，卖妻现象也就增多起来。在传统的君主专制社会里，妻子的地位越来越低，丈夫可以出卖妻子就是它的表现。

在卖妻的男人中，有的与妻子感情融洽，夫妻生活是美好的，但由于天灾人祸，家庭经济崩溃，丈夫乃以卖妻来维持生活。在这种情况下，有的夫妇感情仍然维持着，妻子还谅解丈夫，对于这种家庭破裂的不幸，令人痛恨制造它的不合理的社会制度，令人产生提高社会生产力以抗拒自然灾害的愿望，同时也令人深思：在被损害的男人、妇女中，男女还是不平等的，男人还不起地租高利贷可以出卖妻子，即在困难中还可以向妇女转嫁他的灾难，把妇女推向更苦难的深渊。即使那些夫妻一同投河的，不忍离别的，男子还是有他对妻子的支配权。

在卖妻中，也有夫妻感情恶劣的，也有妻子与他人发生不正当关系的，这些问题本可以通过正当的途径来解决，按照那个时代的办法休出去也就可以了，但是丈夫却采用了卖妻的手段，比休弃又惨酷得多了。

卖妻是丑恶的社会现象，是女子血泪生活的反映。现在要提出问题：丈夫为什么有权力出卖妻子，妻子为什么要接受这个屈辱的现实，社会为什么会承认卖妻的合于情理？原因就在于妻子是买来的。定婚时下彩礼，请客迎亲，所花的费用，就是妻子的身价。妻子到了夫家，就是有了“主”儿，自个身子只好听从公婆和丈夫支配了。妻子是买来的，有如物品，是一种财产，当需要时把她出让，是这种所有权的最大的也是最后的实现。这当然没有什么不合理的地方，作为财产的妻子只好接受这种转让。

其实她从娘家出嫁已经被第一次出卖了，这不过是第二次出卖，并不奇怪。所不同的是第一次被卖的是童贞，第二次则是不值钱的再嫁妇了。究其实质，是在古代私有制社会里，妻子是被丈夫占有的，是一种财产，根源就在于私有制和买卖婚姻。所以只要婚姻要财礼，卖妻现象就不可能根绝。关键是要解决买卖婚姻制度，舍此别无他途。

秦汉以降的家庭结构

历史上家庭结构和家内人际关系是个大题目，作一部有相当分量的专著也不一定说得清楚。讲家庭结构更需要统计资料，梁方仲据二十四史等载籍整理的《中国历代户口、田地、田赋统计》，对它的研究很有用，但也还是不够用。这篇小文只是就笔者掌握的资料，想写什么就写什么了，而不能系统地讲述古代家庭结构。

家庭结构的内容，包含家庭规模、成员、家内人际关系和主体成分。孟子讲“百亩之田，勿夺其时，八口之家，可以无饥矣”，是说一般人的家庭是八口人。同时期李悝在计算普通人家庭经济时说：“今一夫挟五口，治田百亩……”（《汉书·食货志》）则是说一家大体上有五口人。秦汉以后，人们讲到家庭人口，或说“八口之家”，或说“五口之家”，因此可以这样认为：战国、秦汉以降家庭人口在八口左右，或五口上下，换句话说，一般家庭是五至八个人。

商鞅变法，强令有两个成年男子的家庭分居，故秦汉以后，大量出现五口左右的家庭。贾谊说：秦朝人“家富子壮则出分，家贫子壮则出赘。借父耰锄，虑有德色；母取箕帚，立有谇语”（《汉书·贾谊传》）。这是说有家产的父子分开过，各自组织家庭，没有家产的，儿子离开家庭，剩下父母。父子分家，相当彻底，从财产的严格所有权上分辨最清楚，儿子不愿意向父亲借农具，害怕父亲表现出施恩的脸色，而使自己处于难堪的地位。同样，母亲到儿子家拿笤帚畚箕用一用，竟会遭到责嚷。这些做法和心理无不表明父子是分得一清二楚的两家人。晁错讲到汉朝农民的痛苦，说：“今农夫五口之家，其服役者不下二人……”（《汉

杨宇翔绘分家后父子关系图

书·食货志》）以五口之家举例，理应表明当时五口人家的普遍性。两汉政府实行举孝廉政策，要把地方上著名的“孝悌、有行义”的人吸收到政府中来（《汉书·宣帝纪》）。被举的孝廉既是实行孝道的模范，与父母同居应是当然的前提，但是东汉产生“察孝廉，父别居”的民谣（葛洪《抱朴子·外篇·审举》）。孝廉尚且同父母分居，其他的可想而知了。社会的现实是成亲的儿子与父母在一起生活的不多。而在一起的家庭，有时会受到社会的敬重，如西汉末年刘秀舅氏樊重、樊宏家庭“三世共财”，被视为“礼仪恩德行于乡里”之家（《后汉书·樊宏传》）。此种礼敬恰说明这类家庭的稀少。

南北朝以后父子分家的现象也很普遍。刘宋时周朗说：“今士大夫以下，父母在而兄弟异计，十家而七矣；庶民父子殊产，亦八家而五矣。”（《宋书·周朗传》）无论是士大夫、平民，多达百分之六七十的家庭是父子析居的，正因此聚居成为可贵的事，刘宋西阳县人董阳“三世同居，外无异门，内无异烟”，被政府表彰为“笃行董氏之闾”，蠲免赋役（《南史·孝义传》）。隋代，四川、陕西南部的庶民之家，“父子率多异居”（《隋书·地理志》）。江南民间大体也是父子分开过。而在岭南，父子不但析居，如果父亲贫穷，还有卖身于儿子的现象（《隋书·地理志》）。四川、陕南子孙与父祖别籍异财的现象继续到宋代。可能是异居带来了严重的社会问题，北宋政府加以干预，宋太祖开宝元年（968）令地方官劝谕父子共居，否则治罪（《续资治通鉴长编》开宝元年六月癸亥条）。次年更下令，有违犯的处以死刑（同上，二年八月丁亥条）。

政府的决心正说明析居现象的普遍。

五口之家应是父子分离后的家庭，其成员为丈夫、妻子和他们的未成年的儿女，间有未成年的弟或妹，基本上是两代人，其中以夫妻为家庭的主体，丈夫是家庭的主宰。这类家庭也可能有鳏父，或寡母，从而组成三代家庭，但仍以第二代夫妇为家庭主体，第二代男性为实际家长。这种家庭排斥已婚的兄弟在一起，历朝政府所表彰的“三世同财”，主要是兄弟与祖孙同居共爨，那是另一类型的家庭。

八口之家基本上是三代人，若第二代有兄弟妯娌，第一代男性在，则为家长，主体仍在第二代。丧失父母，兄弟妯娌很少在一起的，这样的八口之家罕见。下面将有机会说到一些事例，这里不赘。

五口之家，八口之家，在成员多寡、家长等方面有区别，以壮年夫妇为主干则是共同的。它们的成员数额差别不大，血统上不过两三代，到四代的甚少。五口之家是小家庭，八口之家是中小型家庭，与五口之家接近，之所以不称为大家庭，因为还有“百口之家”的真正大家庭存在。

历史上不乏百口之家，或自称，或被人称为“百口之家”的家庭，多是贵族、官僚之家。成员包括三代以上的血缘亲属，其中至少在一代人中有兄弟妯娌成分。如以四世同堂来说，第一代可能没有兄弟、妯娌，第二代、三代必然会有。这个家庭不仅有男女主人，还有男女奴仆，还会有寄食的姻亲，所以又说是“尊卑百口”。它的家长，在贵胄之家是有爵位的人，在百官之家，一般是官职高的长辈，在这里官职重要，但不是绝对的。如北宋初年，王溥官至宰相，其父王祚虽只做过刺史、防御使，但家庭中仍以王祚为主，百官到王府拜见宰相王溥，王祚每每作主人招待客人，坐主人席，王溥在左右侍候，客人哪能安心，每当王溥让酒，客人离席告罪，可是王祚却说：这是小犬，诸位请不要起身，安心受他的敬酒（《宋史·王溥传》）。尊为宰相的王溥在家中不是家长。百口之家是大家庭，它与宗族同爨的还有所不同。民间几世同居的，成员可以多到几十几百，历史上不称它为“百口之家”，以别于贵胄官僚家庭。这种同宗义居，也是大家庭，不过更确切地说应是宗族家庭。

概括起来，秦汉以来的古代家庭，有三种类型。一是小家庭，以一夫一妻为主干；二是中小型家庭，以有父母、子媳共居为特征的人口不是很多的家庭；三是贵族官僚的大家庭，少量存

东汉“庖厨”画像砖

在的宗族家庭是大家庭的变形。小型和中小型家庭的数量远远多于大家庭，而小家庭比中小型家庭还要发达。

何以小家庭、中小型家庭为多？这与家内不协调因素及其激化有关系。在家庭中，家长是主宰，家庭财产为他所有，子女是他的财产，甚至妻子也是，他支配家庭经济，督率子弟经营生产，子弟的收入交家长，而家属不能随便动用家庭财产。家长对子女有处罚权，送审权，有时候还有杀子权。

子孙要尽孝，以家长的意志为意志，是非为是非。这样在家庭内部分为主导者与被治理者两种人，两者不可避免地要发生冲突，会出现家属不满家长治理的冲突，所以历史上家内不和是常见现象。

汉宣帝元康年间（公元前65—前62年），有一年统计，民间子弟杀死父兄、妻子杀害丈夫的，共有222人。这一年宣帝和后将军赵充国商议攻打匈奴，丞相魏相表示反对，理由之一是民间不稳定，论据就是上述凶杀案，他认为这种现象不是“小变”，应高度注意，把整理内部当作急务，而不应忙着攻打匈奴（《汉书·魏相传》）。政府把事情看得那么严重，一点也不过分，没有激烈的冲突，父子夫妻下不了手自相残杀。

南北朝时期，南阳有个富翁死了，“诸子争财，兄遂杀弟”（《颜之推《颜氏家训·治家》）。如果这个富人生前给儿子们分了家，便不至于有分财矛盾，以至骨肉相残。萧梁有个中书舍人，待家人极严刻，妻妾被迫买通了刺客，乘他醉时把他杀了（同上）。南宋朱熹在一份奏札里说，他见近年判的案子，对“以妻杀夫”，

朱熹自画像石碑拓片

“以族子杀族父”，“以地客杀地主”，都处刑过轻，不要偿命，只是流放，这就犯了失出的错误（《朱子大全·戊申延和奏札一》）可见当时妻子杀丈夫的事情不少。

家人相杀，是家内严重不和的表现，大多数是家属对家长来的。家属之间也有不少不协调的因素，如婆媳、妯娌、姑嫂之间经常会有龃龉。后娘与前妻之子、前夫儿子与后夫儿子之间也有隔阂。后娘对前妻子女视之如己出的，虽不乏其人，但虐待的也多，所以社会上对后娘往往没有好看法，后娘也觉得难于做人。如唐代崔衍少年时受继母李氏虐待，他的父亲左丞崔伦出使吐蕃，崔衍也当了富平尉，崔伦出使归来，李氏故意穿破衣裳，等到丈夫问原因，说崔衍不给她衣着饮食，崔伦信以为真，责打儿子，还是崔衍的叔父崔殷说明真相，才使他父亲明白过来。崔衍在父亲死后，对李氏及异母弟崔郃却很好，崔郃借债，总替他偿还，以至官做到刺史，而“妻子衣食无所余”(《旧唐书·崔衍传》)。这一好一坏才没有激化矛盾。家庭规模大，人际关系复杂，冲突就多，甚至于激化，有的人为理好家，过好日子，不愿意要大家庭，小家庭必然会增多。

家庭析居的积极者是谁呢？首先不是家长，其次不是母亲，而是儿子夫妇，兄弟夫妇，尤以妇女为主。如东汉陈留人李充家庭，李充已娶妻，母亲健在，兄弟六人，他是弟弟，想来还有嫂子。家里很穷，衣服不能每人备办，只能轮着穿。他的妻子私下跟他说：家里穷成这个样子，也维持不下去，我有私房钱，我们不如要求分开来过，改善我们的生活。李充假意答应，说要请客分家，妻子高高兴兴地办了酒席。客人到齐了，李充跪在母亲面前说：媳妇不懂道理，叫我和母亲、哥哥分开过，这样的妻

嘉峪关魏晋墓壁画中的上食妇女

子我不能要了，说着就把妻子休回娘家。这个家当然没有分，李充成了有义行的人，可是主动要求分离的妻子却遭了罪。东汉汝南召阳人缪肜，兄弟四人，各娶妻子，他是老大，兄弟们年幼时就死去父母，他是家长。几个弟媳要求析产，妯娌之间也经常吵嘴。缪肜不知怎样才能维持这个家庭，一天把门关上，自打自责："缪肜，汝修身谨行，学圣人之法，将以齐整风俗，奈何不能正其家乎！"弟弟和弟妹们见长兄如此难过，不敢再要求分家了（《后汉书·独行传》）。到隋末，饶阳人刘君长的反对分家跟前述李充如同是一个模子出来的。他有一个累代共财的家庭，时值农民战争的混乱时期，缺少粮食，他的妻子想分家，想要说服丈夫，就把院里各个树上的雏鸟放到一个窠里，这样诸鸟争斗鸣叫，她说：现在天下大乱，禽鸟都不能相容，何况人呢，还是分家吧。刘君长听了妻子的话，分出来单独过活。一个月后，他觉得不对劲，指责妻子是"破家贼"，赶出家门，又同堂兄弟们一起生活去了（《旧唐书·刘君长传》）。元代辽阳人郭全是老大，兄弟五人，各有妻室，他的弟弟、弟妹全都要求分家，他不会做缪肜那样感动人的事，只好分家了（《元史·郭全传》）。上述事实说明，处于儿媳、弟媳地位的妇女是分家的重要推动力。

古时人早认识这一点。浦江义门郑氏宗族的家长郑濂，回答明太祖朱元璋所问的能够同居共爨的原因是，"惟不听妇人言耳"（《明史·郑濂传》），就是讲不理睬妇人的分家要求。儿媳、弟媳要求分居另过有其道理，她们在夫家是外来人，与这个家庭没有血缘联系，本来并不亲近，在妯娌之间也没有血缘关系，加之其他

隋文帝像

利害冲突，很难产生亲密感情，所以不愿一起生活，要求各过各的，反倒会相处得好。

影响家庭规模和类型的因素，还在于历代政府的政策。各朝政策，是鼓励分居还是同居，时有变化，也互相矛盾，但对民众都起作用。商鞅变法，“民有二男以上不分异者，倍其赋”（《史记·商君传》），谁也不愿意出加倍的重赋，于是父子、兄弟分家，就出现了前述贾谊描绘的那种情形，家庭规模明显地变小了。隋文帝实行大索貌阅的户籍政策时，“大功已下，兼令析籍，各为户头，以防容隐”（《隋书·食货志》），堂兄弟必须分家，大家庭减少了。

商鞅、隋文帝的政策导致家庭化小。有的朝代又反对血缘近亲分家，唐律规定，如祖父母、父母在世，子孙自立户头，分财自过，要各受三年徒刑，如果是祖父母、父母提议分家的，祖父母、父母要各受两年徒刑（《唐律疏议·户婚·子孙不得别籍》）。明朝沿袭了唐朝的律条，也即坚持子孙不得要求分家的规定。至于像前述宋太祖两次下诏令反对子孙别籍异财，则更是屡见不鲜，如辽圣宗统和元年（893）诏谕，“民间有父母在，别籍异居者，听邻里觉察，坐之”（《辽史·圣宗纪》）。事例繁多，不必一一列举。这类法律、诏令禁止父子分家，也起一定作用，但民间私下进行，子孙要分家，父祖不告发，并不治罪，所以它并不能完全阻止父子分家现象的发生。历朝政府反对隐匿人口，增加赋役收入，要求民间父子异居，可是父子析产后容易出现老人无人承养的社会问题，也不符合孝义伦理，因此又要求父子祖孙共财，于是根据当时的需要，采取相应的政策。在不同的政策下，就影响到民间父子祖孙的分离与结合，家庭类型与规模遂发生相应的变化。

笔者研究古代家庭结构史，觉得澄清了一种看法，过去知道历朝政府旌表义门，知道贵胄官僚的百口之家，容易产生古代大家庭数量多的误解，其实古代以小家庭、中小型家庭为多，真正的大家庭并不很多。消除错觉，明白一夫一妻为主体的家庭有其悠久的历史。

小家庭，容易使其成员明了其家庭责任，明了家庭地位与其切身利害关系，比在大家庭中关心家庭的发展，从而加强责任感，为家业的兴旺去作相应的努力，所以小家庭比大家庭激发人去创造。这不仅对家庭本身有利，对整个社会也是有益的。

促进社会小家庭化，妇女有很大功绩。过往研究者较多地看到女子被压抑的一面，同时还应看到她们创造性的一面，她们作为历史主人的一面，研究家庭史使笔者懂得了这一点。

看到小家庭为主的事实，只是了解历史上家庭状况的一个侧面。大家庭虽然数量不多，但却是古代家庭社会性质的体现。这类家庭最讲究传统礼法，束缚子孙与女子最严，向政府输送官员，是政府的社会基础。因此，人们讲到古代家庭，就以大家庭为例，是有一定道理的。大家庭既然最反映古代家庭的性质，研究古代家庭史就必须给予应有的关注，否则很难有理想的说明。

古人的分家

谈到分家，就要明了财产继承和分家的方法。这里的几个古人分家的事例，就涉及人们容易提出的分家中的问题。

陆贾，刘邦的谋士，出使南越，完满成功，得封为太中大夫。吕后当政时退职，到雍州好畤县定居，想到身后事，就给儿子们分家产。他出使南越时，南越王赵佗送他价值二千金的礼物，这时他拿出一千金，给他的五个儿子每人二百金，令他们自谋职业独立生活。他自己留有所乘坐的车骑，从事歌唱音乐的侍者十人，价值百金的宝剑。

他向儿子们宣布：如今与你们约定，我轮换到你们家里去，每人十天，然后换一家，我还要出游，到朋友家去，因此一年也不过到你们每个人家去两次。我去谁家，谁供给饭食，还要养活侍从和喂养牲口。我的饮食一定要上好的，蔬菜、鱼肉要新鲜的，得让我满意。反正我去你们那里的日子也不多，也不让你们为我太劳累了。将来，我死在你们谁家，宝剑、车马、侍从就归谁所有（《汉书·陆贾传》）。陆贾把财产分给男儿，留下一部分自用，并对这一部分的未来所有权也作了预先的安排，如同写了遗嘱。分配财产的同时，要求儿子们尽义务：要孝敬他。自分家后，他的儿子们各自成立小家庭，轮流供奉父亲饮食。陆贾安排后事早，后来进长安给丞相陈平出谋划策，反对吕氏，汉文帝即位后，又奉命出使南越，寿终时不知是在哪个儿子家里。

西晋初年，乐陵郡公、司徒石苞有六个儿子，长子早亡，老儿子石崇。临终前他给诸子分家产，一一分派停当，唯独没有石崇的份，石崇母亲提醒他，还有老六哩，石苞说：我不是忘了他，别以为这孩子年岁小，我看得出来，他以后能挣家业，所以就不给他了。“知子莫如父”，石崇长成后，官至荆州刺史、鹰扬将军，果然大富，有“水碓三十余区，苍头八百余人，他珍宝货贿田宅称是”“后房百数，皆曳纨绣，珥金翠”。他与王恺斗富，成为历史上出名的豪奢事件（《晋书·石苞、石崇传》）。石苞的分家与陆贾的有所不同，给儿子的财产因人而异，且不听妻子的意见。石苞遗言，要求薄葬：用平常穿的衣服装殓，不要反复穿裹，墓内不设床帐明器，墓外不起坟，不种树。

姚崇，与宋璟同是唐玄宗开元年间的名相，他的分遗产方法学自陆贾和石苞。他看到前辈达官贵人身死之后，子孙不能理家，所有财产都不认真经理，以致毁弃，有的子孙为争家财，尺寸不让，乃至打官司，家破名败。他为避免这种情形在自家出

姚崇画像

现，觉得陆贾、石苞在世时分配财产，以杜绝后世之争的办法好，于是把田园分给三个儿子，并写了遗嘱，说明分配资财的原因，并料理自身的丧葬事务。他也主张薄葬，叫子孙只给他用常服装殓，不要紫色玉带。他不信佛，只允许子孙请僧人念经，规模要小，并用随身衣服做布施，不得用余钱做这类无益的事。另外，他还给了侄儿一部分财产。《旧唐书》讲到他的析产，说“先分其田园，令诸子侄各守其分”（《姚崇传》）。

明代后期，山东诸城人、贡生高晓，有七个儿子，在世时给他们分家产，每人 30 亩田，但到他死时，小儿子没有如实得到，儿子中的高廷芳把他分到的那一份转让给小弟弟（方苞《望溪先生文集·高仲芝墓表》）。同时期，江南无锡人华效复病危之际，作了家事的安排，他有 150 亩地，三个孩子，每人分三分之一（《华氏传芳集·通奉大夫雍明府君宗谱传》）。

陆贾、石苞、姚崇等人的分家产，都是他们在世时进行的，这是分家的一种方式，即由家长主持。产业由其创造，分配时随其主张，诸子很少能反对的，这样分家时比较顺利，少发生纠纷。这种分法给家长也留一份养老财产，包括殡葬费也留足了，死后一般不会发生意外，等于自己发送自己，倒不会使子孙滞留不葬。这个分法传诸后世，时至今日，诸子分过，老人轮换去吃派饭的做法，即保留了它的一部分内容。

另一种历史上常见的分家方法，是兄弟们在父亲故世后自行分家，不过要请至亲长辈来主持，或做证人。东汉时会稽阳羡人许武，有两个弟弟许宴、许普。他向弟弟提出分开过，得到了同意，他就把家产分成三份，而每份的价值不一样，他首先要了有好田、大宅、强壮奴婢的那一份，把劣田、小宅、体弱奴婢的两份推给了弟弟，许宴、许普也都无异议地接受了。许武以所得的财力从事经营，没几年资产扩充为原来的三倍。他的邻居对许武的分家法看不惯，鄙视他的贪婪，赞扬他的弟弟们的容让精神。舆论就这样形成了，许宴、许普因而被郡太守选举为孝廉，出了名。这时许武请来家亲，哭着说：我不像做兄长的样子，主持分家干出那种丑事。其实我是因为两位弟弟都成年了，还没有荣禄，我想用那种分家法，给他们创造获得好名声的机会，今天果然得到了，我的名誉因而毁掉了也不要紧。现在我宣布，我把原来分的家财以及因此而扩充的产业，全部给我两位弟弟，表明我的原来想法。他说到做到，于是远方的近处的人都称赞他的义行，太守第五伦把他举为孝廉，他后来官做到长乐少府（《后汉书·许荆传》)。许武这样做，是故意制造分家产的不公平，作为取得名誉的手段。

在分家中义让的人史不绝书。明代吴江人曹大武兄弟九人，他出继伯父，伯父有田900多亩，理所当然由他继承，但是他八个弟弟在本生父亲家里所能接受的田地少，为照顾同胞，他要求祖父允许把他应接受的遗产共同分配，于是他只承继了300亩田(乾隆《震泽县志·别录》引茅坤文)。

以上两种分家法，对于财产的根本原则是同一的，就是诸子平均分配，不管少长，得到的都一般多，换句话说，父亲的儿子，都有同等的权利继承父亲的遗产。不仅上述事例说明了这一点，法律也作了同样的规定。如元律就有《诸子均分财产》的条文，见于《元典章》卷十九《户部·家财》。这里所说的儿子是指正妻生育的，对于妾生的儿子，同样允许参加分配，元代就有"同亲过继男与庶生子均分家财"的规定。没有妾的名分的奴婢生的儿子也可以分得一部分财产，当然没有嫡生子多。如元代大名路人孙平有嫡子孙成，婢生子孙伴哥，孙平死后，孙成与孙伴哥为分遗产而打官司，政府判决，孙成得家产十分之八，孙伴哥得余下的十分之二(《元典章·户部·家产·补庶分家产例》)。只要是父亲血缘的人，都有财产继承权，至于继承多少，基本上是平均分配。在继承政治遗产上则有较大区别，在汉人当政的朝代，嫡庶长幼的名分观念很强，在嗣爵上，嫡子特别是嫡长子有优先权。

女儿有无财产继承权呢？上述事例都没有涉及，显然是没有份的，即没有资格继承娘家财产。女儿出嫁叫“于归”，就是婆家的人了，同娘家已经脱离家庭成员的关系，从而失去财产继承权。娘家给女儿财产，是在出嫁的时候给嫁妆，给的多少根据家庭经济情况，以不损害家庭经济为原则。有的娘家给的很多，甚至给田产，但这是陪嫁，为使女儿在婆家有地位，而不是分遗产。有的对女儿偏心，多给一点嫁妆，如元代福建莆田黄某，“爱其女，尽以腴田嫁之”。黄某没有儿子，以黄已为嗣子，他想把财产多给女儿一些，只有趁出嫁时陪嫁，否则以后就没有理由再给了（宋濂《宋学士文集·朝京稿·莆田黄府君墓志铭》）。也有给女儿分家产的，那是个别的例外。如脍炙人口的司马相如与卓文君婚姻故事中，文君随相如出走，其父卓王孙生气，连嫁妆都不给，在相如文君夫妇开酒馆亲自佣作之时，卓王孙认为有辱家门太甚，才给文君僮百人，钱百万，及其初嫁时衣被财物，打发他们到了成都。这是迫不得已给一些钱，还不是分家产性质。后来司马相如受汉武帝重用，以中郎将身份出使西夷，蜀人以有相如为光荣的时候，卓王孙对相如刮目相看，悔恨女儿这门亲事来得晚了，于是重新给文君家产，与给儿子的一般多（《史记·司马相如传》）。这一次给钱，具有分家性质，但其所以给家产，并非女儿有这种权利，而是为了巴结女婿女儿，所以它没有什么普遍性，在女子与娘家遗产关系上并不能说明什么问题。

寡妇对丈夫遗产的继承问题比较复杂，要区别情况处理，明人吕坤在《实政录》卷三《恶风十戒》中说明得较详细。它所叙述的处理原则是：在一个有财产的人家，丈夫死了，孀妇有儿子，全部继承丈夫产业，这种继承，实际上是儿子继承，产权在儿子名下，寡母并无所有权，只是在儿子未成年时由其掌管；若本身无子，而有丈夫在世时收养的儿子，寡妇和养子接受遗产的三分之一，另三分之二给丈夫血缘男性近亲平分；若无养子，而有女儿，也是继承三分之一，以便同女儿往来；若全无子女，就给寡妇留下 200 亩田，让她可以生存；孀妇坚持寡居，她所继承的遗产可以变卖度日，可以出借给人；孀妇如果改嫁，不得带走原夫的遗产。这些情况归结起来，是嫠妇可以继承丈夫一小部分遗产，目的是维持其守寡期间的生活，使她作为丈夫的人而存在，死去的丈夫才有义务养活她，她一改嫁就失去原来的夫妻名分，所以就不能享有遗产继承权。

总结一下中国历史上的分家法和继承制，基本上可以归纳为一句话，即诸子平均继承制。

这种继承制度使财产不断分散。一份已经集中的财产，一代人一代人地平均分下去，要不了几代，再继承的话已经没有多少财物了。明人温以介母亲陆氏问儿子：我们宗族为什么穷人多？儿子分析说：祖上葵轩公有田 1600 亩，分给四个儿子，至今传到第六代，每一代分一次家，传到我们这一代，不用说是人丁多、财产少了（《温氏母训》，见《学海类编》第三十六册）。温氏在葵轩时代是大地主，四个儿子各得 400 亩田，也是大财主，第三代每房若还是各有四兄弟，所得不过 100 亩，就是中等田主了，第四代则落为一般农民，第五代基本上是没有土地的贫民了。这样的分家方法，使小生产者增多。在中国历史上自耕的小农很多，其来源之一就是通过分家从富有者行列里分化出来的。人们的贫富分化，当然与经济制度、生产方式关系密切，但同财产继承制的关系也很大。分析中国历史的演进过程，不宜忽视这一点。

父祖给子孙分家，就出现一个老人赡养的问题，这在分家中是要明确的。陆贾轮流到诸子家吃饭的办法是常见的，老人不跟一个儿子固定生活，哪一个儿子都有赡养义务，老人也不偏向哪一个。另一种常见办法是分家时给自己留有一部分财产，以便晚年生活和死后丧葬费用，老人单独生活，不要诸子养活，免去了赡养与否的家内矛盾。这是一种好的分家法，只在有钱人家才能做得到，要不然的话，诸子分不到什么财产，老人怎么可能留下很多财物呢？当然在经济不宽裕的人家也有采用这个办法的，但绝不是极贫之家的。分家后老人在诸子中选择一个儿子，同他一起生活，这也是人们采用的一个方法。在以孝治天下的古代社会，总的精神是不强调分家，社会把子孙赡养父祖视为当然的事，人们重视的是子孙如何晨昏定省，如何注意老人的衣食，孝道讲了一大堆。而在实际问题上，如父子如何分家，分家后如何赡养老人，却不见有多少记载，看来古人不甚讲究赡养方法。孝道淹没了赡养法，是古人重义理不重践履的毛病，令人生叹。

前面说到的事实中，有人在分家时让产，照顾兄弟侄儿，就是因为这种“义让”，才在史书上留名。如此表彰他们，说明义让的事情如同凤毛麟角，是偶然现象，而分家时争多嫌少的现象却很普遍，不过那时有个规矩，分家要请同宗尊长来主持和仲裁，娘舅往往也充当这个角色，以减少分家中的争财现象。财产有实用价值，讲孝义的古代中国人，也不能不实际了，不能不在它的面前露出占有的眼神。史书留下来的义让典型不可不知，但要研究的应是分家中的普遍现象，找一找私有制社会分配遗产的规律。

今天人们看出古人分家中一个怪现象，就是拒绝妇女的继承权。女儿与家产继承无关，遗孀也基本上没有份，这在当时是天经地义的，其实是极不合理的，这是排斥妇女的社会制度造成的。那么，女子享有父亲遗产的继承权，无疑是一种社会进步。为了它的真正实现，人们还要努力，还要同歧视妇女的思想和行为作斗争。

窦太后与汉景帝的家庭生活

窦太后，出身于平民家庭，被汉文帝立为皇后，生女儿刘嫖，大儿子汉景帝，小儿子梁孝王刘武。景帝继位后，尊窦后为皇太后，武帝继位尊她为太皇太后。刘嫖嫁堂邑侯陈午，封为馆陶长公主。

梁孝王与窦太后母子感情特别好，当母后病时，梁孝王焦急得饭也不能进口，睡也不能安寝。在封地也想念母亲，经常要求留在京城，得和母亲常相见。太后对小儿子最喜爱，赏赐多得不得了，给他的封地多达四十余城，梁孝王自己建东苑，方圆达三百余里。太后还令景帝给他天子旌旗，出行清道戒严，称作“警跸”，与天子的仪式相同。梁孝王特别富有，“府库金钱且百钜万，珠玉宝器多于京师”（《汉书·梁孝王传》）。

汉景帝因为母亲的关系，对弟弟百般照顾，封赏之外，允许他经常回长安朝见，并特许多住些

汉景帝画像

日子。当梁孝王入朝时，景帝派使节用皇帝的马车去迎接。在京城，他们游猎上林苑，回宫，兄弟二人同乘一辆车。梁孝王的侍臣也得出入宫门，与宫中的宦官一样对待。景帝给予弟弟的优待超过一个亲王应当享受的，这在历史上是少见的。景帝照顾梁孝王更及其子刘买。一次梁孝王带刘买入朝，刘买年龄幼小，窦太后爱子而及于孙，要提前给刘买举行冠礼和婚礼。景帝担起这个使命，一天对梁孝王说，刘买儿可以行冠礼了，梁孝王顿首辞谢，说 20 岁才行冠礼，取字，现在孩子这么小，又无显才高行的表现，怎么可以行冠礼呢？过了几天，景帝又说刘买可以娶亲了，梁孝王又是顿首谢却，说孩子不到年龄，还不懂得做父亲的道理，哪里能结婚。又过几天，刘买到宫中，把鞋子给丢了，景帝看到他衣着还不能自理，知道他实在幼稚，向太后说明这种情形，使太后也知道这孩子确实不能婚冠，事情才算了结（《西京杂记》）。

景帝继位头三年没有立太子，窦太后的意思是将来让梁孝王继位，所以景帝于一天宴饮时对梁孝王说，我死后由你来继位，梁孝王表面辞谢，心里很高兴，窦太后当然更是喜欢，可是在座的太后堂侄窦婴说："天下者，高祖天下，父子相传，此汉之约也，上何以擅传梁王。"(《史记·窦婴传》)表示反对，把窦后气得不认他为亲戚，但他的话打动了景帝的心，遂于公元前153年立儿子刘荣为皇太子，封另一个儿子刘彻(即后来的汉武帝)为胶东王。但在三年后，即公元前150年，又把皇太子废了。窦太后召宴景帝、梁孝王兄弟，太后说殷朝兄终弟及，周朝父子相继，道理是一样的，景帝千秋后，让梁孝王来继承。景帝只得答应，于宴会后向大臣袁盎征求意见，袁盎等不赞成立弟，问窦太后：若梁孝王死了，再立谁？回答立景帝的儿子，袁盎说那样国家就会出乱子，太后这才没话可说(《史记·梁孝王世家》)，景帝遂立刘彻为太子。梁孝王也不敢再让太后给他说话，就归国了。但他对此事没有死心，派人刺杀反对立他的朝臣袁盎等人，没有成功，反而暴露了阴谋，引起景帝的怨恨。梁孝王十分害怕，通过姐姐馆陶长公主向母后说情，取得窦太后、景帝的谅解，允许他入朝。他听从一个谋士的建议，入关后轻车简从，躲进馆陶长公主的园子里。景帝派人出关迎接，只见车骑，而找不到梁孝王，事情传到宫内，窦太后急坏了，以为景帝把梁孝王暗杀了，大哭大闹，说皇帝杀了我儿子。景帝受此冤屈，又不知弟弟在哪里，也着实焦急和恐惧。但是梁孝王突然负斧至阙下请罪，太后、景帝见到了非常高兴，相对痛哭，和好了。但景帝对弟弟演出的这场闹剧不满意，感情上回不过来，不再像以前出入同辇了。待到后来梁孝王死，窦太后悲伤到了极点，不吃饭，说皇帝果然把我儿子杀了。景帝见母亲绝食，既难过又害怕，同姐姐馆陶长公主商量，决定把梁国分为五国，给梁孝王的五个儿子，另给他五个女儿汤沐邑，窦太后这才高兴，恢复了吃饭（《史记》《汉书》）。

在上述母子关系中，馆陶长公主不断地出面活动，也干预景帝的宫内事务，刘荣的废黜就同她有瓜葛。原来馆陶长公主向景帝进献了一些美人，得到景帝的宠爱。景帝薄皇后无宠无子，故立栗姬子刘荣为太子，栗姬自然在诸姬中有特殊地位。公主想同她拉关系，扩大自己对宫中的影响，想把女儿许配给刘荣，栗姬不满意她献纳的美人，不答应这门亲事。公主改向胶东王刘彻的母亲王夫人求婚，王夫人正想同她联络，同意了。后来景帝废掉薄皇后，不立栗姬，反而废刘荣，改立王夫人为皇后，刘彻为太子。如此太子废立大事，就同公主嫁女结合在一起了，所以《汉书》说："武帝得立为太子，长主（馆陶长公主）有力，取主女为妃。"这门亲事议定后，他们的婚姻结构如下图：

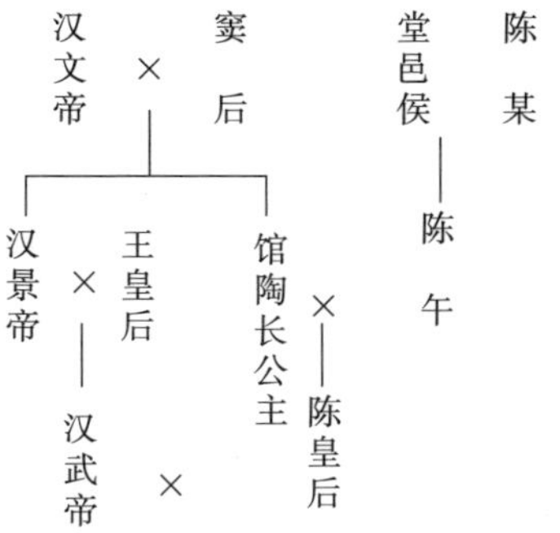

武帝继位后与陈皇后夫妻关系从好到坏，皇后骄横，自己没生孩子，却想害死有儿子的武帝宠幸的卫子夫，激起武帝的愤怒，把她废掉。

现在把话题从陈皇后转到她外祖母窦太后身上。窦太后喜好黄老之学，主张无为而治，景帝因而读老子《道德经》，尊行黄老之术。

窦太后娘家贫寒，有哥哥窦长君，弟弟少君。少君四五岁被卖，后随主家到长安，一听说文帝立了与自己同乡同姓的皇后，上书自言是皇后弟弟，证据是跟着姐姐采桑叶，从树上掉下来过。窦后得到文帝的允许，召见盘问，一一合于当日情景，又问还记得什么事，少君说：姐姐离家进宫时，我们送到传舍，我让姐姐梳头，你给我梳了，又让我吃饭，然后才走的。窦后听到这里，知道确是自己亲弟，于是姐弟痛哭，左右侍御见着这悲欢离合的情景，也感动得流了泪。自此长君、少君兄弟迁居长安，景帝继位，封少君为章武侯，长君已死，儿子窦彭祖被封为南皮侯。前已提到的窦婴也入都做官，虽因梁孝王事得罪窦太后，但后来在平定吴楚七国之乱时，被用为大将军，与太尉周亚夫一起立了大功，封魏其侯。所以窦氏一门三侯，也贵盛一时。

汉景帝与窦太后的家庭生活，令笔者感到西汉自吕后起，太后权大，干预朝政，一脉相传，成为汉朝家法。吕后公开执政已为人所熟知，窦后以黄老之术为政治指导思想，继承了刘邦以后无为而治的政治传统，参预太子立、废的大事，制造了梁孝王建天子旌旗的异常局面。太后干政，必然发挥女儿作用，吕后的女

吕后画像

儿（鲁元公主）的女儿为惠帝皇后，馆陶长公主女儿为武帝皇后，事情如出一辙。皇太后还引用外戚，以帮助她们实现理政愿望。窦后的预政，比起吕后是小巫见大巫，但预政则是相同的。窦后之后，元帝王皇后和外家王氏从政，乃至有王莽代汉局面的出现。

笔者还感到汉代太后在家庭中地位高，实能主持家政，对皇帝的婚姻、皇太子的建立与婚配，有相当的决定权。皇帝与兄弟姊妹的关系，往往亦由太后来调节。可见在家庭生活中，不都是按皇帝意志进行的。家庭终究是家庭，成员间有血缘辈分关系，子女再尊贵，哪怕是人君，也不能不在家庭生活中照顾长辈的情绪、愿望，不能自行其是。

不过现在要提出两个问题。一是西汉太后预政出现在君主专制社会的前期，后世在汉人政权中越来越少，这同当时皇帝制度不完善是否有关？在制度不完善时，小皇帝或不能从政，或缺乏经验，或与大臣私人关系尚未建立，因而政权不稳定，为不使政权转移，就要依靠太后及其娘家，恃其辅佐，免得朝臣觊觎。当然在实践过程中，太后本人若权势欲望强烈会直接当政，如吕后。外戚也是如此，或攫取一部分君权，或径直取而代之，如王莽。经历了两汉的实践，人们感到尊君有利于原有王朝的政权稳定，拥护继位的幼主，才逐渐摒除太后及外戚的干政。二是这一变化同女子社会地位的变化是否是同步进行的？中国君主社会中对女子的禁锢与日俱增，她们的社会地位也日益降低，在这种情况下太后及其女儿参政的机会也就越来越少了。

笔者从汉景帝与窦太后的家庭生活，想到历史上皇权与男子权力的强化问题，不知是否穿凿，但汉代皇帝的家庭生活有其特点，应当能说明，说它同政治生活联在一起大约是不会有差误的。透过皇帝的家庭生活，看其对政治生活的影响，不失为研究生活史的课题之一。

殷朝之后，希望皇位的继承实行兄终弟及制的，窦太后是一位，北宋太祖赵匡胤之母杜太后也是一个，而且实现了目的，使宋太宗赵光义接替了乃兄成为宋代的第二个皇帝。皇太后主张实行兄终弟及制并不奇怪，这里有母子感情问题。母亲疼爱儿子，大小都一样，希望他们得到的权益一致，连皇位也要轮流坐，可见母爱是无私的。主张兄终弟及制的太后，还有其特定的政治环境，希望立长君以稳定政权，这也表明女性中有政治家。

唐代太上皇的家庭生活

唐代出现四个太上皇，一个是打天下的唐高祖李渊，一个是鼎盛时代的唐玄宗李隆基，另外二人，是玄宗的父亲唐睿宗和病夫唐顺宗。至于唐僖宗被叛变势力所立的皇帝李煴遥尊为太上皇，时间短暂，李煴失败，可以不计。

唐高祖画像

睿宗、顺宗的太上皇生活，史籍没有留下什么内容，而唐高祖、玄宗则不同了。

唐高祖的让位，有一场惊心动魄的斗争。太子李建成、齐王李元吉与秦王李世民势同水火，激烈争夺未来的皇位，太子阴谋发动政变以夺权，未遂而流产。唐高祖对儿子们的争竞不能解决，但还是希望他们和好，武德九年（626）六月的一天，同宰相裴寂、萧瑀等泛舟大内海池，召儿子们来处决家务，哪知儿子未到，李世民发动玄武门之变，击杀太子、齐王及其属人，派尉迟敬德率兵进宫，报告了消息。唐高祖听了，大吃一惊，只能说：想不到今天发生这样的流血事件！尉迟敬德不顾老皇帝的悲伤心情，立逼他发出手谕，命令东宫属人停止抵抗，唐高祖也只好顺从，这时的处境与阶下之囚差

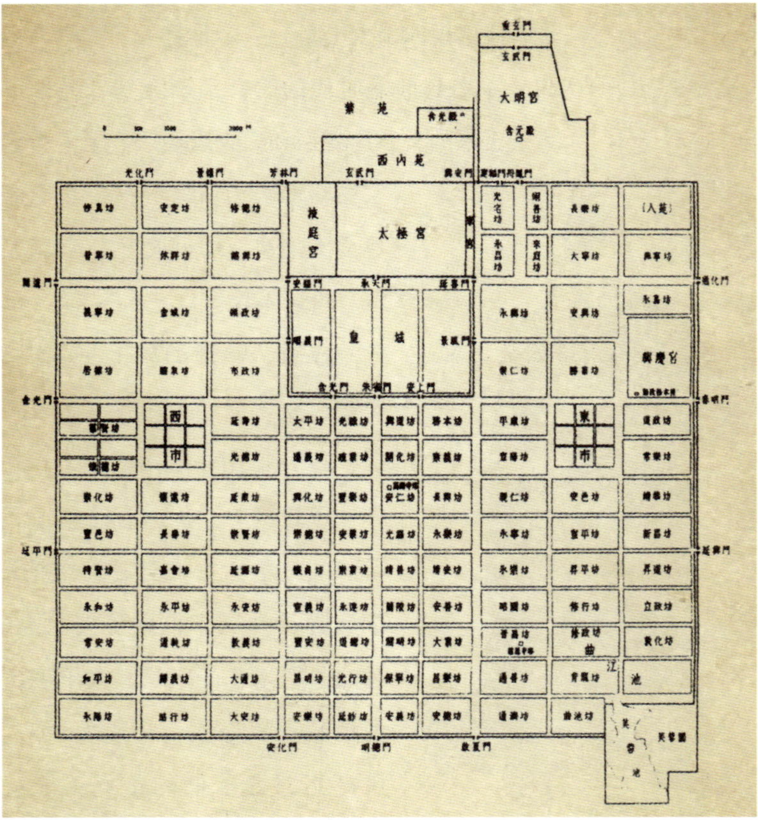

玄武门位置图

不多。一会儿，李世民到来，跪在父亲跟前吮吸他的乳头，以示不忘抚养之恩和父子关系，唐高祖这才定下心来，宣布立李世民为皇太子，“军国庶事，无大小悉委太子处决”。皇太子行使皇帝的权力，皇帝倒成了无事闲人。八月，李世民正式称皇帝，尊乃父为太上皇。唐高祖从寝宫移出，居于太安宫。

这种被迫退位的太上皇生活自然无聊，不过唐高祖尚能自行其乐。唐太宗有时也给他脸面，使他安生。贞观初年对突厥战争胜利，国势蒸蒸日上，八年（684），太上皇宴请西突厥使者，对与宴的太宗妻舅长孙无忌说：如今蛮夷归附，是古来未有的盛事。无忌凑趣，立即向太上皇敬酒，并呼千万岁，太上皇因而高兴，认为有这个局面是唐太宗造成的，让他喝酒，太宗遂举杯祝乃父万寿，又流着泪说：百姓安宁，四夷宾服，都是遵照您老人家的旨意办理的，不是我们智能的结果。说着给乃翁布菜，长孙皇后也表示孝顺，跟着送食品，夫妻二人又给太上皇送衣服，于是呈现出平民之家家人间的欢乐情景。同年，太上皇参加阅兵仪式，慰劳将士，在未央宫设宴，招待三品以上官员。席间，太上皇命令突厥可汗颉利跳舞，南越酋长冯智戴诵诗，他在位时曾向突厥可汗称臣，眼下对方臣服在脚下，高兴异常，因而笑着说：“胡越一家，自古未之有也。”唐太宗马上向他敬酒祝寿，重述了上一次宴会上的话，称赞乃翁功德，宣称自家不过听老子的指挥罢了。太上皇高兴至极，群臣向两个皇帝欢呼，一直闹到深夜方散。唐高祖退位时已 61 岁，失去打天下时的锐气，日后生活只好听从唐太宗安排，不过儿子待他还不错，使他活到古稀之

唐玄宗纳凉图中身着便装的唐玄宗

年（《旧唐书·高祖纪》《资治通鉴·唐纪》）。

唐睿宗禅位玄宗是迫于形势。同样的悲剧也落到了玄宗身上，而且作为太上皇的玄宗生活之凄凉要比唐高祖为甚。安史乱起，攻陷洛阳、长安，天宝十五年（755），做了45年太平天子的玄宗出逃四川。皇太子带领一部分人马去灵武，七月称皇帝，为肃宗，改元至德，遥尊玄宗为太上皇。玄宗只好接受这个现实，宣布“军国大事先取皇帝处分，后奏朕知”，且因肃宗用“至德”年号，认为是孝的表现，表示自己没有忧虑。至德二年（756），唐军收复东西二京，肃宗请太上皇回京，亲自到咸阳望贤宫迎接。当时玄宗在南楼上，肃宗到楼下就拜舞，庆贺父皇还京，玄宗下楼，肃宗捧着乃父的脚痛哭不止。出行时肃宗徒步为玄宗牵马，玄宗不允许，让他乘马，并高兴地说：我做皇帝多年，可是不知道做皇帝的可贵地方，今天看到我儿子做皇帝，才真正懂得做皇帝的意思了。肃宗如此尊崇地迎接乃父，大约是因灵武自行即位内疚的表示，以此弥补感情上的伤痛。玄宗回到长安大明宫含元殿，慰问百官，然后安身于做太子时居住的兴庆宫。

乾元元年（758）二月，肃宗为乃翁上尊号“太上至道圣皇帝”，不时到兴庆宫看望太上皇，太上皇也去大明宫看儿子，有时父子在道路上相遇。肃宗又让太上皇同母妹持盈公主、原陪同太上皇入蜀的将军陈玄礼、宦官高力士侍候太上皇，又令梨园子弟为太上皇演奏，这时父子关系融洽，太上皇生活安逸。但是好景不长。在肃宗朝当权的太监李辅国因系暴贵，为高力士等看不起，因而蓄谋报复，以打击太上皇为目标，清除高力士。太上皇经常在兴庆宫临街的长庆楼饮酒，为过路行人看见，向他拜舞。上元元年（760）七月，剑南节度使奏事官路过楼下，拜谒太上皇，太上皇因命持盈公主等招待他，同时给了较多的赏赐，这大约是他因逃难蜀中，对那方人士有感情的缘故。李辅国认为这是诬陷他的好机会，于是向肃宗报告说：太上皇居于临街之处，交通外人，陈玄礼、高力士要谋害陛下，朝中功臣和六军将士惶惶不安，不如迁移太上皇居处，使他不能活动。肃宗害怕老子复辟，同意把乃父迁到西内。当太上皇行至睿武门，有李辅国指挥的射生官 500 人挡道，可能会有不利于太上皇的举动，这时有政治斗争经验的高力士大声说：太上皇是 50 年太平天子，李辅国想要干什么？镇住了李辅国。接着又大声说：将士们何在，太上皇问你们好。太上皇究竟是多年的老主人，有些威望，将士们听说，都放下刀，向太上皇礼拜，呼万岁，太上皇才得以进入西内甘露殿。肃宗又采取拆散太上皇身边人的办法，让持盈公主进玉真观，高力士流放黔中道，改让太上皇女儿万安公主、咸宜公主侍候太上皇。

至此，太上皇抑郁不乐，宝应元年（762）四月逝世。太上皇迁入西内后，肃宗不再去看望乃父。有一个端午节他召见道士李唐，李唐到时他恰巧抱着小女儿玩，因而对李唐说：我想念她，就召她来了，不要奇怪。李唐说：当此佳节，太上皇一定想念皇帝。肃宗听到这里，不觉流下泪来。但是他的张皇后是与李辅国共谋迁移太上皇的，张后在灵武即位事件中有大贡献，肃宗惧怕她，因此不敢去看他的父亲。乃至太上皇死，他听到噩耗，既悲哀，又害怕，本来就有病，不几天就追随他的父亲于地下了。持盈公主也在当年亡故。李辅国杀掉张皇后，新继位的代宗又诛杀李辅国。这一年是皇家的多事之秋，太上皇迁居西内即是这些变乱的兆头（《旧唐书·玄宗纪》《肃宗纪》《高力士传》《李辅国传》《唐书·玄宗纪》《肃宗纪》《张皇后传》《玉真公主传》）。

唐高祖、睿宗、玄宗、顺宗当太上皇，是在他们丧失乾坤独断的权力之后，光辉的时代过去了，剩下的岁月不仅是政治生命的完结，连生活上也没有多大自主权，更不必说乐趣了。有的能自我消遣，儿子、媳妇通融尚可得到，如高祖；而玄宗连这种境遇也没有了。

中国历史上太上皇甚多，其生活遭遇并非都像唐代的那样不幸。宋高宗当上太上皇，嗣子孝宗如其谥号非常孝顺，高宗得意地说他找了好的继承人，没有不痛快的事，他颐养25年，享年81岁而终。清高宗称太上皇帝，继续秉政，使皇帝仁宗一切听命乃父，活到89岁寿终正寝。两个高宗得享耄耋之年的幸福，与他们处理归政方法的得当不能说没有关系，而唐玄宗就不懂这一点，即不懂得笼络新朝的太监，以致被人暗算。

唐玄宗、肃宗父子的家庭生活告诉人们，要处理好家内人际关系，一定要防止小人挑拨离间。当玄宗初返长安，他们父子欢洽无间，因互相探望而相遇于途，是美满生活的生动表现。不想李辅国等播乱其间，使肃宗对乃父变了心，小人遂得恣肆，使玄宗陷于囚犯境地，可见中人奸计对家庭和谐的危害。小人得势的原因，在于抓住了敏感的政治问题，李辅国造谣玄宗谋求复辟，触动了肃宗恋位之心，立即上当虐待老父。所以上层家庭防止小人作祟，在政治问题上尤其要明辨是非，不为人言所惑。而能做到这一点的人，应是心地开阔、少有私心的，否则就会像唐肃宗那样受人愚弄了。

任何历史时期都有老龄人问题，太上皇也是这个范畴的事物，不过更具有特殊性，不同于一般人。但人人都有家庭生活问题，这又是共同的。研究太上皇的家庭生活，也还可以反映一些共同性的问题。

唐代帝王生活杂说

唐朝从唐高祖立国到唐哀帝灭亡，共有 20 个皇帝，这当然把非李氏的女主武则天除外，未成嗣统的嗣襄王李煴的称帝也没有计算在内。唐代是中国历史上的一个繁荣时期，有唐太宗、唐玄宗那样的英主，名垂后世，因此这个时代的帝王生活是怎样的，他们的排行、寿命、生育、晚景与归宿，说起来也许并不乏味。

行次与袭位

嫡长制是中国的传统继承法，唐朝皇子的生母、行次关系着他们的继承帝位，自唐太宗以降诸帝的生母和行次是这样的：

帝王	行次	生母身份
唐太宗	2	皇后

续表

帝王	行次	生母身份
唐高宗	9	皇后
唐中宗	7	皇后
唐睿宗	8	皇后
唐玄宗	3	妃
唐肃宗	3	宫人
唐代宗	1	宫人
唐德宗	1	宫人
唐顺宗	1	妃
唐宪宗	1	宫人
唐穆宗	3	皇后
唐敬宗	1	妃
唐文宗	2	宫人
唐武宗	5	妃
唐宣宗	13	宫人
唐懿宗	1	宫人
唐僖宗	5	妃
唐昭宗	9	宫人
唐哀帝	7	皇后

在这 19 个皇帝中，穆宗、哀帝是嫡长子，占总数 1/9 弱，另有皇后生的 4 人，即嫡出共为 6 人，占总数 1/3 强，庶出 13 人，其中 6 个人是长子，他们的生母在其未当皇帝前，是一般的妃

上：唐太宗画像
下：唐太宗步辇图

嫔，有的业已死去。如此看来，嫡长制在唐代未能完全实行。

但这不是唐朝皇帝的愿望，他们为实现这一制度作过很大努力。唐高祖建国就册封嫡长子李建成为皇太子，希望异日将皇位传给他。但是李建成、李世民兄弟阋墙，演出了一场玄武门之变的活剧，只好改立次子李世民为太子，从而破坏了嫡长制。继位的唐太宗并不想放弃这一制度，登极两个月就立嫡长子李承乾为皇太子，后来李泰谋夺储位，李承乾为保守地位而阴谋发动政变，事败被废，幽禁而死，嫡长制再一次未能实现。唐高宗的王皇后无子，遂立宫人生的皇长子燕王李忠为储贰。武则天当皇后，废黜李忠，册立她生的第一子、高宗第五子李弘为太子，这

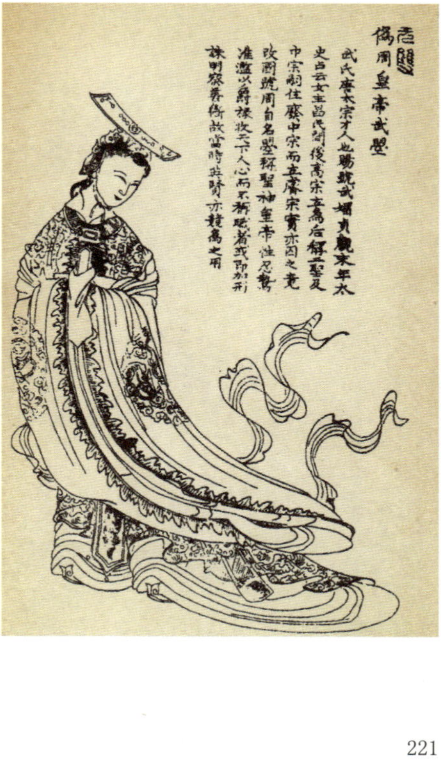

清金古良《无双谱》中武则天画像

是立嫡长的表现，可是李弘不满于母后的作为，被生母毒死。武后生的第二子李贤继而被封为储君，还是与武后政治观念不同，被废掉，又被强令自杀。唐中宗的嫡长子李重润是韦后所生，一出世就被唐高宗立为皇太孙，后来被武则天废弃，并杖杀。中宗庶子李重俊被册为太子，韦后的女儿安乐公主竟敢侮辱他，骂他为奴隶，李重俊起兵反抗，失败被杀。李宪是唐睿宗刘皇后所生的嫡长子，武后时睿宗一度为皇帝，他被立为太子。清除韦后势力之后，睿宗再次临朝，既因李宪为嫡长欲立他为储君，又因庶子唐玄宗有定难之功想选他为皇嗣。正犹豫中，李宪主动提出不当太子的请求，他说："时平则先嫡，国难则先功，重社稷也。"不以嫡长自居，愿意让储位，睿宗同意了他的要求，托付后事于

明《帝鉴图说》中唐中宗与韦后上元赏灯图

玄宗。唐高祖、太宗、高宗、中宗、睿宗都册立过嫡子（或长子）为储君，但最终的接替人均不是原先确定的，事与愿违，一至于此。后来的皇帝也没有放弃嫡长制的原则，只是不像先辈那样努力，所以更不能如愿了。

究竟如何看待唐朝皇位继承与嫡长制的关系呢？严格地讲嫡长制是皇后生的长子继承皇位，然而实际上呢？嫡长子可能夭折，皇后还可能没有生育，因此严格的嫡长继承是难于做到的。嫡长之外，以皇后的其他儿子为尊贵，唐太宗、高宗、睿宗继统前就处于这样的地位。皇后的血胤而外，妃嫔之子以行次论地位。唐代宗、德宗、宪宗、懿宗是一般宫人所生，顺宗、敬宗是妃子生的，他们的长子身份在继位中占了便宜。综合起来看，所有的嫡生子、庶长子的嗣承皇统，都可以视为嫡长子继承制的内容，唐代还是实行嫡长制的。这么说需要明确两点：嫡长制的含义是立嫡长子，这是狭义的理解；广义的则包括立嫡生的其他儿子和庶生的长子。说一个朝代是嫡长继承制，以嫡长为嗣君的人数不一定多，主要是看这一王朝是否以嫡长制的精神来处理继嗣问题。由此笔者引申出一种看法，任何一种制度，一个事物都不是纯粹的，它有着广泛的内容，它的本质是某一个特性，但与其本质掺杂在一起的可能有很多其他成分。认识事物，定了性就以为是单纯的那种属性，看到杂质又怀疑其性质，这是不明白事物的复杂性所产生的。

晚景与结局

下面，我们依次了解唐朝诸帝的晚景与辞世的情节。

帝王	享年	死亡原因
唐高祖	71	被迫退位，病死
唐太宗	52	吃丹药中毒死
唐高宗	56	病死
唐中宗	55	被韦后杀害
唐睿宗	55	被迫退位，病死
唐玄宗	78	被迫退位，抑郁死
唐肃宗	52	被皇后、太监逼迫，忧郁死
唐代宗	53	病死
唐德宗	64	病死
唐顺宗	46	病死
唐宪宗	43	被宦官害死
唐穆宗	30	吃丹药中毒死
唐敬宗	18	被宦官害死
唐文宗	33	病死
唐武宗	33	吃丹药中毒死
唐宣宗	50	病死
唐懿宗	41	病死
唐僖宗	27	病死

续表

帝王	享年	死亡原因
唐昭宗	38	被朱温杀害
唐哀帝	17	被朱温杀害

这20人中，12人是寿终正寝，即是善终的，占到唐代君主的60%，是多数。这是从表面看，其实内有四人晚景甚惨。唐高祖、睿宗、玄宗退位为太上皇，失去权力，这对忧患一生的唐睿宗影响尚小，但对打天下的唐高祖、盛世之君的唐玄宗打击太大，晚年生活乐趣大减，以至消失。此种情形在《唐代太上皇的家庭生活》篇中作了说明，这里不提。还有唐肃宗，既怕太上皇玄宗复辟，又怕张皇后和太监李辅国，听任他们迫害乃父，自己内心不安，忧虑成疾，在玄宗死后一个月就追随乃父于地下了。看来这四个皇帝是在抑郁状态下死去的，虽说是正常死亡，但有不正常的因素，或许可以说处于好死与歹死之间。所以60%的善终君主数字要打个大折扣。

有三个皇帝误食丹药，中毒身亡。唐朝有好几个皇帝相信道家或释氏的炼丹术，希望靠药石求得长生不老。唐太宗一世英主，一生有两件事让后人非议。一是搞玄武门之变，夺储位登基，这是按嫡长制的正统观念要求于他，不是今日评价历史人物的标准，可以不去理它；再一项是吃蕃僧药石中毒暴亡。圣君迷信于荒诞的长生不老药，虽说古人受科学不发达的限制，对此认识不清，但总有相信与不相信两种人，唐太宗属于前一类人，其愚妄之举与英主地位不相称，此事实为圣明之累。唐武宗死于药石，《旧唐书·武宗纪》说得非常明白：看重方士，服了他们修炼的药，毒性发作，烦躁不宁，喜怒无常，十来天不能说话，随即死去。其时33岁，正值青年有为岁月，可怜为愚昧夺去性命。武宗的父亲穆宗也是吃了丹药故去的，《旧唐书·穆宗纪》说他在长庆四年（824）正月初一正常地受百官朝贺，当日"饵金石之药"，处士张皋上疏恳切劝告他不要服食这种东西，可是为时已晚，22日死亡，年仅30岁。追求长寿的不当，误用金石之药，反倒损了阳寿。

有五个皇帝被杀害死亡。窝囊皇帝唐中宗受制于韦后，韦后及其女安乐公主一个要临朝称制，一个要当皇太女，联合起来毒死作为夫、父的唐中宗。在死前半个月，许州司兵参军燕钦融上书揭露韦后的阴谋，昏聩的中宗不知警惕，反而恼怒上书的忠臣，将之在朝廷上杖杀，而他自身的悲剧旋即出现了。唐宪宗也是爱服丹药的人，元和十四年（819）十一月食方士柳泌炼的金丹药，中毒，次年元旦不能接受百官贺礼，宦官陈弘志乘机下了毒手，结果了他的性命。他的孙子唐敬宗同样死于内监之手，宝历二年（826）十二月初八的晚上，18岁的敬宗打猎回宫，与中官刘克明等饮酒，兴致正浓时，刘克明等熄灭灯烛，把他杀害。唐昭宗、哀帝父子都是被朱温杀死的，朱温从而代唐建立了后梁。这两个亡国之君早就惶惶不宁，不知哪一天是死期，当昭宗在凤翔受制于节度使李茂贞时，要把女儿平原公主嫁给李茂贞的儿子李继侃，何皇后不同意，昭宗说不如此来笼络李茂贞，我们没有居停之地，只好把公主嫁了。结婚时，平原公主不能似先辈那样尊贵，如同民家女子给公公下拜，还一一向李继偘的族兄弟致敬。昭宗委曲求全也不可得，不久被朱温挟持东迁，何皇后对昭宗说从此我们夫妇委身于贼手了，即更得不到自由了。他们只能以饮酒麻醉自己。当朱温派枢密使蒋玄晖、朱友恭等到洛阳宫中杀他们时，喝醉了的昭宗围着柱子躲藏，当然脱不了剑下之鬼的命运，何皇后哀求蒋玄晖，得以苟活。哀帝继位，不敢为父皇举哀，宫中哭都不敢哭出声。蒋玄晖代表朱温要九锡，何皇后只好照办，并哭哭啼啼请求保全母子性命。及至朱温建梁的准备停当了，把何皇后杀掉，在哀帝退位几个月后又把他害死。上述五个皇帝被害有三种情形，一是唐中宗的死于皇室内部的争夺最高权力的内讧；二是唐宪宗、敬宗的亡于宦官擅权；三是唐昭宗、哀帝亡命于不同的政治集团之手。虽有三种区别，但都是夺取权力的政治斗争，所以这五个人是政治斗争的失败者和牺牲品。

唐代 20 个皇帝，善终的、歹死的大约相当，因此笔者说唐朝皇帝的晚年生活大多不幸福。帝王作为最高统治者有享乐的一面，唐代皇帝结局生动地说明他们也有悲哀的一面。他们是人，就有人生的酸甜苦辣，有家庭父子夫妻关系的不协调，有主子奴才的矛盾，有君臣的对立，从而产生种种痛苦。君主并非自然会有幸福，究竟其生活如何，还要看他们自己会不会处理各种人际关系，会不会争取幸福。当然，他们的苦乐绝不同于一般人，不同于人们为生活无着而忧愁，他们即使在潦倒不堪时，也能进入醉乡，普通人何从比拟？他们生活中出现的问题，同权力的巩固与再分配紧密联系，这自然不是一般人家会发生的事。君主的苦并不值得同情。

生育与遗胤

20 个帝王中除哀帝年少生育不详，其他 19 人子女很多，其情形是：

帝王	生男数	生女数	合计子女数
唐高祖	22	19	41
唐太宗	14	21	35
唐高宗	8	3	11
唐中宗	4	8	12
唐睿宗	6	11	17
唐玄宗	30	29	59
唐肃宗	14	7	21
唐代宗	20	18	38
唐德宗	11	11	22
唐顺宗	27	11	38
唐宪宗	20	18	38
唐穆宗	5	5	10
唐敬宗	5	3	8
唐文宗	2	4	6
唐武宗	5	7	12

续表

帝王	生男数	生女数	合计子女数
唐宣宗	11	11	22
唐懿宗	8	8	16
唐僖宗	2	2	4
唐昭宗	17	11	28

这些皇帝中，最少的生有子女 4 人，最多的达 59 人，平均每人生有 23.1 个子女，其中儿子 12.2 人，女儿 10.9 人。有 20 多个后人，是比较多的，似乎表明帝王生育能力强。但这种情况的一个重要原因是帝王多后妃，唐高祖的 22 个儿子出自 18 个母亲，唐太宗的儿子由 10 个母亲所生，唐高宗的 8 子有 5 个生母，中宗、睿宗的儿子各自出自一个母亲。玄宗 30 子，有 7 子生母不明，余下的 23 子系 17 位妇女所生，肃宗 14 子生母有 13 人，其他皇帝的儿子多缺乏记载，无法统计。但就高祖、太宗、高宗、中宗、睿宗五帝之子的生母计算，共有皇子 54 人，生母 43 人，平均每人生育 1.2 人，是很少的。皇帝的多子女，实因妃嫔多造成的。

皇子是金枝玉叶，绝大多数物质生活很好，但并不就是幸福的，有的人却有着平民所没有的烦恼与痛苦。如武则天称帝时，把李氏皇室子孙“壮者诛死，幼皆没为官奴，或匿人间庸保”。皇子们就怕政治变化，一遇到这种事，不沾边的也要遭殃，沾边的就是人头落地的问题。前已说过，中宗的儿子李重润被武则天杀害，李重俊反韦后被戕。李重福在戍所，当朝廷大赦时，犯十恶罪的得到宽宥，被流放的回籍，而李重福不在赦中，上书父皇中宗请求赦宥，悲痛地写道：“苍生皆自新，而一子摈弃，皇天平分，固若此乎？”他连编氓都不如，境遇何其悲惨。文宗有两个儿子，其一是王德妃生的李永，被立为太子。后来王德妃失宠，杨贤妃得幸，她怕太子将来不利于己，向文宗进谗言，诬陷他，加之李永行为不检，文宗要废黜他，他也不对谗言进行辩白，就突然亡故。以后文宗看演出，台上演艺少年做动作，台下有一老者总围着他转，文宗一询问，知道老者是少年的父亲，在台下活动是怕儿子失手以便救护。文宗触景生情，哭着说“朕富有天下，不能全一子”，就杀几个搬弄是非的宦者、宫女以解恨。听信谗言的昏君文宗其实就是杀子的罪人。昭宗子李裕幼年为皇太子，宦官刘季述发动政变幽废昭宗，强立李裕为皇帝，政变破产，昭宗复位，有人以李裕附逆，要求昭宗杀掉他。昭宗看得明白，且有父子之情，说太子年少，贼人逼迫他，他有什么罪，拒不惩处他。李裕长大了，朱温怕将来不好控制他，通过宰相崔胤要昭宗杀掉李裕，昭宗不答应，及至朱温杀昭宗，把李裕及其6个兄弟同时杀害，投尸于水中（以上资料见“两唐书”《本纪》;《新唐书》后妃传，皇子传，公主传;《旧唐书》皇子传）。

说来奇怪，皇子不能受父皇的保护，这是政治变动造成的，皇子的命运捏在他人手里。但是这不等于说他们完全是无能为力的，善于自处，看来也很重要。

北宋不能治家的官员

儒家讲修身、齐家、治国、平天下，以端正己身为根本，在家管好家庭，出仕理好政事，造成太平世界。修身、齐家、治国、平天下，前一个为后一个的前提，齐家与治国紧密联系在一起。北宋就有几个官员因不能治家而遭到谴责，甚至降职。

薛居正，自后晋开始做官，北宋初任参知政事、门下侍郎、平章事18年，对老人讲究孝道，生活简朴。不过他的俭约可能与受制于妻子有关。居正妻是凶悍的妇人，丈夫有姬妾，不让接近。是这位夫人患有不育症，还是居正不能生育，记载不明，反正他们没有儿子，所以居正收养惟吉为子，从小溺爱。惟吉少年就有大力气，不喜欢读书，好游玩，听音乐，常同优伶混在一起，又爱蹴鞠（踢球）、角抵（杂技、摔跤），这在当时被认为是不务正业，是纨袴子弟的行为，居正对此并没有察觉，更无从教导了。与居正同时任宰相的卢多逊、沈伦的儿子，都被宋太宗不秩拔擢，任为秘书郎，惟吉因不能做文章被用为武职。等到居正亡故，宋太宗亲临吊唁，向居正的妻子说：你那个不肖的儿子如果不改变行为，你的家业恐怕传不下去。惟吉听到这话，决心改变生活方式，认真读书，多与文士往来，于是得到知过能改的好评。宋太宗因而任命他为澶州知州，但是《宋史》说他同乃父一样“御家无法，家人争财致讼，妻子辩对于公庭”（《宋史·薛居正、惟吉传》）。所谓妻子辩对公庭，指惟吉死后其寡妻柴氏与子安上为家产打官司的事。这事牵涉到向敏中和张齐贤。张齐贤是“四践两府（指中书省、枢密院），九居八座（指左右仆射、六部尚书），以三公就第，康宁福寿，时罕其比”的人，且其为人“姿仪丰硕，议论慷慨”，很有风度（《宋史·张齐贤传》）。在他任右仆射、判永兴军兼马步军部署时，寡居的柴氏看中了他，两厢情愿，商议结婚。齐贤的二儿子、太子中舍宗诲支持乃父，赞助其事。柴氏无子，安上见柴氏出嫁，将把薛家的财产、书籍、文告带去，不同意这门婚事，打起官司。到了公堂，柴氏说以前向敏中要娶我，我没有同意，我不是随便想嫁人。向敏中也是宰相，租赁薛家宅第居住。宋真宗于是问他有没有这件事，向说我妻虽然最近死了，但并没有要结婚的意思，可是又有人揭发他已与河南尹、保国军节度使王承衍议定，要娶他的妹妹（《宋史·向敏中传》），显然他是说瞎话，但是柴氏的婚事关乎大臣体面，宋真宗不愿深究，惟指责向敏中“廉洁之操蔑闻”（司马光《涑水记闻》卷七），降为户部侍郎，出知永兴军，张齐贤降为太常卿，张宗诲贬为海州别驾。看来柴、张的婚事也没有实现。

王宾，宋太宗朝任亳州监军，当时规矩监军不许带家眷到任所，王宾妻子凶悍，怕丈夫在外有婢妾，违法跑到亳州。王宾向中央作了报告，宋太宗把她召进京，打了100板，发配给忠靖军的士兵为妻，她就在当天晚上死去（《宋史·王宾传》）。

王举正，宋仁宗时官给事中、参知政事。妻陈氏，乃父是宰相陈尧佑，伯父尧叟，也是宰相，叔父尧咨官至节度使，兄弟中有十几人做官，陈家“荣盛无比”“推为盛族”（《宋史·陈尧叟、尧咨传》）。陈氏可能凭借娘家势力，对丈夫毫不客气。王举正做官，有时好讲直理。御史台推荐李徽之做御史，李是举正朋友的女婿，举正不帮忙，且以给事中的职责在掌封驳，认为李不合格。李徽之因此仇恨举正，并控告他：“妻悍不能制，如谋国何？”意思是在家连老婆也管不了，如何能管理好国家大事，言下之意王

欧阳修官服画像

举正认为他不能做御史是不对的。这时知制诰欧阳修也认为举正懦弱不称职，举正不得不自动要求离职，宋仁宗遂撤掉他的副宰相职务，以礼部侍郎职衔出知许州（《宋史·王举正传》）。

陈执中，以向宋真宗建议立太子，获得继位的宋仁宗的信任，这是他敢于干预皇家事务而得福。他历官右正言、中书门下平章事、枢密使、集庆军节度使判大名府。他做官有业绩，在丰年时征发民夫，修筑被冲决的河堤200里。他不徇私情，宰相曹利用的女婿卢士伦派任福建运使，嫌边远不愿去。曹利用替他求情，改派京东，右正言陈执中就此弹劾曹利用，曹利用报复他，让他离开中央，出知汉阳军。他给仁宗张贵妃治丧，张贵妃是仁宗宠妃，死后仁宗要以皇后礼安葬，执中不加劝谏，依仁宗之意而行，并对给仁宗出主意的王洙、石全彬加以委任。在家中，执中与妻子感情不好，使妻子不敢理家，生活也很简单，而执中爱妾胡作非为，痛打婢女，竟至死亡，这是在家内不能使妻妾名正其位。御史赵抃参奏执中八条罪状，其中包括妾打死奴婢事，翰林学士欧阳修也批评他。至和三年（1056）春天大旱，谏官范镇、御史中丞孙抃等轮流弹劾执中，仁宗乃将执中罢相，以镇海军节度使兼亳州知州。执中死后，朝中议其谥号，礼官就他违礼操办张贵妃丧务和不能理家两件事大加抨击："天子以后宫之丧，问可以葬祭之礼，执中位上相，不能总率群司考正仪典，知治丧皇仪非嫔御之礼，追册位号于宫闱有嫌，建庙用乐逾祖宗旧制，皆白而行之，此不忠之大者。闺门之内，礼分不明，夫人正室疏薄自绌，庶妾贱人悍逸不制，其治家无足言者。宰相不能秉道率礼，正身齐家……”主张在谥法中贬斥他。对张贵妃崇礼逾制，是宋仁宗的事，臣下不敢批评君主，执中就代君受过了。家庭问题，确是事实。执中的儿子世儒官国子博士，他的妻子李氏与侍婢杀死世儒的生母，世儒参加谋议，事发后，都被斩首（《宋史·陈执中传》）。

在古代，把理家看作与治国同样的大事，官员甚至因理家好坏而升降官职。然而治国与理家是两种能力，应当有所分别。刘邦以匹夫而打天下坐天下，但家务事处理不好，对太子的废立就拿不定主意，实际上受吕后的干扰。死后爱子赵王如意被吕后杀害，爱妾赵姬被吕后解肢为“人彘”，他在家中保护不了子、妾。唐太宗、康熙帝都是英明的君主，废立太子的事也伤透了脑筋，乃至太宗欲拔剑自刎，康熙耽心被太子谋害而无有宁日。这些英主处理不好家务，益发说明理家是很不容易的事情，应当讲究，任何一个家庭都不能忽视它，越是社会上层越应如此，因为这种家庭家事处理的好坏，不仅是自家的事，还影响到社会，所以讲求家法更重要。社会上层人士因为政务或其他社会事务繁忙，可能没有精力料理家务，这是客观原因，但这不能排除主观上不重视家政的误失。重视理家是一回事，能否料理好又是一回事，这就需要自觉地增强理家的能力，把它当作一门学问来学习，来实践。如此看来，古人把齐家与治国联在一起有一定道理，不会理家的官员遭到惩处也不为冤枉。这是全面地严格地要求社会上层人士，比对平民百姓确实是高水准。但是上层人士地位不同，作用不同，对他们不作高要求，是不符合全社会利益的。

在前述事实中我们还看到王举正、陈执中办事不徇私情，被他们拒绝的佞人反而抓住他们不能理家的缺点大做文章，终使他们降职，遂了小人报复的心愿，这是极不公平的事情。要求官员能理家是对的，让小人钻空子就出问题了。中国的事情往往就是这样子，阴险人利用正常规范整治正直的人，使得法规更不能实现，使事情更糟，这是人们应当努力防止出现的现象。宋人故事中的教训，值得人们三思！

朱元璋与养子的家庭生活

明初黔国公沐英开始镇守云南，世代相传，至明清之际的沐天波而结束，这个家庭作为云南王与明代相始终。

明初有六国公二十八侯，没有一个像沐家世守封疆的。明太祖朱元璋的子孙也分封为藩王，但“列爵而不临民”，不像沐家能管地方民事（《明史·沐英传》谓沐氏“尊重拟亲王”，又谓沐家“威震遐荒”）。亲王的实际地位绝对比不了沐氏，这真是个特殊之家。它为什么能有这种地位呢？当与沐英是朱元璋义子有关，不过他又是义子中的幸运儿。朱元璋与养子的关系以及他的家庭生活，倒由此引起笔者的注意。

先从朱元璋收养义子说起。李文忠，是朱元璋大姐的儿子，小名保儿，12岁时母亲死了，不久元末农民起义发生，保儿跟父亲李贞东奔西走。至正十四年（1354）李贞听说朱元璋在滁阳领

太祖朱元璋像

清上官周《明太祖功臣图》中李文忠画像

兵，带着保儿投奔他舅舅，朱元璋除亲侄子朱文正之外，没有其他亲人，见到姐夫和外甥抱头痛哭，那时他还没有儿子，就把保儿养为己子，按照朱文正的排行，取名朱文忠，请文士教他文化，又让他学习兵法。保儿学习认真，一次朱元璋拿着他写的文章说：我家的文忠有卿士才，不过这时需要的是马上功夫。至正十七年（1357），朱元璋令文忠从军打仗，这时他 19 岁（傅惟麟《明书·岐阳王李文忠世家》）。文忠是义子、外甥双重身份，与朱元璋的关系在义子中最亲近。

沐英，定远人，父亲早逝，跟从寡母生活，8 岁时母亲又亡故，成了流浪儿。朱元璋行军打仗，遇到了他，收交马皇后抚

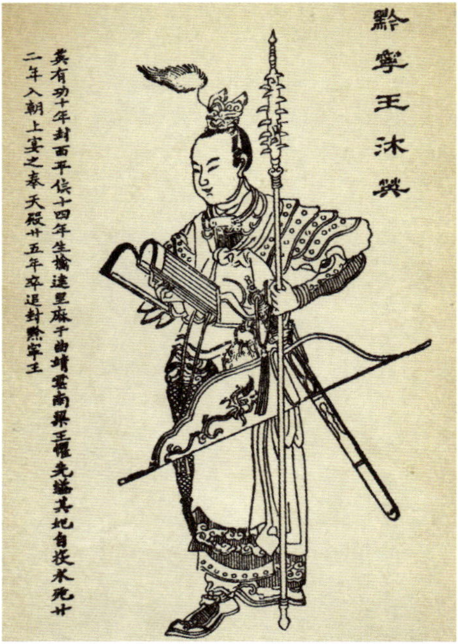

清上官周《明太祖功臣图》中沐英画像

养，成为义子。他因年龄小，连父母姓氏都不知道，朱元璋给他取名文英，小名大概叫“周”，别人称呼他为“周舍”（《明书·黔宁王沐英世家》）。18 岁上，朱元璋命他随军打仗，用为帐前都尉，侍奉于帷幄之中。

何文辉，滁州人，至正十三年（1353）朱元璋攻下滁州，何文辉 14 岁，收养为子，易姓朱，人称为“道舍”，后被任用为天宁翼元帅，镇守宁国（《明史·何文辉传》）。

徐司马，扬州人，9 岁成为孤儿，约在至正十四年（1354）被朱元璋收为义子，改姓朱，小名马儿，年事稍长，在朱元璋身边服事，后出为总制，随从常遇春镇守婺州（《明史·徐司马传》）。

平安，其父平定官至济宁卫指挥佥事，在攻打元大都战役中牺牲。朱元璋于平定在世时就把平安收为义子，改姓朱。平定死后，让他去袭父职（《明史·平安传》）。

朱元璋有义子二十多个，上述之外，知道名字的还有朱文刚（柴舍）、朱文逊、金刚奴、真章等人。朱文刚和真章随同耿再成镇守处州，至正二十二年（1362）当地发生叛乱，文刚与再成均战死。金刚奴镇守过衢州，朱文逊在太平战死。

朱元璋收养的义子，都是没有成年的；大多是孤儿，然而也有父母在世的；大多数非亲非故，是邂逅相遇而收留的；都改为朱姓，在元璋家中生活，受马皇后照料。朱元璋见到的孤儿多了，收养沐英等人，是看到他们“材勇”资质，认为有培养前途，才特别垂青的。

外姓义子在朱家，与元璋夫妇及他们的亲生儿子朱标等人，以父子、母子、兄弟关系相处，建立起一家人的感情。在朱家，对义子，不管是父母兄弟，以小名相称，显示亲热，如朱元璋给在河南练兵的宋国公冯胜诏书，讲汴梁上空有“星变”，要严密注意政局的稳定，并要他通知河南都指挥使徐司马——“并以此语马儿知之”。对外人尚呼徐司马的小名，朱和冯是同辈人，称呼“马儿”，表示以父辈呼唤子侄。又如朱棣靖难起兵时，平安受建文帝之命率兵北征，屡败朱棣，后被朱棣俘虏，留在北京，永乐七年（1409）朱棣北巡，见平安名字，说：“平保儿尚在耶？”他们是仇敌，但仍呼平安小名，因他们间长期的义兄弟关系，习惯这种称呼，这里面就包含一定的感情成分。朱元璋不仅与义子有感情，对他们的儿子也有家人之情，表现之一是给他们起名字，如李文忠的三个儿子景隆、增枝、芳英的名字均为朱元璋所取（《明史·李文忠传》）。

称帝后的朱元璋对义子、孙长期以家里人对待，洪武十八年（1385）将要任命沐英长子沐春为后军都督府佥事，按规定这类任用先要做一段时间的代理，然后才能实授，但是朱元璋说：那孩子是我家人，不要试用，于是给了他实职（《明史·沐春传》）。朱家人生活在一起不可避免地会有矛盾，义子出去做官，也会有不如老人家心意的地方，所以朱元璋看到不高兴的事情，要加以惩处。太子朱标与义兄弟相处很好，一旦获知乃父不满意哪位义兄，就告诉母亲，马皇后即出面劝解，无非是说孩子们没有坏心眼，有失误教导一番也就可以了，不要把事情弄大（《明史·兴宗孝康皇帝》）。有马后、太子的居间调停，朱元璋的义子在洪武朝的屡兴大狱中倒都没有涉及到，只有徐司马的两个儿子被列进兰玉党，遭到惩处，但这时徐已死，马后、太子也在此前亡故，没有有力的亲人加以劝谏了。义子对朱家也是眷念的，其中以沐英的表现最明显。当马皇后死时，沐英伤心痛哭，直到咯出血来。他与太子关系更好，当从南京传来太子噩耗，急出病来，不久死在云南任所，时年 48 岁（《明史·沐春传》）。

朱元璋在政治上对义子非常信任，开始派他们出去做官，多是做一个大将的助手，既让他们历练取得功名，又有监视主官的作用。朱元璋对他们最放心，如洪武十四年（1381）命颍川侯傅友德为征南将军，永昌侯兰玉为副将军，马皇后多次向朱元璋称道沐英的才能，朱元璋也用他为副将军。云南平定后，傅、兰都调回内地，独留沐英镇守云南，其原因诚如朱元璋在其回京述职时抚着他的肩所说的："使我高枕无南顾忧者，汝英也。"（《明史·沐春传》）信得过他，知道他不会离心离德，不会反叛。元璋收养那么多义男，目的是找帮手，建立自己的势力集团和政权。他在从事反元活动时既无根基，又缺亲属的援助，自己的儿子尚未出生和生后幼稚，只好用抚养义子的办法，以名义上的血缘关系（拟制亲）作为笼络人的手段。他的目的是达到了。

朱元璋在养子有了功名后，就让他们独立生活，恢复原姓。在复姓时，朱元璋要说明收养真相。如对沐英，朱元璋问：朱文英，你究竟是谁的儿子？沐英回答是皇上的孩子。朱元璋反复地问，沐英就是这一句话，随后朱元璋才说明他的来历。沐英感动得哭了，说"沐陛下母后圣恩如天地"，元璋因为这句话，赐他姓沐，从文英名中取一字叫"英"，这就是沐英赐姓名的由来。沐英虽不姓朱了，但更感激朱元璋（《明书·沐英传》）。

收养义子的习惯，历史上早就存在，不待朱元璋创造。曹操的父亲曹嵩，原来是夏侯氏之子，为宦官曹腾的养子，才改姓曹氏，这个养子故事是大家所熟知的。创业者收养子，盛行于唐末五代，如后梁太祖朱温收养康勤为子，易姓名为朱友文，封为博王，官东京留守（《旧五代史·朱友文传》）。后唐明宗李嗣源，是太祖李克用的养子，唐庄宗被害，乃入宫即皇帝位。他的义男李从珂起兵反对他的亲子唐闵帝，做了皇帝，成为唐末帝。有意思的是李从珂登基前，用皇太后的名义下令说："皇长子潞王从珂，位居家嗣，德茂冲天，乃武乃文，惟忠惟孝。”（《旧五代史·唐末帝纪》）居然以明宗嫡长子自视，用以说明他继位的合法性，在此倒不分真假子男了。其他如周太祖郭威养子柴荣，后来嗣位为周世宗。李昪以吴国大丞相、东海王徐温养子的身份而继义父之后执掌吴国政事，终于取代吴政权而建立南唐，尊徐温为义祖。大体上讲，历史上宦官和军人爱收养义男，平民中也有这样的人，但不像宦官、军人那样显著。宦官不能生育，又有财产要传递，只好养义子，同时在能干政的时候，需要帮手，广收假子，帮手就有了来路。平民收养义子，多半是因没有子嗣，或者希望有个子息，先抱养一个假子以图吉利。

创业者养义子的现象，清代学者赵翼早注意到了，他在《廿二史札记》卷三十二特写了《明初多养异姓为子》一条。他讲养假子的原因是：“盖群雄角立时，部下多易于去就，惟抚之为家人父子，则有名分以相维，恩谊以相浃，久之亦遂成骨肉之亲，以之守边御敌，较诸将帅尤可信也。”他说得很对，创业者就是用家人亲属的感情联络人，用父子的名分约束人，故能起到增加政治势力的作用。

不过也应看到，养子与义父母长期相处，能够建立融洽的深厚的感情。家人父子之情的产生，不一定要有血缘关系，人们共同生活，相互关照，相互了解，就会产生感情，会为对方的美德、成就而高兴而自豪，对对方的弱点、失误，知道发生的原因，容易谅解，这就是感情起的作用。义父子关系有时比亲父子关系还好，义父对义子的抚育，并非是分内的事情，义父子关系确立后，对义子原来的生活或者有所改善，或者有所抬举——提高社会地位，义子对此会具有感恩心态，希望加以报答，这样双方会感情笃厚，以至超过父子的血缘亲情。有的亲生儿子会认为父亲的抚养是应当的，倒难于产生深厚的感情，这就是血缘亲情抵不过恩养感情了。所以说异姓家人相处得好，胜于亲骨肉。一个家庭，如果是异姓人的聚合，应当在增进血缘感情的同时，有意识地培养人和人之间的相互照顾、尊重、爱护的感情，建立美满幸福的生活。社会应当鼓励异姓亲情的发展，提高人们的道德水平。

明太祖马皇后夫妇

朱元璋皇后马氏，生于元至顺三年（1332），宿州人。母亲郑媪，早死，父亲马公。朱元璋称帝，他们作为已故椒房贵戚，也没有留下名字，可见是极普通的人家，不为人所知。马公与濠州人郭子兴友善，把女儿托给他，马公死，马氏成为郭子兴养女。马氏人很聪明，又好学，在子兴家识字读书，尤其喜好诗。又会做人，与养母张夫人处得非常融洽，为养母所喜爱。至正十二年（1352）朱元璋投到郭子兴麾下当亲兵，子兴赏识元璋，将马氏许配给他。这对新人，男 25 岁，女 21 岁，年龄、身世都很般配。马氏婚后，对家庭生活的安排，对于各种人际关系处理都很得当，深得丈夫的欢心和敬重。

朱元璋雄才大略，很快在濠州红巾军中崭露头角，不免遭人侧目，郭子兴亦对他有疑忌。诸将出征，掳获物都要贡奉郭子兴，元璋不猎取私财，

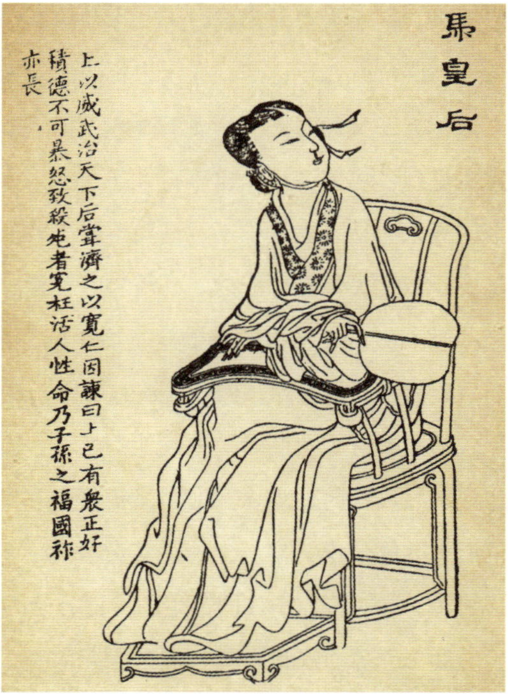

清上官周《明太祖功臣图》
中马皇后画像

无从进纳，更容易引起郭子兴的不快。马氏见此情形，就把自家财产送给养母张夫人和郭子兴妾张氏，请她们在义父前给干女婿说点好话，以弥缝裂痕。有一次，郭子兴把元璋关了禁闭，不给饭吃，马氏心痛丈夫，把刚烙得的烧饼放在怀中偷偷送去，等到事后才发现胸前的皮肤都烫焦了（《明史·高皇后传》），可见这对青年伉俪感情的深厚。平时马氏对元璋生活的关照之好自不必说了。当时因战乱缺乏食粮，马氏在家省吃俭用，把粮食和好的食品留给丈夫，以至有时自己饿肚子。这些事朱元璋铭感五内，当皇帝后还向大臣讲述，把它比作刘秀困在河北得到冯异豆粥麦饭的美事。据《明书》记载，朱元璋与陈友谅对垒时，曾被对方追击，马氏背着元璋逃跑，太子朱标为此绘有图像，放在怀中。后来朱标与乃父政见不合，元璋追打他，他故意把图像遗落在地，元璋见到，痛哭一场，也不打儿子了（《明书·懿文皇太子纪》）。这个记载未必是真实的，不过马氏不像当时的其他妇女缠足，是天足者，背丈夫是有可能的。马氏自奉节俭，衣服穿破了还要补了穿，听女史讲元世祖昭睿顺圣皇后用旧弓弦织成绸，做衣服穿，马后就命用旧料织治，做成盖被、巾褥，送给孤寡老人。

马皇后对子女仁爱，勉励他们学习，要求他们生活简朴，有比穿衣、用物的，加以教诲，又把宫中利用旧料织成的被褥送给他们，并解释说：你们生长在富贵家庭，不知纺织的难处，要爱惜财物。她对待养子如同亲生的，而且始终如一。

和朱元璋血缘最近的亲戚是侄儿朱文正，文正在对陈友谅战争中立功，因叔父未及时赏赐而不满，元璋因此杀了文正身边的亲信，还要治他的罪。马后也把文正当儿子看，这时劝元璋：这孩子立了好多战功，守南昌尤其不易，况且只是性急要强，并不是反叛，不要追究了，元璋这才将文正免官了事。这一事例说明马后保护了亲属正当权益。

马后对娘家人极为怀念，每当说到父母早逝就痛哭流涕，朱元璋也因关心她而及于外家，要为马后访察亲属，以便封赏。马后认为封外戚容易乱政，不是好事，不让访找。事实上马后是孤儿，娘家已没有人了。元璋只好追封马公为徐王，郑媪为王夫人，在宿州为他们设立祠祭署，以邻居王姓主持奉祀的事。

马后与身边的妃子和宫人也是和睦相处，是比较慈惠的。妃嫔中有人生儿子，一定厚待他们母子。马后以皇后的身份，还要管丈夫的饮食，宫女认为她不必这样做，她说有两方面原因，一是尽做妻子的责任，再一是怕皇帝饮食有不中意处，怪罪下来，宫人担当不起，她好承受着。她也设法保护宫女，有一次元璋盛怒要立即惩罚一个宫中下人，马后也假作发怒，命把那人捆绑起来，交给宫正司议罪。元璋不满地责问她：这是你皇后处理的事情，为什么要交给宫正司？马后回答：赏罚公平才可以服人，治理天下的君主，哪能亲自处理每一个人，有犯法的应当交给有关

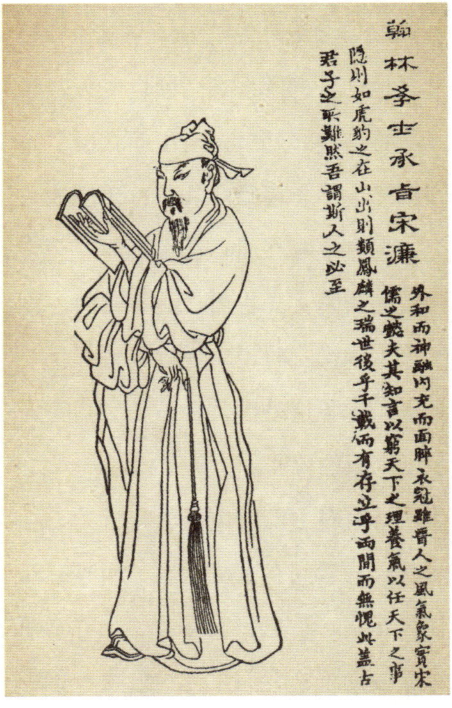

清上官周《明太祖功臣图》中宋濂画像

部门去办。元璋又问，那你为什么也发火？她回答说，当皇上愤怒时，我故意也发怒，把这事推出去，消释你的烦恼，也为有司能持平执法。这一事表明她对丈夫、宫女双方都是关怀的。

命妇入宫朝见，马后以家人礼来接待，给人以温暖，对朝臣的家庭也给予关心。有人告发和州知州郭景祥的儿子要杀乃父，朱元璋欲以不孝罪处郭子死刑，马后知道了，说这是传闻之词，不一定真实，何况郭景祥就这么一个儿子，处决了他就绝后了。朱元璋一调查，果然是传闻不实，不是马后的劝说，郭家就家破人亡了。洪武十三年（1380），知制诰宋濂因长孙宋慎陷入胡惟庸党而获罪，元璋要处他极刑。宋濂是明朝开国“文学之首臣”（朱元璋《高皇帝御制文集·赠翰林承旨宋濂祖父诰》），又是太子的师傅，这时他已告老还乡，与胡党毫无牵涉。元璋搞胡党扩大化，宋濂眼看要遭殃，马后及时出面救援，她说：老百姓请一位先生，还知道终生不忘尊师的礼节；再说他致仕回籍，京中的事必定不知道，可别冤枉了他。但是元璋一心惩办胡党，不听马后的劝告。一次马后陪丈夫吃饭，她不喝酒，也不吃肉，元璋问为什么不吃不饮，她说：听说宋先生获咎，我不近荤酒，为他祈福，希望他免祸。听了这番话，元璋动了恻隐之心，饭也不吃了，第二天赦免了宋濂的死罪。

马后对士庶的生活也有所关心。明朝太学建成，朱元璋临幸回宫，马后问有多少学生，回答有几千名。当时有些太学生携带眷属在京，他们没有薪俸，无法养家，马后建议按月发给口粮，元璋接受了，专门设立“红板仓”，存储粮食，发给太学生。此后，“月粮”成为明代学校的一项制度。

明初有个商人沈万三，是“赀钜万万，田产遍吴下”的江南第一大财主（董谷《碧里文存》），据说朱元璋建设南京城，洪武门至水西门一段城墙由他出资修筑。又据说沈万三要求出钱犒赏军队，元璋问他，自己有百万军士，你能普遍犒劳吗？他不知收敛，满有把握地说可以每人发给一两银子。这样的人，富可敌国，敢同天子抗衡，激恼了君主，要以乱民的罪名杀掉他。对此，马皇后劝解道：沈万三富是富得出奇，但他没有犯法，也没有谋图造反，杀他没有道理，也不符合法令，还是不杀的好。元璋听了她的话，免沈万三一死，把他流放到云南。

对于太医院的医生，马后也照顾他们的利益。马后最后一场病是严重的，元璋命太医诊治，但马后不服药，元璋强要她吃药，她说：如果我吃药无效，你就会杀死那些医师，那不等于我害了他们吗！我太不忍心了。元璋希望医好她，就说不要紧，你吃药，就是治不好，我因为你，也不会惩治医生。但是马后还是不用药，以致死亡。马后替医生着想竟至不顾自身的治疗。她死于洪武十五年（1382），享年 51 岁。

马皇后处理复杂的人际关系，很得体。当朱元璋在甥馆时，与义父母及其家人；独立成家后，与义子，与丈夫的子女；做皇后以后，与妃嫔，与宫人，与命妇，与朝臣，与娘家，种种关系，料理得妥切，与人关系融洽。她能做到这种程度，重要的在于她按“待人以宽，责己以严”的原则去办事，与他人的矛盾就易于化解。

马皇后的所作所为，赢得了丈夫的尊敬与爱护。她生前，朱元璋褒奖她，比诸历史上的贤后唐太宗长孙皇后，为她父亲起坟立庙；她死后，朱元璋不再册立皇后，表示对她的敬重和怀念。这一对同甘苦共患难的夫妇，互相眷恋，互相体贴，从这个意义上说，尽管丈夫多妻妾，她的生活还是完满的。

《明史》赞扬马皇后，“母仪天下，慈德昭彰”。的确，在君主专制时代，她是贤妻良母的典范，是“母仪天下”者中的佼佼者。她帮助丈夫成就帝业，谏止丈夫的败政，料理好家中、宫中事务，造成家庭和睦的局面，她对于朱明王朝、对于朱元璋的家庭都做出了贡献。君主时代称颂她，有其道理，但是我们从马皇后身上，也看到古代女子悲惨的一面：她生活的一切就是为着丈夫，丈夫也就是她的生存价值；她没有个人的意志、爱好，没有男人那样的事业，没有个性，没有独立的人格。在那个时代，贤妻良母与女子做独立的人决然对立，而且只能是前者，社会不允许她与丈夫做对等的人。那时，贤妻良母就意味着妇女为丈夫、儿子牺牲自己，生活失去了多少意义！？

明中叶四位庶吉士的读书生活

明代中期有四个庶吉士出身的官员，官至尚书、大学士，为一时名相、名臣。他们青少年时代都有刻苦学习的生活经历，也以所读经书对人的规范立身行事，有的一度以写作维持生计，这四个人是丘濬、刘健、李东阳和刘大夏。

丘濬（1420—1495），字仲深，谥文庄，广东琼山人，幼年没了父亲，跟从母亲李氏学文化，由于用心读书和天资聪明，凡过目的书都能背诵出。在求学时家庭经济状况不好，没有什么书可读，于是向人家借阅，有时为了要读某一种书，行走几百里去借书，不达到目的决不罢休。功夫不负苦心人，终于学有所成，考中广东第一名举人。景泰五年（1454）成进士，入翰林院为庶吉士，经过三年的学习，留在院里为编修，从事文字工作，等于是边工作边学习，于是对明朝的历史与政事非常熟悉（《明史·丘濬传》）。

刘健（1433—1526），字希贤，谥文正，河南洛阳人，父亲刘亮是县教谕，有学识，刘健好学有家传的因素。他在年轻时与同乡阎禹锡等交游，阎是明代著名理学家薛瑄的弟子，所以在思想上受到薛瑄的影响。天顺四年（1460）中进士，选为庶吉士，学成为翰林院编修。刘健为了多读书，珍惜时间，不同人作无谓的往来，由于不懂得社交，被人看作是不随和的人（《明史·刘健传》）。

李东阳（1447—1516），字宾之，谥文正。幼小学习，四岁就能写出一尺大的字，明景帝听说这个奇事，召他进宫，见他写得好，很高兴地把他抱着坐在膝上。后来景帝又两次召见他，听他讲《尚书》的大意，很合景帝的意思，让他进国子监学习。李东阳早学早熟，天顺八年（1464）18岁时中进士，点为庶吉士，散馆后与丘濬、刘健一样成为翰林院编修（《明史·李东阳传》）。

刘大夏（1436—1516），字时雍，谥忠宣，湖南华容人，父亲刘仁宅是举人。大夏20岁中解元，与李东阳是同年进士，选庶吉士，学习结束，经考核，也应该留在翰林院为编修，但他乐意从事行政事务，经过再试合格，出任兵部职方司主事（《明史·刘大夏传》）。

这几位庶吉士不仅在青年时代，而且做官以后，直到晚年，读书生活都始终不变。丘濬阅读用目力太勤，到老年依旧嗜学如命，致使右眼失明，但也没有停止阅览。

李东阳善于写篆书、隶书，诗文也做得好，作品流传到域外。暮年致仕家居，经济也不宽裕，请他写字的、作诗文的接踵而至，他遂以润笔补助生活。每当写作，他的夫人帮助铺纸、研墨，一天夫人已拿好纸笔，李东阳表示疲倦，不想写了，夫人说：假使今日请客，桌上没有鱼肉可以吗？李东阳想到生活，于是愉快地写起来。

四位学人读儒家的书，以其观点作为自己的世界观，作为做人、做臣的准则。刘健、刘大夏都经历了明武宗荒唐、刘瑾用事的时代，他们都忠于臣职，规谏武宗，反对刘瑾。如刘健上书，引朱熹的话："一日立乎其位，则一日业乎其官；一日不得乎其官，则不敢一日立乎其位。"表示在其位就要谋其政，因此就要反对刘瑾专擅，且不怕丢官去职。刘大夏曾经说："居官以正己为先，不当独戒利，亦当远名。"又说："人生盖棺定论，一日未死，即一日忧责未已。"正己不仅不图利，连名也不枉图，而且要一贯如此。他们为公事，往往把自身利害置于度外，敢作敢为，不谋私利，看下述数事即可知笔者说的不荒谬了。

丘濬以翰林院侍讲参加《英宗实录》的修撰，当写到兵部尚书于谦之死问题时，有人要按照当时定的图谋不轨的罪名来写，丘濬不同意，认为要不是于谦守卫北京，大明江山可能都保不住了，这个功绩不可磨灭。夺门之变时说他谋反，现在时间过去了，我们看清楚了，不是那么回事，对他的诬陷不能不给洗刷。杀于谦是英宗复辟的需要，英宗才死不久，丘濬就敢于直言，是冒着较大风险的，可见他是正直的，因而不计个人利害。

刘健和另一位大学士谢迁与宦官刘瑾作斗争，坚决要求诛杀刘瑾等八人，没有成功，致仕回籍，又遭迫害，削籍为民，毫不后悔。临终遗表，规劝新皇帝明世宗"正身勤学，亲贤远佞"，要求国君勤政学习，做儒家规范的明君。

明宪宗时有人提出恢复郑和下西洋的事业，皇帝向兵部索取下西洋图。刘大夏正任兵部郎中，掌管地图，他认为郑和下西洋耗费钱粮太多，死伤的军民也多，得到的珍宝对国家没有什么用处，反对再为找宝出洋，于是把地图藏匿起来，不让宪宗看（严从简《殊域周咨录·古里》）。类似郑和下西洋的事在当时根本不可能再进行，刘大夏的反对，表明他有胆有识。

能正己的人少谋私利，刘大夏因反对宦官被抄家，发配边疆。他位至兵部尚书，在任时不替子孙请求恩荫，到遣戍时，只带着一个仆人上路。有人问他为什么不叫子孙跟着去，他说当初不给他们乞求恩泽，今日也不连累他们去受苦。对子孙，要求他们凭个人本事吃饭，不用祖上的遗产毁害他们。认识这一点似乎不难，真正能实践，就非常不容易。

为了正己，刘大夏能官能民。致仕归里，在菜园中劳动，当遣戍的命令下达时，他正在园中锄草。待到发配归来，又事农耕。他有个门生当了巡抚，赴任时特地绕道看望老师，在路上遇到一个耕地的老头，就问刘尚书的家，老人把他领到刘家堂屋，才承认自己就是刘某，原来师生多年不见，不认识了。刘大夏以躬耕安度了晚年。

这几个庶吉士由于长期笔耕，多有文字留下来。刘大夏撰有《刘忠宣公集》《东山诗集》。李东阳著的是《怀麓堂诗稿》《诗后稿》《文稿》《后稿》《诗文续稿》和《西涯拟古乐府》。丘濬作有《琼台诗文会稿重编》《丘文庄公集》《大学衍义补》。这是他们读书学习的成果，也是他们学习生活的反映。

除刘大夏是尚书，丘濬、李东阳、刘健均是大学士，后者还是首辅。他们不仅官位高，更重要的是有一些政绩，有著述，在明中叶，都是人才。他们的成就同学习有很大关系，他们都是科甲出身，且进士之后又做了庶吉士，可以说是研究院毕业生。从他们的经历说明，高层次的学习，就社会需要讲是完全必要的，就个人提高讲也是如此。庶吉士制度在明朝形成，清朝继续实行。明清鼎甲进士入翰林院做修撰、编修，政府又在二三甲中挑选年轻的，或中年进士中文学优等的，或善于书写的做庶吉士，边学习，边可参加翰林院所管的编纂工作，三年后经过散馆考试，一部分留在翰林院，另一部分到各行政衙门。明清两代的大学士相当一部分出身于翰林院，其中不乏庶吉士，翰林院成为培养人才和储备人才的地方。历史事实证明庶吉士这一学历段对高级人才的培养很有必要。

儒家所讲的做人准则，大多数读书人并不遵行，但也确有少数人认真实践，丘濬等人基本上属于后一类型。他们熟知儒家经典，信奉忠臣观念，正人与小人的是非观念分明，愿做君子之儒，不做势利小人。在这里，讲信义，不阿附，这种品格是值得赞扬的。儒家所宣扬的道德信条人们可以有不同看法，不过主张做正直的人的观念无论如何需要肯定。

杨继盛的家庭生活

杨继盛，号椒山，明武宗正德十一年（1516）生，河北容城人。明世宗嘉靖二十六年（1547）进士，官兵部员外郎。大将军咸宁侯仇鸾在与蒙古瓦剌部关系中怯懦主和，杨继盛上书反对，被下诏狱，贬为狄道典史。仇鸾势败后，杨继盛回到兵部任职，又上书指责权相严嵩的弄权，再次下诏狱，于三十四年（1555）被处死，时年40岁。明穆宗继位，给予“忠愍”谥号。杨继盛受刑前夕，分别给妻张贞，子应尾、应箕写遗言，后世顾钎把它以《杨忠愍公遗笔》为名刊露，后被收入《学海类编》丛书中。《明史》《明书》均有杨继盛的传记。这些记载向我们展示了杨继盛的部分家庭生活情况。

杨继盛少年时代家境清贫，父亲杨富，母亲曹氏。7岁时母亲亡故，父亲的妾陈氏虐待他，让他放牛，所以他自幼就不得不独立处理与家里人的关系。继盛看到邻居家的孩子在学塾读书，非常羡

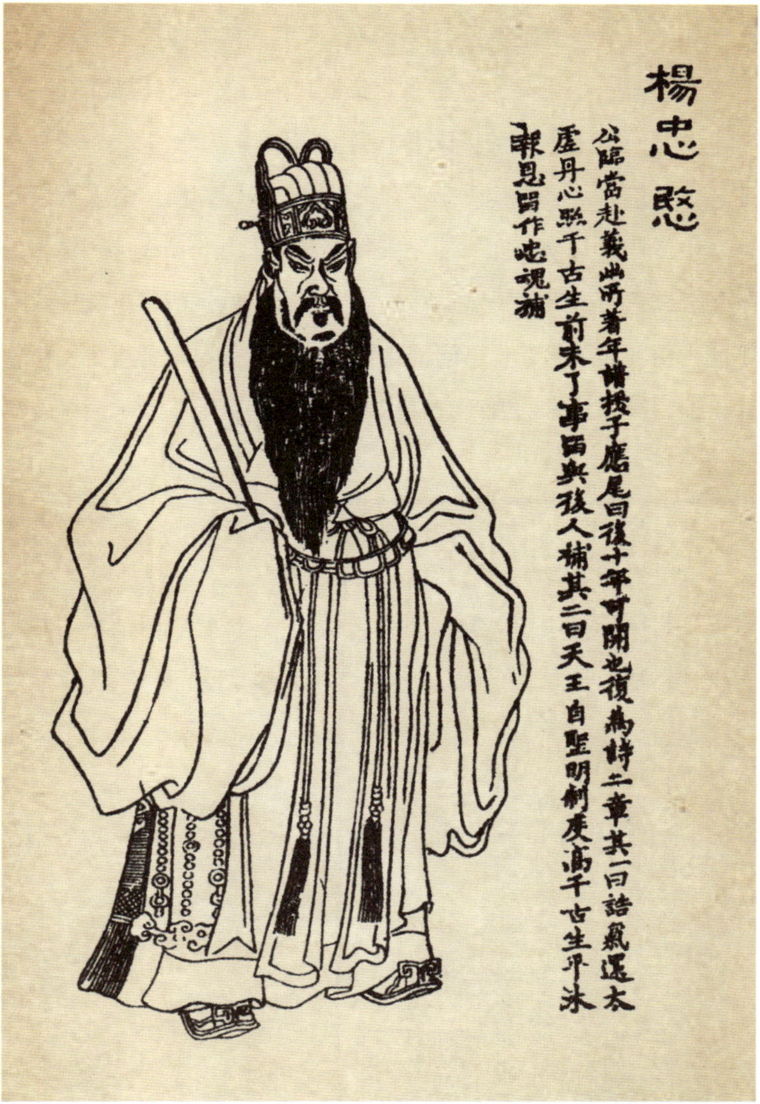

清上官周《晚笑堂画传》中杨继盛画像

慕，回家向同胞长兄继昌要求学习，哥哥说你这么小，读书做什么，表示反对。继盛说我年岁小可以放牛，就不能读书？继昌听了觉得有理，把弟弟的愿望向父亲反映了，杨富答应他的请求。于是继盛一边放牛，一边读书，到 13 岁时全力学习，18 岁中秀才，以后借住僧房继续攻读。有一年继昌得了瘟疫，继盛听说赶回家中侍候，日夜不寐，使兄康复。嘉靖十九年（1540）中举人，次年会试落第，入国子监进修，需要家庭供给生活费。继昌认为不能白白养活弟弟，也不同继盛协商，就给弟媳张贞八石谷和一片土地，算作分家的财产，继盛夫妇没有怨言地接受了。继盛在

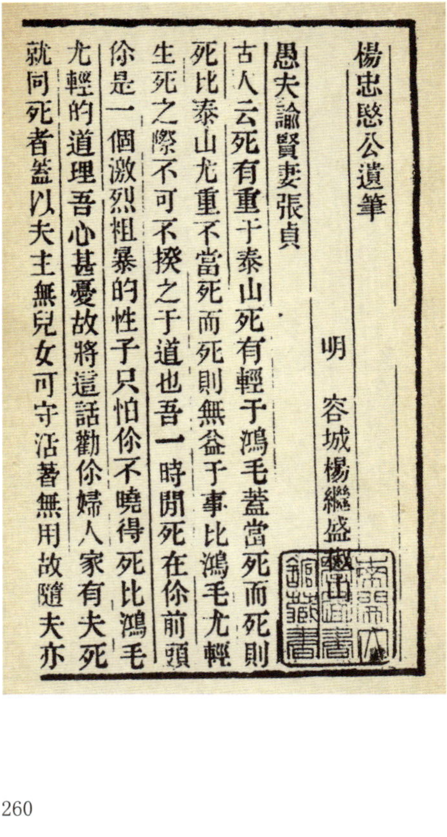
楊忠愍公遺筆
明　容城楊繼盛椒山
愚夫諭賢妻張貞
古人云死有重于泰山死有輕于鴻毛蓋當死而死則死比泰山尤重不當死而死則無益于事比鴻毛尤輕生死之際不可不揆之于道也吾一時閒死在伱前頭伱是一個激烈粗暴的性子只怕伱不曉得死比鴻毛尤輕的道理吾心甚憂故將這話勸伱婦人家有夫死就同死者蓋以夫主無兒女可守活著無用故隨夫亦

《杨忠愍公遗笔》书影

京边读书边坐馆教学，有了收入，张贞在乡生产也获得丰收。

继盛回到家乡请姻亲吃饭，乘机向继昌敬酒，说我当初默认析产，是怕我的学习费用连累长兄，现在我有余钱，可以补助家用，请哥哥允许我和你一起生活。继昌听了很惭愧，同意了他的要求。继盛又拿出13两银子捐给政府作边疆经费，使继昌得到教官名衔的荣誉。继盛给妻子遗言，说哥哥不懂多少道理，也没有坏心眼，只是爱占小便宜，你要让着他，他自然高兴了，表明他至死惦记着长兄。

妻子张贞，勤劳治家，体贴丈夫。继盛被贬狄道，张贞跟随赴任。当地文化不发展，继盛想兴办学校，没有经费，遂变卖了自己的乘骑，钱还不够，获得张贞的同意，变卖了她的服饰，买田收租，作学校的经费，可见在事业上夫妻观点一致。继盛考虑弹劾严嵩时，自言自语我怎样报答天子的隆恩呢？张贞听到，笑着说：看你这样子，该退职返里了。继盛问这话是什么意思，她说一个仇鸾差点没有把你陷害死，现在严嵩父子比仇鸾奸恶百倍，这种现实怎容你报答天子，所以不如回老家。继盛从张贞话中得到启发，决心参劾严嵩以报国。不幸的是如张贞所料，继盛又一次被投入监牢，判处死刑。张贞痛惜丈夫，向朝廷上书，为继盛鸣冤，同时要求以自身代替丈夫服刑。她爱护丈夫胜过自己的生命，继盛同样热爱妻子，深深地了解她的为人。遗言说妻子聪明懂道理，但性子刚烈，要求她抚养好儿子，保持家庭，千万不要因夫妻感情重，做出殉死的事来。在遗言中告诫儿子，要孝顺母亲，“凡事依她”，对妻子的后事作了安排，也是缱绻于夫妻之情。继盛有妾，叫二贞，没有生养过，继盛入监三年，二贞吃斋诵经，给继盛祈福。继盛告诉张贞，在他死后，因二贞年轻，让她嫁人，她的衣服首饰都给她带走，不要让她守寡。他这样对待妾还是通情达理的，少见的。

继盛对两个儿子在遗言中表示出他的爱护态度，要他们兄弟和睦，不分家，特别指出小儿子性情暴躁，让大儿子看在父亲分上原谅他，同时要求老二敬重哥哥。两人如有解不开的事，要请亲戚和解，万万不许打官司。如果在哪一方面违背他的教导，继盛表示在九泉之下也要摆布儿子，以警告他们。继盛把他处理兄弟关系的原则，传给了儿子们。

继盛有个女儿，比儿子大，已出嫁。他要求儿子，姐姐将来富贵便罢，若贫穷一定要周济，你们母亲要给她东西，不许阻拦，表示对女儿的眷念。

继盛有同母所生的二姐、四姐，婆家都穷，继盛要求张贞和儿子们对她们予以照顾。对庶母所生的五姐、六姐，也要有所顾恤。

继盛的大伯有四个孙子，继盛获罪，大伯并不关切，他的孙子也以冷淡态度对待。但是继盛认为这四个堂侄都是知好歹的人，对自己不关心，不能责怪他们，所以要求儿子在祀产没有分净的地方，他们要占便宜就让他们占，不必认真计较，免得让外族人看笑话。

对于奴仆，继盛分别对待。有个叫杨应民的，是小时买来的，连姓可能都是随主家的，相处多年，有感情。继盛遗言妻儿，将来给他50亩地，一所住宅，让他给杨家看坟山，如果他私积钱财，房子和地都不给他。另有一个叫麹钺，是用四两银子买来的，继盛遗言他若守奴才本分，给他20亩地，一所小房，如果要求离开杨家，就以他的卖身价向他要利息，一两银子一年六钱利，年年算下来，他就赎不了身了，这样做是免得其他奴仆跟着学。还有奴仆福寿儿、甲首儿、杨爱儿伺候继盛于监狱中，有共患难的情谊，以后每人给田20亩，小房一所，都要在坟山附近的，让他们看坟。田地只许他们耕种，不许可出卖。即他们只有使用权，没有所有权，也不用向主人交地租。

杨继盛完全按照父为子纲、夫为妻纲、长幼有序的家庭伦理来处理家内人际关系，是真正实践兄友弟恭、夫唱妇随、父慈子孝、和睦亲族、善待奴仆的人，他的家庭生活有和谐的方面，这是由卑幼、妻子、奴仆敬奉尊长、丈夫、主人造成的，这本身就有屈从的因素。杨继盛尤其强调主仆名分，他固然注意给奴仆以恩惠，给土地，给房屋，但这要以奴仆的绝对恭顺忠诚为前提，稍有不恭，特别是想离开主家，则要给以严厉的惩治，观其对麹钺的规定，以利滚利的方式要卖身价，何其严酷，所以在仁义道德之外，还有凶狠的一面，表明他持有严重的等级观念。

杨继盛处理家庭关系的观念，同他处理与君主关系的思想完全一致，在家庭行孝道，在国家就是实行忠道。他在仇鸾事件上受迫害，没有学会明哲保身之道，反而更加嫉恨奸臣，更以忠君为纲领，以清厘治道为己任，不惜性命地弹劾权臣严嵩。"文死谏"，他实践了这条忠君的最高道德原则。他完整地接受了三纲五常的思想体系和伦理道德，身体力行，按传统道德讲，他是一个完人，也就是说他的忠君和他的孝道紧密联系，他是这两方面的楷模。

杨继盛的以身许国，得到身后之名，赢得了一片赞扬。还在明末，就出现以杨继盛参奏严嵩为内容的《鸣凤记》传奇，讴歌继盛。杰出的思想家黄宗羲为母亲做寿，演出《鸣凤记》，家人看了为之痛哭。黄宗羲的父亲、御史黄尊素因反对魏忠贤阉党死于诏狱，黄家与杨家有共同经历，故而对《鸣凤记》有特殊感受。清朝最高统治者极为欣赏杨继盛的忠谏，顺治帝令中书舍人吴绮编写杨继盛的传奇，成昆曲《鸣凤记》院本，因为写得好，顺治帝一高兴不秩提拔吴绮，让他做杨继盛做过的官——兵部郎中，当时人认为这是“奇荣雅遇”（陈康祺《郎潜纪闻二笔》）。乾隆年间宫中演出《鸣凤记》，孝圣皇太后看了很受感动，问现在朝中有没有杨继盛这样的人，乾隆帝回答说有个叫吴炜的言官和他有点相近，因为吴炜应诏上疏，有耿直敢言的味道（徐珂辑《清稗类钞》）。事实表明，皇家最需要杨继盛式的忠臣。杨继盛忠于昏君一人，他的死谏，表现了他的愚忠，既不值得，也不明智；他不度形势，不讲策略，不懂得政治斗争的艺术，以死为能事，是愚蠢的表现；但他有视死如归的勇敢精神，刚正不阿的骨气，高尚的气节。对他的行为，今人不能一味称颂，而应该有分析地给予批评和肯定。

明季一位塾师的惨淡生涯

如果读者获知王命岳的一段时间的生活状况，会对明末一个普通人家的生活及其艰难有个深刻的印象。

王命岳，字耻古，福建晋江人，生于明万历末年，死于清康熙前期，享年50岁。他19岁考中秀才，31岁成了举人，清朝顺治十二年（1655）中进士。他在给事中的任上，忠于职守，给朝廷上了关于吏治、漕运、救荒的奏疏，都关乎“军国大计”（《清史列传·王命岳传》）。传世的著作有《耻躬堂文集》。他在中进士以前的那一段生活极其艰苦，入仕后才改变了生活面貌，但为不忘昔日的艰辛，并为教育子孙后代，特作《家训》一文（魏源辑《皇朝经世文编》收入）。笔者在这里所要讲的话，也是受这篇文章启发而来的。

王命岳家族，在其高祖的兄弟辈中出过进士，此后家业不盛，到他祖父时家里很穷。他父亲是病

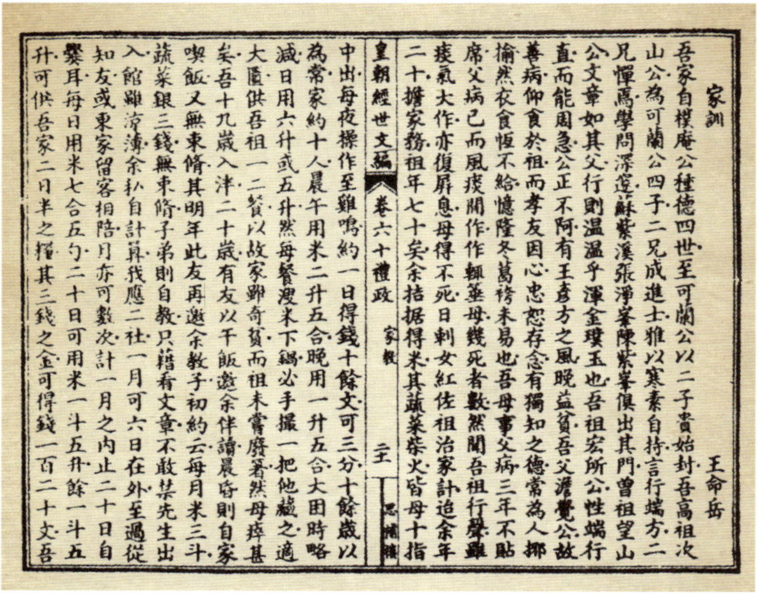

家訓　　王命岳

吾家自樸庵公種德四世至可蘭公以二子貴始封吾高祖次
山公為可蘭公四子二兄成進士雅以寒素自持言行端方二
兄憚焉學問深邃蘇紫溪張淨峯陳紫峯俱出其門曾祖望山
公文章如其父行則溫溫乎渾金璞玉也吾祖宏所公性端行
直而能周急公正不阿有王彥方之風晚益貧吾父瀞覺公故
善病仰食於祖而孝友因心忠恕存念有獨知之德常為人揶
揄然衣食恒不給憶隆冬葛袴未易也吾母事父病三年不貼
席父病已而風痰間作作輒藥母幾死者數然聞吾祖行躃躃
痰氣大作亦復屏息母得不死日刺女紅佐祖治家計迨余年
二十擔家務祖年七十矣余拮据得米其蔬菜柴火皆母十指

皇朝經世文編　卷六十禮政　家教　思補樓

中出每夜操作至雞鳴約一日得錢十餘文可三分十餘歲以
為常家約十人晨午用米二升五合晚用一升五合大困時略
減日用六升或五升然每餐淘米下鍋必手撮一把他藏之適
大匱供吾祖一二餐以故家雖奇貧而祖未嘗廢箸然母瘁甚
矣吾十九歲入泮二十歲有友以干飯邀余伴讀晨昏則自家
喫飯又無束脩其明年此友再邀余教子初約云每月米三斗
蔬菜銀三錢無束脩子弟則自教只藉看文章不敢禁先生出
入館雖涼薄余私自計算我應二社一月可六日在外至過從
知友或東家留客相陪月亦可數次計一月之內止二十日自
爨耳每日用米七合五勺二十日可用米一斗五升餘一斗五
升可供吾家二日半之擂其三錢之金可得錢一百二十文吾

王命岳《家训》书影

废的人，在社会上受人欺辱，在家中依靠老人养活，可是病一发作，就以打老婆解气。他祖父当家，吃饭的经常有 10 口人，生活来源极少，这个家很不好当。

王命岳母亲，家务之外，给人家做针线活，每日不停，夜间做到鸡叫，才休息一会儿，这样一天可以挣十几文钱。明季晋江大约 400 文可换一两银子，她一天针线活下来能得三分银子手工钱，可以买将近两升米。全家 10 口人，每天早、午两餐各用米两升五合，晚饭需米一升五合，全天要吃六升半米，家中缺粮时，一天只能吃五六升米。为照顾老人，王命岳母亲淘米下锅时，从定量中抓出一把米，存起来，间或给公公另做，让他吃饱，而她本人就经常半饥半饱，面容憔悴。靠她的缝纫工钱，王家就是这样的生活也不能维持。

王命岳在19岁中秀才后的第二年开始谋生，这一年有个朋友请他伴读，只供给一顿午餐，早晚还得在家里吃。21岁时，这位友人请他辅导孩子读书，办法是书由朋友自教，王命岳只是给那个学童看文章，自身还可以另外找事干。开始朋友讲的报酬是：每月三斗米，三钱银子蔬菜钱。工钱微少，王命岳核算一下认为合得来：东家留客相陪及知友请吃，以及参加学友社吃饭，大约一个月要去10天，自家开伙为20天；每日吃米七合五勺，20天用米一斗五升，尚可余米一斗五升；三钱银子合钱120文，每日用柴钱一文，三天用菜钱一文，20天用去27文，能剩93文，可买米一斗五升。这样自身吃食之外，有余米三斗，可供全家五六天吃食，有这点进项总比没有强，于是就应允下来。但是还没有去做事，那位朋友就变卦，表示愿意供给他伙食，而不再给钱米。命岳觉得这个办法自己是吃饱了，却没有剩余的银米养家，于是同朋友磋商，按当初议的条件办，但朋友坚持后一主意，不容商量，命岳为糊口，也只得照人家说的行事了。

王命岳不甘心辅导学童一职，在教书、自学之外，日夜给人家抄写，一天可以得七八分银子钱，和母亲的女红钱合在一起，家中勉强度日。

王命岳在东家用膳，吃的不会坏，想到老人吃不饱的情景心里就难受。有朋友同情他家穷，给他送好吃的，或者送好饭，他就借故将送饭人支开，把肉和饭送回家里给老人吃，要支开送饭的人，是怕人家知道了笑话他。有时和东家一块吃，饭菜好，他没法省下来往家里送，想到祖父、父母吃的糠秕之食，就难于下咽，索性装病，连饭也不吃了。所以他在东家尽管饭食好，但心情不舒畅。

王命岳在贫困的煎熬下，仍尽可能地学习，在教书、抄写的同时，提高自身文化水平，一旦有机会参加科举，就有可能成功。他于 23 岁上死了父亲，守丧不能参加考试，27 岁成为廪生，次年母亲故世，接着祖父亡故，如此两次服丧，又不能进考场，丧服完毕，31 岁就中了举人。家里奇穷，又连遭大故，王命岳若没有坚强的毅力，根本不可能坚持学习。贫寒人家的子弟，要改变家庭和自身的面貌，往往能够立志，肯于吃大苦耐大劳，有不少人获得成功，相比之下，富贵之家常常出浪荡子弟，败家毁身。可见对清贫寒素者不可轻视，不可侮辱。一个社会能允许这些人奋斗，就有它好的因素，就值得肯定，可惜古代允许人们为改变自身地位而奋斗的社会条件太少了。

王家 10 口人，能有收入的是王命岳母子，命岳在其开始养家时祖父年已 70，显然这位老人不能从事什么劳动了，而命岳母子的精力还不能全部投入创收劳动中——一个管家务，一个兼顾学习，这样的家庭，真是生之者寡，食之者众，又怎么能不穷困呢？今天看来，他们的饥寒交迫生活令人同情，但不能节制人口生育，那么多的人不能创造生业，谁又能养活他们呢？这倒是在社会制度问题之外，人们应当总结的人类自身再生产的规律问题。明末时期的王家，一点点收入全用于购买粮食，王命岳母子勤劳的目的似乎就在于把全家人的肚子填饱，此外别无他求，也不可能有其他的需求。什么穿暖衣裳，什么文化娱乐，什么人际礼尚往来的交往，一概不能奢想。人只为取得一点粮食而活着，与动物觅食虽然有本质的区别，但又太相似了。人若贫穷到那个份上，生活就太没有意思了。人不能像动物只要填饱肚皮。人要过人的生活，看来首先得搞好生产，用物质产品丰富生活，进而谋求精神生活的充实、高尚。

王命岳的经历，使我们知道一些读书人的生活很悲惨。试想，王命岳中秀才是有功名的人，属于社会上为数不多的知识分子一族，但是给人家教育学童，一个月仅有几斗米的报酬，还不能保障，是多么难得的收入呀！在这种情形下，他只好一文钱一文钱地计算着开支，一文钱竟是三天的菜金，一天的烧柴是一文钱，可这一文钱摊作三天的菜钱，哪里还有菜吃！知识人士的生活惨到这步田地，还要怎么悲惨呢！中国古今的知识人士大概有一个共同的命运，就是清贫，“吃的是草，挤出的是奶”。社会之不公平，假如还有正义感的话，大约是不会不愤慨的！铲除这种不公平，社会才能进步。

古代贫苦人士把出路寄托在科举上。的确，有的人从中走出来了，王命岳家庭后来的变化就是一例，但能由这条道路上升的人毕竟太少了，广大的士人只能对举业向隅而泣，所以科举又是他们的囹圄，使他们永远摆不脱贫穷的困境。在古代，特别是清代，现实一点的读书人，在科举路上走不通时，改而经商、务农，一样可以发家，还可以用钱去捐官，得到功名品级，真正是名利双收。这大约是聪明人的做法，比那些古稀童生、耄耋秀才进考场的人应当有更好的生活。那些死守着科举之路不放的老秀才可能看不惯他们，那也只是瞎生气，不过是自己气自己，气坏了活该！谁叫你死守一条道，抱着贫穷舍不得放呢！如若还以贫寒为光彩，为清高，为守正，如此穷酸，更是可怜，令人不屑论道了。

生育、丧葬礼仪与习俗

古代的人口与婚龄

古代的人口增殖，与赋役政策、婚姻政策关系极大，尤其和前者。比如人头税、徭役税的征收轻重，人丁、次丁、老、黄小年岁的规则，孕妇及其丈夫免役与否的临时规定，都影响着人口的出生率和成长率。本文不接触这么多问题，专谈人口与婚姻法定年龄的关系。

历朝政府关于婚龄的法规，有两种类型。一是常规的，确定法定婚龄，即规定男女到多少岁才可以结婚；一是临时性的，视当时社会情况而制定，这种法规就一个朝代讲是偶见的，把许多朝代的串在一起，也可以发现它们的共同性：是为解决一个突出的社会问题而制定的。

政府强迫人民到一定年岁必须结婚，否则给以制裁。我们所见记载，此说提得最早的是墨子所说的圣王时代，也即古人所说的三代以上吧。墨子讲："昔者圣王为法曰：丈夫年二十，毋敢不处家，女子年十五，毋敢不事人，此圣王之法也。”（《墨子·节用上》）墨子认为上古男子 20 岁、女子 15 岁必须结婚，这是法令规定，不敢不遵行。墨子说的是那一个时期的事实，有没有这一事实，很难确证。我们确知政府实行这一政策最早的是春秋时代的越国。越王勾践被吴国战败回到会稽，卧薪尝胆，准备力量进行复仇，实行“十年生聚，十年教训”的方针。“生聚”的内容之一就是为增殖人口，因而宣布：“女子十七岁不嫁，其父母有罪；丈夫二十岁不娶，其父母有罪。”（《国语·越语上》）这是把男 20 岁、女 17 岁定为最迟结婚年龄，即必须结婚的年岁，而不是可以婚配的岁数。

西汉惠帝六年（公元前 189 年）诏令：“女子年十五以上至三十不嫁，五算。”（《汉书·惠帝纪》）汉代人口税中有一种算赋，是 15 岁至 56 岁的男女成年人交纳的，每人一算，120 钱，但是商人和奴婢要交二算。惠帝这个法令使 15 岁至 30 岁的未婚女子多交算赋，且达常人的 5 倍，商人交二算是为实行重本抑末政策。这一婚龄规定对未婚女子的处罚比商人重得多，简直是把她们当作罪人对待了。

正式建立西晋的晋武帝在泰始九年（273）下令：“女年十七，父母不嫁者，使长吏配之。”（《晋书·武帝纪》）女儿到了 17 岁父母还不把她嫁出去，政府就要强行把她匹配了，要那样，还不如父母赶在 17 岁以前让她结了婚。

北周武帝建德三年（574）诏令：“自今以后，男年十五，女年十三以上，爰及鳏寡，所在军民，以时嫁娶，务从节俭，勿为财币稽留。”（《周书·武帝纪》）女子 13 岁就要成亲，是我们所知的法令中年岁最小的。

唐太宗贞观元年（627）诏书讲：“其庶人男女无室家者，并仰州县官人以礼聘娶，皆任其同类相求，不得抑取。”怎样以礼婚嫁呢，诏令解释道：“男年二十，女年十五以上及妻丧达制之后，孀居服纪已除，并须申以婚媾，令其好合，若守志贞洁，并任其情，无劳抑以嫁娶。”（《通典·礼·男女婚嫁年纪议》）中央要求州县官督促 15 岁女子、20 岁男子的婚配，必须进行完毕，但在执行中要注意政策，不给民人硬性分配配偶。

笔者把历次强制结婚年龄的法令，列成下表，读者可能了解得更清楚：

朝代	年号、公元	男年	女年
春秋	越王勾践，前 5 世纪	20	17
西汉	惠帝六年，前 189 年		15—30
西晋	泰始九年，273 年		17
北周	建德三年，574 年	15	13
唐	贞观元年，627 年	20	15

这些法令表明，男女到一定年龄必须结婚，否则由政府加以处罚和强行婚配，而规定的年岁又很小，甚至小到女子还处于少年阶段，这是政府实行强迫早婚政策。此类法则都是在特定情况下制定的。

通常的婚龄，同男子的冠礼、女子的笄礼年龄相一致，因为原则上说冠、笄礼之后，男女可以成亲了。冠、笄礼的年龄各个时期的说法也不一致，大体上说是男子 20 岁，女子 15 岁。这只是一种说法，冠、笄礼本身就没有怎么实行。政府听民众自行婚姻的年龄，自唐玄宗开元二十二年（734）的诏令起，有了明确的说法，即是“男年十五、女年十三以上，听婚嫁”（《唐会要·婚嫁》）。北宋初年实行开元法。明太祖洪武元年（1368）下令，民间婚娶，依《朱子家礼》进行，即男 16 岁、女 14 岁，听其婚配。清朝继承了明朝的立法。明朝政府还就宗室子女的婚姻，议定 15 岁以上可以婚配（王圻《通考》）。历朝政府的听婚年龄，并没有什么法律约束力，到年龄的结婚与否固然不管，没有达到婚龄的结亲，政府也不过问，童养媳制度存在就是明证。从这里看来强制婚龄的法令反映出一种严重的社会问题。

为什么有的王朝要在一个时期内强迫人民结婚呢？观察制定那项政策的社会状况就可以明白了。越王勾践的法令出现在春秋五霸争雄、吴越战争以越国惨败而结束的时候，北周武帝处在南北朝长期混战的年头，汉惠帝、晋武帝、唐太宗则在大规模的长期战争之后，即都是长期战争或刚刚结束的时候，战祸使很多人死亡，造成人口锐减。

以国家掌握的人口数字来说，东汉人口达到 5600 多万，经汉末三国大乱之后，西晋只有 1600 多万，仅及东汉的 2/7。隋代人口 4600 万，在南北朝长期战争之后，未恢复到东汉水平。隋末农民战争后，贞观时人口虽比武德间有所增加，也只有 1200 多万，不过是隋朝的 1/4。人口少，劳动力不足，因而影响赋役的征收和兵力来源，为解决这个问题，统治者希望通过强迫早婚，达到增殖人口的目的。关于这一点，越王勾践就有所说明，他认为贤君执政，人民自然奔向那里，人口就多了；他不是贤君，不能使民归之如流水，但是他表示“将率二三子夫妇以蕃”，即鼓励多生产人口，所以他规定“壮者无娶老妇”，“老者无娶壮妻”(《国语·越语上》)，为的是使有生育能力的男女结为夫妻，以便生养，而年龄搭配不当，就不生育或少生育了。他之所以让男 20 岁、女 17 岁必须婚配，也是为繁衍人口。而把早婚政策与人口增殖关系说得极其明白的是南朝中军录事参军周朗，他在给宋世祖的上书说战争使人口损失一半以上：“自华夷争杀，戎夏竞威，破国则积尸竟邑，屠将则覆军满野，海内遗生，盖不余半。”他认为一个政权，“不患士之不广，患民之不育”，把人口减少看作是严重的社会问题，为此建议政府实行强制民人早婚的政策，但凡“女子十五不嫁，家人坐之”(《宋书·周朗传》)。

孟子讲诸侯有三宝：土地、人民和政事，没有一定数量的人民，国家也就不成其为国家。人口与国家的关系，汉魏之际的政论家徐干说：“故民数者，庶事之所自出也，莫不敢正焉：以分田里，以令贡赋，以造器用，以制禄食，以起田役，以作军旅。”(《中论·民数篇》)粮食器物是人生产的，赋役、兵役都要人去服务。缺少人，一个政权就没有大量的财政收入和可服务劳役、军役的人。为增加人口，统治者就采取了强迫民人早婚的措施，就制定了汉惠帝等的那些政策。

政府为使少年早婚，提倡简化婚仪，节俭办婚事，前面提到的北周武帝诏令中“以时嫁娶，务以节俭，勿为财币稽留”的号召，就是讲的这个原则。如果婚姻双方竞要财礼和嫁妆，贫穷之家很难及时婚配，更不要说提前结亲了。早婚令是权宜之法，但提倡婚事中的俭约，如果能在通常法中加以坚持就好了，可惜历朝统治者虑不及此。他们的眼光盯着人口，是为向臣民要赋役和增加军士来源，当人口多了，就不注意提倡节俭婚姻了。

在颁布的强制早婚法令中，还可以看到政府提倡寡妇再婚的内容，如前述贞观诏书表述极清楚。唐以前的人们对再婚女子并不或不怎么歧视，但对守节的表示赞扬。贞观令讲孀妇丧服期满，政府就要求她再行婚配，当然，对于坚持不改嫁的也不强迫。妇女二次结婚，本应同男子一样，是她的权利，但在男尊女卑的社会却对二婚女子横加指责，可是在早婚令实行时，政府就鼓励女子再婚，在客观上也是对守节观念的冲击。

在实行早婚令时，政府往往还采取其他措施鼓励民人婚姻，如魏孝文帝到山西巡视：“所过问民疾苦，以宫人赐贫民无妻者。”（《魏书·高祖纪》）让宫女同贫民结婚，解决怨女旷夫的婚配问题，不管出于什么原因，也是一种善政。

早婚令实行中，有的政府在赋役政策上奖励民人生育。越王勾践规定，孕妇将要分娩，公家派医生看护，帮助产妇催乳哺育婴儿，如果一胎三子，公家派乳母，一产二人，公家给食粮，资助产妇家庭把婴儿养好。汉高祖七年（公元前200年）法定，百姓家生养儿子，免除他家两年的徭役（《汉书·高帝纪》）。汉章帝元和二年（85）诏令，过去百姓产子，三年不收他的算赋，现在增加一条：给孕妇保胎粮三斛，豁免她丈夫一年算赋（《后汉书·章帝纪》）。暂免赋役，对于贫苦人家保胎保婴有实际价值，有利于婴儿的生存、成长。后世政府发展这项政策，对一胞多胎的产妇家庭给予物质资助，成了一项社会福利事业。

总起来看，历朝政府为增加人口，强迫民人早婚，甚至把不行早婚的男女当作罪犯来对待，是极没有道理的。强令少年结亲，对于他们的身心健康是一种摧残。因此，即使在人口稀少之时，强制早婚的政策也是荒唐的，不足取的。人要在生理发育成熟了，才能结婚生育，这既符合婚姻者本身的利益，也是人类优质再生产的前提，早婚令恰恰违背了这种自然的要求。它反映古代统治者把人当作一种生殖劳动力、兵力的工具，他们根本就不把平民当作人来看待，这就是封建时代、君主专制时代不讲人性，是它的野蛮的表现。

早婚令提倡节俭办婚事，主张寡妇再婚，这是有积极意义的。唯因它同增殖人口的迫切要求结合在一起，当这种迫切性减弱时，就不再强调这些了，所以它的积极意义只在短期内有效。就其本身讲，也不是早婚令的固有内容，无需过分看重。

人口数量关系着政府的赋役多寡，历朝政府总是希望增殖人口，当人口锐减时尤其如此，这是维护历朝统治者的利益所决定的。人口增长并非对社会发展总有好处，统治者根本不会考虑这个问题。在现代人口爆炸成为世界性的问题之后，如果还不认识人口爆炸的严重性，那就是不能原谅的了。

皇家育嗣观念下的选择“宜子”皇后

皇帝有皇后和一大群妃嫔，《礼记·昏义》记载：“古者天子立后六宫，三夫人、九嫔、二十七世妇、八十一御妻，以听天下之内治。”（《礼记正义》卷 61《昏义》，中华书局影印本，1980 年，下册第 1681 页）据此计算，皇帝群妾一百二十人，连上皇后多达一百二十一人。夫人、嫔、世妇、女御，是内命妇爵位，也是职务，协助皇后管理宫中事务，这就是所谓“听天下之内治”，然而为什么要这么一大群人呢？这同皇帝要多生儿子有绝大关系，事实上，从皇后到女御的设置，都是为给皇帝生子女，尤其是儿子。为什么这么说，请看皇后的“后”的意思。孔颖达疏解《礼记》“天子有后”的“后”说：“谓之为‘后’者後也，言其後于天子，亦以广後胤也。”（《礼记正义》卷 4《曲礼上》、卷 5《曲礼下》，上册第 1261 页、第 1267 页）“后之言後也”与“广後胤”，就是多生儿子，使皇帝的家天下世代延续下去。后妃的主要任务既然是生育男儿，就会出现选择生儿子的妇人为皇后的问题，当然这不是单纯的事情，它同选取皇后的其他条件联系在一起。

选择和册立皇后的条件，或者说是标准，各个时代的要求不完全相同，有时差异很大，但综观起来，可归纳为以下几点：（1）家世清白，早先要求贵族和社会上层家庭的女子，选取社会下层，乃至半贱民、贱民女子是偶然的现象，后来社会层次下移，倒不需要是高门大户，但一定要身家清白。（2）贤德人品，女家或女子本人贤德名声为人们传扬，这里所说的贤慧主要是指宽容，没有女性的嫉妒，能接受皇帝的众多妃嫔。（3）相貌端正。（4）有时某种政治因素起一些作用，系适应皇室、外戚的政治需要。此外，是女家甚至女子个人生育的状况。

古人依据家族的生育历史或个人的体质相貌特征，认为某个家族或个人适合于生育男儿。西汉成帝因为他的兄弟中山孝王没有儿子，以“卫氏吉祥，以（卫）子豪少女配孝王，元延四年，生平帝”。卫子豪家族的生育、婚配状况是：子豪妹为宣帝的婕妤，生楚孝王；子豪至少生有二男二女，长女被元帝纳为婕妤，生平阳公主，至是成帝认为他家吉祥，主动为自己的弟弟联姻，倒不是卫家要高攀皇室。那么成帝所说的吉祥，在这里应当是指善于生育，虽没有确切地说能生男，但这个婚姻就是为中山王生子的，所以在成帝的观念里，卫家是适宜于生育男儿的，而且目的也达到了。（《汉书》卷97下《外戚传》，第12册第4007页）但是成帝并未提出宜子的概念，就笔者所知，最早讲出的是比成帝略晚的王莽，而晋武帝为太子选妃正式提出宜子标准。他们的“宜子”之说，详见《晋武帝的择婚原则》，不必赘述。至此之后，宜子多男之说，不时地出现在皇家的婚姻史上。北齐文宣帝为其弟博陵王纳妃崔㥄的妹妹，在结婚的晚宴上，文宣帝祝酒词曰：“新妇宜男，孝顺富贵。”这是祝福弟妇生男儿，但这不是一般的喜庆话，是针对崔氏家族的实际情形说的。崔家是多男子的家族，崔㥄有九弟兄，显然是宜子的了。(《北齐书》卷23《崔㥄传》，第1册第335页；《北史》卷24《崔㥄传》，第3册第873页）辽道宗册立萧坦思为皇后，已经几年了，没生子嗣，帝后双方都着了急，大约皇后尤其不安，说她的妹妹“宜子”，推荐给道宗，皇帝也动了心，这时皇后的妹子已嫁人，硬使其离婚，入宫为妃，但是这位妃子并未生子，于是又让她回到原来的丈夫家，而皇后也降为惠妃。(《辽史》卷71《后妃传》，第5册第1205页）萧皇后的妹妹宜子之说并无根据，可能是皇后的愿望，或者她是以此来欺骗道宗的。不过这个故事反映道宗夫妇是相信宜子说的。明武宗是位荒唐的君主，因无男儿，将已有身孕的马氏召进他常驻跸的豹房，引起朝臣的反对，御史徐文德上言：“是姬殊色多技能，而又宜子，陛下悦彼甘言，误蒙宠纳，已纳已婚未婚，有身无身，皆所不计。”六科都给事中石天柱等谏诤，问皇帝明知马氏怀孕，为什么还要宠幸她，是不是“急于宗嗣”？！(《彤史拾遗记》卷4《马氏传》，第382页）言官都怀疑武宗相信马氏宜子，希望从她那里得到子嗣。武宗是否真是这样想的，很难说。然而事情表明明朝人笃信宜子说，并同皇家育嗣联系起来。

宜子说是从家族和个人的生育史作出考察，另从相貌和生辰八字选择后妃。晋简文帝早年的三个儿子俱已夭亡，此后一个儿子被废，一子早卒，将近十年，后宫诸姬再没有受孕的，他很着急，将相面人召进宫中，一一审阅他的众位爱妾，相面人说她们都不能生育，这时有一位在织坊中做粗活的李姓宫女，是个黑高个，同伴给她起个绰号叫“崑仑”，相面人见到她吃惊地说，就是她善于生子。她虽然出身卑微，形容丑陋，但简文帝思虑到子息大计，将李氏收入后宫，竟然如相面人所说，连生孝武帝和会稽王两个儿子。这位李夫人在儿子孝武帝继位后，被尊为皇太后。（《晋书》卷 32《后妃传下》，第 4 册第 981 页）刘宋太宗为太子选妃，以“卜筮最吉”选中了江简珪，后来太子（后废帝）继位，江氏成为皇后。（《宋书》卷 41《后妃传》，第 4 册第 1297 页）唐宪宗的郑姬原来是李锜的妾，李锜所以收纳她，是因为相面的人说她“有奇相，当生天子”，李锜造反失败，郑氏没入掖庭，为宪宗生了宣宗，宣宗继位，尊她为皇太后。（《宋书》卷 41《后妃传》，第 4 册第 1297 页）郑氏倒是合了相士之言，生出天子，至于唐宪宗是否信了相士的话才看重郑氏的，不得而知，但是以相貌观察妇女能否生子，乃是社会上层娶妻纳妾的一种选择条件。

皇家为多得子，特别是在乏嗣息的情形下，笃信宜子说和术士之言，作为选择皇后和妃嫔的一种重要的因素。有的家族生男儿多，这是事实，卫瓘、崔惨等家族就是男性出生得多，同这类家族的女子结婚，生儿郎的概率可能会大一些，因此皇家的选择宜子皇后，有其一定的道理，但若以此要求皇后一定生产儿郎，否则即行废黜，显然是无理的苛求于人，显示出皇家择偶条件的苛刻性。皇家处于高高在上的社会最高层级的地位，选取后妃，占据着绝对的主动位置，才有可能提出选后的宜子原则。宜子的条件，在民间行不通。民间虽有嫁女往高门，娶妇不如我家的说法，实际上没有多大的选择空间，很难挑三拣四，把宜子的因素加以强调。所以“宜子”作为选婚的一项原则，只能出现在皇家，使之成为皇家婚姻的一个特点。（民间难于选择宜子女子，但也希望生育男儿，遂有摸门钉习俗的形成，即在元宵节时，京师的妇女到正阳门中洞摸门钉，谓为“宜男”。潘荣陛《帝京岁时纪胜》，北京出版社 1961 年版第 10 页）这里还要指出，宜子的选择对象，主要适用于皇后，其他妃嫔的征用基本上不以此为目的，这也说明极端重视皇后的人选及皇后的地位，因为皇位继承人要由她生育，她的地位一般也不宜于更换，为求婚姻的稳定，希望有“宜子”的皇后，是可以理解的事情了。

皇家祈冀生子的诸种信念与表达方式

古代社会流传着许多生子的吉利信仰，在皇宫中也有着反映。

（1）后宫处处生子吉祥物。

宫中许多建筑、用品冠有多子的名称，希冀君王和后妃目睹这些名与物，产生孕子的欲望和心情，以便受孕产子。

百子帐。后妃所使用的床帐，名曰“百子”。宋代大词人李清照《贵妃阁春帖子》诗云：“金环半后礼，钩弋比昭阳。春生百子帐，喜入万年觞。”（王仲闻校注《李清照集校注》卷2《诗》，人民文学出版社1979年版第126页）以百子帐入词，歌咏后妃生活。王仲闻认为李清照用“百子帐”一词，“特取其子孙众多之义”（《李清照集校注》卷2《诗》，第127页）。

百子门。明、清两代的后宫中路交泰殿、坤宁宫和后花园，东路和西路各有六组建筑群，即有十二所宫院，供群妃居息，西宫的第二条街（西二长街）的北门，叫作“百子门”，预兆住在里边的宫人们生产大群的皇子（孙承泽《春明梦余录》卷6《宫阙》，《笔记小说大观》第6编第9册第5024页；《国朝宫史》卷13《宫殿三》，上册第232页）。

螽斯门。与前述百子门都在西二长街，唯百子门为街的北门，此门则为街的南门（孙承泽《春明梦余录》卷6《宫阙》，第6编第9册第5024页；《国朝宫史》，上册第232页）。螽斯是很小的昆虫，然多子，故以此比喻多得子息。

广生门。东一长街有广生左门，西一长街有广生右门，以“广生”起名，应系多生男儿愿望的表露（《国朝宫史》，第219页）。

千婴门。明代后宫东二长街北门以此为名。顾名思义，皇家要百子千孙（孙承泽《春明梦余录》卷6《宫阙》，第5024页）。明末太监刘若愚讲了宫中为这些宫门命名及养猫、养鸽的用意：“祖宗为圣子神孙，长育深宫，阿保为侣，或不知生育继嗣为重，而宠注于一人未能溥贯鱼之泽，使以养猫养鸽，复以螽斯、百子、千婴名其门者，无非借此感动生机，广胤嗣耳。”（刘若愚《酌中志》卷16《内府衙门纪略》，北京古籍出版社1994年版第129页）原来这些名称是增加皇家成员的生育愿望，以便子孙众多，后继有人。

百子铃。马项上的配铃，命名“百子”。据说魏文帝曹丕征召薛美人于常山，非常隆重，驾车的马项上套着百子铃，走起来，“锵锵和鸣，响于林野”（王嘉《拾遗记》卷7，《四库全书》第1042册第345页）。连御马的装饰也用“百子”为名，真是望子心切。

出降公主用璋。公主下嫁，陪物甚多，晋朝皇帝因此下诏书说："公主嫁由夫氏，不宜皆为备物，赐钱使足而已，惟给璋，余如故事。"（《晋书》卷21《礼志下》，第3册第665页）公主是出嫁，夫家应当出些费用，不能全由皇家负担，这是理应如此的，但是璋是一定要赠送的。送璋为历代所坚持，唐朝公主出降六礼中行纳征礼时，"掌事者奉璋以椟俟于"仪礼场所（《开元新礼》，见《古今图书集成·明伦编·宫闱典》卷81《公主驸马部》，第25册第30195页）。为什么一定要送璋？"弄璋之喜"的典故或许可以明之，无非是祝福公主早生贵子。

（2）宫人喜过的七夕节。

七月七日牛郎织女相会的神话，演成民俗节日，妇女们过得尤其认真，宫女更对它寄予厚望，当作大的节日来过。七夕之时，她们到百子池畔，演奏于田乐，然后做游戏，用五色线相绑缚，叫作"相连爱"（葛洪《西京杂记》卷3，扬州广陵古籍出版社《笔记小说大观》第1册第6页）。宫女之间相连爱，寄托友情，和睦相处，不过七夕节更希望得到君王的爱怜，征召昭阳宫，去圆那牛郎织女相聚的梦。北宋宫中和民间七夕节的过法是，宫人将菉豆、小豆、小麦放在磁器器皿里，浸上水，待到生出数寸的芽，用红、蓝等色的线束起来，管它叫"种生"（孟元老《东京梦华录》卷8《七夕》，中国商业出版社1982年版第54页）。欲望得种，有小生命的出世，就不枉过这个节日了。在南宋的七夕节，宫姬置买小儿的衣冠，都用节日流行物作装饰（周密《武林旧事》卷3《乞巧》，商业出版社1982年版第49页）。明代宫中七夕，宫眷穿鹊桥补子，宫中设乞巧山子（刘若愚《酌中志》卷20《饮食好尚纪略》，北京古籍

天津杨柳青年画《天河配》

出版社1994年版第181页）。鹊桥，喜鹊搭桥，成全那牛郎织女相会，宫人寄望于君主的垂怜，得百子池名之瑞，为皇家生出成百儿郎。

（3）希求得瑞名之应。

古人渴望得到男儿，尤其是连生女儿，更盼男孩的到来，于是就在给女子取名上做文章。刘宋文帝的妃子路氏，建康人，出身贫寒，乃父为其取名“惠男”，希望她的好名字带来一个小弟弟。后来她以色貌选入后宫，生出孝武帝，封为淑妃，孝武帝即位，尊为太后（《宋书》卷41《后妃传》，第4册第1286页）。南朝陈高祖的章皇后，吴兴乌程人，名字叫“要儿”，可见乃父希冀生育男儿的迫切心情。要儿后来成为皇后，生子陈世祖继位，尊为皇太后，废帝尊为太皇太后（《陈书》卷7《皇后传》，第1册第126页）。后妃的嘉名，原是对娘家而言，与皇家本无关涉，也并非因名字而得宠，可是她们进入宫中，成为皇家的人，尊为后妃，都能生子，岂不应了嘉名之瑞。

（4）无子的祈祷。

有的帝后生子不能养活，或盛年无子，心情焦虑，以为是晚年无子，其实是处于青年时期，如北魏道武帝“晚有子，闻而大悦，乃大赦天下”，其实他生太宗的时候才二十岁，就觉着得子晚了（《魏书》卷3《太宗纪》，第1册第49页）。当他们尚无子息之时，往往乞求于上天、祖宗和山川的灵佑，举行祭祀盛典，设醮求神，以降福生子。北朝及隋朝制定帝后乘舆的五辂制度，皇后的车舆分十二等，第一等为重翟，皇后乘它随从皇帝祀郊禖、享先皇、朝皇太后（《隋书》卷10《礼仪志五》，第1册第197页）。祀郊禖，是祭天求子，系头等大事，所以要乘坐最贵重的车，表示对祭祀对象天神的敬重。这是常备车，将求子列为使用范围之一，可知求子是皇家时刻准备进行的事情。金章宗的皇后和妃嫔生了几个儿子，可是几个月，或者二三岁上就夭折，承安五年（1200），章宗以没有子嗣，亲自去太庙山陵祈祷。少府监张汝猷建议派近臣到名山观庙去祈神，于是遣员外郎完颜匡往亳州祷祀太清宫。到泰和二年（1202）李元妃生皇子，群臣上表称贺，皇帝赐宴，同时进行一系列的酬谢祖宗神灵的活动，令平章政事徒单镒往太庙宣读报谢祭文，右丞完颜匡报谢山陵，遣使报谢亳州太清宫，当皇子满三个月，敕放僧道度牒三千道，设醮于元真观，为皇子祈福。只可惜皇子仅活到两岁（《金史》卷64《后妃下》，第5册第1527页）。明孝宗即位两年，尚无子嗣，乃设醮求子，给事中张鼎认为应当广置妃嫔，加大生育的可能，不可过分相信天神，上书云："古者天子一娶十二女，以广储嗣，今舍是弗图，乃徒建设斋醮，不已惑乎！"（《大政记》，见《古今图书集成·明伦编·宫闱典》，第25册第29839页）明代大内北部有大高玄殿，祠星君，当时人认为最有灵应，明神宗的宠妃郑贵妃前往礼拜，祈求保佑生养，后来生了福王，她就谒祠致谢（毛奇龄《彤史拾遗记》卷5《郑贵妃传》，第394页）。

（5）望嗣的博求淑女、节欲与制妒。

皇帝乏嗣时，一方面求助于神灵祖先，另一方面则讲求人事，这就是刚刚讲到的张鼎对明孝宗的建议，广召妃嫔，增加生子的机会。可是它又可能产生相应的问题，即皇帝性欲无度反而降低生育机能，妃嫔众多必然造成争宠局面，同样不利于子息的出世和养育，所以朝臣就这三方面关系，不断向君主建言，盼望能够处理得好，解决国本的大问题。

明宪宗专宠万贵妃，万氏先育有儿子，然而早逝，别的宫人生子，她又加以陷害，所以宪宗未有子嗣时，“中外以为忧”，朝臣相继上书，“请溥恩泽，以广继嗣”（《明史》卷113《后妃传》，第12册第3524页）。给事中魏元不点名地要求宪宗从溺爱万贵妃，或者说从万贵妃控制中走出来：“陛下富有春秋，而震位尚虚，岂可以宗社大计一付之爱专情一之人，而不求所以固国本安民心哉！”（《明史》卷180《魏元传》，第16册第4773页）宪宗的孙子世宗得子也“晚”，大学士张璁上言：“陛下春秋鼎盛，宜博求淑女，为子嗣计。”世宗接受建言，以太后的名义，册立九嫔（《明史》卷114《后妃》，第12册第3531页）。这是所谓师法上古帝王，多立后宫，以广储嗣。

有的帝王拥有众多的宫人，可是依然没有后嗣，出现滥情的毛病，这就需要节欲保持体能，曹魏的廷尉高柔就向明帝提出了这样的建议。明帝即位，广采众女，充盈后宫，可是皇子连连夭亡，以至没了儿子。高柔上疏，现在宫人怀孕的都没有，是不是后庭人数太多了，反而造成圣嗣的不昌，不如放出一些宫人，以“育精养神，专静为宝”，即培养元气，专注于少数人，“如此，则螽斯之征，可庶而致矣”（《三国志·魏志》卷24《高柔传》，第3册第686页）。有的人更放大视野，讲究起实行仁政，以德致祯祥，从而生子延祚。金哀宗时，有人告他的异母兄长庞贵妃生的荆王谋反，将其打入监狱，哀宗的母后王氏劝他说，你只有一个哥哥了，奈何听信谗言加害于荆王；回想章宗杀自己的伯父和叔父，害得自家享年不永，你如今还没有得子，怎么能效法章宗！于是放出荆王，并流着泪劝抚一番，以示实行宽仁致祯祥的政策（《金史》卷 64《后妃传下》，第 5 册第 1534 页）。

后妃争宠，相互倾轧，是常有的事情，它将不利于子嗣的繁衍。《诗经》有《樛木》《螽斯》两首，被后人理解为赞扬妻妾和睦，子孙兴旺，并利用它们劝喻家庭宁谧，特别是进谏皇家处置好群妃之间的关系。《樛木》诗的原文是：“南有樛木，葛藟纍之，乐只君子，福履绥之。”《螽斯》云：“螽斯羽，诜诜兮，宜

女史箴图

尔子孙振振兮。”注释家们说，这两首诗以比兴的手法，赞誉后妃不妒忌，待下人慈惠，得到爱戴，家内就像螽斯那样子孙众多，这是因德而有福，就中关键在于宫中和睦，没有嫉妒（《毛诗正义》卷1《周南》，见《十三经注疏》本，中华书局1980年影印本上册第278－279页）。嫉妒的产生，在于爱的不均匀，是专宠的结果。西晋张华针对惠帝贾皇后的怙宠跋扈说：“无恃尔荣，天道恶盈；无恃尔贵，隆隆者坠。鉴于小星，戒彼攸遂。比心螽斯，则繁尔类。欢不可以黩，宠不可以专。”（张华《女史箴》，见萧统等《六臣注文选》卷56，“四库全书”本，第1331册第445页）讲专宠必败，乐极生悲，还是以螽斯为鉴，繁昌子孙。明成祖徐后讲，“不骄不妒，身之福也”。这不仅是个人的事情，如果这样做了，能够“茂衍来裔，长流庆泽”（《内训·事君·逮下》，第733页、第738页）。要言不繁，关键在不专宠，不嫉妒，使子孙昌盛，王朝万世流传。

（6）孕妇插戴宜男花。

以上讲的是求孕生子的各种信仰及其表达方式，受孕之后，出现生男生女的两种可能，这时皇帝和孕妇的心情，除了北魏一段时期内部分孕妇害怕生男儿之外，均冀盼生育儿郎，这个时候有一种信仰，以为插戴萱草花吉利，可以生出男儿，所以萱草成为孕妇必然佩戴的吉祥物。

萱草，萱，亦写作谖，又名宜男草，忘忧草，是多年生草本植物，人们食用的金针菜就是它的花。古人母亲称谓很多，其中之一是以萱草为名，称曰“萱堂”。以萱草花为宜子瑞花观念

顾恺之绘《洛神赋图》中曹植像

的形成，当不晚于魏晋时期，曹植《宜男花颂》云：“草号宜男，既烨且贞。其贞伊何？惟乾之嘉。其烨伊何？绿叶丹花。光彩曜晃，配彼朝日。君子耽乐，好和琴瑟。固作螽斯，惟立孔臧。福济太似，永世克昌。”（《曹植集校注》卷3《宜男花颂》，人民文学出版社1984年版第395页）宜男花之名，三国时业已流传。它被认为是吉祥花卉，有益于男子，有利于生育儿郎，会像螽斯多子，如同周文王夫人太似那样拥有众多男儿。曹植的诗道出社会对萱草宜男的一般看法。周处《风土记》说萱草，“怀妊妇人佩其花则生男，故名宜男”（李时珍《本草纲目》卷13《草部·萱草》，北京中国书店1988年版第2册第13卷第86页）。人们认为萱草宜男，孕妇插带萱草花，就会带来生男儿的好运，于是在社会上形成孕妇佩戴

宜男萱草，古时以为孕妇佩戴此花会生男儿

萱草花的习惯。为了能够得到萱草，人们在自家的庭院中予以种植，萧梁简文帝《七励》云："植宜男于粉阁，树君子于椒房。"表明宫中种植萱草，宫人有佩戴的习惯。后宫或民间院落种萱草，屡见于载籍。谢惠连的《雪赋》："折园中之萱草，擿阶上之芳薇。"（谢惠莲《雪赋》，见《六臣注文选》卷13，第1330册第302页）唐玄宗在华清宫醉酒初醒，见木芍药，折一枝给杨贵妃，并高兴地说："不独萱草忘忧，此花亦能香艳，尤能醒酒。"（王仁裕《开元天宝遗事》卷2《醒酒花》，《四库全书》第1035册第854页）可知唐代宫内种有萱草。北宋宰相王珪《宫词》："侍辇归来步玉阶，试穿金缕凤头鞋。阶前摘得宜男草，笑插黄金十二钗。"（《古今图书集成·明伦编·宫闱典》，第25册第29409页）描写妃嫔陪同皇帝外出回宫，笑着将院里的萱草花摘了佩戴上。明人黄省曾《洪武宫词十二首》其一曰："清萱到处碧，兴庆宫前色倍含。借问皇家何种此，太平天子要宜男。"（《古今图书集成·明伦编·宫闱典》，第25册第29421页）直截了当地说明宫中种植萱草，就是皇帝要生男儿。清圣祖于康熙三十八年（1699）南巡，驻跸江宁织造署，时值初夏，萱花尚非盛开之时，而却鲜花怒放，圣祖见织造曹寅之母孙氏，问她的年龄，叙家常，原来孙氏是皇帝的乳母（之一），圣祖高兴，当即就萱花开放和母称萱堂之典，提笔书写"萱瑞堂"匾额赐给她（毛际可《会侯先生文钞》卷4《萱瑞堂记》，《四库全书存目丛书》集部第229册第750页）。由此可以想见，清朝的大内，同明朝一样，会有萱草的种植，表达皇帝冀望生男儿心愿。圣祖将萱草与祥瑞联系在一起，无疑是把萱草视作瑞草。同时我们知道，清朝后妃卤薄中，皇贵妃、贵妃有“红缎绣瑞草伞二，黑缎绣瑞草伞二”（《国朝宫史》卷10《典礼六》，第172页）。这伞上绣的瑞草图案，笔者疑是萱草，不过不敢作这种肯定，仅是作为疑问写在这里，以就教于方家。

萱草又名忘忧草，与宜男草的名义应是关联的。前述唐玄宗的“不独萱草忘忧”，强调它的忘忧含义，元人顾德辉《天宝宫词》有句“却道荷花真解语，岂知萱草本忘忧”（《古今图书集成·明伦编·宫闱典》第25册第29420页），也是注重忘忧的意思。母亲因思念儿子而忧愁，在院子里种植萱草时常看着它，如同儿子就在近边，而忘掉忧思。萱草是母亲草，母亲没有儿，岂不更忧烦！所以萱草是宜男草的意思更突出。话说回来，宫中种植萱草，为怀孕的宫人佩戴，希冀获得祯祥，生个儿郎。

皇家保胎分娩的措施与礼仪

皇家基于对生育的特别重视，当后妃及其属下的宫女怀孕之后，一般的情形都会得到特殊的优待，给予精神上物质上以及医护方面的关照，同时做好迎接婴儿的接生、保育人员的准备，以利孕妇的保胎和顺利分娩。

彤史作宫人承御记录。

宫内有多种女史，记录宫官六局二十四司的各种事务，其中尚仪局司赞司的彤史二人，系正六品女官，专管“后妃群妾御于君所，书其月日”（孙承泽《春明梦余录》卷6《宫官》，第5045页）。即具体记载宫人当夕的情形，包括月日时辰。另据记录，当宫人进御之时，给她一只银手镯，戴在左手腕上，既御之后，离开皇帝寝宫时将银镯改戴在右手腕上，这种戴手镯手腕的变化，理由是左手表示阳气，戴在左手就会受孕生男儿，而右手为阴气所在，女人既被皇帝御后，恢复自身的阴气，就将手镯改戴在右手了（《五经要览》，《古今图书集成·明伦编·宫闱典》卷6《宫闱总部》，第25册第29433页；孔颖达《御叙之法》，见唐顺之辑《荆川稗篇》卷20，《四库全书》第953册第425页）。既然有这样的详细记录，后宫就不敢冒说怀孕的事情了，若是真怀孕也不能诬赖是乱说。明神宗时，李太后的慈宁宫王姓宫人被神宗私自幸御，有了身孕，神宗不愿意承认这件事，左右也不敢言明。有一天神宗到慈宁宫，在吃饭时太后提到王宫女怀孕，可是皇帝不答话，太后无奈，叫人把内起居注拿来让皇帝过目，神宗赖不了账，就册封王宫女为恭妃。恭妃生的是皇长子光宗，后来被尊为皇太后（《明史》卷114《孝靖王太后》，第12册第3537页；《彤史拾遗记》卷5《王贵妃》，第393页）。有了这样的记录，未来的皇子历史就有了原始记录。

优遇孕妇和重视胎教。孕妇从心理上和物质上应当得到特殊的关怀，皇家对此有着相应的规则。清朝宫规，凡是怀孕的宫人，依照她内命妇的等级，增给她食用原额的一半；如果她的生母健在，允许其进宫照料女儿（《国朝宫史》卷7《典礼四·宫规》，第139页）。生育过的人有护理孕妇及教导保胎的经验，这不仅有利于胎儿的发育，孕妇由于母亲在身边，对克服妊娠恐惧亦不无作用。允许孕妇母亲进入大内，尤其是停留，乃特开大恩，因为平常不许宫眷出入内庭，即使特恩准许的探视，也是稍停就得出宫的，而现在竟然许可在大内居住，实系异常措施，既照顾了孕妇，更重要的是为保胎，好诞生龙子龙女。

教导孕妇注意胎教，是宫中重视的事情，进行圣贤后妃太任的宣传即为其内容之一。太任是古圣人周文王的母亲，《史记》说她“端壹诚庄，维德之行”，怀孕之后，为了胎教，严格控制自己的情绪和为人，使胎儿受到良好的影响，她的具体做法是：“目不视恶色，耳不听淫声，口不出傲言”，因而“能以胎教子，而生文王”。(《史记》卷4《周本纪》，第1册第115页）后世宣讲胎教，就以太任为典范。人们总说太任、太姒辅佐夫君奠定周朝八百载天下，所以一讲胎教就离不开太任。

除了允许母亲的照顾，还有太医对孕妇的诊视，清宫规则，凡宫主有孕，本宫首领太监照常值夜班外，“宫殿监奏派总管太监一人，率敬事房太监及御药房首领太监等上夜”(《国朝宫史》卷8《典礼四》，第139页）。所谓“奏派”，是宫殿监提名，由皇帝指定，表明皇帝对宫人妊娠的重视态度。这些值夜班的人，一遇孕妇有异常情形，好进行处置，上夜的有御药房首领太监，可能就率领太医，他会进行有效的紧急处理。

如若按照规范，孕妇会有很好的保养，胎儿发育正常，将来会顺利分娩。但是宫中孕妇出意外的事情也不乏见，这多半是人为因素造成的。如明世宗一天在皇后宫里，张、方二妃进茶，世宗盯着她们的手看个不停，陈皇后见了生气，实在忍不住了，把茶杯扔到地上，站起身来就走，世宗更是受不了，大发雷霆，反倒将皇后吓坏了，胎儿因而掉了，接着皇后死了，她的父亲请求允许皇后的母亲到宫中向遗体告别，世宗以不合祖制而拒绝（毛奇龄《彤史拾遗记》卷5《陈皇后》，第385页）。世宗的玄孙熹宗时期，太监魏忠贤和乳母客氏擅权，他们惮于张皇后的精明，当她怀孕时，故意撤出会办事的宫人，派去心腹，借皇后腰痛之机按摩，致使皇后流产（刘若愚《酌中志》卷8《两朝椒难纪略》，第44页；谷应泰《明史纪事本末》卷71《魏忠贤乱政》，商务印书馆“国学基本丛书”本，卷71第4页）。

临产的准备。

孕妇将近分娩的日子，医、产、奶、分娩用物、产房都要准备好。

孕妇快足月时，加强对她的护理。在宋代，怀孕将近七个月，孕妇本宫的医官报告他的上司，再由太监奏报皇帝，皇帝再次下令医官确定降诞的月份，派定产科大小方脉医官值宿，画出产图方位，明确饮食禁忌，所需要用的药材，并照惯例赐给分娩所需要的银钱、大银盆、沉香酒、催生海马皮、装画胎衣瓶、绢帛、生菜、生艾、生母姜、生芋子、滤药布、莲肉、栗子、果子等物，既有生育必备的物品，又有寄寓生子吉祥及反映好养活观念的食物（周密《南渡典仪》，《古今图书集成·明伦编·宫闱典》卷2《宫闱总部》，第25册第29386页）。

接生婆，古代通常称作稳婆、收生婆，宫中没有这种人，从民间选用，因为她们是世传的职业，登记在地方政府簿籍里，官员指定她们到皇宫应差，当皇家选秀女时，要她们参与应选人的身体检查，若有宫人临盆，备员的接生婆届时进宫收生，平常不许进宫。进宫时穿新衣，着高髻宫妆（孙承泽《春明梦余录》卷6《宫官·附载》，第5049页）。

奶母，选自民间。明朝皇家设有礼仪房，俗称奶子府，通常由京师官员选择八十名有奶儿的妇女作为备选人员，称作“点卯奶口”，从中选出20人（生男口10人，生女口10人），入住奶子府，随时接受宫中的召用，称为“坐季奶口”。这些人每季度一轮换。在籍册的奶婆，挑选于军民之家，年龄在15岁至20岁之间，要有丈夫，而且要生第三胎在三个月以内的。选取时，要经由稳婆检验身体，不要有慢性病或疾病的。平时供给她们米肉，到光禄寺支领，冬天用煤炭等物，则由京城的商人办送。及至宫中分娩，从坐季奶口中选用数人，若是生的男儿则挑选产女孩的奶母，若生的是公主，就挑生男孩的奶婆。她们进宫时与收生婆一样，着新衣宫妆。先是试用个把月，然后留下一二人，就成为正式的奶母了（孙承泽《春明梦余录》卷6，第5049页；《酌中志》卷16《内府衙门职掌》，第98页）。在北魏，世宗生的皇子频频死亡，及至肃宗出世，自以为春秋年长，尤其爱惜，予以特殊保养，选取良家宜子妇女做乳保，似乎乳母的条件更高一些（《魏书》卷13《后妃传·宣武胡后传》，第2册第2337页）。

降诞礼仪与洗三礼

皇子的诞生礼，据《礼记·内则》记载，是相当隆重而繁琐的，当然这表示君主对生子，尤其是嫡长子的极端重视。

产妇将分娩，移居月子房，国君每日不止一次地派人去问候；胎动将产，国君亲自去慰问，但不见产妇；分娩后国君一再遣人致候。分娩期间，国君斋戒（《礼记正义》卷28《内则》，下册第1469页）。在宋朝，分娩日，产妇的宫官报告内侍衙门，转奏皇帝（周密《南渡典仪》，《古今图书集成·明伦编·宫闱典》卷2《宫闱总部》，第25册第29386页）。元朝宫中生产，特设毡帐房，孕妇将足月移去居住，分娩后，待婴儿满月，才还回内寝，并将产房帐房赐给近臣（《元史》卷77《祭祀六》，第6册第1925页）。明朝宫人有娠铺宫，熹宗张裕妃“已有身铺宫”，册封，而过期不育，熹宗听信客氏、魏忠贤谗言，将她宫中的所有人员撤去，致使她活活饿死（刘若愚《酌中志》卷8《两朝椒难纪略》，第44页）。所以陈悰《天启宫词》云：“无限风光转眼空，寻思反教悔铺宫。”（《古今图书集成·明伦编·宫闱典》，第25册第29940页）

《礼记》叙述的三朝礼：“国君世子生，告于君，接以太牢，宰掌具。三日，卜士负之，吉者宿斋，朝服寝门外，诗负之，射人以桑弧蓬矢六，射天地四方。保受乃负之，宰醴负子，赐之束帛。卜士之妻、大夫之妾，使食子。”（《礼记正义》卷28《内则》，下册第1469页）这里讲的是嫡长子诞生礼，首先是王妃（皇后）报告国君世子（太子）降世了，国君以太牢之礼告于太庙，并令主管宫中事务的内宰准备各种用品和礼物，令卜士占卜，在三日内选定吉日，举行三朝礼，在这之前国君斋戒，至期朝服于寝外，举行射礼，表示男儿尚武，同时将世子交给由占卜选定的保姆，赐给她礼物，这保姆是士的妻子，或大夫的妾。如果生的是世子以外的儿子，则礼仪减等。唐代宗出世的第三天，他的祖父玄宗亲临他的洗三礼，由于他生得瘦弱，保姆抱了另外一个宫中的婴儿来蒙骗，企图赢得玄宗的喜悦，哪知皇帝倒不高兴，保姆立即叩头请罪，玄宗不愿意破坏嫡孙洗三好日子的和谐气氛，只是说保姆不懂事，要她赶快将孙儿抱来，及至见到真的高兴异常，并召太子来共同饮酒，以为一日三天子同堂，乐何如哉（《新唐书》卷77《后妃传下》，第11册第3499页），这可谓皇子洗三的一段佳话。宋朝同样看重洗三礼，皇子自降生到过周岁，有十次礼仪，洗三为其一，皇帝要按例赏赐银绢（周密《南渡典仪》，《古今图书集成·明伦编·宫闱典》卷2《宫闱总部》，第25册第29386页）。

剃胎发礼、命名与记录

《礼记》内则讲，子生三月之内，应选择吉日剃胎发，到了那一天，家长沐浴更衣，准备食物。仪式开始，国君面向西方站立，王后面向东方站立，保姆代表王后致词，说今天让孺子见他的父王，国君答词，表示要以敬奉天祖的做人准则教导儿子，将来能很好地继承王位，说着，去拉儿子的小手，表示亲热，并给他赐名字，王后随即表示谨记夫君的指令；接着，王后将儿子交给师傅，师傅就将婴儿的名字转告给宫中命妇和宫女；随后，国君和王后进入寝宫，进食，如同举行大婚时那样；同时，国君将儿子的名字告诉家宰，由他转告皇族成员及大臣（《礼记正义》卷28《内则》，下册第1469页；《内则衍义》卷4《教子》，第391页）。宋朝皇子的剃胎发，事先由皇帝下令，学士院撰写净胎发祝寿文，届期宣读（周密《南渡典仪》，《古今图书集成·明伦编·宫闱典》卷2《宫闱总部》，第25册第29386页）。剃胎发，人们有保存的习惯，明熹宗的胎发，由其奶母客氏收存，连同他的疮痂、历年所剪的头发、指甲，掉下的牙齿，用一幅黄色的锦缎包裹起来，放在小匣里，及至崇祯帝继位，勒令客氏出宫，客氏乃至熹宗梓宫前行礼，将包袱打开，把胎发等物一齐焚化（刘若愚《酌中志》卷14《客魏始末纪略》，第75页）。

皇子的命名，“不以日月，不以国，不以隐疾”，即不使用常用的字和含义不好的字，因为不许官员、百姓与他同名，如果运用常见的字，民间就不容易避讳了，同时不要病、恶之类的字，避免不吉利。前述国君将婴儿的名字告诉家宰，家宰记录下他的出生年月日及其生母，作为档案保存起来，并通告地方政府，地方上也记录存档（《礼记正义》卷28《内则》，下册第1470页）。在清朝，皇子女降诞，由宫殿监记录他的生母和出生年月日时。皇家九年一修玉牒，逢到纂辑的时候，就将新生儿女叙入玉牒。皇子在尚未赐名以前，皆称皇子，不作行位的称呼，待到赐名之后，才称作皇几子。赐名的办法，是先由宗人府提出申请，得到皇帝批准后，内务府通知宫殿监，宫殿监奏交内阁，草拟嘉名，具折上呈，皇帝从中圈定一个，通知内务府和宗人府，至修玉牒时叙入（《国朝宫史》卷8《典礼四》，第139页）。

命名中说的皇子师傅，系指宫内的命妇和女职官，不是奶母，也不是外傅。这种师傅要求很高，所谓“择于诸母与可者，必求其宽裕慈惠温良恭敬慎而寡言者”（《礼记正义》卷28《内则》，下册第1469页）。就是从母辈的诸妃嫔中，挑选一位宽厚温良而又不苟言笑的慈善人，用她来抚育皇子，以便养成好品格。这是来自民妇的乳母所难于做到的，所以要从妃嫔和女官中择优任命。

生皇子是大喜事，皇帝往往因此赏赐有关宫人和朝臣，宋朝为分娩而准备的金银果子500个、影金贴罗散花儿2500个，显然是为散给宫人的（周密《南渡典仪》，《古今图书集成·明伦编·宫闱典》卷2《宫闱总部》，第25册第29386页）。宋仁宗生女，从左藏库取绫罗八千匹，令工匠染色，以备运用（《欧阳修全集·奏议》卷5《论美人张氏恩宠宜加裁损劄子》，北京中国书店1986年版第821页）。元朝后宫生育，若生的是皇子，赏赐百官金银彩缎，蒙语谓之“撒搭海”（《元史》卷77《祭祀六》，第6册第1925页）。因此而大赦的情形，则是非常特殊的了。

后宫从怀孕、保胎到分娩，以及婴儿洗三、剃胎发、命名，整个出世的过程，关键在婴儿顺利而健全地降生，各种相关的措施和相应的隆重仪式都是为此而制定出来的。

皇子的养护、功利观念与宫内血腥争斗

皇子的养护，与一般人家大不相同，娇贵难养，此其一；其二是养护情形复杂，有教育性质的，有监护性质的，有强夺占有的；其三，由于后妃之间的争权夺利，因为母以子贵，为着争夺子嗣，常常来得特别厉害，以致危害皇子及其生母的性命，真是血雨腥风，有着令常人想象不到的残酷。

一般的情形，皇子是养于孺子室，生母抚育之外，同时交给师傅、奶母照料，这就是《礼记·内则》所说的“异为孺子，室于宫中”（《礼记正义》卷28《内则》，下册第1469页）。有人帮助，不是减少生母的责任，或令她们少关心儿子，她们的心时刻放在儿郎身上。明人黄省曾《洪武宫词》写道：“金铺日月门将启，诸院争先画翠蛾。高髻纱笼向何处，六龙床上看皇哥。”（《古今图书集成·明伦编·宫闱典》，第25册第29421页）写的是母亲早早起来，忙着打扮，好到别院去看望养在那里的儿子。

可知皇子养在别宫，没有跟随母亲。皇后和生母都要对皇子进行人品的教导，笔者在《皇家祈冀生子的诸种信念与表达方式》篇说到太任及其儿媳太姒，太姒是被认为教子有方的贤母，说她生育十个男儿，“教诲自少及长，未曾见邪僻之事，言当以正道持之也”（《史记》卷 35《管蔡世家》，第 5 册第 1563 页）。意即不让孩子看到邪恶的事情，对他讲的是正面道理。后人倡导学习她的教子精神和方法，清朝就颇突出。每年新正期间，大内十二宫张挂《宫训图》，挂在长春宫的是《太姒诲子图》，乾隆帝作赞词，说她“更勤教诲，有谷贻子。昭哉祀服，武周济美”（《国朝宫史》卷 8《典礼四》，第 148 页）。明成祖徐皇后训子，是用慈爱的精神，严格的要求，“导之以德义，养之以廉逊，率之以勤俭”（《内训·母仪》，第 736 页）。人事的关怀之外，皇家还乞灵于各种神灵，为皇子求福，身体康宁，如明宪宗长子诞育，派遣太监到各山川祈祷保佑，不过山河不从人愿，皇子未到周岁死去（《明史》卷 113《后妃一》，第 12 册第 3524 页）。另有因皇子不好养活，托人代养，所托之人，或为后妃，或为宗室，或为民间，如唐玄宗的杨良媛生肃宗，卜者说“不宜养”，乃将他交给王皇后抚育，皇后无子，抚之如所生；玄宗宠爱的武惠妃生了两个儿子、一个女儿都殇逝了，及至诞育寿王，玄宗怕他还是短命，让宁王李宪养于他的府邸（《新唐书》卷 76《后妃传》，第 11 册第 349292 页、第 3499 页，卷 82《十一宗诸子》，第 12 册第 3613 页）。有的皇帝鉴于前头的皇子多夭折，认为放到民家最好养活，如汉和帝连着十几个皇子早逝，“后生者辄隐秘养于人间”，汉殇帝就是其中之一（《后汉书》卷

10上《皇后纪》，第2册第421页）。和帝的这种养子方式，并非是唯一的，然而实不多见。

宫中的养育，常常不得其法，对皇子的成长不利，曹魏明帝皇子多夭亡，司徒王朗向他讲解保育幼儿的方法。他说少小的人儿，如果穿着太多，铺盖太厚，会使幼弱的肌肤经受不住，因此应当减少他们的着装，增强抵抗能力，就会寿比南山了（《三国志·魏书》卷13《王朗传》，第2册第414页）。他说的是最普通的道理，一般人都知道的，是非常浅显的生活常识，可是宫中太娇贵皇子，倒违背护养常识，不利皇子健壮成长。孺子室，非有关人员，不得无故进入，以免嘈杂，惊吓幼童，可是宫中设有猫儿房，养了很多猫，受到皇帝宠爱的，还有封号，谁也不敢惹，另有鸽子，猫叫和鸽子飞鸣发出噪音会吓得婴儿抽风死亡，故而记载说："凡皇子女婴孺时，多有被猫叫得惊风薨夭者，有谁敢言，或只于所居近处禁止几年可也。"（刘若愚《酌中志》卷16《内府衙门纪略》，第129页）这就是说，婴孺受惊吓死去，宫人不敢说明原因，猫儿继续为害，控制不了，婴孺死亡也就相继不绝了。宫中物品的掉落，有时也会吓死婴儿。如天启六年（1626）五月皇贵妃任氏宫内器物陨落，使才生几个月的皇三子受惊死去（《酌中志》卷3《恭记先帝诞生》，第21页）。冬天宫中所用取暖的木炭，自然是上好的质量，但如经伏雨久淋，性未过尽而火气太炽，能使人中毒，昏迷呕吐，大人还受得了，皇子女幼弱，如何经受得起，凡是乳母怕冷的，多烧炭火，皇子女就有中毒的，陷于不测（《酌中志》卷16《内府衙门职掌》，第106页）。这已经涉及到乳母的为人与哺养态度，自然不会人人都那么精心的。康熙年间第十一公主的奶母不经意出了事，她的丈夫被关押在内务府慎刑司，其他的家人罚配边地，清圣祖为此发出上谕，特令小阿哥、小公主、小格格处的奶母精心养育，不许怠慢（《国朝宫史》卷2《训谕二》，第12页）。

看来，皇家养育皇子的物质条件异常完备，人力非常充沛，可是方法不一定得当，因而效果很难是理想的。倒不是民间召来的乳母不懂其法，或者不尽心，而是宫中的制度限制了她们养育能力的发挥。

上面说的是通常的养育情形，现在观察养母监护的抚养。养母是以被养人为儿子，被养人以养母为母，有明确的母子名分，通常是皇帝指定的，大多能够形成正常的母子关系。一般来讲养母的身份要比生母高一些，或者生母亡故了，才由他人代养。宫中出现养他人之子为子的现象，当不晚于秦国，夏氏生的秦庄襄王，“为华阳夫人所子”，《汉书》师古注曰：“子，谓养以为子”。（《汉书》卷86《师丹传》，第11册第3505页）明确说明秦孝文王的华阳夫人以夏氏生的秦襄王为儿子，笔者讲的养母子的母子名分就是由此而理解的，不过以后的事实还多着哩！汉宣帝的许太子的生母早逝，太子几乎被霍皇后暗害，宣帝为着保护太子，在后宫中选择素来谨慎而没有儿子的王婕妤，立为皇后，命她“母养太子”，十六年以后太子即位，就是元帝（《汉书》卷97上《外戚传·孝宣王皇后传》，第12册第3969页）。汉明帝的马皇后无子，宫中的贾贵人是马后同父异母姊的女儿，生育肃宗，明帝因马后无子，命她养育肃宗，“后于是尽心抚育，劳悴过于所生，肃宗亦孝性惇笃”，养母子之间始终和睦无间，肃宗即位后关照马后家族，而对生母及其娘家则少恩典（《后汉书》卷10上《皇后纪》，第2册第409页）。曹操的妾刘氏生子修，刘氏早亡，稚子由丁夫人养育，丁氏真将子修当儿子，以自己的嫡妻身份和有子修，而看不上另一个妾卞氏和她的儿子们（《三国志·魏书》卷5《后妃传》，第1册第156页）。孙权宠信妃徐氏，命其“母养子登”，后来孙登立为太子（《三国志·吴书》卷50《妃嫔传》，第5册第1197页）。宋仁宗的冯贤妃有养女林美人，为神宗生了两个男儿，可是林美人早死，冯妃乃代她养子，如同亲生（《宋史》卷242《后妃》，第12册第8624页）。也有母养公主的情形，如宋仁宗的延安郡君张氏抚养鲁国大长公主（《宋会要辑稿·后妃三》，中华书局1957年影印本，第1册第250页）。金宣宗王皇后无子，将其姊淑妃所生的哀宗“养为己子”（《金史》卷64《后妃传》，第5册第1132页）等等，不必繁举。养母子的法定关系，使他们具有荣辱与共的共同命运，比如马皇后与汉肃宗的和谐一致，有的养母则因养子的不幸遭遇而受到牵连。曹子修随曹操出征张绣而遇害，其养母丁夫人认为他是真正被曹操所害，总是数道曹操，哭泣无时，曹操乃将她休弃（《三国志》卷5《后妃传》，第1册第156页）。唐宪宗宠爱的杜秋，抚养皇子漳王，后来漳王被诬陷夺爵，杜秋被放黜出宫，过贫穷的生活，以致诗人杜牧为她写出同情的《杜秋娘诗》（《全唐诗》卷520，中华书局1960年版第8册第5938页）。后唐明宗宫人生子及女，明宗令王淑妃母养他们，这个皇子是许王李从益，及至石晋的建立，以许王承奉后唐宗祀，而刘知远灭石晋，则杀害王氏和李从益（《新五代史》镌15《唐明宗家人传》，第1册第158页）。

以上母养之子，都是后宫生育的，还有后宫无子，择取宗室的儿子，交由后妃抚养，准备立为太子，继承皇位，这是宋朝屡次发生的事情。宋仁宗无子，杨淑妃常劝他在近属宗支中择选幼儿，养于宫中，后来挑选了濮王的四岁儿子入宫，交给曹皇后和苗贵妃抚养，七岁时立为皇子，这就是后来继位的英宗（《宋史》卷242《后妃》，第12册第8618页）。高宗皇太子殇逝，又不能生育，就从宋太祖的裔孙中找寻继嗣，取伯玖入宫，由吴才人（后为皇后）母养，伯琮归张婕妤抚育，张氏故世，都由吴氏养育，伯琮后来继位，是为孝宗，伯玖则被高宗封为皇侄、信王（《宋史》卷243《后妃传》第25册第8647页；卷246《宗室三》，第25册第8731页）。孝宗的孙子宁宗无嗣，选六岁的宗人子赵询养于宫中，立为皇太子，但到29岁亡故，又选赵竑入宫，立为皇子，他不满于权臣史弥远与杨皇后的干政，史弥远、杨皇后遂又召赵昀为皇子，宁宗死，史、杨径立赵昀为帝，是为理宗（《宋史》卷246《宗室三》第25册第8734页；卷243《后妃传下》第25册第8657页；卷41《理宗纪》，第3册第783页）。理宗只生育一个女儿，又是没有儿子的人，遂将母弟赵禥立为皇子、皇太子，养于宫中，是为后来的度宗（《宋史》卷46《度宗纪》，第3册第891页）。在赵宋以前，刘宋太宗晚年不能生育，将几个弟弟的姬妾所生的儿子取入宫中，令所爱的妃嫔抚养，而杀其生母，其中的顺帝，就是桂阳王刘休范的儿子，由陈昭华母养的。顺帝继位，陈氏因而进位皇太妃（《宋书》卷

41《后妃传》，第 4 册第 1297 页）。

后妃，特别是皇后，强夺或杀害他人之子，或者残害皇子的生母，更有甚者是加害母子，这些是史书上屡见不鲜的事情。吕后在汉高祖死后，鸩杀赵王如意，将其母戚夫人惨害为“人彘”。在汉高祖生前，他极想废太子惠帝，立赵王，可是没有办法，与戚夫人相对叹息，只有悲哀地让戚夫人击筑，而自个唱大风歌以解忧愁，最终宫中出现了那样的惨剧（《汉书》卷 97 上《外戚传》，第 12 册第 3937 页；《西京杂记》卷 3，第 1 册第 4 页）。汉章帝窦皇后极能联络人，声誉甚好，无子而宠信不衰，诬陷生皇太子刘宪的宋贵人至死；梁贵人生和帝，夺为己子，几年后又诬陷梁贵人的父亲至死，梁贵人和她同在宫中的二姊均忧愤而亡，窦氏死后，梁贵人及其父的冤屈才得到昭白（《后汉书》卷 10 上《皇后纪》，第 2 册第 415 页）。汉灵帝何皇后生少帝刘辩，性极妒忌，其时王美人怀孕，害怕皇后的迫害，服药堕胎，但是没有成功，生下献帝，王美人的耽心竟然成为现实，被毒死，董太后怕献帝也遇害，亲自养育，后来被董卓立为皇帝（《后汉书》卷 10 下《皇后纪》，第 2 册第 435 页）。北魏孝文帝后宫高氏生育世宗，其时冯昭仪宠盛，希望母养世宗，果然如愿，并使世宗立为皇太子（《魏书》卷 13《皇后传》，第 2 册第 335 页）。五代南汉武帝的韦皇后生烈宗，秘养于外的侧室段氏生高祖，当韦氏得知此事后，杀害段氏，而养高祖为己子（《十国春秋》卷 61《南汉四 · 武皇后韦氏》，第 465 册第 533 页）。后唐庄宗有爱妃，生有儿子，刘皇后害怕妃子危害她的地位，使心计迫使庄宗将妃子送给一个武将（《新五代史》卷 14《唐太祖家人传》，第 1 册第 145 页）。宋真宗时李宫人在刘皇后宫中为侍儿，生仁宗，被刘后据为己子，及至仁宗继位，尊刘后为皇太后，而生母默默地处于先朝的嫔御之中，不敢认儿子，也没有人敢向仁宗说明真相，大概就是这样忍辱偷生，李氏才没有遭到刘太后的异样迫害。待到李氏亡故，刘太后要用一般宫人的规格办理丧事，宰相吕行简说，仁宗将来总会知道他的身世，这么简单地发丧，恐怕将来对太后家族不利，刘太后立即明白利害所在，提高丧事规格，吕行简遂令棺内放置水银，等到刘太后故世，仁宗才知晓真情，看望生母遗体，见面目如生，保存完好，误以为刘太后对待生母友善，遂不乐意听人讲述刘氏的坏话和生母所受的委屈（《宋史》卷 242《后妃传上》，第 25 册第 8613 页）。仁宗身世的故事，为后世流传的狸猫换太子、京剧《打龙袍》的张本，换得多少人的同情眼泪。而始作俑者就是章献刘太后，除了史书对她有所非议，她在赵宋朝廷始终受到尊崇。

后妃的夺子杀母及母子同害，争宠的感情因素有之，不过最主要的还是权力的因素，为争夺或巩固皇后宝座，执掌宫内大权，以及异日的皇太后、太皇太后尊号，或许尚可染指部分的朝政，使得后妃拼死拼活，不惜使用各种残忍的手段。为了权力，演出了一幕幕以假乱真的丑剧。起始于吕太后，她为惠帝立的张皇后，使用了无数方法，也不能生出儿子，于是就假装怀孕，将宫人生的儿子冒充为皇后所出，并把他们的生母杀掉，于是有了“嫡子”，立为太子，还有几个孺子被封为王，惠帝死，吕太后就让假嫡子的太子继位，小皇帝稍大一点，听人讲他的身世，表示要给生母报仇，吕太后乃幽杀少帝，别立长沙王为皇帝。待到吕太后死，朝臣驱杀诸吕，说惠帝那几个儿子都不是他生的，而是吕太后的侄儿侄孙与宫女生的，养在宫中，因此将他们杀掉，迎立代王（文帝）(《史记》卷9《吕太后纪》，第2册第401页、第412页；卷49《外戚传》，第6册第1969页)。晋惠帝的贾皇后为了废黜宫人生的太子，伪装怀孕，煞有介事地准备分娩物品，暗中将妹夫韩寿的婴儿养在宫中，以备冒充皇子，同时用计将太子杀害(《晋书》卷31《后妃传上》，第4册第965页)。北魏肃宗时，胡太后掌权，她想除掉皇帝，恰巧后宫潘充华生了女儿，遂宣称生了皇子，大赦，改年号"武泰"，准备就绪，杀害肃宗，以假皇子为太子继位，几天之后，见人心稳定，这才说皇帝是女婴，遂改立临洮王的三岁稚子为皇帝，这真是世人难得一见的闹剧，搞得"天下愕然"(《魏书》卷13《皇后传》，第2册第340页)，北魏的江山也跟着崩溃了。明崇祯登基，下令籍没客氏，那么多的珍宝倒不使皇帝意外，但是"得宫人妊身者八人，盖出入掖庭，多携其家侍媵，冀如吕不韦李园事也。上大怒，立命赴浣衣局掠死"(《明史纪事本末》卷71《魏忠贤乱政》，第23页)。试想，竟敢紊乱皇家血系，如若事情真是那样的话，客氏真是死有余辜了，这才是崇祯立即要她性命的真正原因。

这里还要说到宫中血胤疑案。前述汉惠帝的那些儿子，是否为大臣们所讲的，乃吕氏之子，似乎不是，那是大臣要立文帝找的借口，尚难构成疑案。成帝的许美人、中宫史曹宫确有儿子下落不明的疑案。许美人、曹宫二人生子，为赵飞燕所妒忌，通过成帝强令她们交出儿子，曹宫在将儿子交给执行人时特别说明这是皇帝血胤，要当心，因此执行人不忍、不敢杀害，皇帝又让他转交他人。哀帝即位，清查此事，仍搞不清皇子下落，显然遇害了（《汉书》卷97下《外戚传》，第12册第3993页）。金章宗宫中也有贾、范二姬怀孕的疑案，章宗宠信之李元妃生子，在朝内外大肆庆祝之后夭亡，章宗临终因无子而传位给卫绍王，遗言若二宫人生子，则皇位归遗腹子，卫绍王即位数月，二宫人未分娩，遂说这是李元妃设的骗局，二人并未有孕，赐李元妃自经，处罚有关人员，及至宣宗杀卫绍王即位，宣称怀孕是真实的，为受害人平反，然终不知二姬是否有孕（《金史》卷64《后妃传》，第5册第1529页）。此类疑案的出现，表明争夺皇位、后宫地位到了多么激烈的程度。

宫中由皇帝出面，有意杀害年轻的母亲起始于汉武帝，而在北魏竟然成为制度。汉武帝暮年生子昭帝，在此以前发生过卫太子（戾太子）与卫皇后的蛊祝事件，燕王刘旦等谋图储位，武帝想立昭帝，先找借口将他的生母钩弋夫人赵氏杀掉，人们颇不理解，为什么要立其子杀其母呢？武帝解释说：过往国家所以发生变乱，是因为国君年少，而母后正在壮年，她们把持权力，淫乱恣意，没有人能够制止，你们都知道吕太后的事，不就是教训吗！武帝晚年所得的孩儿，无论男女，都找个缘故，将他们的生母处死。这时人们才懂得武帝为巩固汉王朝所采取的决策，是有长远之见，非一般人所能想到的和理解的（《史记》卷49《外戚世家》，第6册第1985页）。武帝想到的是家天下的维持，企图杜绝母后的专政，想出这种恶毒方法，对于母子都是极端的残酷：母亲丧身，子失母爱。在帝王的字典里实在是没有“人道”的。武帝的做法，居然有传承人，这就是北魏的太祖道武帝。他于登国七年（392年）生太宗，将其母刘贵人赐死，到太宗12岁时封为齐王，拜相国，预定为储君，这时对他说，汉朝武帝将要立儿子的时候，杀了他的生母，为的是不让妇人当政，外戚擅权，你将要继承皇位，我为了长久之计，远学汉武帝，处死了你母亲。太宗听到这里，痛哭着逃离他的父皇。然而他不仅继承了皇位，将杀害太子生母的做法也延续下来，使它成为北魏一代的家法，直到孝文帝继位之后，请求冯太后废除这一家法，未得允许，将生育太子元恂的林氏赐死（《魏书》卷3《太宗纪》，第1册第49页；《魏书》卷13《皇后传》，第2册第325、328、331、332页）。这种办法，连皇帝本身都成为受害者，其暴虐性令人发指。

溺婴的父母

《诗经·小雅·斯干》："乃生男子，载寝之床，载衣之裳，载弄之璋。""乃生女子，载寝之地，载衣之裼，载弄之瓦。"说明周朝以来，父母对生儿子和女儿的态度截然不同，故后世对生男叫"弄璋之喜"，生女是"弄瓦之喜"。生男孩高兴地把他放在床上，下体遮以衣裳，给他珪玉玩耍，表示男子将来要到外面活动，要做官；而生女孩，将来不过在家内劳动和纺织，没有出息。由于对男女地位和作用的不同看法，婴儿一诞生，就给以贵男贱女的不同待遇。还有比这更奇怪的现象，就是溺死婴儿，尤其是女婴。

汉元帝时，谏大夫、御史大夫贡禹多次上书，指陈时政的得失。他讲当时的一种现象：百姓"生子辄杀，甚可悲痛"，表明元帝时百姓溺男婴是一种普遍现象。贡禹又分析产生这个社会问题的原因：自汉武帝起，小儿到3岁出口钱，15岁有算赋，百姓害怕这种人口税的负担，不得不溺杀婴儿，他建议推迟人头税的年龄，改为7岁出口钱，20岁出算赋（《汉书·贡禹传》），以减少人民溺男婴的现象。

西晋初年，还没有统一吴国，巴郡邻近吴国，徭役特多，人民为躲避繁重的征役，“生男多不养”。王濬来当太守，减少徭役，凡生育者一个时期内免去徭课，因此几千家存养了男婴（《晋书·王濬传》）。老百姓遇到这样的太守是幸运的事。

东晋孝武帝时，中书侍郎范宁说当时“四境晏如，烽燧不举”，但是人民“生儿不复举养，鳏寡不敢娶妻”。究其原因，还是赋役太重：“古者使人，岁不过三日；今之劳扰，殆无三日休停。”这就不能不出现不敢结婚，不敢养子的情况（《晋书·范宁传》）。

北宋仁宗时，福建建州风俗“生子多不举”，王鼎去当知州，禁止溺婴（《宋史·王鼎传》）。南北宋之际，福建崇安人胡安国的弟媳儿子多，打算淹死新生的胡寅，幸亏安国的妻子把胡寅抱养了，才使他存活下来（《宋史》卷四三五）。

南宋初年，衢、严、信、饶等州的百姓，“生子多不举”，礼部侍郎、枢密都承旨赵子尽因而提出禁止溺婴的建议（《宋史·赵子尽传》）。接近这些地区的徽州也有溺婴现象，据《淳熙新安志》卷一《风俗》记载：“愚民嗜储积，至不欲多男，恐子益多，而赀分始少。”这是怕分家时，儿子多分不到什么财物，因而不愿意多要男孩。

以上发生在南宋以前的淹毙男婴，大概由两个因素造成：一是政府征徭过重，百姓贫穷，负担不起，只好以减少丁口来对付，这是主因。次因是考虑分家时的家产，不愿因人多而陷入贫困境地。

淹死女婴的记载要比溺死男婴多得多，元代以降尤其如此。

战国时期溺女婴就有一定的普遍性，《韩非子·六反》：“且父母之于子也，产男则相贺，产女则杀之。”说明溺女已是人们的带有一种普遍性的心理。到南北朝时，“世人多不举女”，表明溺女婴者多，颜之推在说到这种事情的时候，特地举出他亲戚的例子：那人广有婢妾，每当她们将分娩时，派奴隶守在产房门外，若是生的女孩，就拿出去害死，产妇心疼，号哭不让，其悲惨之声令人不忍听闻，但并不能改变那个人溺女的习性和举动（《颜氏家训》）。颜之推这个亲戚极残忍，是溺女的一个典型。

元末人郑文和在《郑氏规范》中说：“世人生女，往往多至淹没。”反映的是元代人的溺女习俗。

明初浙江严州府遂安人“生女多不举”，知县袁政禁止，以后百姓生女儿，多取名叫“袁留”，表示对袁县令的纪念（民国《吴县志》卷六十六引《姑苏志》）。金华府人“产女多不举”，县令吕祚禁止，据说活下的女婴甚多（光绪《常昭合志稿·人物》）。嘉靖间兰溪令李昭祥令民间生三个女儿的豁免徭役，因此几年内没有抛弃女婴的（光绪《华亭县志·人物》）。同时间江西贵溪县民人也使溺女成为风俗（民国《吴县志·传》）。浙江新昌人弃女，县令采取刑法处断的手段严行禁止，他在任九年，有成千的女婴存活下来，他离任时，女孩的父亲为他送行，向孩子们说他才是你的真正父亲，表示感激（乾隆《绍兴府志·人物》）。万历时，刑部侍郎吕坤指责恶劣的风俗，把江南溺女作为其中的一种现象（《实政录·恶风十戒》）。江西万年县人“弃女者载道”，广东番禺人、知县麦秀岐回家乡请来十几个乳母，抚养被遗弃的女婴。天旱，上司指示他举行祈雨仪式，他不听，说干旱是百姓不仁弃女引起的，只有杜绝了溺婴风俗，才能求雨（屈大均《广东新语·事雨》）。崇祯时福建浦城县民也是溺女成俗（道光《武阳合志·义行》）。终明之世，溺女在长江以南地区流行着。

清初左都御史魏裔介上疏，说福建、江苏、安徽、江西等省，“甚多溺女之风”，顺治皇帝因而下令：“溺女恶俗，殊可痛恨，著严行禁革。”（《清世祖实录》）这几个省的溺女习气确实严重，此外浙江之风行不亚于福建省，只是魏裔介没有说到罢了。

古人为什么溺女婴呢？我们从清朝人的心理就可以了解到。乾隆间编撰的《泾县志》讲该地溺女是三大弊俗之一，造成的原因是：“嗣艰者冀目前之速孕，资乏者忧异日之赠奁。”（《泾县志·风俗》）这里提出的是两条理由，一是没有男儿的希望现在奶孩子的妇女尽早受孕，以便再孕得到男孩——因为乳母一般不易怀孕，所以淹毙女婴以断奶。二是怕女儿长大出嫁，陪不起嫁妆，干脆就不要女孩。在溺女地区陪嫁之风盛行，如安徽宁国人“皆以无厚奁为耻，往往有因嫁女而破产者”（同治《宁国县志·风俗》）。“嫁女破家”，成了许多地方的民谚，可见厚嫁的事实，而且厚奁有传统性，不好改变。如明朝浙江温州项氏家族的家训讲：“吾温风俗，百金嫁女，犹谓不足；十金教子，则鼻大如靴。”形象地说出厚嫁的情状。到了清朝，人们还说当地“奁资盛而溺女”（光绪《永嘉县志·风土》）。光绪年间，翰林院检讨王邦玺上书，说民间溺女，有因“抚养维艰”而淹毙的（《大清律例新增统纂集成·刑律斗殴》），是说贫民养不起女儿而被迫淹溺，这是溺女的第三个原因了。

溺女是残忍的不道德的事情，有少数的统治者在那里禁止，可是大多数父母却认为是正常的事。古人大多贫穷，生活条件差，女子劳动力弱，生产收入少，女儿多，家庭经济就更差。早在汉代社会上就流行“盗不过五女门”的说法（《后汉书·陈蕃传》），就是讲有几个女孩的家庭必然很穷，小偷也不会光顾。人们以为女儿造成家庭贫困，不要女儿也是不得已的事。再说为了养儿子而不要女儿，人们也认为是常情，因为女儿是人家的人，儿子是香火接代人，两者只能取其一时，只好要男而舍女了。在那个时代，人们就这样把残忍不道德的事情当作合情合理的，这就是那时溺女父母的心情。同治间编写的《雩都县志》卷五《风俗》说：“溺女为俗，相沿已久，皆以为当然。”把溺女当作天经地义的事。依据资料记载，笔者知道有这么几个父母溺女时的心态：宁波一个男子连得两个女儿，先后淹死了，到第三个女儿出世，改为焚烧，并绑上石头投到江里。当时有几百人围着观看，问他为什么这样做，他说若还是采取淹死的办法，怕她投胎再来，使用火烧的法子可以断绝她，下一胎好生个男孩（俞樾《右台仙馆笔记》卷三）。在愚昧迷信和重男轻女思想支配下，他害死女儿还以为得计，做得那样“理直气壮”。安徽旌德县人方兰生连

《点石斋画报·溺女显报》

得五个儿子，妻子舒氏又怀了孕，别人根据他的思想状况，断定他生女儿要淹死，他的哥哥方帝卜就用著名文人施闰章的《溺女歌》劝他生女儿也要存养，他犹豫不决，妻子怀胎 13 个月生不下来，这才害怕溺女违犯天意，决定生女孩也要留养。有个叫谢士型的人，妻子有孕，也是打定不要女儿的主意，后来有人给他讲《溺女歌》，他才醒悟，留养女婴（施闰章《愚山先生别集·矩斋杂记·戒溺女》）。方、谢怕"天谴"才改变主意，一般的人没有人给他们讲这种"道理"，不知惧怕，自然不以溺女为非了。

溺婴是中国历史上始终存在的社会问题。溺女事件史不绝书；溺男在唐以前不时出现，宋以后少见，因唐以后赋役制度改变，人口税前重后轻，穷人不存在因徭役重而淹毙男孩的问题了。所以说，历朝政府的赋役制度是造成溺婴的一个重要原因。

厚奁的风俗是人为的。由于娘家嫁女要丰盛的财礼，婆家反过来娶妇也要富厚的陪嫁。不给嫁妆，女儿在婆家被人看不起，受公婆丈夫的虐待，以至造成疾病死亡，或自寻短见，所以父母为此不得不厚嫁。厚奁若不可能，不如不要养活，免得将来受罪。厚嫁与溺女相联成为社会风习，作为个人讲就不易抵制了。重男轻女观念和社会实践，也是形成溺女的一个社会原因。

对父母的溺婴问题，笔者还有更深刻一点的认识。

传统社会子女是属于家长的，家长就有权来处置他的教育、职业、婚姻、交友，这个权利也包括对婴儿的杀害权。历朝政府没有保护婴儿的法令，溺婴并不犯罪。溺婴既然是家长的权利，它当然就是合理的，道德的。"人一出世，就应当有生存的权利。”这不是君主制时代的道德观念，而是近代的意识，这正是我们要批判君主专制主义的地方。不但统治者不讲人道，连父母也不讲人道，所以那是不文明的社会，终究被比较合理的社会制度所取代。如果我们把问题再看得深一些，家长不仅不能溺婴，而且要保证婴儿健康地成长，给儿童以良好的物质和文化生活，才算尽到家长的责任。君主制时代，家长只要把子女拉扯大，就算有了恩，至于孩子缺吃少穿，未受文化教育，父母就管不了那么多了。那时生产力不高，人们生活水平普遍低下，也不可能讲究孩子的抚养，能把孩子带大，就算尽到责任，就算符合道德了。这是低水平的道德，今天看来很不够了。做父母的在生育之前，就要考虑到有无条件把孩子养育好，即要有钱财和精力，如此才能生育。由“只管生育，不管教养”，到养育兼管，这是人类在自身再生产问题上道德水平提高的表现，这是现代人应当追求的，努力做到的。人类的物质水平总是有限的，要对子女养育得好，就必须节制生育，少生，优生，在不发达的国家尤须如此。在这里，生育道德的提高，同控制生育结合在一起。作为当代中国人更加需要克服只生不养的传统作风，树立优生优育的观念，提高我们民族的生育道德水平。

明代移民的生活

明代移民有两大类型。一是明初政府组织的人口迁徙；二是人民自发流移，而政府加以限制和打击。这两种迁民在移徙过程中到达新居地后的生活及遭遇很不相同。

明初政府组织下的移民，被迁徙的原因，所去的地方，到新地区的职业，均有所不同。一种情形是为开发朱元璋故乡凤阳地区，几十万人迁到那里。二是为解决地少人多区域的就业问题，将狭乡之民迁往宽乡，如移徙山西泽、潞等州无产业的民人到河北、河南，给钱钞备农具，三年内不征赋税（《明史·太祖纪》）。明初晋东南人口不止一次大迁移，散布河南、河北以至安徽，二百多年后顾炎武到河北大名府，了解到当地居民来源于泽、潞的情况，他听魏县长老讲，该县非土著居民占人口的8/10，濬、滑、内黄等地迁居者也占3/10（《天下郡国利病书·北直·大名府田赋志》），以此想见明初晋东南移民之多。后世河南、河北人说起祖籍，往往提山西，并形成俗谚“问我祖先来何处，山西洪洞大槐树”。三是把丁多田少和无田之家迁到耕地多的地方，如山东济南、青、兖、登、莱五府的民人，凡家有五丁而不到一顷耕地的，十丁不足二顷的，十五丁不足三顷的，或全无土地的，迁往东昌府，于是去了1000多户，4600多口人，编入当地户籍，从事耕作（《洪武实录》）。四是移民充实京师，朱元璋把浙江和应天府属州县的富民1400多户迁到南京，称为“富户”，迁徙南直隶、浙江民20000户到南京，充当仓脚夫的差役。明成祖都燕京，又把南直隶、浙江富民3000户迁移到宛平、大兴二县充当厢长（《明史·食货志》）。五是将塞外民人内迁到河北，有的被点为军卒，吃军粮，有的为民，被组织起来从事屯田。

在明初移民中，到凤阳及其周围地区人数最多，政府又最为重视。朱元璋正式建立明朝以前，于元顺帝至正二十六年（1366）回乡扫祭祖坟，所过州县，见百姓稀少，田野荒芜，建立明朝的第三年（1370）决定往这里移民垦荒。他对左丞相李善长说：“天下无田耕种村民尽多，于富庶处起取数十万于濠州乡村居住，给以耕牛谷种，使之开辟荒田，永为己业。”（刘辰《国初事迹》）他的方针包含三项内容，一是大量迁移；二是解决耕地问题，并给予迁民以土地所有权；三是在迁徙过程中及到目的地后给予经济援助。这一方针当年开始实行，将苏、松、嘉、湖、杭五府的无业民人4000余户迁到临濠，给资粮牛种，并宣布三年免征赋税。洪武九年（1376）朱元璋把犯有笞刑以上罪的官吏发配到凤阳屯种，以此赎罪，一时间，这里人数多达万人（《明史·韩宜可传》）。次年（1377），把山西、河北真定无产业的人民迁到凤阳屯种。二十二年（1389）迁徙浙江、江南民人于凤阳等地，人数达14万（《明会要·民政·移徙》）。按照朱元璋所下的诏书，江浙迁往凤阳地区的移民，路途由官员护送，供给舟船交通工具，发给口粮，到地方后发给土地、耕牛和种子。实际状况如何呢？浙江温州府平阳县有100多个成年男子，离别父母妻子，只身前往凤阳，政府派粮长王子寿带队。他负责准备行粮，又请了一位医生随行，到了目的地又帮助安置，然后返回原籍，他离别时移民由于失去保护者，更感到悲哀，比离开家乡时的情形还要凄惨（苏衡《苏平仲集·西山处士王君墓志铭》）。这是离乡时还没有体验到离家之苦，等到了新居地进一步感到回乡之无望，于是更苦恼了。平阳迁民遇到好心人王子寿还是幸运的，而大多数的护送人侵占迁民的口粮，动辄呵责，致使移民死于道路。这些移民到新地方，对自然环境、风俗人情等方面都要有一个适应过程，这期间会有很多苦恼。但对无地的穷人来说，到新处所有了耕田，也即有了安身立命之地，总比在家乡好一些。他们付出了代价，也有所取得。

百姓因为天灾人祸被迫无奈的自行流徙也有两种情况。一是因旱涝天灾，没有收成，在本地无法生活，就到外乡逃荒，渡过青黄不接之时，回到本土，继续生产和生活，这种流动是暂时的，本文就不再道及了。这里要说的是另一种情形，即在家乡没有耕地，或只有少量的土地，但很贫穷，官税私租，以及高利贷，压得他们喘不过气来，于是为了获得自己的耕地，为了逃避繁重的赋役，寻找一片乐土，背井离乡，进入移民的行列。明朝中期，由于土地兼并和赋役苛重，迫使相当数量的人民离开故土，出现严重的流民问题。

流民移动，有的离原籍较近，有的很远，形成分散各地的移民区。但就全国范围讲，流民多向中国腹部山区移动，就是河北、河南北部、山东、陕西北部、四川及长江中下游湖北南部、湖南、江西、南直隶的民人，从东南西北各个方向，朝着以郧阳为中心的河南南部、湖北北部及西北部、陕西南部三省交界处集中。这个山区，尚未开垦的地方很多，而郧阳地区在元代是被封禁的，不许人民迁入，整个地区人烟稀少，容易获得垦田。同时这里的气候界于南北方之间，比较温和，雨量不少，可以种水田，也可以种旱地。这样的自然环境，南北各方面的人都可以来生活，发挥自己的特长，基本保持原来的生活方式，因此移民以这里为理想的处所。丘濬在《大学衍义补》里说，荆、襄、南阳三府兼有水陆之利，“南人利于水耕，北人利于陆种，而南北流民侨寓于此者比他郡为多”，就是说的这种情况。流民向这个大方向移动，倒不一定有很明确的地方，不过是走到哪里，可以站住脚了，就居住下来，否则再游动。

移民在路途上的生活，明人李松写的《流民叹》有生动的描述。他写道：“恻恻背乡井，迟迟行道侧。”这是上路时的情形与心理，对熟悉的故土难舍难离，但还是狠狠心告别了。同行的是妻子儿女，一个个因为饥饿，脸上都是焦黄的。往哪儿去呢？

"闻道大河南，人家富黍稷。"这是一个黄河以北的农民，听别人讲南方好，就朝那儿奔。肩上挑着破烂家私担子，走不快，但是心里很着急，恨不得立即到了理想境界。饥饿时拿出带的干粮啃几口，边走边吃，哪有钱找个饭铺享受一餐呢！道路上风尘扑面，身上的衣服尽是落的土，像个黑泥人。走到天黑，卧在荒郊野外。由于白天奔走的疲劳，加上无家可归的烦愁，哼哼唧唧地难以入睡。伤心到了极点，感叹人生固然有许多痛苦，但是以没有家为最可怕。第二天爬起来又走，如此走啊走，像被巨风刮动的浮云，像没有树林的上空的飞鸟，哪儿是个安身之处呢，还不知道。全家人回头往北看去，离开老家已经渐渐地远了（《明诗纪

《饥民图说·人食草木》

事》戊签卷十四）。这是一户移民单独行动，一路之上，饥肠辘辘，心情沉闷，备尝艰辛，迁到尚不知是不是乐土的新处所。

移民往鄂陕豫交界处流动的规模很大，人数众多。宣德三年（1428），十几万山西饥民流亡到河南南阳，河南地方官不允许他们在当地居住，饥民死亡的很多（《明史纪事本末·仁宣致治》）。成化初年，荆襄流民因反对明朝政府对他们的驱逐遂发生暴动，有100万人是暴动者的后援，指挥明军的左都御史项忠说他先后招抚流民140多万（《明史·项忠传》），因此可以估计荆襄移民会有二三百万人。此后各地人民继续往这里迁徙，成化二十二年（1486）湖广镇守太监韦贵报告：陕西、山西、山东、河南、北直隶的“饥民南流，日有万口”（《明臣奏议》卷五，王恕《论山陕救荒疏》）。流民多到这么严重的程度，可以想象社会动荡不安的情况，流民成为当时社会的重大问题。弘治十五年（1502）兵部尚书马文升讲，从河南、山西、山东、四川及陕西一些府县到汉中府的流民，已经定居的不下10万人（《明臣奏议》卷十，马文升《巡抚事宜疏》）。

流民到荆襄，从事各种职业，以维持生活。大多数人开垦荒地，成为自耕自食的农民，当明朝政府承认他们的居住权和土地所有权后，他们向政府完纳赋役，成为“税户”。有的人到得早，占的耕地多，自家种不过来，就租赁给后来的移民。新移民为立即投入生产，亦有愿意租田的，成为“承佃户”。有的移民做商贩，成为“营生户”（丘濬《大学衍义补》卷十三）。荆襄移民主要从事农耕，所以这个地区注意兴修水利。郧阳一府开垦田地143万余亩，相当于洪武时全国垦田8.56亿亩的1.7‰，相当于弘治间全国垦田4.23亿亩的3.4‰，数量不小。荆襄迁民与土著居民一起修筑水利，如郧县捍江堤、吴公堤是防止汉江泛滥的（顾炎武《天下郡国利病书·湖广二》）。其他如疏浚汉川竹筒河，建筑老龙堤、刘家隔、雷家坳等工程（嘉庆《湖北通志·职官志·官宦迹》）。移民对新地区的开发做出了贡献。

荆襄移民与明朝政府的关系，起初非常对立。明朝建国后继承元朝对荆襄山区的封禁政策，卫国公邓愈率兵到房县清剿，“空其地，禁流民不得入”（谷应泰《明史纪亭本末·平郧阳盗》）。正统二年（1437）饥民大量涌向荆襄，明朝政府阻拦不住，遂发布《挨勘流民令》，要求各地方官清查流民，登记男女大小丁口，挨户在房墙做上标记，10家编为一甲，互相作保，由地方里长具体管理（乾隆官修《续文献通考·户口》）。景泰二年（1454）明朝重申隐丁换户之禁。为惩治荆襄流民，统治者特别加强对该地区的控制，天顺八年（1464）添设湖广布政司参议一员，专管荆、襄、南阳三府逃亡农民，次年（成化元年）特派右副都御史王恕到三府控制局势，因形势紧张，王恕母亲死，不许丁忧。总之，统治者怕移民聚众，破坏其统治秩序，故把荆襄流民当作“腹心之疾”（《宪宗实录》卷七十八），非要驱逐而后快。流民争取移徙权，以图改变原来的苦难生活，不意又遭政府的残酷迫害，遂愤而反抗。成化元年（1465）郧阳地区的几十万人在刘通领导下起义，攻打襄阳、邓州，次年起义失败，明朝采取“噍类不遗”的大屠杀政策。移民上百万人于六年（1470）在刘通部下李原领导下再度起义，明军在项忠指挥下肆行屠戮，“死者枕藉山谷”，又把一万多人编成湖南、贵州，在路上很多人死亡，尸首被抛到江湖里，事后，项忠竖立《平荆襄碑》记其功劳，当时人把它叫作“堕泪碑”。失败了的移民在被押解返籍的路上，生活之苦比来时又厉害了不知多少。移民在项忠屠杀之后，仍坚持往荆襄流动，使明朝统治者感到高压政策无济于事，于是接受抚治荆襄都御史原杰的建议：移民中“能治产服贾老子长孙婚嫁姻戚势不可动”的，允许著籍，纳粮当差，新来无产业的勒令回乡（《宪宗实录》卷一六〇；《明经世文编》卷九十三，原杰《安置流民疏》）。这就是说移民到这里置有不动产，有姻亲关系，可以合法定居了，不过要以完纳赋役作为与政府的交换条件。明廷批准了原杰的建议，19万多户的移民在当地著籍，明政府为统治这大量的移民，在鄂西北增设郧阳府，下辖7县，其中竹溪、郧西等县也是新添设的。到荆襄的移民，付出了血的代价，但总算冲破明朝的封禁政策，争取到垦荒权，也是一种胜利。

民众往荆襄迁徙，明中叶以后还在继续，清人严如熤说：历经成化、弘治到天启、崇祯“绵延而未之绝”（《三省山内风土杂识·序》）。其实又何尝是有明一代，清时依然，不断有移民进入，称为“棚民”“山民”，他们还是清中叶川楚陕甘豫五省白莲教起义基本群众的组成部分。应该说，荆襄移民是明清两代尤其是明代的一个严重社会问题。

上述明代的移民，是从一个农业区，迁徙到另一个农业区，或者是未开垦的地方，也即新的农业区，空间移动后农民依旧是农民，基本上没有改变职业。移民中新产生了一些自耕农，但仍有相当多的人处在地主与佃农组成的统一体中，也就是说移民中没有出现新的生产关系。移民开垦的荒地，扩大了耕地面积，一定程度地发展了社会生产，但幅度不大。总之，明代的移民，是传统社会内居民的纯粹空间移动，与社会生产方式、生产关系的变化不发生关系。近代社会的移民，从农村到城镇，到手工业、商业中去，改变职业，出现新的生产关系，促进社会结构的变化和社会进步。可见明代移民的社会意义不可评价过高。

明代的移民活动表明，凡是民间的自发流动，必有其社会原因，是政府用行政力量无法遏制的，明智的政府应当顺应其形势，加以疏导，就不会发生严重对立了。刘通起义前，明朝政府对荆襄流民一味高压，是实行愚蠢政策，而毫无效果。改行允许流民著籍当差的政策之后，对立就基本解决了，就是明智政策取得了成效。这种历史的经验，对后世政府的移民政策不无借鉴价值。

古代邻里间的互救互济

我们在古籍中经常读到“人心不古”的感叹，也见到城乡人情对比的资料，赞美乡人的纯朴，描绘互助互济的美景，接待亲人乃至路人的高谊，指斥市镇居民的狡狯奸诈。

现代人们对于人际关系的状况也颇多感慨，不齿于某些大城市人的精明和锱铢必较，对孤独老人死去数月数年不为人知的凄惨三致叹息。怎样看待人们之间互相关心形式、程度的变化，不妨通过考察古代社会问题的某些事实来认识它。

南朝刘宋初年会稽永兴县有位姓丁的妇女，青年时死了丈夫，守着儿子吴翼之。她为人富有同情心，平素肯于帮助遇到困难的人，不管与自家有无特殊关系，只要对方有急难的事情，知道了就主动伸出援助之手。有个乡邻叫陈攘，父母双亡，成了孤儿，丁氏将他收留在家中，抚养成年，给他娶了亲，这才让他另过，恢复门户。又一个里邻王礼的妻子徐氏，因逃荒到山阴县亡故，没有人收尸，丁氏知道了，亲身到山阴，买棺材把徐氏埋葬了。同乡左侨家里有几具亲尸，贫穷安葬不了，丁氏给他家找坟地，买棺椁，殡葬完毕。元徽末年（476）冬天，大雪封路，商人不能贩运，丁氏邻里饥饿，她拿出家里的盐米，按人口分给邻居。有一年天灾歉收，丁氏分衣食给饥寒交迫的乡邻。平时邻居来借钱物，她没有不答应的（《南史·孝义传》）。丁氏帮助乡里之人，不一定是左右邻居，范围较广。

唐代陕州夏县人阳城，世族出身，但家境贫乏，有一年饥荒，他家以榆树皮度日，可是对待亲属、邻人却很乐于相帮。他的妹婿客死远方，阳城同弟弟出行千里，把妹夫尸体运回安葬，又把寡妹接回家中共同生活。妹妹有个白痴的儿子，阳城对他百般照顾，以至背着他进出家门。山东节度使仰慕阳城的义行和为人，特派人赠送他500匹缣，怕他不接受，告诉使者无论如何也不能把礼物带回来。派的人到阳城家，阳城果然不收，使者把缣放下走了，阳城没有办法退，就把礼物放在一边。邻居郑俶要埋葬老人，向人借贷没有成功，阳城知道了，把节度使的缣转送给他。郑发送了老人，对阳城感恩不尽，自愿投到门下为奴。阳城不接受，愿意教他学习，郑俶感激从学，但学不下去，阳城为给他创造良好的学习环境，离开家乡，和他共同学习。但郑俶还是没有养成读书习惯，自怨自艾，上吊自杀。阳城看到自家好心办了坏事，非常后悔，责备自身，于是把他当作缌麻服亲那样发丧（《新唐书·阳城传》）。

元代德州齐河人訾汝道，在家讲孝道，兄弟和睦，在社会上善待邻里。同乡刘显等人贫困无法维生，訾汝道一一分给他们一点田地，让他们收地租维持生活，直到他们终老把田地收回去。有一年瘟疫流行，据说吃一种能使人发汗的瓜病就好了，訾汝道买了很多瓜，带上粮食，一户户亲自送去。有人告诉他瘟疫传染，不能到患者家去，他不顾被传染的危险，还是一家一家地跑。有亡故的，他就施赠棺材。他曾经在春天把麦子、高粱借给人，到了秋天，因蝗灾没有收成，借债人无粮偿还，訾汝道把借券焚烧了，不要他们归还（《元史·孝友传》）。

王荐，元代福建福宁人，兄长王孟鲐早逝，遗孀林氏改嫁刘仲山，刘穷苦，将田卖给王荐。刘仲山死，无钱不能安葬，又没有儿子，刘的同族因他穷，不肯给他立后。王荐为帮助林氏，把田还给刘姓，因而刘族给刘仲山找了后人，并把他埋葬了。福宁州有许多贫民，家中死了人不能下葬，州政府下令，不许民人不葬亲尸。百姓害怕受法令处分，把尸首烧了，抛弃骨骸于荒野，以省葬事。王荐认为暴露骨骸不好，也知道这是穷人葬不起，于是捐义地供穷人埋葬。有死了人备办不起棺材的，他就买了送去。至大四年（1311）大旱，乡民买不到粮食，王荐把家中的存粮拿出来救济众人。这时有施福等11家，因断顿要饿死，王荐听说了很难过，要赈济，可是家里已经没有什么粮食了，于是用田地换了100石谷子给施福等家送去，使得他们渡过难关（《元史·孝友传》）。

明代浙江嘉善人袁参坡，近邻沈姓生病，前往探视，并送去

荒年放粮图

药物，袁妻派家里人分头往四邻相告：有了疾病，大家互相帮助，这是邻里应尽的义务，现在沈某病倒了，家里又很穷，每家出五分银子帮帮他。众乡邻响应，凑了一两三钱五分的银子送去，袁参坡另外馈送一石米（袁衷等辑《庭闱杂录》）。

"老吾老以及人之老，幼吾幼以及人之幼"，古代有一些人是这种观念的实践者。他们主动地关心亲戚、邻居的生活，尤其是当人家有困难时，尽可能解囊相助，缺粮的赈粮，缺医的给药，缺棺的助安葬，缺钱的予财物，不仅是物质上的帮助，精神上也加以慰藉。乡里之中有这种人，人们之间真是有无相恤，急难相助，互送温暖，人与人之间温情脉脉，雍雍穆穆，真像田园诗般那样美好。人们间的互助互救，当然是人们美好品德的表现，确有值得赞扬的地方。

在古代商品经济不发达的社会，人们间的互相帮助，是地域观念和血缘观念的产物。亲戚关系，有的是血缘关系，有的是血缘关系的扩展，是在血缘网络之中。血缘关系是自原始社会起人们就极其重视的，阶级社会后的分封制是这种重视的基本表现。人们崇拜祖先，血缘关系也给人以好处，人们离不开它，就要从各方面维护它，血缘网络内部人们间的互助就成为理所当然的事，并形成社会道德。从地域上说，在商品经济不发达、交通不便利的社会条件下，在农业为主体的社会里，农民世代从事不变的职业，居住在固定的地方，君主制政府的法令又不允许人民随意迁徙，所以大多数人世世代代住在一个乡里，一个村庄，多少代是邻居。因为生活在一地，就有共同的利害，也必须交往。人们在生活中总会碰到一些困难，邻居就在身边，可以首先给予所需要的帮助，“远亲不如近邻”，就是从实践中得出来的结论。地域的某种共同利害与邻里的形势决定乡邻之间会有所互助。

在以商品生产和商品经济为主体的社会，人们可以自由迁徙，可以或者必须离开家乡。随着工业化的进程，人们又从农村向城市集中，为了就业又可能或必须迁徙不定。这样邻里关系就在不断地变化，人们之间不仅不是世代邻居，而且一生之内不知道要在多少地区碰到多少邻人，这样就很难像古代那样互相了解，互相关心了。在这种情况下，血缘集团的成员也分散各地，各自谋生，人们对血缘集团的依赖程度大大降低了，亲族观念也随之淡薄。因此像古代亲戚、邻里之间那种发自内心的互救互济要求大大减少了，亲邻之间互不关心，视同路人，也就成为自然现象了，并不足怪。

看来，乡里互助是一种美德，但它是一定社会的产物，在一定范围内是合理的，是道德的标准，但随着社会的变化，它也在变化。在现代社会，人们间的互助，主要不是靠亲戚和邻居，而是靠社会福利那些东西。纵观古今，从事物的演变的条件和必然性来看，不必总迷恋于古代的亲邻互助，更不必用那个标准衡量现代的人际关系。当然笔者并不反对亲邻相助，相反赞扬这种现象，只是不把它作为理想要求今人普遍奉行，需知，世道变化了，那是不可能普遍实现的了。

自从人类社会进入阶级社会之后，在一个地域，必然有贫富的分化，等级的差异。在居民住宅分布上，虽然有过闾左闾右、主姓村世仆村、贵族区贱民区的分别，但在全部历史上、在整个社会来讲，它不是普遍的现象，在农村尤其如此。大体上说，贫人富人、社会上层与下层人士是插花居住的，贫富贵贱可以是邻居。因此邻里的互助，除了经济状况相当的人之间的帮助，大多都是有钱的人资助穷人，其中极少数人具有善心，真诚地帮助穷人，但是大多数的人是出自本身利害的考虑。在中国古代历史上，“贫民富民，多不相得，富者欺贫，贫者忌富。一遇饥馑，初犹抢米，再之劫富，再之公然哨聚为盗”（《皇朝经世文编》卷四十一）。清初文人魏禧在《救荒策》中所说的这些话，反映了社会上的贫富对立的严重性，以及穷人抗争的实况。富人有鉴于此，在荒年，在瘟疫流行的时候，拿出财产的一部分赈济饥民、病人，减轻贫民的痛苦，从而消弭贫民对富人的仇恨，缓和对立情绪，富人因而得以维持其固有的地位，还可以落一个善人的美名。这种为自身利益而进行的邻里救济，固然有其客观效果，但其消弭贫富对立的实质也不能不看到。“田园诗般”的互救互济中，有这么一种情形，人们在赞美那种互助时，就不能不有所保留，不能把它看得那么美好！

养济堂和老民的生活

敬老的思想源远流长，早在春秋时，人们就讲“老有加惠”(《春秋左传》)，即国君对老年人的赏赐是特给的，并不要求他有什么功劳。人们知道“老幼孤独不得其所”是“大乱之道”(《礼记正义》)，因此要使孤老得其所。历朝政府也多有对老年人的优惠政策，如豁免征徭，赐给爵级。对贫病无依靠的老民的照顾，形成正式制度的，大约自唐朝的悲田院始，下历元明清，该制度不断完善，但善堂终是凤毛麟角，根本解决不了贫苦老人的生活问题。不过老民善堂制度和在其中的老民生活，或许还是值得研究老龄问题者和老年人关心的事情。

唐代长安设有养病院，又名“悲田院”，收养贫病无依靠的老年乞丐，政府派专人负责其事，由佛教寺院具体管理。据记载，这种养老院唐玄宗开元初年就有，而实际设立比这还早（高承《事物纪原·贫子院》）。唐代的养病院是养老院的滥觞。

北宋政府最初在汴京设立东、西两个福田院。福田，是佛家语言，意思是说人们对应当供养的人要供养他。究竟供养什么人，有几种说法，其中有三福田说。一是报恩福田，供奉父母师长；二是功德福田，供佛寺之用；三是贫家福田，供养穷苦人。东、西福田院属于贫穷福田，收养孤独的有病的老年乞丐，供给口粮和零用钱，但是能进院的老人极少，最少时只有 24 人。宋英宗下令增设南、北福田院，这样就有了东南西北四所福田院。东南西北院是按东京城的方位开设的，可能进院的人要根据住所方位来确定。这时的福田院由政府增修房屋，四院可以容纳 300 人。它的经费来源是内府所出 500 万钱，英宗的意思是他个人出资救助老年贫民，以栽培福田。熙宁二年（1069）东京大雪，宋神宗下令于四福田院定额外，收养老弱贫病的乞丐，供养到第二年开春。北宋政府令各地方救济贫病老人，自冬天十一月初一日起给粮食，至第二年元月停给。同时令各地方以绝户的房屋财产充当供养鳏寡孤独老病残疾无依靠者的经费，如果不够用，就以官房和常平仓的利息钱作补充（《宋史·食货志》）。宋代东京的福田院专门收养老年穷人，是孤老院，养老的专门机构的性质很明显。它由政府开办并经理，虽有释家的“福田”名称，但同寺院没有直接关系，这一点不同于唐代。

元世祖至元八年（1271）下令各路设立济众院，收留鳏寡孤独残疾不能自养的人，给口粮，另给柴薪。十年（1273）因官吏侵占贫民口粮，下令凡发放粮草要在官厅当面发给，以免弊端。二十年（1283）给大都南城孤老衣粮房舍。二十八年（1291）给贫穷嫠妇冬夏衣裳。成宗元贞二年（1296）下令，但凡下发恩诏，就给孤老一人一匹布、一匹帛（《元史·食货志》）。这些规定大多不能实现，只有少数官员认真执行，如至正间在福建邵武路任经历的郭瑛在城西建立惠老慈济堂，为堂买田，收取地租，供养入堂老人（嘉靖《邵武府志·名宦》）。没有堂田，或前有田后丧失的，也就不能养济穷民了。

明朝政府有收养孤老的法律，《明律·户律》规定："凡鳏寡孤独及笃疾之人，贫穷无亲依靠，不能自存，所在官私应收养而不收养者，杖六十；若应给衣粮，而官吏克减者，以监守自盗论。"明朝建立之初诏令府县设置养济院，洪武十九年（1386）规定，没有依靠的鳏寡孤独，每年给予六石米，建文元年（1399）改为三石米，令亲戚代养，无亲可投的入养济院。天顺元年（1457）开办大兴、宛平二县养济院，每县一所，供给收容人员一天两顿饭。成化二年（1466）下令把所有京城贫民收入养济院。十六年（1480）以前，京城历年赡养孤老7490余人，供给米26900多石，布7400多匹，这一年明朝政府以主管官吏侵蚀钱粮，使穷民不得实惠，令顺天府府尹每月巡察两次，巡按御史也加强监察。嘉靖元年（1522）下诏收养京城贫民，六年（1527）命令在北京五城各设养济院一区，尽数收养贫民，巡城御史发现乞丐，凡民籍的送顺天府交养济院，军籍的送幡竿、蜡烛二寺供养。九年（1530）饬令各地方官认真办理养济院，次年（1531）又令收养京城贫民（《明会要·恤鳏寡孤独》）。二十年（1541）开始，每年一月份在京城散赈，每天以200石米煮粥发放，领的人给一杓，够三四个人吃的（郎潜《七修类稿·施粥施药》）。看来明代北京的孤独老人，有的进了养济院，领取口粮、布匹，过集体生活；有的向政府领取粮布，和亲戚生活在一起。

清朝由康熙皇帝倡导，在北京设立普济堂，要求各地方仿效建立。普济堂收养老年贫民，视其经济状况决定供养人数和生活水平。乾隆时山东淄川普济堂有公田200余亩，收地租100多石粮食，它规定给入堂的老人每月6斗粮食，盐、柴钱100文（乾隆四十一年修《淄川县志·公署》）。同时期河南光州普济堂收养老民几十人，署知州朱家濂看到还有聋、瞎的男女无靠老人，又筹措田地，以其收入供养堂外孤老，计20人，凡年过70不能劳动的，每月给150文，若能作些活计的则给100文（乾隆《光州志·恤政》）。各地存养孤老情况不拟多叙，这里介绍江苏松江普济堂的条规，可见老民生活的一般情形。该堂规定每年收容220名，投堂的人要年满50岁，经过堂董事查明，确实是无依靠的，凡是年力尚壮的，能谋生的一概不收。老民每天早晚吃稀粥，中午吃干饭，每天定量是白米八合，盐菜钱二文，午饭有蔬菜，初一、十五两天有豆腐皮等菜。每逢端午、中秋节，各领赏钱20文，元旦则领30文。端午节后领席、扇钱34文，冬至后领床柴钱14文，布袄钱100文。老民病故，给棺材、安葬钱3000文。普济堂支出靠地租收入，如遇歉年，老民只能以稀粥维生，其他一切费用就领不到了。普济堂给老人规定纪律，如确实需要就医、探亲，可以请假出堂，但不能在外“生事”，否则不许回堂。堂里要求老人“安分度日”，若倚老闹事，或者嫌供给微薄，发生议论，被认为是“无良之民”，立行逐出（嘉庆《松江府志·建置》）。该堂有几千亩田产，其来源为官田和富人捐助田。该堂设有管事四人，是官府从华亭、娄县两县绅衿富人中挑选任用的，每三年一换。堂务不许胥吏插手，以免他们舞弊。管理堂务的董事，有的可以免除徭役，有的给予八九品顶戴，以资鼓励。

在这类救济性质的善堂之外，清代还出现自救性的合办善堂，如江苏溧阳有养老堂，备有田业，田亩全部是入堂老人自家带进来的，因为他们失去劳动力，雇工生产，收入归堂中公用（嘉庆《溧阳县志·养育》）。

上述事实表明，到了清朝，老人善堂内容多样化了，堂规细密完善，这对入堂老人的生活既是一种保障，又是严密管理。

唐朝以来，兴办起养老堂，其组织管理代有变化，始与寺院关系密切，后为纯粹官办，待后又官民合办，无论如何变化都由政府倡导督办，可知君主制政府是关心这件事的。养老堂主管方面的变化，是向民办趋势发展，到了近代，善堂就转以民办为主了。

办理养老堂，使得抚恤孤老制度化，有组织机构的保障，这在社会救济方面是一种进步，是从道义的声援和不时的赈济进入有组织的赡养，是把这种福利事业制度化，保障性比前此为大，是社会进步的表现。人类社会越到近现代，社会福利越多，社会保障事业越发展。古代还谈不上社会保障，但有制度化了的养老堂总是好事。

养老堂开办后，尽管只有少数人可以领到赈济口粮与亲戚一块生活，能进堂的只是为数极少的人，但这部分人的状况之悲惨极令人同情。把他们收容进堂，可以免除这些人到社会上乞讨而引起的事端，可以令人产生政府实行善政的感觉。这样对稳定社会秩序有利，统治者正是认识到这一点才注意兴办这种事业。如朱元璋青年时当过游方僧，实际是流丐，备尝讨饭的穷苦滋味，也深知这些苦难的而没有负担的人是不稳定的社会因素，他本人就是这样参加红巾军的，所以他做皇帝后说："吾昔在民间，目睹鳏寡孤独、饥寒困踣之徒，心常恻然。"于是多次下令设立养济院，给贫民衣食房屋，并要求官员认真办理（《明会要·民政》）。

古代养老堂制度不稳定，具体的所建立的善堂，存在不久就会遭到破坏，故而一个朝代开初又重新设立，没有一个善堂是代代延续下来的。它受损害的原因，一是经手的官吏舞弊，侵占可怜的老人的口食；二是政府所给的经费太少，只够供养极少的人，而且只维持原状，当年收入当年支出，没有继续建设的费用，如房屋坏了不能维修，到一定时间倒塌了，养老堂只能解散。另外，皇帝只注意门面，对都城的养老堂过问尚多，地方上只是一般下个诏令，官吏也多不尽责，因为它不是考绩的内容，原是可做可不做的。

前面说到江苏溧阳的养老堂，不同于救济性质的善堂，它是有一定产业的人联合起来共同生活的自助性团体，在古代这是极为罕见的善堂，殊不知它却是有生命力的事物。当今出现"托老所"的问题，即离开工作岗位的老人，经济上能够养活自己，但生理上的原因使生活的某些方面不能自理，加之由于种种原因亲人又无法照顾周到，就希望有一个社会福利组织帮助他们解决生活上的困难，所以人们就议论成立“托老所”，来解决这一社会问题。这是一项需要开发的事业，可以说是溧阳养老堂精神的发展。

厚葬、薄葬与停丧不葬

古人重视丧葬，特别讲究厚葬，几千年习俗不变，与此同时针对它的弊病的薄葬也产生了，但薄葬却没有显示出它的强大力量，只是作为厚葬的对立面而存在着。厚葬总是弊端太多，终于走向它的反面，出现停丧不葬的怪现象，千百年与厚葬相伴随。

厚葬同人们的社会等级地位和经济条件相一致。高等级的人葬礼尤厚，帝王贵胄最为特殊，这里列举几个事例即可见一斑了。秦始皇陵出土的陪葬俑，步兵、车兵、骑兵陶俑多达近万件，马俑 500 余匹，木质战车 130 多辆，兵、马之俑与真人、真马的高度、大小相当，造形逼真，生动异常，因而始皇陵被中外人士誉为古代最完美的军事博物馆，如今国人又将之誉为中国十大旅游点之一，名副其实，一点也不过分。兵马俑不过是秦始皇的一部分陪葬物，《史记》卷六《秦始皇本

秦始皇陵兵马俑

纪》告诉我们：秦始皇即位之初，就着手修建他的骊山墓，动员的人力竟多达70万，“穿三泉，下铜而致椁，宫观百官奇器珍怪徙藏满之。令匠作机弩矢，有所穿近者辄射之。以水银为百川江河大海，机相灌输，上具天文，下具地理。以人鱼膏为烛，度不灭者久之”。地宫内建设像地上一样，分出官衙和百官秩位，收藏各种奇珍异宝，铺满水银，象征江河大海，燃点人鱼膏，使陵内长期保持火光。这些记载令人难以置信，人们不可想象秦始皇能有那么多的水银去象征河海，可是今日的考古发掘证实了这一点：确实是水银满地。出土发现的铜车马室，内有铜铸御手驾御的4匹铜马，为我国的宝中之宝。始皇陵的地下建筑，从今日考古发掘获知，包括寝殿、内城、外城、铜车马室、饲官建筑、陪葬墓区、兵马俑坑。根据以上情形，说始皇陵规模宏大，收藏极丰，是一点不夸张的。

汉武帝的茂陵，今天我们到陕西兴平县境，老远就能看见它。它高46米，底部58000平方米，内藏“金钱财物，鸟兽鱼鳖牛马虎豹生禽”，计190种。因随葬品太多，汉元帝时谏大夫贡禹就此作出指责（《汉书·贡禹传》）。当然他不敢指向皇帝本人，而是说负责葬礼的大将军霍光奢侈悖礼。就是这位霍光，在他死后，政府给他治丧，赐给的葬品绣被100领，衣50箧，金缕玉衣一袭，梓木制作棺，枞木做成椁，就是陪葬的婢妾的椁也是枞木打制的（《汉书·霍光传》）。古代皇帝贵族的陪葬品，除了珍宝器物、禽兽，常常还有婢妾奴仆。因为人殉太残酷，不断地有统治者表示仁慈，禁止人殉，如秦献公元年（公元前384年）“止从死”（《史记·秦本纪》），但人殉现象却长期存在，到明朝前期还有宫人殉葬皇帝的制度，明英宗加以废除，历来被认作是一项仁政。以上说的是厚葬的两个内容，即建造规模宏大的墓室，放置大量随葬物品（甚至包括活人）。

厚葬的第三项内容是吊唁和送殡规模大。丧主通知亲友，设灵堂，供生者悼念。东晋时中书令王献之死，他的哥哥黄门侍郎王徽之奔丧到来，直上灵床，弹奏弟弟生前使用的琴，表示哀悼（《晋书·王徽之传》）。散骑常侍顾荣生前爱好奏琴，死后家属将琴放在灵床上，他的朋友张翰来哭灵，边抚琴边伤感地说，我的老朋友再不能欣赏我的琴声了，说着痛哭起来（《晋书·顾荣传》）。这种就死者生前的喜好而表达的言行，是对亡者的真正追念，是正常现象。但是生者不以此为满足，希望来吊唁的人越多越好，次数越频繁越好，这就是厚葬的思想了。汉景帝时，洛阳人剧孟是个赌徒，他母亲死了，参加送葬的人所乘的车子有一千余辆，队伍庞大，引人注意。楚王相袁盎与剧孟交游，一个富人不以为然，对袁盎说剧孟是赌徒，同他交友岂不失了身份，袁盎说剧孟确实是赌徒，但他母亲出殡有那么多的人去送葬，可见其人不简单。袁盎不但继续同剧孟友好，反而和那个富人绝交了（《汉书·袁盎传》）。袁盎重视剧孟是看到他的社交能量，而根据就是他母亲丧事中送葬者众多。这件事说明送殡的人多是丧主的一种光荣，人们当然要追求它了。北魏赵郡房子（今河北高邑）人、光禄卿赵修因得魏世宗的宠幸，在安葬乃父赵谧时，王公以下百官都去吊唁，祭奠仪物之多，灵堂放不下，宅院容不了，充塞于临街的大门。他将尸柩送回原籍安葬，在京城制作了墓碑、墓志铭、石兽、石柱，沿路用凶吉车辆将近百乘。他这样隆重的出殡，似乎是在讲孝道，但是一路之上，与宾客嬉笑无度，甚而抢掠民女扒掉衣服取乐（《魏书·赵修传》）。吊唁出殡的隆盛还表现在路祭的发展上。这是在出殡途中，亲友设祭坛于交通要道口。在唐朝，开始是设大约底部一方丈、高数尺的祭盘，用帏帛围起来，中间放置人造花、果，表示祭奠之意。安史之乱以后，路祭大发展，祭盘帐幕高达一丈，内置灵床，雕金饰画，帐盘之外，盛列牛羊祭品。唐代宗大历（766—779）中，太原节度使辛云京的葬礼在长安举行，诸道节度使派人致祭，范阳节度使的祭盘最大，并演出类似后日的木偶戏，以开国勋臣尉迟敬德为形象，与突厥人战斗，又作了以鸿门宴为故事内容的演出，孝子以祭盘精好与高大，给两匹马犒劳其主事人。昭义节度使薛某死，灵柩送回原籍绛州，管内各县官及其他地方的长官在阳城南面设祭，每隔半里一个祭盘，到漳河码头二十余里，祭坛不绝，其中大祭盘要费钱千余贯，小的也要三四百贯。等到灵车过后，这些祭盘全部成了废物（《唐语林》）。人们如此热衷于吊祭，如果亲友不来，丧主就要责怪了。东晋会稽郡守王述在郡居母丧，接替他的王羲之仅吊唁一次，他以为王羲之还会来，终于再没见人，因此对王羲之非常痛恨（《晋书·王羲之传》）。

有经济条件的人厚葬，缺乏财力的人也不甘示弱。西汉初年，平原君朱健的母亲亡故，家贫没有钱发丧，打算借贷衣服用具。辟阳侯审食其本想同朱健亲近，朱健看不起他的为人予以拒绝，他就接受太中大夫陆贾的建议，赠送朱健百金，以便他购买死者的殓衣，朱健遂因这项救济而同审食其交好（《汉书·朱健传》）。朱健为要把母亲的丧事办得风光，不惜改变品行与妄人结交，可见厚葬治丧思想的严重。汉武帝时游侠原涉友人的母亲死亡，无钱下葬，原涉给他募捐，送去衣被棺木及饭含等物，使友人漂漂亮亮地发了丧（《汉书·原涉传》）。北宋初年检校刑部尚书、光禄卿张铸亡故，家里没有现金下葬，卖了他的衣服、舆马及园圃，得钱10万办了丧事（《宋史·张铸传》）。借贷、募捐、卖产埋葬，都是厚葬的表现。

厚葬是一种弊风陋俗，为有识之士所反感，并致力于对它的抵制。汉武帝时有叫杨王孙的人，家有千金之业，生活上想吃什么吃什么，想用什么用什么，是“厚自奉养”的人，但对治丧从厚持反对态度。病危之时告诉儿子，死后实行裸葬，办法是把尸体装在布囊里，到入土时，从脚下抽出布囊，使赤裸的身体与土壤结合。他的儿子既不敢违抗父命，又不愿父亲裸葬，就请其父的朋友祁侯缯去劝说他改变主意。祁侯缯于是给杨王孙写信，说裸葬等于是戮尸，也不好在地下见先人，这个办法不可行；再说《孝经》就讲安葬要用棺椁衣衾，这是圣人的遗制，可不能违背啊！不孝与违礼是严重的问题，杨王孙却不在意，回信说明他的看法。他认为丧礼应该有，但是现在的人厚葬做得太过分了，所以“吾以裸葬，将以矫世也”。他是抱着改变厚葬的恶风劣俗而实行薄葬，是为了惊醒沉溺于厚葬的世俗庸人。他还认识到厚葬有两个害处，一是生者让财富随死者下葬，不久腐化了，这对生者死者都没有益处，只不过是俗人以安葬之奢糜来比阔气；二是厚葬引起盗墓的怪事，致使先人遗体遭到毁坏、暴露，这和不葬又有什么不同，这才是真正的不孝，若薄葬就不会发生盗墓的事了。他还进一步说明裸葬的好处，即裸葬使身体与土地有直接接触，可以“反真”：“且夫死者，终生之化，且物之归者也。归者得至，化者得变，是物各反其真也。反真冥冥，亡形亡声，乃合道情。”（《汉书·杨王孙传》）笔者的理解，他的意思大约是人来自自然界，死后返回自然界，而裸葬最易实现这个道理，因为厚葬有棺椁衣衾隔着身体与土壤，反而不易返真。杨王孙的坚持薄葬，有理论，而目标是对准着厚葬。比杨王孙略晚的谏大夫贡禹向汉元帝上言，强烈反对厚葬，他指出当时民间的厚葬状况：“众庶埋葬，皆虚地上而实地下。”所以造成这样的情形，是“过自上生”，即皇家带的头，汉武帝、昭帝、宣帝的营葬都是奢华过度，“大失礼，逆天心”的（《汉书·贡禹传》）。他的主张薄葬，把矛头对准皇家的厚葬，是有胆有识之见。

像杨王孙、贡禹那样主张薄葬者，西汉以后代不乏人，东汉大儒马融享年八十有八，临终“遗命薄葬”（《后汉书·马融传》）。以卧冰取鱼供母食用而著名的孝子、西晋的太保王祥，对于自身丧事的安排是：断气之后，只洗手足，不必沐浴全身；只穿着平常的衣服，不要新装；朝廷所赐玉佩、玉玦、绶笥都不用随葬；墓穴能放下棺椁就行，不需用石砌，也不要起坟陇；祭品只用干饭、干肉各一盘，酒一杯，不得多用；家人大小都不要送丧。总之，一切要求从简。他死后，皇帝赐了很多钱帛。他的子孙遵照遗命不敢大办，除了亲旧故吏及贤明朝臣来悼念，“门无杂吊之宾”（《晋书·王祥传》），丧事办得确实简单。南朝中书侍郎王微“遗命薄葬”，出殡时不用长幡、吹鼓和挽歌，灵床两宿即行撤消（《南史·王微传》）。唐代开元名相姚崇说古来薄葬的人，“子孙皆遵成命，迄今以为美谈”，表明他欣赏薄葬。他认为“死者无知，自同粪土”，何必搞厚葬，把家业给败坏了，因此要求子孙给他薄葬，即用素常的衣服装裹，四时衣服各一套，不要穿官服。世俗用释氏大做佛事，姚崇对子孙们说，我是不信佛的，你们如果循俗情给我请和尚念经，只能在七七期内做，布施只可用我随身衣物，不得多费钱财。他还要求子孙将来也像这样打发自己（《旧唐书·姚崇传》）。北宋宰相晏殊在世时“奉养清俭”（《宋史·晏殊传》），死后也是薄葬。据记载，他葬于阳翟（今河南禹县），那里还有张侍郎坟茔，盗墓人从张侍郎坟得到很多宝物，而在晏殊墓中只有木胎金裹带一件值钱，气得发疯，把墓主尸骨砸碎了，事实证明晏殊是薄葬论实践者（《梁绍壬《两般秋雨庵随笔》）。

薄葬的实行者，最多的是出现在民众之中。以方腊起义而名声显著的摩尼教的教徒有其独特的葬法：当入殓时身着衣冠，旁边有两个同教之人，一人问人始生的时候有帽子吗，一人回答说没有，然后摘下尸身的帽子；又逐一询问生时有衣服和他物吗，回说没有，因而一一去掉；又问来时有什么呢？说是胞衣，于是用布囊盛起来安葬（庄绰《鸡肋编》）。这是民间宗教的薄葬，反映了不少民众反对厚葬的态度。

总的看来，薄葬者在实践之外还有理论，就是反对厚葬的浪费财物，主张让尸体速朽，返回自然界。

有的人在理论上并不反对厚葬，甚或还是它的主张者，但是在行动上却不实践。他们把死者简单装殓，放在家中，或者寄存在寺庙等公共场所，不行入土安葬，等几年以至一二十年后始行掩埋，这就是停丧不葬。这是一种习俗，至迟在北宋年间已经形成。司马光在《家范》中指出，当时人相信阴阳家的风水说，要选择上好的吉壤做坟地，还要挑选黄道吉日作为下葬的时间，如此要求不免一时难于达到，因此“久而不葬”，还有的人因为“贫无以办具”，即没有钱备置安葬的各种物品，也不能使先人入土。两宋之际的庄绰也说当时人对于安葬，“信时日，卜葬尝远，且惜殡攒之费，另停柩其家，亦不设涂甓，至顿置百物于棺上，如几案焉”（《鸡肋编》）。他们共同说明两宋时代人们停丧不葬的风俗，究其原因是两方面的。一是迷信风水，希冀坟地和出殡时日吉利，给生人带来富贵兴旺；二是想厚葬，但目下经济力量不足，寄希望于日后发达了阔绰地打发先人。停丧不葬，两宋以后愈演愈烈，至清代而极盛。因为宋人的那两个原因始终存在着，所以就只能延续下来了。

薄葬、停丧不葬皆由厚葬而起，而厚葬是主流，形成古人丧葬的特点。那么古人何以非要厚葬呢？原因说来也简单，就是古人迷信，以为还有一个阴间，要使死人在阴间过得好，就要风风光光地发送到阴间去，因此按照阳间的社会生活模式，安排葬仪、葬物，好使死者到阴间享受在阳间的待遇，或者还要超过阳间。古人讲“事死如事生”，其重要内容就是讲的这个道理。

不过这样说太笼统了，具体说厚葬先人是行孝，厚葬皇帝是尽忠。前述原涉帮人募捐葬亲，他自己对丧事也大有讲究。他的父亲是南阳太守，死在任上，按照当时的习惯，属吏要给他敛钱千万以上，以便他安葬父亲及其家属置买产业，原涉在其父死时，不要南阳郡的馈赠，得到义行的美名，过后觉得自己是得到好名声了，可是因为没有要赠遗而缺乏钱财，对先人的安葬简单些了，是不孝的表现——“令先人坟墓俭约，非孝也”。为弥补这一缺憾，于是给父坟大搞地上建筑，盖祠堂，修围墙，立墓表，上题“南阳仟”字样，竟以其父代表南阳郡（《汉书》）。

厚葬是行孝的观念一经形成，厚葬就等于是尽孝尽忠，那么不厚葬就是不孝不忠，反定理一成立，人们为了表示忠孝，更以厚葬为不可移易的准则。而且不厚葬，还会被人视为小气，舍不得给先人花钱，舍不得宴请吊唁亲友。姚崇就道出了厚葬实行者的这种心理：“咸以奢厚为忠孝，以俭薄为悭惜。”（《旧唐书·姚崇传》）小气是社会舆论所蔑视的，人也不敢犯，为与其绝缘，就要在治葬中大手大脚，尽可能丰厚地办丧事了。

考察古人的厚葬，令人感慨良多：

第一，厚葬是一种恶劣的风俗，应当大力摒绝。厚葬把人间有用的资财埋于地下，有的化为灰烬，有的腐朽而失去它的实用价值，有的是为埋葬用的，即是明器，这种生产浪费了人力物力，却毫无实用价值。这样糟蹋社会财富，不利于生人的生活，不利于社会物质财富的再生产。因此毁坏物质文明的厚葬作为一种社会行为，可以说是一种社会犯罪；作为一种社会风尚，则是极其丑陋的弊俗。在这里要和今天把古人随葬品当作出土文物区别开来。古人将珠宝器物埋葬掉是毁弃社会财富，今人将出土物妥善保管，供人们欣赏，是变废为宝，是另一回事。这正是今人的高明处，从而也纠正了古人厚葬的弊病。

第二，厚葬表现出古人严格的等级观念，应当予以进一步的抨击。从前述秦始皇陵及霍光等人的丧葬可知，墓穴和地上建筑、死者穿着和随葬品，以至人殉，无不标志着死者及其子孙的社会身份。本来，在等级社会丧葬制度就是等级制度的一项内容，一种标志，厚葬是全面地依照丧葬制度实行的，是丧制的体现，也是等级制的体现。等级制是历史上的一种阻碍社会发展的制度，其恶劣作用毋庸赘言，这种制度形成的厚葬制及习俗自然应在清除之列。今日有人不明究竟，意欲效法，经营商业赚了钱，早早地给自己修坟墓，并在坟地按照辈分给子孙规划墓穴，建设以祖宗为中心的坟山，这是家族等级制的反映，是父家长制残余在丧葬礼制的表现。今日预造坟墓已是荒唐之举，再搞家内等级的区别，更是谬上加谬。又据报载，昆明郊区石城山、鸡旦山由西南仪器厂承包绿化，山上原来就柏树、柳树成荫，一些职工认为这是风水宝地，因而在此营造生圹，墓用石块和水泥修建，有的从外地运来黑色大理石，有的在碑上雕刻龙凤戏珠，并饰以金粉、银粉，坟墓占地颇多，大的达 18.5 平方米。还有 128 名职工自造的棺材，在这些人中有 12 名宣誓与迷信开战的共产党员，有中层领导干部，还有属于知识分子的工程技术人员。当笔者获知此事，欲笑笑不出来，心中感慨，不可名状。

第三，厚葬还表现出古人的迷信，今人对死亡应有科学的认识。古人处在缺乏科学知识的时代，以为死魂灵还能够像在世时那样给生人的生活以影响，以为能够保佑家小，带来人丁兴旺，财产丰盈，消灾去难，而祖宗神灵不保佑，就会灾祸来临。这种祖先崇拜和对亡灵的恐惧，使人心甘情愿地或虽不情愿但又因惧怕而不得不厚葬先人。先人在世留有或大或小的影响，后人伤感他的故去，用应有的丧仪表示哀悼是必要的，正常的，但是祖先崇拜是不科学的，为此而搞厚葬就没有道理了。古人利用所生活时代的生活用品或其模型，作为随葬物和祭奠焚化物，在那个时代就是表达事死如事生的孝意。现代物质文明变化很大，古代所没有的现代家用电器，如电视机、电冰箱等普及了，有人制作它们的模型，用以焚化祭奠亡人，死人的“享受”也随着时代的进步而升级了，做今日的死鬼也比古代的死者“幸福”！人类进入了电子时代，而有些人对死亡的认识以及对亡灵的追悼方式还停留在古代，可是偏偏又要用现代的文明来装点，实在令人悲叹不已！

宋元明时期的火葬

火葬作为一种葬法，在历史上争论颇多，是社会生活中一个值得注意的问题。火葬在五代两宋流行开来以前，从人们对火葬的恐惧和对于土葬的虔诚，可知它产生的不易，所以不妨从唐以前的两个孝子葬亲的事实谈起。

廉范，东汉京兆杜陵人，官至太守。他父亲在两汉之际的大乱中客死四川，廉范 15 岁辞别母亲，赴川给父亲收尸。蜀郡太守张穆是其父的属吏，要资助他，他不接受，与雇的人背着尸首步行返里，途中乘船，船触石沉没，廉范抱着棺材不放，众人为他的孝行所感动，设法把他救上来，他终于将其父埋在家乡的土壤里（《后汉书·廉范传》）。他不顾生命危险迎还父尸埋葬，除了孝顺意识，还受安葬故土和完尸观念的支配。

会稽诸暨人贾恩，刘宋元嘉三年（426）母亲故世，还没有安葬，忽然邻居家着火，延及贾家，贾恩和妻子桓氏怕把母尸烧化，一边哭泣，一边抢救，邻人也赶来帮助，遂使母亲的尸体棺椁完整保存，但是贾恩夫妇却被烧死了。地方官把这件事报告中央，皇帝下令将贾恩的乡里改名孝义里，免除他家三代的赋税，追赠贾恩天水郡显亲县左尉，以示表彰（《宋书·贾恩传》）。贾恩夫妇以死保护母亲尸体，是怕母尸火化，邻人那样救助也是怕火化，政府给贾恩的恩荣是旌其孝义，是赞扬他保护母尸。这件事情充分表明南北朝时汉人是多么惧怕火化。

然而后世发生了变化。建隆三年（962）三月，宋太祖下令禁止火葬："近代以来，率多火葬，甚愆典礼，自今宜禁之。"（《续通典·礼典》）这一年是北宋建国的第三年，宋太祖就说民间火葬现象很普遍，说明火葬至迟在五代时期就流行开来了，北宋初年的火葬应是这种风俗的沿袭，不过政府持反对的态度。开宝三年（970）宋太祖诏令开封府，"禁丧葬之家不得用道、释威仪及装束异色人物前引"（《宋史·礼志》）。佛教上层人士中流行火化，建舍利塔，宋太祖禁效释家的诏书，应当包含反对民间火葬的内容。北宋政府禁止火化，有些地方官建立义冢，令穷人得以土葬。但火葬仍旧流行，如山西人普遍实行火葬，有的地方人把尸体火化后，将骨灰撒于水中，毫不保存。到南宋绍兴二十七年（1157）监登闻鼓院范同上奏，说"方今火葬之惨，日益炽甚"，建议地方官设立义地令贫民葬亲，宋高宗批准了他的请求。次年（1158）户部侍郎荣嶷上言，置义冢确为善政，但仍有穷人葬不起，客死他乡者的后人也难于尽使亲尸返里，因而建议"除豪富士族申严禁止外，贫下之民并客旅远方之人，若有死亡，姑从其便”。宋高宗考虑到实际情况，同意他的看法，于是在部分人中禁止火葬，而对另一部分人就听其自便（《宋史·礼志》）。有些地区，富人、贫人都不遵守政府禁令，实行火葬，在吴县，有个通济寺，内设焚化亭，供民间火化亲人，骨骸烧不成灰的，投入深渊，绝不埋葬。景定二年（1261），亭子为风雨摧毁，寺僧要求官府重修，引起吴县尉黄震的反对，写出《乞免再起化人亭状》，给我们留下关于该地火葬流行的情况（顾炎武《日知录·火葬》）。

元代北京路百姓父母身亡，往往置于柴薪之上以火焚烧。元顺帝至正十五年（1355），北京路同知高朝上言，表示反对，礼部

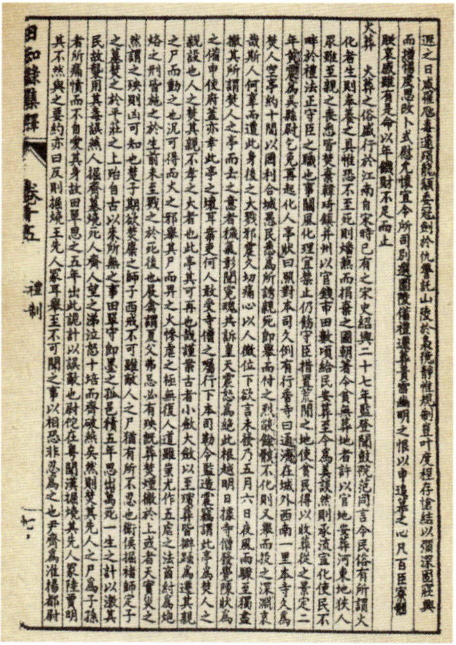
選之日咸罹虐毒遺骸頓委冠劍於仇讐乾山陵於梟獍靜惟規制豈叶度程存諸結以彌深圖冠興
而增悼思改卜式懋先懷宜令所司别選園陵備禮遷葬冀申幽明之恨以申追慕之心凡百臣寮
體朕哀感雖有是命以年饑財不足而止
火葬　火葬之俗盛行於江南自宋時已有之宋史紹興二十七年監登聞鼓院范同言今民俗有所謂火
化者生則奉養之具惟恐不至死則燔爇而捐棄之國朝著令貧無葬地者許以官地安葬河東地狹人
衆雖至親之喪悉皆焚棄韓琦鎮并州以官錢市田數頃給民安葬至今爲美談然則承流宣化使民不
畔於禮法正守臣之職也事關風化理宜禁止仍飭守臣措置荒閑之地使貧民得以收葬從之景定二
年黄震爲吳縣尉乞免再起化人亭狀曰照對本司久例有行香寺曰通濟在城外西南一里本寺久爲
焚人空亭約十間以罔利合城愚民悉爲所誘親死即舉而付之烈焰餘骸不化則又舉而投之深淵哀
哉斯人何辜而遭此身後之大戮邪震久切痛心以人微位下欲言未發乃五月六日夜風雨驟至獨盡
撤其所謂焚人之亭而去之意者穢氣彰聞冤魂共訴皇天震怒爲絕此根越明日據寺僧發覺陳狀爲
之備申使府蓋亦幸此亭之壞耳齋吏何人敢受寺僧之囑行下本司勒令監造震竊謂此亭爲焚人之
親設也人之焚其親不孝之大者也此亭其可再也哉謹案古者小斂大斂以至殯葬皆擗踊爲遲其親
之尸而動之也況可得而火之邪舉其尸而畀之火慘虐之極無復人道雖蚩尤作五虐之法商紂爲炮
烙之刑皆施之於生前未至戮之於死後也展禽謂夏父弗忌必有殃既葬焚煙徹於上或者天實災之
然謂之殃則凶可知也楚子期欲焚麇之師子西戒不可雖敵人之尸猶有所不忍也衛侯掘褚師定子
之墓焚之於平莊之上殆自古以來所無之事田單守即墨之孤邑積五年思出萬死一生之計以激其
民故縱用其毒誤燕人掘齊墓燒死人齊人望之涕泣怒十倍而齊破燕矣然則焚其先人之尸爲子孫
者所痛憤而不自安其身故田單思之五年出此詭計以誤敵也尉佗在粤聞漢掘燒其先人冢陸賈明
其不然與之要約亦曰反則掘燒王先人冢耳舉至不可聞之事以相恐非忍爲之也尹齊爲淮陽都尉
日知錄集釋　卷十五　禮制　十七

《日知录》中关于火葬的记载

讨论，认为四方风俗不一，民族习惯不同，不能强行一致，建议把从军应役、远方客旅及色目人除外，土著汉人一律土葬（《续通典·礼典》）。《郑氏规范》记载一条郑氏家规，讲劝人“勿用火葬”，无地的人允许埋在他家的义冢里，反映元代浙江穷人火葬的事实。

明太祖于洪武三年（1370）下令，禁止浙江等处民人水葬和火葬，如若违犯，治以重罪。这个条令并未完全实行，终明之世火葬仍在不少地方流行，明末清初江南昆山人顾炎武在《日知录·火葬》中讲：“火葬之俗盛行于江南，自宋时已有之。”从语气可知，他生存的时代仍不乏火葬的。他在《天下郡国利病书》引《永康县志》说浙江永康县有八项弊俗，其一就是火葬。

清代也有一些地方的人实行火葬。顺治五年（1648）四月，清朝公布丧葬则例，官民人等“有愿从旧制焚化者，听之”（《清世祖实录》卷三十八）。这里的允许官民火葬，是遵从满洲族旧俗。在清代，蒙古族、藏族中一部分人也是火葬。少数民族的葬俗放过不谈，清初广东的一些汉人，就番禺人屈大均所见，穷人因为没有坟地，有实行火葬或者水葬的（屈大均《广东新语》）。乾隆五十七年（1792）浙江绍兴知府李亨把该府历年禁止的事项，拣出10件“尤为风俗害者”，勒石严禁，其中有一条就是“焚烧尸棺”（乾隆《绍兴府志·风俗》）。显然绍兴也有火葬的流行。同时期，浙江海盐举人吴文晖作《悯俗》诗，叙述当地火葬情景：孝子将棺椁抬到坟地，把棺材劈开，就用作燃料焚化尸体，所谓“椁毁棺开速厝火，赫然焰起如流虹”（张应昌辑《清诗铎》）。嘉庆道光间，浙江嘉兴府桐乡县也有火葬的现象，当地人郑敬怀看不惯，说这是“忍心火葬到骨肉”（《清诗铎》）。同治时，有些杭州、嘉兴、湖州府人对已经土葬亲人发冢开棺，把尸体烧化，叫作“明葬”；如果尸体业已腐烂，就烧棺材，叫作“暗葬”；有的尸首僵化了，就用斧头劈开了烧化。火化时请僧道念经，并宴请亲友（《禁火葬录》）。中原汉人有一些在特殊情形下实行火葬的，如有的婴幼儿殇逝，家长将之火化；有些无人收葬的野尸，慈善堂收尸焚化；因特种疾病而死，火化以免病菌传染。

汉人为什么要实行火葬呢？最重要的原因是贫穷埋葬不起。古代人囿于科学知识的贫乏，以为另有一个阴间世界，也像阳间需要金钱物质，所以对安葬的要求很高，要像生前那样有必需的和充足的用品，于是在棺椁之外，要有很多陪葬物，要建造像样的阴宅。这是厚葬的办法，穷人生存都难维持，哪有余钱去土葬，有的人连巴掌大的地方也没有，往哪里去埋葬亲人呢？而火葬则不同，只需要火化费，陪葬物用不着，坟地也不要，最容易打发，穷人只能采用这个方法。从这方面看，实行火葬还是针对土葬中的弊俗而来。葬礼中摆排场讲形式的风气历来很盛，即如唐代，皇家园陵规模之大，内藏之丰富，从永泰公主等人坟茔的出土物，已令人可以想象帝后陵寝随葬物之多了。在官民之家，唐代宗大历七年（772）规定送葬之家的设祭，只准在家中和茔所两处，不许在街肆摆设祭盘，禁令当然是针对街市设祭状况的盛行而言的。宪宗元和六年（811）条令，规定官民丧葬所使用的扛夫、挽歌人数，明器数量，以及出殡仪仗物装饰品的规格（《唐会要·葬》)。唐穆宗长庆三年(823)下令，民间丧葬祭奠不能用金银、锦绣做饰物，不得陈设音乐。这项法令又告诉我们当时丧葬有以锦绣装裹、金银装饰和用音乐的风尚。后唐明宗长兴二年(931)，继唐宪宗条令之后，又一次规定官民出丧时使用的扛夫、挽歌人数，明器件数。如用违禁之物，赏给巡查出来的官员；如用乐，则责罚伶人(《宋史·礼志》)。唐朝五代厚葬弊俗如此之盛，五代北宋兴起的简朴的火葬，应当是它的逆反产物。北宋还产生停丧不葬弊俗，司马光说：“今世俗信术者妄言，以为葬不择地及岁月日时，则子孙不利，祸殃总至，乃至终丧除服，或十年，或二十年，或终身，或累世犹不葬。”(《家范》卷五)因为要发达子孙，选择葬地和安葬的年月日时，选不出吉利时，就长期停丧不葬，这又是一种弊俗，流传到清代。这也是穷人所做不到的，只有焚化最省便。

司马光画像

宋元明政府屡次禁止火葬，认为它不合礼义。具体说又有两种含义。一是说它不符合等级规制。葬仪要反映死人在世时的社会地位，政府定有棺椁之品、建树之制，如果进行火葬，一炬完事，死者的等级身份无从在身后长期表现了。二是要保持尸体完整的观念。尸、首相异，那是受了极刑，是不得好死，是死者及其亲属的耻辱。战国时燕国乐毅破齐国都城，围攻即墨，燕军挖掘城外坟墓，烧死人，即墨人在城上看见，因辱及先人，愤怒十倍，人人斗志昂扬，卒有田单火牛阵破燕军的大胜（《史记·田单传》）。还有焚烧仇人，以为报仇的。明熹宗裕妃张氏，受阉党魏忠贤、熹宗乳母客氏的陷害，被打入冷宫，死后还被魏、客焚化，等到崇祯帝继位，昭雪张妃之冤，才被改行葬礼（《明书·熹宗后妃》）。焚烧尸体历来是对敌斗争的残酷手段，因为重视尸体的完整与安全，政府法令予以保护，禁止损坏他人尸体，唐律专设《残害死尸》条文，规定若焚烧、支解尸体，按照斗杀罪减一等处刑，斗杀罪有处死刑的，有判流刑的，毁坏死尸仅比这些刑罚减一等治罪，不用说处刑相当重。这还是对平常人的处治，若子孙毁坏缌麻服以上尊长尸体则完全依照斗杀罪处刑，就有杀身之祸（《唐律疏义》卷十八）。严刑惩治毁坏尸体的人，政府保护死尸的态度极其鲜明。毁尸不行，火化亲人自然被认为是不合人伦的，不道德的，是人子的不孝行为。政府为维持纲常伦纪也不允许火葬。如清朝政府后来觉得顺治五年的允许火葬法令不对，法律就规定不许毁坏亲尸，违者处死。同治七年（1868）翰林院侍讲学士钱宝廉针对浙江民间火葬的习俗，上书请求严禁，得到同治帝批准，在执行过程中，还出现了《禁火葬录》一书。

历朝政府在从观念上反对火化的同时，也不能不面对现实。即使再节俭安葬，有的穷人连葬地都没有，如何让他实行土葬呢？为解决这个问题，北宋建设漏泽园，用国有土地作为乱葬场，允许没有祖坟的人安葬。漏泽园后世颇有发展，大都市尤多。漏泽园又成为火葬的逆反现象。火葬产生一些社会反响，引起社会福利的发展，这是火葬先驱者们完全没有料到的。

至迟从五代算起，火葬已有1000年的历史，时间不可谓不久，应该说是一种古老的传统了。不过它不是在全国普遍实行的，在时间上又是时断时续的，所以后人并不了解这种传统。对于火葬的传统伦理认识，更使人产生对它不良的印象，实行火葬的又多是穷苦人，也让人看不起，看不惯。

历史上少数民族有实行火葬的，据司马光说汉人火葬是学习的羌族葬法（《续通典》卷八十三引司马光《书仪》）。早期满族人实行火葬，这是前面说过的，顺治皇帝就火化了，但是他的后人以火葬为不光彩，在历史记载中故意含糊其辞，经过近人的考证才把这件事情弄清楚。所以火葬尽管不乏实行者，但鄙视的观念历来浓重，要想改变它，不花大力气是办不到的。

火葬史表明，一种风俗的流传有曲折，流行了可能中断，中断了又会兴起，这倒符合一般事物的发展变化规律，火葬就是这样演变的。火葬仪式简易，经济节省，有骨灰可供永久纪念，对个人、对社会都是少浪费财富。还有一点应当看到，就是火葬节约坟地。清代杭、嘉、湖是地狭人众的地方，农桑发展，但土葬占地面积大，与农田争土地，人们焚尸是为腾出地方，好种桑养蚕，发展生产。钱宝廉说，“乡民无知，坚持蚕桑为重，营葬即有碍种桑之见”，故而有“火葬之举”（《禁火葬录》），把火葬与保留耕地的关系说得很明白。因此说火葬是有利于发展生产的好葬法，它应当是有生命力的事物，在遭到严重压抑的时代都能维持下来，在人们普遍认识它的好处后，会更能流行了。在火葬问题上，改变人们的认识看来是重要的事情，有的人还没有达到几百年前火葬先行者的认识水平，这种现象能不引起深思吗？能不迅速改变吗？

文艺娱乐

古代宫廷谏诤戏

古代一些名臣，敢于披君主之逆鳞，当面或上书论述时政的弊端，指责皇帝的失德，为此不顾皇帝的恼怒，不惜俸禄爵秩，甚至不惜身家性命。有的人遇到了明君，政见被采纳，并且付诸实行，此所谓君臣际会，双双成为历史上的圣君贤臣；有的人碰上昏君，不仅意见被君王拒绝，还招来诛戮、囚禁之祸，双方一为昏君一为忠臣。贤臣、忠臣的谏诤，自来青史垂名，后人称颂不绝。像邹忌、魏征、海瑞、杨继盛等人，即以谏议而为后人所熟知，他们的事迹演为戏剧，为后人钦敬。他们是达官贵人，不是宰执，也是御史。他们固然以敢于进谏而富有人生的价值，同时他们的出名也同高贵的社会地位有关。

这里所要说的也是向君上进谏的人，不过地位卑微，只是宫廷演员。他们谏议的方式也与大臣的面奏和上书不同，他们是以演出的形式，通过其故事情节和艺术形象，给君主以富有政治内容的暗示，希望被君主领会和接受。他们人微言轻，知名度比上述谏诤之臣小得多，发幽阐微，笔者不惜费点笔墨予以绍述。

楚庄王（公元前612—前591年在位）原是好淫乐的人，伍举规劝他不听，苏从继伍举之后进谏，楚庄王说你讲什么，难道你不怕死？苏从回答说："杀身以明君，臣之愿也。"（《史记·楚世家》）就是说，如果以我的死亡使君主醒悟，我的目的就达到了。庄王终于觉醒，内用孙叔敖为相，兴修水利，发展生产，外而出兵与晋国争霸，兵至黄河，问鼎于周，成为春秋五霸之一，他的时代成为楚国的一个兴盛期。

他做到这一步，不仅是采纳了士大夫的良谋谏诤，还在于受到了宫中优伶的教益。楚庄王有一匹爱马，享受着特殊待遇，披着文绣的服装，住在一间华丽的房屋中，地下铺的有床，吃的是枣泥饼。这马养尊处优，反而得了肥胖病死了。楚庄王命群臣给马治丧，要用大夫的礼仪埋葬它，群臣认为不能以这么高的礼节对待马，要求楚庄王改变礼法，双方反复争执，楚庄王不让步，并且下令："有敢以马谏者，罪至死。"表示他崇礼葬马的决心。至此，群臣不敢说话了，乐人优孟却适时出来活动了。优孟能言善辩，常常在谈笑及表演中道出他的讽谏的意思。这时他进入殿门，故意仰望天空，放声痛哭，楚庄王莫名其妙，问他为什么伤心嚎哭，他回答说：这匹死马是国君喜爱，像我们楚国这样的大国，要什么没有，仅仅以大夫礼埋葬它，岂不太薄情了，我现在向君王请求，以国王礼节安葬它。楚庄王问他若以王礼如何葬法，他说：雕琢玉石做马棺，用梓木做马椁；命令士卒给马挖坟，征调老弱百姓给马坟挑土起垄；以太牢的供享祭奠马，并以一万家做马的守陵户。如果这么做了，让各国的君主听到了，便都知道楚王尊贵马匹而卑贱人民。优孟似乎是顺着楚庄王的意思，强调葬马礼仪的重要，其实是说反话。经过这一夸张，令人知道楚庄王葬马的荒唐，特别用贱人贵马的对比，点出葬马是政治上的损失，将使各国诸侯改变对楚庄王的看法，不利于他的争霸。优孟言浅近而道理深，使楚庄王猛醒，说想不到我这一过失这么严重，那么现在该怎么办呢？优孟教给他，像对待六畜一样，把它煮熟吃了。楚庄王于是把死马交给该管的官员去按常规处理。优孟以他真真假假的表演艺术让楚庄王觉醒了，避免了君王的一个重大误失的发生，而群臣的谏言却没有起到这个作用。

楚国令尹孙叔敖是历史上的名人，为人廉洁奉公，预料到自己死后家属将难于生活，乃令儿子在日后困穷时找优孟。后来其子果然穷得靠打柴卖钱为生，就去见优孟，优孟要他等候信息。从此优孟穿起孙叔敖的衣服，模仿孙叔敖的动作，这样练习了一年多，完全像孙叔敖，使人无法辨别了。一天楚庄王做寿摆酒宴，优孟以孙叔敖的扮相给楚庄王拜寿，楚庄王大吃一惊，以为孙叔敖死而复生了，仍欲用他为宰相。优孟说给我三天的时间，好和妻子商量一下。三天后，优孟见楚庄王，说妻子讲了，千万不要答应，楚国的宰相不值得做，像孙叔敖把楚国治理得那样好，帮助楚庄王称霸，可如今他儿子穷无立锥之地，靠卖柴为生，都似这样，真不如自杀。楚庄王听到这里，感谢优孟的理喻，深知应厚待贤能官员，于是召见孙叔敖的儿子，封他400户，以奉祀其先人和维持生活（《史记·优孟传》）。孙叔敖果然知人，优孟通过扮演孙叔敖，教育楚庄王如何对待臣下，他又是成功者。

优旃是秦朝的宫廷演员，其人身材短小，善于表演滑稽戏。秦始皇有一次大宴群臣，下起雨来，担任警卫的陛楯郎在庭院里被雨打湿了，浑身发冷，优旃见了可怜他们，问他们想不想避雨休息，他们说那当然好了，优旃说我一会儿叫你们，你们可要赶快答应。过了一会儿，殿上的人向秦始皇欢呼万岁，优旃走到阑槛处大叫陛楯郎，陛楯郎们应声而至，优旃说：你们长得很高，在雨中站着，有什么好处；我虽然是矮子，可是能在屋里待着。秦始皇听到优旃的话，意识到陛楯郎被雨浇淋，于是命令一半人值班，以便轮流休息。不用说陛楯郎会在内心中感谢优旃了。秦始皇修长城，筑驰道，兴建骊山墓，搞了许多大工程，他还想扩大苑囿，把东起函谷关，西至岐州的雍县、陈仓的属地都包括在里面，以便游猎憩息。优旃觉得这样大面积地侵占民田，用作玩乐之所，是败政，于是委婉地加以劝谏。他说皇帝这样做太好了，理应扩大苑子，在里边多放畜野兽，等到敌人从东方来了，苑里的麋鹿就会把敌人筑死了。秦始皇听了这个反话，明白了扩大苑囿的错误，打消了这个念头。秦二世继位，打算油漆城墙，优旃说，这太好了，皇帝不提，我也要有这个建议，而且非请皇上采纳不可。油漆城墙虽然耗费百姓钱财，但这是大好事，不能不做；城墙油漆了，敌人进攻也上不来，看有多大作用；只是千好万好，恐怕不是给后人留下福荫的事，秦朝的江山怕维持不下去。他的讽谏与优孟有共同点，就是说反话，开始顺着帝王的思想说，把它发挥到极点，然后一个急转弯，用简短的语言指出原先设想的危害，使人猛省。昏君秦二世也听懂了优旃的意思，放弃了原来的设想（《史记·优旃传》）。

郭舍人是汉武帝时宠幸的优人，他的表演常使武帝赏心悦目。汉武帝对自己的乳母很关照，令她一个月一朝见，又把她儿子封为东武侯，赏赐很多东西。乳母是贪得无厌的人，请求赐田，武帝也允准了，还让她乘车在驰道上行驶。皇帝的态度，使得公卿大臣都敬重乳母。乳母的子孙奴仆恃宠不守法度，横行长安，公然在道路上夺人衣服，有关官员请求惩治东武侯家，强令乳母迁徙边疆居住，汉武帝同意了。乳母在辞别皇帝前先见郭舍人，流了泪，郭舍人给她出主意说，你拜辞皇帝后，急走几步，然后回一次头，再走再回头，表示留恋不舍。乳母按着他的方法去表演，这时郭舍人在旁边假意大声地呵责她：去，老太婆，回头干什么，还不快走！现在皇上已经壮大，也用不着吃你的奶了，还用得着你吗？你还有什么想头！郭舍人与乳母的一唱一和，勾起汉武帝对乳母的旧情，怜悯于她，不但不发配她家戍边，反而处罚了告发的人（《史记·郭舍人传》）。这里且撇开郭舍人讽谏内容的正确与否，只是说他的表演是成功的。

周、秦、汉的宫廷艺人的演出，靠着侍奉在帝王左右，借景生情，借题发挥，规谏人主，真正的戏剧内容并不多，这大约与当时戏剧形式不发达有关，而到后世，戏剧形式发达了，演出内容丰富了，优人的谏喻更容易表达出来。

宋代，宫廷艺人可以把时事编为戏剧，演给皇帝后妃观赏。宋高宗时绍兴和议成立，秦桧主持朝政，正人君子对这个屈辱的和议很不满意，两个内廷优人适时地表达了这一情绪。和议成功，可是宋徽宗的尸体和宋钦宗还留在金朝，宋人视他们为“二圣”，现在江南偏安了，他们还在灾难中，人心不平。两个优人演戏，一人扮作侍者，捧着太师椅，安排座位，一人扮作秦桧，两耳戴着大金环，垂到前肩，穿着朝服缓步上场。侍者问你耳朵上戴的是什么东西，回说是“二胜环”，侍者一面上前把两个耳环改放到那人的

宋徽宗《听琴图》

上：宋理宗坐像
下：宋高宗坐像

背后，一面说你坐太师椅受用吧，二胜环丢到脑后算了。“胜”、“圣”谐音，优人以“二胜”环表示“二圣”——徽、钦二宗，意在说明不应忘记旧主，讽刺秦桧卖主求荣。

宋宁宗时平章军国事韩侂胄掌权，朝班在丞相之上，三省印信皆归入他的府邸，公事就在府里处理，有时假作御笔办事，“升黜将帅，事关机要，未尝奏禀”，群臣也不敢揭露他的擅权（《宋史·韩侂胄传》）。可是伶人王公瑾在一次内廷宴会上，借着演戏，说出台词：“今日之事，政如客人卖伞，不油里面。”（梁绍壬《两般秋雨庵随笔》）雨伞只油外面，所以外面比里面好，王公瑾借此把皇权比作里面，相权比作外面，明说里面不如外面，暗示韩侂胄的擅权，警告宋宁宗有大权旁落的危险。宰相史弥远诛杀韩侂胄，拥立宋理宗。他也是“擅权用事，专任憸壬”（《宋史·史弥远传》），小人奔走其门，以谋升官发财，惹得伶人看不惯，借着内廷演剧讽刺他。优伶一人扮作孔子，深深地叹息，一人扮成子贡，问老师为什么那样的忧愁，一人装作颜回，代为回答说：“夫子之道，仰弥高，钻弥坚，未知何日望见，是以叹耳。”子贡说：“子误矣，今日之事，钻弥坚何益，只须钻弥远足矣。”（《两般秋雨庵随笔》）“仰之弥高，钻之弥坚”是见于《论语》的颜回说的话，意思是孔夫子的思想深不可测，言不可穷尽。伶人因史弥远之名，与“弥高”、“弥坚”有一同字，遂借颜回的“弥高”、“弥坚”的话，道出弥远来，讽刺小人钻营于史弥远门下，同时也揭示史弥远的擅权，表示深为朝廷担忧。南宋的宫廷伶人忧虑国事，借着表演道出他们的心思，希望引起皇帝的注意，改良朝政。

宫廷艺人的讽谏戏还很多，如五代的敬新磨、明代的阿丑等人，笔者将在别的篇目中叙说，这里从略。

宫廷优伶的讽谏戏，就其内容讲有两种类型，一是针对君主的暴戾和朝政的弊端，向君主提出问题，敲起警钟，以免他的暴虐无道恶性发展，或者避免奸臣擅权所造成的政治混乱；再一种是郭舍人式的，给恶人出谋划策，助纣为虐。两种类型中，以前者居绝大多数，后一种很少。事实上是以前者为主流，也是宫廷讽谏戏的特点。看来，指斥时弊的讽谏戏是我国戏剧史上的一个传统，千百年相沿不衰。这是一种好传统，因其内容是健康的，积极向上的，它要求统治者改变恶劣的品行，不得肆意淫乐，不得因此而滥用民力物力，它还希望统治者纠正错误的政策，打击擅权者，使政治走向正常的轨道，避免发生政变或大的战乱。这种要求直接目的是为实现君主致治，但做到这一点对民众的安定生活有好处，所以它又反映了民间愿望。既是优良传统，就应当珍惜，就不宜抛弃。任何时代总有其阴暗面，只有揭露了，才能医治它，社会才好更迅速地前进。宫廷时事讽谏戏，就是干预生活，古人做得到，君主专制时代做得到，现代人更应能够做到，现代的社会制度更应该允许做到，今人只有做得更好才算不愧对先人的这份珍贵遗产。

君主的纳谏，专制制度和统治阶级本质决定其很难做得好，纳谏的君主异常少见，但是也总有那么几个帝王有纳谏的雅量，这也是不应当忽视的。社会在发展进步，专制在削弱，民主在增强，因此“纳谏”的在增多，有的已经不是纳谏的问题，而是民主决定，必须执行。如果连纳谏的雅量都缺乏，可以想象是把自己处于什么地位了，是落后到何种时代了。对于那些敢于谏诤的优伶，那些勇于纳谏的帝王，不应当有所尊敬，有所学习吗？

宫中演出讽谏戏的人，或者是隶属于官府的乐人，他们身在官籍，必须承担这种差使，他们身份卑微，属于贱民，是所谓“贱优”；或者是宦官，为刑余之人，也是人们所不齿的。这类卑贱的人，却能主动演出讽谏戏，至少具备了三种条件。第一，能看出君主和时政的弊端，抓得准，这是有见识；第二，不怕君主的淫威，不怕被讥讪的官员的打击，敢于太岁头上动土，这是有胆量；第三，这些讽谏是借用艺术形式表现出来的，对被批评者刺激性小，让人在娱乐中接受批评，这是有才艺。这三方面结合，就产生了宫廷讽谏戏。这些表演者人虽卑微，但做的事很高尚，何况还做得成功，所以不能以身份地位来评论人。身份不高的人，做的事有意义，就应当受人尊敬；身份高贵的，做了坏事，也要受到谴责。问题不在身份，各种社会地位的人都应当努力做好事。我们民族以身份地位衡量人的传统的等级观念，很需要彻底破除。

最后还应指出，宫廷艺人的讽谏之所以成功的三方面因素，关键在于艺术技能。有胆有识是必备的条件，但是许多文臣批评家却因此而失败，他们看到时弊，也敢向君主上言，但不讲究方式方法，只图一时痛快，把要说的话直接捅出来，使本来就骄狂护短的君主更暴跳如雷，越发不能接受，这就是缺乏批评艺术，而宫廷艺人表演的技艺使君主淫威无法施展。做什么事都需要讲求方法，这方法还要因事而异，因事而生，这才能成功。表演艺术家就要以其演技吸引观众，获得观众的承认和爱护，舍此别无他途。表演艺术家也只有关心国计民生，置身于正义方面，进步方面，才能演出抓住观众心理的戏剧，也才能成为真正的艺术家。

“李天下”唐庄宗

后唐庄宗李存勖是历史上骤兴骤灭的人物，他在父亲李克用的基业上，消灭劲敌后梁，统一北方，于公元923年建立后唐王朝，年号同光，又出兵消灭前蜀王氏政权。可是仅仅几年的时间，在同光四年（926）就被他宠幸的伶官郭门高所率领的叛军杀死，又由伶人用乐器把他焚化，惨死于优伶之手，实在是他始料之所不及。《旧五代史·唐庄宗纪》论曰：“外则优伶乱政，内则牝鸡司晨。靳吝货财，激六师之愤怨；征搜舆赋，竭万姓之脂膏。大臣无罪以获诛，众口吞声而避祸。　夫有一于此，未或不亡，矧咸有之，不亡何待！”所谓伶人乱政，自然不仅是任用伶官，实际同各种政事相联系。这里将唐庄宗的兴亡与优伶的关系作一些说明。

后梁开平二年（908），唐庄宗继承父业即与后梁对峙，争夺黄河北岸十余年，在用兵中发挥音乐

唐庄宗画像

的作用。他自幼喜好乐曲，懂得乐理音律，会作曲子，成年后领兵打仗，把所制作的词曲教给军士，用以指挥进退。当战士进入阵地，唱起歌来，发起冲锋，人人勇往直前，常常取得胜利。歌声成了进军的号令，步调一致，增强了军士的勇气。这歌曲由于是庄宗作的，被称为“御制”(《旧五代史》)。唐庄宗的乐曲流传了很长时间，北宋欧阳修在《新五代史·伶官传》里讲，到他生活的时代，汾阳、晋阳的民众还在唱唐庄宗创作的曲子。毫无疑问，唐庄宗的制乐对于取得灭梁战争的胜利起过一定的作用。

唐庄宗喜好看戏，自身也乐于扮演，并以他的刘皇后的家事为题材从事演出。刘皇后是魏州成安(今河北成安县)人，出身贫寒，父亲刘叟，黄胡子，卖药占卜为生，自号“刘山人”。刘皇后五六岁时被裨将袁建丰掳掠，送予唐庄宗生母曹氏，练习歌舞，曹氏把她转送给唐庄宗，庄宗称帝后册立她为皇后。当刘叟得知女儿做夫人时赶来相认，庄宗问袁建丰有没有这么个人，袁建丰一见黄胡子老人就认出是刘叟，可是这时刘氏正与其他夫人争宠，觉得认了这个穷老子将被人耻笑，对争宠不利，因而拒不认父，说什么离家的情景还记忆得起来，父亲被乱兵打死了，围着他的尸体痛哭，然后才离开的，现在这个种田的老头，哪里是我的父亲！于是命令士兵把他打出宫门（《新五代史·刘后传》）。刘皇后为自身利益拒不认父，是残酷无情的人。唐庄宗经过对袁建丰的询问，获知刘皇后的绝情故事，因此就以它作题材演了一出戏：他穿起刘叟的衣服，背着装有草药的药囊，叫刘皇后生的儿子拿着破帽子跟在身后，走到刘皇后的寝宫，大声地说刘山人来看女儿。刘皇后见此情状怒不可遏，拿起板子赶打儿子。宫中上上下下见此大为开心，唐庄宗的演出真叫成功（《新五代史·伶官传》）。不过他不是真同情刘叟，只是拿这件事寻开心，找乐趣。

唐庄宗喜好打猎，每次出猎践踏不少老百姓的庄稼。一次在中牟县行围，该县县令挡住他的马，请求不要围猎，说主持国家大事的人应当爱民如子，要把百姓当作自己生命之所系，你现在为一时的娱乐，践踏了百姓的禾苗，将要引起百姓的愤怒，做皇帝的应该思考这样的事情。庄宗一听大怒，把他呵退，还要杀他。随从行围的优伶敬新磨觉得这样不对，要拯救县令，于是派人把县令抓来，假意指责他说：你这个县令不知道天子喜好打猎吗？知道就应该让百姓把地空闲着，好给天子打猎用，你怎么能纵容百姓耕耘，妨碍天子鹰犬飞走，如今不认罪过，还敢到这儿来唠唠叨叨，为民请命，你知道这是死罪吗？其他伶人也你一言我一语地数落县令。这场戏一演，唐庄宗的气慢慢地消了，也知道怪罪县令没有道理，就不治他的罪了（《旧五代史》《新五代史》）。

唐庄宗好演戏，本身取了艺名，叫作“李天下”，倒是符合他的天子的身份。有一天他和伶人一块戏乐，忽然四向高叫：“李天下，李天下在哪？”敬新磨连忙上前打了他一嘴巴，唐庄宗一下给打愣了。在场的人也非常恐惧，一齐抓住敬新磨，责问他怎么敢打天子，敬新磨说李天下是皇帝，谁能呼叫他的名字。意思是尊崇唐庄宗，不让乱叫他的名字。唐庄宗听到这高兴起来，反而赏赐新磨，其他的人也跟着大笑（《新五代史》）。唐庄宗就这样宠信优伶，与他们融为一体。

唐庄宗与伶人的关系更表现在任用他们做官，侦刺官员和民情。庄宗早年有个宠幸的优人周匝，在对后梁战争中被俘，灭梁后周匝回到庄宗身边，说在后梁，受到它的教坊使陈俊、内园栽接使储德源的搭救，请求任命这两个人做州刺史，庄宗答应了。枢密使郭崇韬反对任用伶官，不执行这个命令，说现在取得天下，忠勇之士还没有封赏，先用优伶，会失人望。过了一年，周匝又作了同样的请求，庄宗终于任用陈俊为景州刺史，储德源为宪州刺史。

伶人景进，被唐庄宗授予银青光禄大夫、检校右散骑常侍、守御史大夫，有时还派他到地方上去，赋予其特种使命，采访官场和民间的事情，秘密报告庄宗，所以当他进见言事时，在场的人纷纷退出，以便他们密谈（《旧五代史》）。庄宗建都于洛阳，所居宫室为唐朝旧宫，当时嫔御不多，景进与宦官们说宫内夜间见鬼，怪怕人的，庄宗问怎么能除去鬼祟呢，回答说唐时后宫有10000人，现在人少怪物就出来活动了，因此需要扩充宫女，庄宗听了高兴，就派景进到邺都采集美女1000人送进宫中。军士妻女害怕捉充，逃亡的有几千人。唐代末年以来，后妃制度不完备，到庄宗时，后宫人多，册封名号混乱。直到后唐明宗登极，才赦放庄宗的宫人回还民间。

景进和伶官势力大，不肖的官员就依附于他们，向他们行贿献媚。租庸副使孔谦想当租庸使，郭崇韬以其不副人望压抑他，屡荐他人担任此职，孔谦于是上书请求解职。唐庄宗以为他是规避职事，要治他的罪，孔谦遂谄事景进，尊之为兄，称其为“八哥”，景进就在庄宗面前保荐他，终于使庄宗打消治罪孔谦的念头，并将他提升为租庸使（《旧五代史》）。景进还上谗言陷害无辜的官员。郭崇韬遭受宦官和刘皇后诬陷被处死，庄宗弟弟李存乂是郭崇韬的女婿，景进对庄宗说：李存乂要造反，给他岳丈报仇，宦官们也这样说，庄宗因而把李存乂囚禁杀害（《新五代史》）。原后梁河中节度使朱友谦投降后唐，庄宗加封西平王，并任用其子朱廷徽等为刺史，但他不能满足伶人和宦官的无底洞的勒索，景进就诬称他与郭崇韬联合谋反，朱友谦主动进京表明心迹，景进又派人诬告他造反，庄宗听信了，把朱友谦全家诛戮（《新五代史》）。

伶人史彦琼被庄宗用为武德使，官于邺都，邺都留守王正言是懦弱的人，无能任事，邺都官员遂秉命于史彦琼。唐庄宗杀朱友谦，又命史彦琼去杀澶州刺史朱廷徽，史彦琼于夜间秘密出发，众人不知其事加以猜测，以为是郭崇韬谋反，刘皇后乘机杀害了庄宗，如今是紧急征召史彦琼去议事。此话传到贝州军中，戍卒皇甫晖劫持效节指挥使赵在礼造反，兵进邺都，邺都巡检使孙铎要求史彦琼发兵拒战，史彦琼不以为意，及至赵军到了城下，仓皇弃城逃回洛阳。赵在礼之乱，使庄宗陷于绝境，卒至死亡（《新五代史》）。

优人郭从谦，艺名“门高”，拜郭崇韬为叔父，又认李存乂为义父，他被庄宗任用为从马直指挥使。“从马直”是亲军，由这个官职可知唐庄宗对他非常信任。当郭崇韬、李存乂被害后，郭门高为二人鸣冤，恰巧从马直军士王温谋反被诛，庄宗向郭门高开玩笑地说，你党同郭崇韬、李存乂背叛我，又教王温造反，你还打算干什么？庄宗原来和郭门高嬉戏惯了，拿这等大事当笑料，不以为失言。可是郭门高把这话当真了，以为庄宗要治罪于己，于是策动军士作乱，射伤庄宗。庄宗要喝水，刘皇后也不管，丢下他和诸王、左右逃走了，庄宗随即死亡，五坊人善友找来宫中乐器作燃料，把庄宗焚化。

古代帝王喜好音乐、歌舞、戏剧者代不乏人，今日北京故宫的畅音阁、颐和园中的德和园均是这种爱好的物质见证。如果对这些娱乐没有兴趣倒成为怪现象。但是在这些喜好者中，唐庄宗却是突出的，他不仅欣赏优伶的表演，同他们寻欢作乐，而且信任他们，任用他们为官员处理军民事务，用他们作耳目刺探军民隐事。这一点是别的帝王所不为的，或者是有所警惕的，即使偶尔听从他们的谏诤之言，也不把他们任用于政权机构中。唐庄宗如此宠待优伶，乃至死于他们之手，历史上没有第二个人。

帝王与伶人关系密切，不是判断他为人品德与政事好坏的标准，重要的是他的所作所为的社会效果。唐庄宗用歌声指挥战斗，听从敬新磨谏诤不杀中牟县令，这是嗜好音乐对他的事业的好处。但是对唐庄宗讲，这种有积极意义的事情太少，相反，优伶败坏政事，以至招来了杀身之祸，害处极大。利弊相权，宠信优伶对于唐庄宗是一大败政，错误还是发生在他自己身上。喜好声乐不是人的过失，执政者适当地用声乐调剂生活，解除从政的紧张与疲劳，以便理好政事，这种喜好音乐就是正当的，有益的；但是如果喜好过分，耽于歌舞声色，不理政事，甚至听任伶人乱政，这样的喜好就是不正常的，无益而有害的。关键不在喜好与否，而在于把它摆在什么位置上，以及如何喜爱法。任何事情都有个量度，超过一定的限度，好事也会变为坏事，唐庄宗耽于音乐太过分了，事情就走向反面，且使自身成为失败的昏君。

优伶地位卑贱，智慧不因此而少减，这一点笔者在《古代宫廷谏诤戏》篇已说过了。但是还应当注意到，一种职业的人有一种素质，因他从事这一职业，受职业的影响，他的接受知识的能力和思维方式往往受职业的限制。一个艺人，可能善于歌舞做戏，别的事情不一定办得好，对政治尤其不一定在行。其他行业的人也是如此。一个教员，教学在行，也许还善于写文章，但若让他从政可能就搞得一塌糊涂。古代科举制下的科甲人员，其中有一部分决意去任教职，当个府州县学的教谕、教授、训导，这些名号在当时也不清贵，又没有什么油水，为什么他们放着行政官职不做呢？原因是他们有自知之明：知道自己干不好，不如做个清闲的教官。对于古代的优伶整体来讲，他们的素质不适合从政，唐庄宗却用他们做官，他们除了不能把政事办好以外，大约也只会教给庄宗搜刮美女，向皇帝告密，向官员索取贿赂，遇到灾祸一跑了之。唐庄宗任用非人，也是自取其败。所谓善于用人，知人善任，就是要用人得当，用其才能和特长，发挥其最大的积极性，而绝不是弃其所长用其所短。唐庄宗用优伶的教训，在任何时代都有借鉴的价值。

明代宫廷戏剧和太监讽谏戏

明代宫廷戏剧由宦官衙门钟鼓司管理，宫内演出有内乐、传奇、过锦、打稻诸种形式。内乐应是雅乐；传奇是演出金元以来的院本；过锦，是何种形式，古籍记载中说法不一，有说是影戏，有说是木偶戏，演法是雕刻木人，浮在水上，旁边有人代为唱歌讲说（震钧《天咫偶闻》卷七），对木人的装饰非常讲究，所谓“浓淡相间，雅俗并陈”（沈德符《万历野获编·补遗禁中演戏》），大约因装扮讲究，色彩鲜艳，才叫作“过锦”。这几种形式是皇帝和后妃通常欣赏的，他们看腻烦了，就把民间的文艺引进宫中。明武宗扩大乐工名额，令各省选送至京，来的人多了，各种民间的文艺形式也带进来，所谓“筋斗百戏之类，日盛于禁廷”（《明史·乐志》）。武宗又宠幸伶人臧贤，用为教坊司奉銮，臧贤与锦衣卫钱宁建议武宗设立豹房，“恣声伎为乐”（《明史·钱宁传》）。明神宗为使嫡母仁圣太后、生母慈圣太后高兴，添设两宫百戏，把民间的戏曲都搬到宫中（毛奇龄:《彤史拾遗记·庄烈周后传》）。神宗本人爱听歌曲，有一次宴会上酒喝多了，令乐人唱新的歌曲，乐人以不会而拒绝演唱，神宗生气，顺手拿宝剑打他，在场的人赶快劝解，但他还是割了那人的头发作为惩治。第二天慈圣皇太后听说了这件事，把神宗召去，数说他的无理，神宗跪着听训，流泪表示改过。太后还不算完，又叫人告诉大学士张居正，要他上疏劝谏皇帝不要再犯过失，同时又让他替神宗代草罪己诏，表示皇帝的悔过，至此神宗的优人闹剧才告结束（《明史·孝定李太后传》）。民间戏曲传到崇祯帝时，下令裁革，于是宫中只剩传统的旧戏。

明代宫中演戏，常有宋代宫廷伶人王公瑾的即兴表演和类似后世活报剧的演出，内容都是结合时事，给以形象的表现，令皇帝看了有所警省。演这类戏最出名的是明宪宗时的太监阿丑。笔者依据文林的《琅玡漫钞》、傅维麟的《明书·宦官传·阿丑传》及《明史·宦官传·汪直传》等记载，将阿丑的演出和宪宗的观感作些介绍。

阿丑，显然不是姓氏，他的姓名没有留下来，大概专门扮演滑稽角色，因而被称为“阿丑”。有一天他和伙伴突然在宪宗面前做起戏来。阿丑装作豪饮滥喝进入醉乡的样子，一人骗他说某某官来了，意思是让他有所畏惧而不得放肆，哪知阿丑如同没有听见，继续作狂饮姿态。那人又吓唬说，皇帝驾到！阿丑仍无顾忌，照旧装作大口喝酒状。那人出其不意地说汪直太监来了，阿丑乃作惊醒状，停止喝酒，毕恭毕敬地准备迎接汪直。另一个人似乎不解，在旁问道：皇帝来了都不害怕，为何一听汪太监就吓得老实了？阿丑以醉汉的口吻说：我只知有汪太监，不知道有皇帝。

汪直在明宪宗时提督西厂，对公卿、平民任意迫害，闹得百官“不安于位”，“商贾不安于市，行游不安于途，士卒不安于伍，庶民不安于业”。大学士商辂等上疏，希望皇帝罢撤西厂，宪宗拒不受谏，且怒不可遏地说：“朝廷用汪直缉访奸弊，有何坏法？”定要找出首倡谏诤的人，予以惩处。阿丑作为一个卑贱的阉优，无权向皇帝陈述忠言，但又骨鲠在喉，为了揭露汪直的煊赫权势，警告宪宗有大权旁落的危险，只好装出惧怕汪直的醉汉形象，以表达自己的想法，希图唤醒昏庸的皇帝。阿丑的谏喻

明宪宗画像

戏与大学士的上谏，实系异曲同工，亦可见阿丑是具有政治头脑的人物，比宪宗皇帝高明。

汪直作恶，得到都御史王越、副都御史陈钺的支持。陈钺为人尤其卑劣，他初任辽东巡抚时，适逢汪直因处置边务至辽东，遂穿着便服，厕身于仆役之中侍奉汪直，取得汪直的好感。有王越、陈钺作为羽翼，汪直便以监督身份，出师辽东、延绥、大同等地，巩固他的地位。阿丑要揭露汪直的弄权，充分注意到这一事实。一天，在宪宗面前，他手执双钺，蹒跚而行，有人问他为什么拿两把斧钺，回答说我领兵，就靠的这两钺啊！又问他两钺有名字吗？答复是一个叫“王越”，另一个叫“陈钺”。阿丑就这样形象而又一针见血地向宪宗揭发了汪直、王越等结伙作恶的行径。宪宗看到阿丑的两次表演，知道他是在劝喻自己勿用匪人，

《明宪宗元宵行乐图》局部

加之朝臣的谏议，终于将汪直贬斥到南京，为朝廷去了一害。

“四面楚歌”离散楚霸王八千子弟兵，这个脍炙人口的故事，也被阿丑巧妙地用作讽谏宪宗的材料。一天，阿丑装作儒生高声吟诵，“六千兵散楚歌声”，旁一人纠正他说，“楚霸王是八千子弟兵，不是六千”，阿丑故作无知，坚持说是六千，不是八千。如此一来一往，争论不休。一会儿，阿丑慢条斯理地说：你不知道，那两千人去保国公朱永家盖房子了。原来贵胄朱永曾任总兵官，与汪直共同出征，又掌管京军团营，却私役兵士，为自己建造府第。宪宗看到阿丑的这番表演，遂派太监秘密调查，朱永听到消息，忙把兵丁撤回。阿丑向皇帝揭露贵族私役军士并希望加以制止的目的算是达到了。

汪直擅权，正是宪宗无能的表现。宪宗患有口吃病，对于朝臣的奏议，每每回答得不利索，鸿胪寺卿施纯便建议皇帝只说“照例”两个字作为答复，宪宗觉得方便，非常高兴，就把施纯越格提拔为礼部尚书，因此众人就讥讪施纯为“两字尚书”，传为笑柄。由此一例，可知宪宗用人不当和朝政的败坏了。阿丑厌恶这类事情，并想促使皇帝有所醒悟。一次他装作六部主官除鹭属吏，先命优中选优，接着从众人中挑选一人，将欲授职，问其姓名，回禀姓“公”名“论”，阿丑作主官语曰：公论，现今的世道用不着。于是又选一人，报姓名为“公道”，阿丑又以主事者口吻说：公道，如今也用不着。后又择一人，姓胡名涂，阿丑作高兴的样子说：好，胡涂，现在正用得着。办事公道的人不行，大家拥护的人也不行，糊涂虫倒成了宝贝，这样的吏治，其糟糕自不待说了。

阿丑的几出小戏，将成化年间的寺宦擅权、朝政腐败生动地揭露出来，把他要求皇帝整顿吏治的愿望表现出来。微贱的阿丑无功业可言，自不能同规谏齐威王的邹忌、对唐太宗犯颜廷诤的魏征等列，但他关心朝政和民间疾苦，敢于利用自己演员的角色谏讽皇帝的精神值得称述，他的演戏艺术性不会太高，不过这在他就是次要的了。明宪宗通过看阿丑的戏，对有些事情有了了解，加以处理，也算没有完全白看。

继阿丑之后，崇祯时也有一出小戏引起皇帝、皇后的注意。那时农民暴动在全国爆发，河南起义声势甚盛，又遇上蝗灾，演员通过戏剧表现了这种情形，反映百姓逃难的状况。周皇后看了心情沉重地对崇祯帝说：有这样的事情啊！说着掩面哭泣，崇祯帝也难过地流了泪。

阿丑和他的同行的时事讽谏戏表明，“干预生活”，确实是我国古代戏剧的一个优良传统。

南朝士大夫与歌舞

琴棋书剑，原是古代士人的必备本领。孔子教授学生“六艺”，就包括乐的一技，所以关于士人与乐的故事就不少，如师旷之聪，伯牙与钟子期的“知音”，司马相如琴声挑逗卓文君。至于古典小说戏曲中青年男女借助琴声传情，也不乏见。然而宋代理学提倡“主静”“主敬”“去人欲”，对于人的规矩特别多，站有站相，坐有坐相，于是歌舞成了读书人的禁忌。倘若适当地欣赏尚可，但自身不能动作，否则就是没有读书人的样子，就是性情轻佻，没有士人的风度，就不齿于士林了。因此宋元以后，

携琴图

读书人迈方步，显得老成持重，实际上是老气横秋，容或愚迂不达事体。讲这一段开场白，是希望读者明了，中国历史上的读书人与歌舞的关系，不是宋元以降的那种不正常的脱离状况，宋以前要好得多。这里介绍南北朝时期南朝的知识界（包括有知识的皇帝与官僚）之喜好歌舞，以及当时的士林风尚。

《南史》卷二十二《王俭传》记载，南齐太祖萧道成设宴华林园，令与宴文武大臣“各效伎艺。褚彦回弹琵琶，王僧虔、柳世隆弹琴，沈文季歌《子夜歌》，张敬儿舞。（王）俭曰：‘臣无所解，惟知诵书。’因跪上前诵相如《封禅书》，上笑曰：‘此盛德之事，吾何以堪之。’后上使陆澄诵《孝经》，起自‘仲尼居’，俭曰：‘澄所谓博而寡要。臣请颂之。’乃颂《君子之事上章》，上曰：‘善，张子布更觉非奇也。’于是王敬则脱朝服袒，以绛纠髻，奋臂拍张，叫动左右。上不悦曰：‘岂闻三公如此。’答曰：‘臣以拍张，故得三公，不可忘拍张。’时以为名答。”这可以说是歌舞武术演出晚宴，君臣尽欢而散。下面让我们来了解参加晚会人士的状况，可以进一步获知晚会的文艺性。

萧道成本身是有知识的人，13 岁开始受正规教育，“治《礼》及《左氏春秋》”（《南齐书·高帝纪》）。成年后政事繁巨，也是“博涉经史，善属文，工草隶书，弈棋第二品”。本身有文采，懂艺术，才能带着臣下举行文娱晚会。

褚彦回，世族出身，刘宋官司空，侍中，为人“善容止，俯仰进退，咸有风则”（《南史·褚彦回传》），是讲究风度的人，而且爱好音乐，“善弹琵琶”，齐武帝因而赐给他金缕柄银柱琵琶。有

子曰愛親者不敢惡於人敬親者不敢慢於人愛敬
於事親而德教加於百姓刑于四海蓋天子之孝也甫
刑云一人有慶兆民賴之

上：萧道成画像

下：孝经图

一个初秋的夜晚，他到尚书令袁粲府邸赴宴，当时风习习，月皎皎，褚彦回兴致来了，抚琴奏《别鹄》的曲子，“宫商既调，风神谐畅”，悠扬动听，在座的王彧、谢庄大为赞叹，可见他的琴技之高。齐太祖命他弹琵琶是知道他的艺能，一定弹得动听。褚彦回还是“性好戏”的人，即性格比较活泼。

王僧虔是“百世卿族”琅玡王氏的成员（《南史·王克传》），官侍中，精于书法，同时懂得音乐，但强调庙堂音乐的正统性与传统性，反对新乐曲和民间乐曲，为此上表朝廷，“请正声乐”（《南史·王僧虔传》）。他在晚宴上应命弹琴，所奏大约是庙堂乐曲。

柳世隆也是“门势子弟”，青年时代就“好读书，折节弹琴，涉猎文史”（《南史·柳世隆传》），历官尚书右仆射、尚书令，“善弹琴，世称柳公双琐，为士品第一”。公事之余，以鼓琴自娱，常自云特长：“马稍第一，清谈第二，弹琴第三。”齐太祖命他和王僧虔弹琴，是知其特长，可以使与会者得到一番享受。

沈文季，低第世族武将家庭出身，官冠军将军，侍中，褚彦回当司徒，就以门户压抑他。他不喜欢学习文学，但善于弹琵琶，一次与褚彦回同赴豫章王萧嶷的宴会，酒喝到痛快处，褚彦回自动弹了《明君曲》，沈文季故意大叫：“沈文季不能作伎儿！”（《南史·沈文季传》）侮辱褚彦回充当了歌伎的角色。其实他在萧道成宴会上唱《子夜歌》，和褚彦回是同样处境，都不是以艺伎面貌出现的。

张敬儿也是军官家庭出身，因战功官至车骑将军。原先不识字，后来才学习《论语》及上流社会应对礼节，但终究缺少世族那样的修养，被人视为“鄙俚”(《南史·张敬儿传》)。

王敬则，“屠狗商贩”出身(《南史·王敬则传》)，跟从萧道成征战，又逼宋帝禅让出宫，任护军将军、散骑常侍，为人虽不知书，但“善决断”，有武人的豪放性格。他的拍张，是当时有名的，《南齐书·王敬则传》记载传主，“年二十余，善拍张”。宋前废帝令敬则“跳刀，高与白虎幢等，如此五六，接无不中”。拍张、跳刀是武术，王敬则在萧道成晚宴时，脱去官服冠带，赤身露体，演起武术，所以萧道成以为不讲大臣体统而责备他，他却不以为意，认为这是他的本色。

王俭为王僧虔的侄子，时官尚书左仆射，他也爱好音乐，听起来也像孔子不知肉味。在这个晚宴上有些做作，读《封禅书》，实际是赞扬萧道成的“圣治”了。所诵的《孝经·君子之上章》，内容是：“子曰：君子之事上也，进思尽忠，退思补过，将顺其美，匡救时恶，故上下能相亲也。”这是他表示要以孔子说的为臣之道自励，同时劝谏君主信任正直大臣。

这个晚宴，有弹奏，有歌唱，有朗诵，有跳舞，还有武术，应该说是丰富多彩的。而表演者是文武大臣，出身世族者较多，文化素养较高。褚彦回、王僧虔、柳世隆的弹唱艺术，是否说明世族读书人普遍有这种修养呢？回答是肯定的，原因有二：

其一，南朝世族成员多有文艺才能。

柳世隆的儿子柳惔，“好学，工制文，尤晓音律”(《南史·柳传》)。

前述王彧在袁粲家宴上赞扬褚彦回的琵琶技艺纯熟，能欣赏，也是行家，他与谢孺子的跳舞即是明证。谢孺子出身于“自晋以降，雅道相传”的谢家（《南史》卷十九），官司徒主簿，西阳太守，“多艺能，尤善声律”（《南史·谢孺子传》）。他与车骑将军王彧是姑表兄弟，一天二人小酌，兴致所至，谢孺子吹笙，王彧自动起来跳舞。

王家的王冲，官侍中、南郡太守，“晓音律，习歌舞”（《南史·王冲传》）。

王僧祐，官黄门郎，“工草隶，善鼓琴”。为人孤傲，“不交当世”，竟陵王萧子良听说他琴法高明，让他弹奏，竟“不从命”（《南史·王僧祐传》）。

王谢家人之能文艺者甚多，这里不再列举，除为省篇幅，也因本书另有专文。

其二，文学与艺术是紧密相联的事业，特别是南北朝时骈体文、辞赋流行，这类文体便于谱曲歌唱，两者自然结合，因此文人容易兼有文学与艺术的两种才能。

前面提到的欣赏褚彦回弹琴的谢庄，“七岁能属文”，以善作赋名于当世。刘宋武帝时河南献舞马，武帝因之令群臣作赋，谢庄所写的非常好，武帝特地叫他作《舞马歌》，写成后，“令乐府歌之”（《南史·谢庄传》）。

王敬则出身低下，儿子王仲雄却从师学习，会辞赋，“善弹琴”，齐明帝怀疑王敬则造反，命仲雄鼓琴，仲雄因作《懊侬曲》，歌词说：“常叹负情侬，郎今果行许”，“君行不净心，那来恶人题”（《南史·王敬则传》），以讽刺明帝。

东晋顾恺之《斲琴图卷》（左段）中展示的雅士风度

南北朝时士人能够歌舞，说唱就放开歌喉，说跳就翩翩起舞，说吹弹就抚琴弄笙，既有诸种技艺，又能做得出来。这应该说是那个时代士人的风尚。

不过那时人们对歌舞表演也有两种看法，观沈文季以“伎儿”来羞辱褚彦回，王僧祐的拒绝竟陵王的弹琴之令，也是把弹唱看作不光彩的行为。这是怎么回事呢？原来，以歌舞为职业的，多是家伎，是奴婢身份，是供达官贵人玩弄的，他们身份微贱，职业低下，这种人让人看不起，人们虽欣赏他们的表演，但不承认他们的为人和艺术贡献。士人的能唱善舞被视作自身的修养，当需要自我表达时，可以自行歌舞，当亲友欢聚时，可以歌舞助兴。士人能歌舞，而不是以此为职业。如若在上官面前歌舞，以之献媚，就落入优伎的处境，为人所不齿。所以，歌舞是一样的，两种身份的人表演，因场合的不同，就是不一样的性质了，仕宦间自娱为雅事，优伶演出是尽职责，所以以之为职业者卑贱，以之消遣者高贵，区别就在于是否为职业上。对歌舞的这两种观点，南北朝时是分得很清楚的，这对于士人的歌舞没有妨碍。两宋以降，观念变化，不允许士人学习歌舞，歌舞就成为优伶职业家的事情了。

分清对歌舞的两种观念，考察它的变化，以便克服汉民族不善于歌舞的弱点。在这里，重要的一点是提高对艺术表演的尊重。前面说到古人观念中职业演员低贱，士人表演技能高雅。事情不仅在表演行业，书画界也是如此。职业者为画师，属于匠人群体，而文人擅长书画，则是雅好和高手。在医药界，职业医生是技艺人，士人懂医术为儒医。做同一的事情，不同身份的人就有截然不同的说法，就有高低贵贱之分。演员、医生、画师以其技术吃饭，是侍候人，会琴棋书画医术的官员，是以之为消遣和为人素质高雅，事情的关键就在于轻视技术，重视做官和绅衿。破除这种传统观念，必将对我国文学艺术医疗事业的发展有促进作用。

汉代舞蹈造型

唱歌跳舞是人的生理需要，是社交的需要，也是人的文化素质的表现，一个民族性格的表现。一个人要丰富精神生活，要具有生动活泼的性格，就要善于表达自己的思想感情，就必须学会而且能够歌舞。一个民族要生机勃勃，要富于进取精神，就必须性格开朗，也需要以能歌善舞表达出来，会歌舞是读书人应有的素质，读书人需要恢复、继承、发扬南朝士人的琴棋书画歌舞艺能传统！

南朝王谢家族的文艺生活

琅琊临沂王氏与陈国阳夏谢氏是与南朝相始终的历史上有名的世族。东晋司马氏政权初建之时，谚语说“王与马，共天下”（《晋书·王敦传》）。以王导为代表的王氏对东晋有肇建之功，“人伦之盛，实始是矣”（《南史》卷二十一）。谢安、谢玄叔侄内掌朝纲，外取淝水之捷，稳定了南朝。王氏与谢氏取得了不可动摇的社会地位，出将入相，内握枢机，外为方伯，朝中的文翰、教育，几乎成为他们的世职，婚姻聘问于帝胄，或在王、谢及其他世族之间。侍中王僧虔自诩：“王家门中，优者龙凤，劣者虎豹。”（《南史·王僧虔传》）王、谢出人才，世代不衰，李延寿作《南史》，总结王氏历史，谓其先世“并举

王导画像

明刊本《七种争奇》中谢安登东山图

栋梁之任，下逮世嗣，无亏文雅之风。其所以簪缨不替，岂徒然也”。论到谢家，“自晋以降，雅道相传。……人各有能，兹言乃信”。王、谢家族人才多，有政治家、军事家、文学家、书法家、思想家、艺术家，即使政治军事家，也是学者型的。这两个家族的文化素质高，别的不说了，这里单表他们的文学艺术修养与成就。

在文艺领域，王、谢家人往往有多种才能，如司徒王导堂弟、左卫将军王廙，“少能属文，多所通涉，工书画，善音乐、射御、博弈、杂伎”(《晋书·王廙传》)。中书侍郎王微，“少好学，善属文，工书，兼解音律及医方卜筮阴阳数术之事”(《南史·王微传》)。为把事情表达清楚，笔者将分事项进行说明。

文学方面。王筠，萧梁时为度支尚书，自称王氏七世以来，“爵位相继，人人有集”(《南史·王筠传》)。他本人“七岁能属文”，16岁作《芍茱赋》，“其辞甚美”，“及长，清静好学”，作《洗马集》《中书集》《中庶集》《吏部集》《左佐集》《临海集》《太府集》等文集。《宋书》作者沈约称赞他的文章是当世最好的(《南史》)。被沈约评为与王筠齐名的黄门侍郎王泰，“每预朝宴，刻烛赋诗，文不加点，(梁武)帝深叹赏“(《南史·王泰传》)。王筠族兄弟中书郎王融，“博涉有文才”，应齐武帝命作《曲水诗序》，声名远播于北魏。他“文辞捷速，有所造作，援笔可待”，有“文集行于时”(《南史·王融传》)。侍中王训“文章为后进领袖”(《南史·王训传》)。车骑将军谢玄的孙子谢灵运，袭爵康乐公，“博览群书，文章之美”，与另一名家颜延之并推第一。居

王羲之写照图

会稽，放骸山水之间，以文章自娱，“每有一首诗至都下，贵贱莫不竞写，宿昔间士庶皆遍，名动都下”（《南史·谢灵运传》）。谢微，“好学善属文”，作文集二十卷，一次北魏中山王元略返国，梁武帝饯行，赋诗三十韵，限三刻成，谢微用两刻的时间写就，而文甚华美，武帝看了一遍又一遍（《南史·谢微传》）。豫州刺史谢万“工言论，善属文”，就屈原、贾谊、孙登、嵇康等八人作《八贤论》（《晋书·谢万传》）。他的侄儿东阳太守谢朗，“善言玄理，文义艳发”（《晋书·谢朗传》）。谢超宗“好学有文辞，盛得名誉”（《南史·谢超宗传》）。豫章太守谢瞻，六岁能文，所作的《紫石英赞》《果然诗》，“为当时才士叹异”，又作《喜霁诗》，由族弟谢灵运书写，族叔谢混朗诵，司徒王弘把这叫“三绝”（《南史·谢瞻传》）。总之，王、谢族人擅长古文辞赋，“善属文”的记载不绝于史。

书画，特别是书法，为王、谢族人的绝技，王羲之、献之父子是尤为突出者。王羲之官右军将军、会稽内史，与孙绰、谢安等在山阴兰亭宴集，作《兰亭序》，并书写。他的书法，开始正书学钟繇，草书学张芝，自行创造，不断提高，越到晚年越好，超过同时代的书法家庾翼、郗愔。唐朝人评论，王羲之“尤善隶书，为古今之冠，论者称其笔势，以为飘若浮云，矫若惊龙”（《晋书·王羲之传》）。他对我国的书法艺术影响甚大。其子献之，善于草隶和绘画。献之七八岁学书，乃父偷偷从后面拔他的笔，他握得紧，竟未拔出，可见练习时的用心。有一次给大司马桓温写扇面，墨汁误落纸上，乃随机应变，作一幅乌驳犉牛的

王羲之出行图

画，而且很好。当时人论他们父子的书法，认为儿子笔力没有父亲强劲，只是妩媚多了一些，当然是儿子不如老子（《晋书·王献之传》）。王羲之的另一个儿子凝之，“亦工草隶”（《晋书·王凝之传》）。

王羲之族曾孙王僧虔也是大书法家，年轻时，“雅善于隶书”，任尚书令时以飞白书题尚书省墙壁，他的飞白令时人折服，并著《论书》，品评诸书法家，认为有了王羲之书法，钟繇、张芝不再是人们学习的楷模了。宋孝武帝善书，并欲独擅其名，王僧虔用拙笔书写以隐讳他的真实技艺。齐太祖笃爱书法，与僧虔比赛，因问谁是第一，僧虔回答说，“臣书第一，陛下亦第一”，齐太祖才高兴地说：“卿可谓善自为谋矣。”（《南齐书·王僧虔传》）精于书法倒成了累赘。僧虔子王志能继父业，“善草隶，当时以为楷法”，并被人称为“书圣”（《南史·王志传》）。王珣、王珉弟兄善写行书，当时人认为弟弟比哥哥写得更好，说“法护（王珣）非不佳，僧弥（王珉）难为兄”（《晋书·王珉传》）。其实王珣的《伯远帖》是王氏家族留下的罕见的墨宝，为乾隆帝的《三希堂法帖》中的一件珍品。谢灵运“诗、书皆兼独绝，每文竟，手自写之”，被宋文帝称为“二宝”（《南史·谢灵运传》）。此外，王、谢族人书法造诣高超的很多，如黄门郎王僧祐“工草隶”（《南史·王僧祐传》），他的儿子中散大夫王籍也是“甚工草书，笔势遒放”（《南史·王籍传》）。太子中舍人谢综“有才艺，善隶书”（《南史·谢综传》）。他的侄子、尚书吏部郎谢朓“善草隶”，且长于五言诗，沈约赞扬他说：“二百年来无此诗也。”（《南史·谢朓传》）大

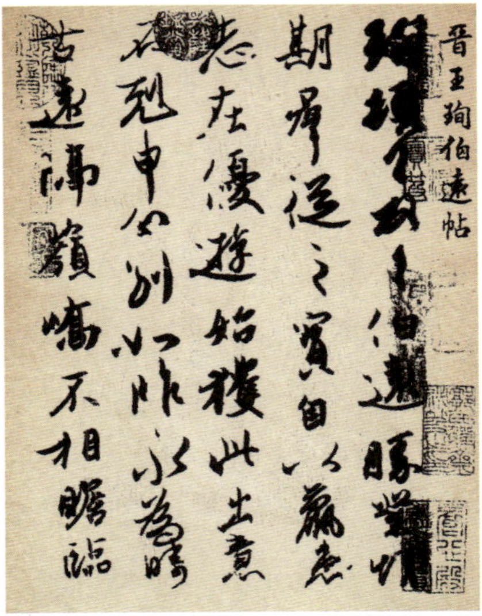

王珣《伯远帖》

体上讲王、谢家人能文能书，作出文章，自行书写，成为诗书佳品。

歌唱、弹奏、跳舞也是王、谢族人的艺能和喜好。西阳太守谢孺子与车骑将军王彧是姑表兄弟，孺子“多艺能，尤善声律”（《南史·谢孺子传》），王彧善言哲理，宋文帝对他甚为“钦重”，令他把名字“彧”让给宋明帝，又为明帝娶他的妹妹。谢孺子、王景文一次家宴，“孺子吹笙，彧自起舞”。一个伴奏，一个跳舞，气氛活跃，和谐有致。豫章太守谢鲲“能歌善鼓琴”，青年时期刚出仕为东海王司马越府掾，因家僮不法而黜官，士人为他叹息，他在听到这个消息时，继续“清歌鼓琴，不以屑意”（《晋书·谢鲲传》），以弹唱歌咏作乐，不把仕进放在心上。其子谢尚初应司徒王导之辟为府掾，府主特为他开欢迎会，说听人讲你善于跳《鸲鹆舞》，在座的都想观赏，你能满足众人的愿望吗？谢尚痛快地答应了，“便着衣帻而舞”，王导命与宴者抚掌击节以助兴，谢尚“俯仰在中，旁若无人”，表演得很自然。谢尚后来官至尚书仆射、镇西将军，“采拾乐人，并创石罄，以备太乐”（《晋书·谢尚传》）。南朝有钟石之乐，是从谢尚开始的。

前述王僧虔“解音律”，刘宋末年，他认为当时“朝廷礼乐多违正典，民间竞造新声杂曲”，上表请求改正乐典，提出“世有等差，无故不可去乐；理有攸序，长幼不可共闻”的原则，政府采纳了他的建议，整饬朝野声乐（《南齐书·王僧虔传》）。崇尚庙堂雅乐，蔑视民间乐曲，实际上不利于音乐的发展。王僧虔懂音乐，但过多地把音乐当作政治教化工具，而不懂得它的娱乐性。王僧虔思想上刻板，然而毕竟是南朝的士人，不像后来读书人的道学气，他也能跳舞。齐高祖在华林园开晚宴，请大臣应命弹琴、唱歌，王僧虔也遵命弹琴，看来他也有表演水平。尚书左仆射王充“晓音乐，习歌舞”（《南史·王充传》）。王、谢族人能歌善舞，首先在于他们懂得和爱好音乐。司徒谢安“性好音乐”，弟弟谢万死了，应守丧礼，十年不听音乐，但到晚年，虽同样有期亲之丧，照常令家伎演唱，好友中书令王坦之不以为然，写信要他遵守亲亲之道，不要听音乐了，谢安回信，说他听乐是“自娱”，对于“崇世教”，是不屑去做的（《晋书·王坦之传》）。由于谢安的带头，“衣冠效之”（《晋书·谢安传》），丧中听乐就成了社会风俗。

王、谢家族文艺修养的形成，有其社会和自身的原因。

第一，王、谢二族重视文化教育。在朝廷，于战乱频仍之时提倡教育，培养贵胄与士族子弟，提高他们的文化水平。东晋创建之时，晋元帝尚未正式即位，录尚书事王导就因军旅不息，学校停办，上书要求遵循西晋的典制，选择教师，恢复学校教育，令朝臣子弟入学就读（《晋书·王导传》）。淝水之战前后，尚书令谢石也因学校遭破坏，“上疏请兴复国学，以训胄子”，同时要求在州郡普遍兴建学校（《晋书·谢石传》）。在家族，强调文化传家，注重子弟的文化教育，重文轻武。刘宋时王僧虔写诫子书，说有的人贵为三公，但很少有人知道他，相反布衣寒素之人，卿相倒很尊敬他；有的父子贵贱悬殊，兄弟名声大相径庭。何以会贵而不闻，贫而名显呢？何以父子兄弟地位迥异呢？原因就在读不读书（《南齐书·王僧虔传》）。王僧虔是令儿子读书的，诸子王慈、王泰、王志各有所长。他的诫子书，比较系统地说明读书的作用和王氏的治学传统。王筠认为有文化、代代有文章传世，是王氏的家风，故而要求子弟“仰观堂構，思各努力”（《南史·王筠传》）。只有认识到家庭传统，加以继承，才是合格的王氏家族成员。王导的长子王悦，“弱冠有高名”，青年时就侍讲东宫，可见有学问，王导很喜欢他（《晋书》卷六十五）。王导次子王恬，“少好武”，不受王氏家族的重视，王导更是见他“便有怒色”，而见他哥哥“辄喜”。家庭与社会环境逼着王恬改变习性，晚年好交结士人，“多技艺，善弈棋，为中兴第一”。

第二，社会上层和王、谢二族均重视文学艺术。宋齐梁陈的皇帝和帝胄，相当一部分人文化水平很高，而且颇具有文学艺术细胞，富有这方面的成果。前述宋孝武帝、齐高祖善书法不必说了，梁昭明太子萧统主持编辑《文选》，传诸后世，影响深远，由此可见帝胄文学才能之一斑。皇家的志趣，极大地影响着臣下，吸引人去学习文艺，如《南史》所说：“先是宋孝武好文章，天下悉以文采相尚。”(《王俭传》)萧梁时也是“膏腴贵游，咸以文采相尚”(《南史·王承传》)。王、谢二族也很自然地以文艺要求子弟。王羲之教子学书是传家学，王僧虔也要求子侄学书法，其子王慈与堂弟王俭练书法时，来了客人也不停下笔来接待，可见在严格的家教下学书的专心致志。

第三，维护世族的必要条件。王、谢是大官僚、大庄园主、大士族，维持这样的世家，要有政治地位和文化地位，所以掌握文化是士族的基本的必要的条件。同时由于它的官僚地主地位，有物质基础，能保证它的成员从事文学艺术训练和活动。世族因为已具有文艺传统，子弟对先辈的文艺才能和实践耳濡目染，也易于接受和把握。

文学艺术是一种文化，是人类精神财富，是丰富人们生活所必需的。有文化艺术修养的人，表明他文化程度高，生活丰富，创造力强，是好的事情。王、谢家族倘若诗歌一点不能写，看书画不知精妙之所在，见了跳舞就羞答答，对各种文艺表演都看不出名堂，则是缺乏文化修养的表现，愚昧的表现，那么也就未必能如此长盛不衰。这是笔者研讨王、谢二族的文学艺术生活所得到的最一般的启示，想来也是有益的。

皇家“买卖街”游戏

有的皇帝觉得宫中生活无趣味，不如民间的丰富吸引人，于是挖空心思想出玩的点子，以改变惯常的生活面貌。有的直接到民间活动，有的则把民间生活移植到宫内，尝一尝其中的滋味，有的则是别出心裁，超出了民间生活范畴。请看几个故事。

西汉成帝（公元前32—前17年在位）喜好微服出行。他从宫中后门出走，跟随的只有五六个人或十几个人，他们穿白色衣服，戴平民帻巾，有时骑马，有时乘小车，侍从和成帝同坐在一个车子上，因为不让人知道他的身份，不要仪仗，也不设警跸。为了瞒人，成帝改易自己的姓名。他去向不定，有时逛市区，有时游郊野。远近也没有谱，走远了就出长安境界，到了旁的县。吃住就在民家，与下人们坐在一起谈笑饮食。时间也不顾长短，有时几天，害得大臣们不知道皇帝到哪里去了。车骑将军王音、刘向等劝阻他的微行，好几年过后他才不私自外出了（《汉书·五行志》《汉书·成帝纪》）。《汉书》称赞成帝“善修容仪”，“临朝渊嘿，尊严若神，可谓穆穆天子之容者矣”，又说他“博览古今，容受直辞”。这样素质好、注意风度的皇帝，好到市井中游玩，且与修明政治毫无关系，所以成帝是两面人。

京剧《梅龙镇》是演明武宗朱厚照出游塞外的事，反映出些许历史真实情景。武宗于正德九年（1514）开始微行，但只在京城近郊活动，到十二年（1517）去宣府，武宗自称镇国公朱能，宠臣江彬就在这儿给他营建镇国公府，江彬还将京城的珍玩女御调来，并进奉民间女子。武宗又游历大同，乐不愿返，典膳李恭请回京，被拷打死。他把宣府住宅称为“家里”（《明史纪事本末·江彬奸佞》），将京城大内置于脑后。明武宗微行与汉成帝有所不同，他是大队人马，规模大，时间长，公开进行，这是帝王微行生活的发展吧！

第一个在宫中做“买卖”的大约是东汉灵帝（168—188年在位），这里说的买卖指其开商店以为玩乐，其实他真有一桩买卖，就是卖官鬻爵。他在西园卖官，规定中央三公九卿、地方守令等官职的价格，如三公售价1000万钱，关内侯500万，没钱可以先赊欠，到任后再还。崔烈通过贿赂灵帝乳母以一半价钱买官司徒，灵帝到授官时颇为后悔，说可惜1000万没有到手（《后汉书·崔烈传》）。这位君主玩乐的招数颇多，其一是耍狗，在宫内给狗用冠带打扮起来，好像它们也做官，又让狗与人交配，看着取笑。有一天一只狗突然跑出宫门，到了一个司徒的府里，真是

明《帝鉴图说》中汉灵帝列肆后宫图

具有讽刺意味。在灵帝卖官与戏狗的政治下，买官的司徒与冠带的狗，无不表明政治的黑暗与污浊。灵帝还好驾驴，在西园驾四匹白驴，亲自执辔头，让驴在园内来回跑，于是高兴得不得了。他这玩法，公卿贵族竞相效尤，争着买驴，使驴价涨到同马价一样高。灵帝再一个玩法就是开旅馆。他在西园里，令宫女扮作客店主人，他穿着商人服装来投店，住下后，由宫女送来酒食，于是一块吃喝，心里特别痛快（《后汉书·五行志》）。

北齐后主（565—577年在位）在宫中设贫儿市场，游乐其中，是继承灵帝的玩法。后主8岁被立为皇太子，10岁其父武成帝称太上皇，他即帝位，13岁父死亲政。他性喜奢侈，造宫苑，修寺院，宫女一裙值万匹，镜台值千金。他和汉灵帝一样有犬马之好，给御马用毡罽，为看马交配，特设专庐，用十几种食物饲养，又给马、犬、斗鸡封号，什么开府、仪同、郡君，不一而足。他与灵帝一样以犬马拟人，真是无独有偶。他喜好非时之物，而且说要就得办到，如一天晚上要蝎子，第二天早上就收了三斗。自以为一生都是喜事，作“无愁曲”，自弹琵琶自唱歌，因此人称“无愁天子”。当北周在晋阳击败他的军队，他以重加官赏来募人抵敌，但又不出一物，到正经用场上竟吝啬得很。他去劳军，有人教他要慷慨流涕以激励人心，但届时他却哈哈大笑，使将士不能奋发而解体，终于被北周俘虏，赐死，哪里是“无愁天子”呢！最奇的是他在邺城华林园中设立一个贫穷村舍，自己穿着破衣烂衫，装成乞丐，向人讨饭；又设了一个贫汉市场，亲自来交易，讨价还价，以为乐趣（《北齐书·后主纪》）。

南齐东昏侯萧宝卷（499—501年在位），16岁继位，19岁被废，也是一个喜犬马之乐的君主。他日夜在后宫戏马，与宦官、倡伎打鼓，喊叫不停。他为捕捉老鼠玩，有时通宵不眠。夜间玩乐到五更才睡，中午起床，接见官员只好放到午后，有时就不接见。他也爱出游，但同汉成帝、明武宗又有所不同。他逛街市，要到三四更出发，敲击大鼓，排列仪仗，点明火把，让宠幸的潘贵妃乘卧舆，自己骑马相随。所去的方向没有一定，奇寒酷暑，落雨下雪，照常进行。又用黄门几十人为骑客，善走者几百人为逐马，招摇过市，百姓跟着看热闹。他游郊区，将所经过的几十里内居民都赶出去。建造芳乐苑，山石楼阁，好树美竹，应有尽有，又在里面设立市场，太监每天早晨送进酒肉及各种食品，他令宫人充当卖酒妇，让潘妃为市令（管理人），自己作市魁

（首领）。买卖时，如有价格、斤两等等争执，双方找市令潘贵妃评判解决。他以为这种生活很有意思而乐此不疲（《南齐书·东昏侯纪》）。

宫中设市场，可能以清朝乾隆年间圆明园内的买卖街规模最大，使汉灵帝、东昏侯等人相形见绌。买卖街设在圆明园福海的东边，有各种各样的大小商店。据徐珂编的《清稗类钞·圆明园有商店》记载，大小商店莫不具备，有茶馆，有饭肆，有估衣店，甚至还有用小筐卖瓜子的小摊。店主人都是太监。店内的营业和市面上一样，茶馆里发出哗笑声，饭馆里有高声叫喊的点菜声，就是乾隆皇帝逛到这里，大家也是照常进行，并不回避，让皇帝真像置身于市井中，以获得欢乐感。乾隆帝有个爱女和孝固伦公主，许配宠臣军机大臣和珅的儿子丰绅殷德，这位公主有勇力，曾穿男装，跟随乾隆打猎。她贵为金枝玉叶，又有男子气，故以男子自命，在未婚前，管和珅叫“丈人”。有一天乾隆帝带着公主逛买卖街，在估衣铺看到一件大红呢夹衣，十分喜爱，恰巧和珅在身边，乾隆帝就向公主说，向你丈人要去，和珅自然凑趣，赶快用28两银子买下来送给公主。乾隆帝六下江南，东巡盛京，北狩塞外，四幸五台，所游之地多矣！然而那是在百官眼下活动，远不能为所欲为。在圆明园买卖街，周围不过是近侍、内监，行动要自便些，故而喜好搞这一类游乐，在宫内做起“买卖”。乾隆以后，嘉庆帝还有心思举办买卖街集市，到了道光己未年（29年），清朝江河日下，道光帝经历亘古未有的鸦片战争之奇耻大辱，又处在太平天国兴起的前夜，无心消受买卖街游戏，遂将它关闭了。

从事市肆活动及微服出行的这几个君主，除了乾隆帝和明武宗之外，不是亡国之君，就是把国运推向衰落或灭亡边缘的人，而明武宗自己也很快丧生。他们搞这类活动，不过是作为一种游戏。他们是天下最有钱的人，把挥金如土视为正常的现象，可是他们倒想学小家子气，亲自做买卖，讨价还价，争斤较两，企图以此找点意外的快乐。富贵至极的人不知道贫穷是怎么回事，却想尝尝叫化子的生活滋味，然而他们不是体验民间生活疾苦以改进政治，不过是心里空虚，百无聊赖，以此找乐。乾隆帝而外，这些人本身政治搞得一团糟，生活上腐化，犬马声色的游玩又劳民伤财，所以他们的这类行为是荒淫无耻的，是不正常的生活。古人记载这类事情的时候，都给以谴责，笔者也是这种态度。人们需要适当的健康的娱乐，使生活丰富多彩，同时也调剂精神，增加活力，可以更好地去创造，这是正常娱乐。但是娱乐不应当是人生追求的目标，以玩乐作为生活的价值，并因此妨碍积极意义的追求，就是玩乐丧志。这种娱乐对于统治者，只能导致政事废弛，劳民伤财，败坏国事，当然应该严厉谴责了。

不过似乎还要透过事物的表象作深一层的考察。首先要问皇宫中的生活是那样美好吗？物质生活的享乐自然没有说的了，对于皇帝来讲，后宫女子不乏其人，他再要追求的也不在这里。就他的活动范围讲，宫城、园囿虽然不小，但再大也不过是那种围墙内的天地，在这一点上就不如老百姓活动地盘大了，因为百姓可以在一个城里转游，可以出城，甚至还可以到异乡去，皇帝就办不到。皇帝不能出宫，在一定意义上说皇宫也是皇帝的监狱，虽然他是那里的主人。皇帝所见的人，上朝时是文武百官，退朝后是后妃、太监、宫女，见面、交谈不过那些人。而臣民呢，可以走亲戚，访朋友，逛市场，与熟人、与陌生人都可以打交道。臣民生活的丰富多样，是宫中所没有的，皇帝也是人，也会向往民间丰富多样的生活。有自制力的，勤于政事的皇帝，就自守本分，安于宫中生活了。那些荒淫无道之君不守天子本分，偷偷到宫外走走，但商店总不能去，于是在宫内开店，也过过买卖生活的瘾。民间大多数人的生活还是吸引人的，向往这种生活，对于每一个人来讲都不是过分的、无理的。因此笔者指责汉灵帝这一类君主的时候，还要看到那种君主制的政治体制，也限制了皇帝个人的个性发展和生活情趣，他们也成为被扭曲的人，他们希望在帝王生活之外还有普通人那样的一些生活内容也是可以理解的事情。但是为帝王而规定的仪卫制度、礼仪制度（包括生活方式内容在内），把他们限制在宫苑之中。他们中的一些人想突破它，微行、宫中设市的现象的出现也有了它的必然性。因此，笔者才认为君主制的政治制度是更应该被诅咒的。

贾似道的斗蟋蟀

明清之际江南福王小朝廷宰相马士英（1591—1646），为人很像南宋末年的宰相贾似道（1213—1275），爱好“声色货利无一不同”，在军书傍午之时，“犹以斗蟋蟀为戏”，因此当时人把他看作“蟋蟀相公”（王应奎《柳南续笔》，中华书局1983年，第152页）。贾似道可谓后继有人，不过他当时还没有“蟋蟀宰相”的诨号，这是近代人根据他的作风给予的蔑称。既名蟋蟀宰相，喜斗蟋蟀自不必论了，如果他政事理得好，即令他有此癖好，也不会以此讥讽他，所以他的恶嗜同其为人、行政糅为一体，因此要同时从各个方面了解他，才能洞悉他何以成为蟋蟀宰相。

贾似道是宋理宗（1224—1264在位）宠妃贾贵妃的弟弟，为此仕途畅达，三十岁多一点就出任方面大将，朝中宰相也要看他的脸色。开庆元年（1259）元军蹂躏宋朝长江中上游地方，宋朝的贾似道为

忽必烈画像

右丞相督师援鄂，似道秘密与元军统帅忽必烈约定，宋朝称臣输岁币，忽必烈挥军北去，似道谎言败敌大捷，宋理宗以他有再造社稷之功，召入主持朝政。待到忽必烈称帝派郝经使宋，要求践约，似道怕泄露投降真情，囚禁使节。理宗没有儿子，要立度宗为嗣，丞相吴潜不同意，似道赞助理宗，排挤了吴潜，度宗继位（1264—1274在位），他又有了策立之功，成为元老重臣。他为了挟持度宗，动不动就撂乌纱帽，迫使新皇帝对他礼拜挽留，称他为“师臣”而不叫名字。咸淳三年（1267）特授“平章军国重事”，恩允三日一上朝，赐第西湖的葛岭，在府中办事。

贾似道的行政，一是以搜敛民财为务，二是要弄权术，排斥异己，三是隐瞒军情，愚弄皇帝。他提出公田法，收买民田，所出价格，少得如同抢掠，以致浙江“六郡之民，破家者多”（《宋史》卷474贾似道传，第39册第13782页）。他在鄂督师时，猛将高达瞧不起他，因而忌恨在心，吕文焕在襄阳被围，朝臣提议派高达往援，似道以吕家为心腹，不用高达，人们不得不叹惜地说：“吕氏安则赵氏（指宋朝）危矣”（同上，第13785页）。权直学士院文天祥讥讽似道的乖政，被报复罢官。所以《宋史》说“一时正人端士，为似道破坏殆尽”（同上，第13783页）。襄阳被元军围困三年，贾似道对度宗封锁消息，一个宫嫔偶然向皇帝透露了，似道得知后竟然置她于死地。这样的政治自然是非常腐败无能的。当时杭州妇女以琉璃代替珠翠做头饰，遂有民谣：“满头都是假，无处不琉璃”（《佩韦斋辑闻》）。讽刺贾似道施政，人民流离失所。稍后文天祥说南宋的灭亡，贾似道是第一个罪人，虽不那么准确，也有一定道理。

贾似道在青年时代就游乐赌博成性，理宗在夜间凭高观看西湖游船，见一与众不同的，臆度为贾似道的，次日一问果然不错。似道在葛岭建后乐园、养乐园，亭台楼榭“据胜专奇，殆无余恨”（周密《齐东野语》）。可见其豪奢华丽。贾似道饮食重在鲜美，天台县出产的桐蕈，怕摘了送到杭州变了色味，就连着桐树一起运来，供似道享用。似道欢喜吃苕溪出产的鳊鱼，有人特为他蓄养千条，不停地用舟船输送到杭州（张端义《贵耳集》，中华书局上海编辑所1958年）。每年八月八日似道过生日，大肆庆祝，收的贺词数以千计。他叫人誊录汇编，评出次第，令人传诵，因用纸过多，连纸价也上涨了。颂词中把他比作周公，编造他鄂州的

“胜利”，他不以耻，却陶醉于虚妄之中。似道对道教颇感兴趣，可能是想从中得到壮阳和长生药。理宗有一次问似道：听说你的长生酒很好，我可以喝吗？似道遂进酒和配方。(《齐东野语》）似道在葛岭建筑半闲堂，置放自身塑像，曾开云水斋，有上千的道士和尚参加，他有时到堂中打坐(《西湖游览志余》）。似道癖好宝玩，特建珍宝阁，每日去赏玩一会，因要宝多，不惜掘人坟墓以搜求。

贾似道贪婪地霸占妇女，姬妾众多，钱塘美女张淑芳，理宗时选入宫，似道竟敢将她收为妾，又把宫人叶氏以及尼姑、道姑娶为妾，与她们淫乐无度。他对姬妾严密控制，据记载，一次带同姬妾倚楼望西湖，恰有两个道装青年从船上登岸，一姬不自觉地说多美的少年，似道当即把她杀了。令众姬看她的头颅，以警告她们不得有外心(《钱塘遗事》）。这群姬妾还是他斗蟋蟀取乐的伙伴。

蟋蟀，古人管它叫促织，蟋蟀善叫，秋天一鸣，古人认为是催促妇女纺织了。它的叫声早为人欣赏，阮籍有诗句：“开秋兆凉气，蟋蟀鸣床帷。”杜甫的《促织诗》讲：“促织甚微细，哀音何动人。”以斗蟋蟀为乐，至迟在唐代已经兴起。首先是宫中的妃嫔把蟋蟀捉到小笼子里，放在枕头边，夜间听它的叫声，随后人们用蟋蟀相斗取乐，再进一步就用它赌博了，而且赌注很大，所谓“万金之资付之一喙”(顾文荐《负曝杂录》）。两宋斗蟋蟀之风又有发展，南宋杭州专有一种名叫“棚头”的闲人，“养百虫蚁、促织儿”(吴自牧《梦粱录》卷19《闲人》）。其职业之一就是斗蟋蟀。

京城之外也不乏斗蟋蟀的，镇江南宋墓出土有蟋蟀笼，以之作为随葬品，可见斗蟋蟀之风的流行。

贾似道在相府和姬妾一道以斗蟋蟀作乐，为观看和促使蟋蟀相斗，有时蹲在地上，趴在地上，玩得津津有趣。他玩乐的房间，除了宠姬，下人不能进去，只有青年时代的老赌友可以进入，一次正在斗蟋蟀的兴头上，一个狎友抚着他的肩背说："此平章军国重事耶"(《西湖游览志余》)？本来他以挟君主辞职，故让他在葛岭私第治时，手握国柄，又不怎么干正经事，却对斗蟋蟀非常投入，比处理政事还用心。狎友的话说得滑稽，也很到位，似道却没有特殊反应，可以想见，他把宋元间战争都可以放置不理，其他政事不知耽误多少。斗蟋蟀真不亚于他的"平章军国重事"。

如果说贾似道从政重在研究和使用权术上，他的斗蟋蟀却在认真总结经验上。他以"平章军国重事"的精神研究蟋蟀及其斗法，著有《促织经》专书。这部著作今已无存，然而明朝人周履靖著有续增本，保留了贾似道的研究成果。该书说明了蟋蟀的捕捉、收购、饲养、斗胜、医伤、治疗、繁衍等方法。养蟋蟀是为了看它们争斗，所以"论斗"一节颇吸引人。据说《促织经》是世界上第一部关于蟋蟀研究的专著，是中国昆虫学研究的开创著作之一，是昆虫学史的一部有价值的史料（参阅莫容《斗蟀源流》，《文史知识》1987 年四期）。这种学术价值是贾似道以蟋蟀作乐时想不到的。

关于斗蟋蟀主要是贾似道晚年的事，占他的精力不能说是非常多的，管他叫蟋蟀宰相不有点冤枉吗？不冤枉他，这是纵观他的为人与政治而言的，他败坏朝政，使南宋国是日非，国力日弱，而包括斗蟋蟀在内的极度声色犬马之乐，也是他政治败坏的表现，他这样的“平章军国重事”，难道不应该叫作“蟋蟀宰相”吗？！

古人端午节的生活

在古代，五月被称为“恶月”、“毒月”、“修善月”，在南朝宗懔的《荆楚岁时记》中就有“五月俗称恶月”的记载，可见这个观念至迟形成于南朝，实际上比这时要早，因为战国时代人们就认为五月初五日生育不吉利，若生男则克父，生女则克母，表明人们厌恶五月。因为是恶月，人们怕有触犯，禁忌就多，端午节的生活，就因恶月而产生它的一些内容和形式。

南齐人宗测，祖籍南阳，世居荆州，不乐功名，政府屡次征辟而不就，移居庐山，周游衡山等地，他的游历含有隐居性质，此外也是上山采药，自云到庐山的原因是：“少有狂疾，寻山采药，远来至此。”而在这里的衣食是，“量腹而进松术，度形而衣薜萝”（《梁书》卷五十四《宗测传》）。看来他是懂得中草药的人。据记载，他在五月初五日鸡还没有报晓的时候出发，采摘像人的形状的艾，回来制成艾绒，用以治病，很有疗效。宗懔的用艾治病，反映当时人已认识到艾的药物性质。端午这一天，荆楚地方的人采艾，编织成人形，悬挂在家门口，祈祷消除毒灾（《荆楚岁时记译注》，湖北人民出版社 1985 年版，第 89 页）。自此，形成人们于端午节在大门上挂艾人的风俗。艾，成为端午“五瑞”之一，大约同宗测的活动分不开。用艾，历代相沿，如北宋汴梁人“钉艾人于门上”（《东京梦华录》卷八《端午》）。到南宋，人们用菖蒲做成张天师驭虎的形象，与艾人一同悬挂在门上（《西湖老人繁胜录》卷三《五月》）。自此菖蒲与艾并用，如明朝宫中门两旁安放菖蒲、艾盆，门上悬挂吊屏，上面画的是张天师或仙子、仙女仗剑降五毒的故事（刘若愚《明宫史·火集·五月》）。形式比民间复杂，内容则

悬艾人

是一致的。到清代，用菖蒲、艾制成蒲龙、文虎，插于门上（潘荣陛《帝京岁时纪胜·五月·端阳》）。艾不仅挂在门上，南宋人又兴起戴艾花的风习（《武林旧事》卷三《端午》）。明人继承下来，由妇女专簪艾花（《宛署杂记》卷十七《民风》）。清代女子戴艾叶，也是“端五景”之一（顾禄《清嘉录·五月·端五》）。

南朝时端午日，人们竞相采集各种草药，南宋人也是“采百草或修制药品，以为辟瘟疾等用”（《西湖老人繁胜录》卷三）。自采草药，到明清时代在大城市发展为药铺施药，即在端午日，居民到药店要应节的消毒药品，如雄黄、芷术等。顺便说一句，直到20世纪上半叶有的城镇的药店仍在端午节施舍雄黄荷包。因为城

辽代采药图

居之人采药不便，故有这种变相的形式。采药是为应用，端午就喝菖蒲、雄黄泡的酒，并把这种酒涂在儿童脸上，画上王字，以求辟毒、辟邪。

南朝人过五月节，要在手臂上系着五色丝织物，叫作“辟兵”，大约是祈求不发生战争，从而不产生瘟疫，以免病害。这是当时南北朝混战时期人们极易产生的精神寄托。到宋代出现各种百索，有彩线的，有珠子的，给儿童系在头上。明清时衍化为香袋，内装香料，做成各种形状，年青的妇女和小孩佩戴，既有药用价值，又有美观作用。

南朝人要进行划船竞赛，这个风气历代延续不辍。越到后世，龙舟竞赛更成为节日的大项目，节日的标志。在明代，南京竞渡办得最热闹，福建规模也大。这些地方的大江大河中竞技，

观竞渡

一船可坐十人，大的到二十人，击鼓划船，一会儿几里地下去了（张瀚《松窗梦语》卷七）。

吃粽子，在南朝是夏至日的食品，很快也成为端午的食物，到北宋，人们当日吃粽子，五色水团，粽子成为主要食物之一，并且把它堆摆成楼阁、亭子、车子等的形状。后来人们又把它作为节日的礼物，互相馈赠。粽子终于同龙舟竞渡一样成为过端午的标志，而且它比竞渡还要普及，因为这是家家可以做到的，不像龙舟要在有河流的地方才能实行起来。

南朝人过端午还有郊野踏青和做斗草游戏的内容，这是同采艾、采草药相结合的，不过后来踏青、斗草各成为单独的形式。踏青后世演变为城中达官贵人和文士的郊游，如明代北京士人相

包粽子

故宫博物院藏清代宫廷画家金廷标绘《群婴斗草图》

约到天坛松林、高梁桥柳林、德胜门内水关、安定门满井等地，带着酒果，作竟日之游，女子亦有前往的。南京的文人到雨花台游憩。这天之后，天气日益炎热，这些人就不到烈日下活动了，这也是端午日出游的原因吧。斗百草主要是儿童的娱乐，清代宫廷画家金廷标的《群婴斗草图》，绘画中一群男孩在野外斗草嬉戏，有的拔草，有的身边放着草篮，面对面用力拉草斗胜负，有的旁观助兴。乾隆帝为此画题诗，有“赤子之心爱生意”句。画和诗反映清时儿童斗草的快乐情景，并引起成年人的兴趣（画藏故宫博物院，《文史知识》1986年第12期刊载）。

端午节和其他节日一样，也是个社交的时日，节间亲友互送礼物，皇家也不例外。贞观十八年（644）五月初四日，唐太宗用飞白体书写鸾凤烟龙等字，写好后对司徒长孙无忌、吏部尚书杨师道等说：明天是端午节，风俗是用衣服玩物相互祝贺，我今天送你们飞白扇两柄，供你们扇风纳凉（《册府元龟》卷四十三《帝王·多能》，第493页）。这是帝王以雅物赠大臣。宋朝皇帝给亲王、宰相及学士送的东西更多，有亲自书写的葵、榴画扇，艾虎，纱匹（《梦梁录》卷三《五月》）。

端午节的产生，传统的说法是纪念屈原，这自然是不能被排除的原因，但是从节日生活内容看，它和季节关系极为密切。我国一年四季分明，而酷暑、寒冬界限较之春秋两季更明显。五月进入大热季节，烈日给人体的毒害很严重，而毒虫经过春天的滋生，到这时也壮大了，对人的危害也大，因此人们把五月视为毒月是有道理的。为避免疾病的产生和流行，人们需要做一些预防，不仅个人做，需要众人共同做，约定一个时间，大家一起动手，不失为一个好方法。端午节采艾、菖蒲，做香袋，喝雄黄酒，说明人们认识到夏季是疾病流行季节，予以重视，并用药物预防。如此看来，端午节的那些辟毒的共同生活内容，是人们的一种社会公约，形成风俗，人人自觉遵守，也是人们的一种公德。它比政府的有关法令还要灵，因为这是自觉自愿做的事情，是行政强迫不能办到的。从防病毒的角度看，端午节的产生以及历久不衰，就有它的必然性。它是适应了人们的需要而产生的，流传的。由此可知端午节的生活是人们医药知识和生理知识提高的表现，它的出现和流传是一件好事。但是人们认识到的东西却不一定能给以科学的说明，反而容易被迷信色彩所笼罩。透过端午节的生活内容，我们看待古人的文明，绝不能看表象，不能赞不绝口，也不能以野蛮、落后、迷信一言以蔽之，要作分析，要透过生活现象，看到它合理的成分，那才更有益处。今人到春天就强调抓环境卫生，比古人到五月节时才做就做得更早，是认识提高的表现，对端午节纯粹是当节日来过，就容易忽视它的讲卫生、预防疾病的意义。

端午节流行的饰物、用物、食物、玩物，从南朝至清代，在总的方面变化不大，表明它的传承性。这种传统节日形成一个民族文化的特点，是一个民族文明的标志。有了春节、端午节、八月节、清明节、冬至节等节日，中华民族才成其为中华民族。所以民族节日需要很好地保留，轻视是不对的。我们民族有的节日，在大陆不太被看重，而在大陆以外的一些地区受到高度重

北京剪纸“除五毒”

山东剪纸“除五毒”

上：端午五毒袋（故宫博物院藏）
下：端午佩戴的香包

视。据说在香港，香港到九龙的地铁，一年只有三天通宵达旦地运行，其他日子夜间停运，这三天里有一天是阴历八月十五日，夜间通车为的是让人们好回家过团圆节。

又据报载，1986 年亚运会在汉城（首尔）举行的时候，中秋节这一天中国运动员乘车去运动场练习，结果吃了闭门羹，返回驻地不久，得到会议组织者方面的说明：按当地习惯中秋节放假，故而闭馆，此情未在事先通知，表示歉意。中国运动员忙于赛事，忽略了本民族的节日，是可以理解的，然而此事却使人知道韩国人重视中秋节。看来大陆的国人对待中秋佳节，可能不及香港同胞和韩国人。本民族的节日真要当个节日来过呀！端午节的生活内容，历代也有一些变化。社会生活条件在变异，节日内容作相应的调整是理所当然，以新鲜内容充实古老的传统节日，使人们节日过得更美好，也使节日更有意义。如果不是这样，这个民族就会非常保守了。当然，内容的增添，以不失去该节日的原有基调为原则，否则就不是那个节日了。

端午节与卫生事业、人体健康相联系，这一事实，使笔者联想到节日生活同科学、文化、生产相结合，在节日之中灌注这方面的内容，既丰富人民的生活，又提高人民的文化素质和技能。还可以根据科学、文化、生产的需要，创造一些节日。如植树节，在我们这个森林资源有限、绿色植被不多的国家，需要利用各种方法提倡植树种草，结婚、生育种纪念树之外，把春天植树节搞起来，让它真正成为民族的节日，自觉自愿地干起来，就会改变机关派任务，年年种年年死的现象。

宗族生活及其他

南北朝时期宗族类型和构成

宗族以其自身的组织状态和社会地位的差异，可分为若干类型和社会层级。南北朝时期的宗族有下述三种类型，并由它们构成宗族整体。

（一）与王朝相始终的皇族

典型的周代分封制破坏以后，皇族的实际社会地位大为降低了，加之皇权强化，皇帝进一步凌驾在皇族之上，从而令人忽视皇族的地位及其作为宗族独立存在的事实。然而皇族是一种血缘群体，按照宗法性原则形成自身的组织，在社会生活中仍然起着重要的作用并有着不同于其他宗族的特点。

皇族是帝王的家族，是王朝建立后形成的，在此以前它可能是特权宗族，也可能是平民宗族。南朝宋、陈的皇族原来都是平民宗族，而齐、梁皇族原来是新士族，北齐皇族原是鲜卑化的汉人豪强家族，北魏、北周的皇族分别是少数民族酋长、豪强家族演变而来。事实表明皇族是随着王朝的建立而产生的，是宗族地位变化的结果。

南北朝的宗族管理有两个系统，一个是国家行政机关的宗正寺，北魏、北齐、北周、萧梁、陈朝都设有大宗正，刘宋也有兼职宗正官，这个衙门负责皇族的人口登记，参与处理皇族内部事务；另一个是皇帝从宗室成员中指定宗师、大宗师，等于是皇族族长，协助皇帝处理皇族内部重大事务。

晋代形成宗室辅政和宗王出镇的宗室参政格局，南方各朝依式摹制，与晋代大同小异，即任命宗室为宰相，掌理朝政，另派宗王到地方上都督诸州军事和担任州刺史，所出镇的地方，以占有人口之半的荆州、扬州为最重要。北魏也利用宗王辅佐朝政，宗王出镇的地方重在长安。

皇族往往发生内讧，互相残杀，及至王朝灭亡，又要被新朝屠戮，刘宋、陈朝、北齐、北周的皇族被屠杀殆尽，北魏留在东方的宗室被北齐杀得只剩下几家人，留在西方的幸免于难。齐、梁的萧氏皇室同宗，齐宗室损失惨重；梁宗人保存较多，到隋唐时代萧氏仍能以士族的面貌活动于社会，大致上说南北朝皇族结局悲惨。

南北朝皇族的基本情况是：在结构上，以皇帝为中心，族人以与当朝皇帝的血缘远近，分成尊属、疏属；皇族有严密的管理制度，设宗正和宗师，皇族有优越的从政条件，出仕早，职位高，位尊权重，但是皇族不稳定，与王朝相始终，不像民间宗族能在不同王朝下延续。

（二）高层仕宦者的宗族——士族

说到士族，容易简单地理解为做官的个人及其家庭，这是极不全面的。士族是一种血缘团体，集做官者于一族，即全族仕宦化，它是宗族中的一种类型，也是一种社会集团，所以要把它当作宗族组织来认识和把握。

士族最迟产生于魏晋之际，南北朝时期的士族已有了较长的历史，就其具体成员讲，有老士族的延续存在，也有由其他社会地位的宗族陆续演化成的。不管新、老士族，都要有官方和社会的承认。官修谱牒记载士族姓氏、地望、位次，成为确认士族的专门文书。值得注意的是北魏孝文帝实行定姓族政策，规定宗族中要有三世以上出任四品以上的官员，始得为士族，又根据所任官职的高低和世代任职的状况，将士族区分为膏粱、华腴、甲姓、乙姓、丙姓和丁姓六个等第。这种规定，进一步巩固了士族的地位，是士族发展史上的一个阶段。

定姓族的办法，把士族区划为六个层次，或者说两个大层次，因为属于膏粱、华腴的士族屈指可数，是特级士族，加上甲姓、乙姓，汇合成为高门士族。这些层次，也就是士族的结构（关于士族的社会层级结构，稍微详细情形请参阅《膏粱——中古士族的最高等第》）。

从整体上看士族规模较大，一个士族往往有几百户。在其内部，又因血缘疏密关系分出房支，其结构为：士族——房支——族——家庭。各房支间政治、社会地位有所不同，甚至有层级的差别。

士族有出仕权，其特点是起家官高，所任之官属于清要之职，升迁迅速，至于高位。士族还有荫附人口和免役特权。

（三）平民宗族

史学研究者普遍认为，南北朝的士庶之别在于有无徭役，承担徭役的就是平民宗族，被称为“役门”“三五门”“次门”。这些称谓上的“门”，均不是简单地指一家一户，而是指属于这个范围的宗族，指一个群体。

平民宗族基本上由两种状况的宗族组成，一是豪宗，这类宗族包括的族人多，由豪强管理，在其居地有势力，即有社会地位，或者尚能拥有武装，但多半不出仕，没有政治地位，也有少数豪宗出仕，经过一段时间，跨入士族行列，不过那已是宗族间流动了，不再属于豪族。另一类型是寒门，或称小族，这类宗族规模小，人户少。它的成员中也有人掌握文化，做小吏，少数升到官僚上层。

平民宗族成员之间除有血缘关系，还有社会因素的结合，族人秉命于族内权威，在族内进行互助，对外团结一致，族人有宗族团体意识。所以说平民当中也形成了宗族。只是组织不甚健全，不如士族、皇族严密，家族规范不那么条理整齐，因此宗族特征也不那么明显。

社会上也还有一部分人没有组建宗族，或因与宗族有血缘关系的人太少，或虽有一定数量的人群，但缺乏组织联系，或是贱民之家，依附主人，不能另行组成宗族。宗族的存在具有普遍性，把社会上的主要成员包括进去，但作为社会团体，还不能像社会细胞——家庭那样普遍，那样无所不在。

综上所述，在全部社会成员中，有一部分人不属于宗族成员，在宗族群体的，分别属于皇族、士族、平民宗族。相对皇帝而言，士族、平民宗族合称为“素族”，当然这不是史籍中常见的含义，但本文篇幅有限，不便多作说明。这三种类型的宗族，构成南北朝时期的宗族整体。

范氏义庄的公产生活

清代武进吴氏家族有一首作为祖训的歌谣："子孙贵盛，家门之幸。当思范公，顾恤同宗。"（民国武进《吴氏宗谱·家训·先祖明训》）意思是要学习范仲淹设立义庄，照顾同宗族的人。范仲淹创设义庄，成为后世崇信宗族制度者的楷模，把设置义庄作为无比崇高的境界。然则在义庄里人们是怎样生活的呢？是那样美满幸福吗？

历史名人范仲淹（989—1052），相信读者早已知道他的历史，本书《北宋几位再婚妇女的生活》篇中亦有所交代。他是苏州人，幼年随母改嫁去朱姓家，后来官至参知政事。富贵了，大约是想起幼年家族中无人抚恤他的痛苦，于皇祐二年（1050）在原籍建立义庄，以1000多亩的地租赡养同宗族的成员，遂成为中国历史上首创义庄的人。他给义庄订立章程，规范族人的生活。他故世后，二儿子宰相范纯仁（1027—1101）、三儿子尚书右丞范

范仲淹画像

纯礼（1031—1106）等又续增规条，规制完善，经理得法，使义庄维持下来。宋金战争中范氏义庄遭到破坏，南宋时左司谏、侍讲范之柔加以整顿恢复。以后田亩时有损益，如明末范允临捐助田 100 亩，清前期大同知府范瑶增置 1000 亩，到宣统中有田 5300 亩（民国《吴县·志义庄》）。范氏义庄有八九百年的漫长历史，在中国历史上是独一无二的。

范仲淹父子通过义庄给族人所规划的经济生活有如下方面：

（1）领口粮：凡是族人，每天可以领 1 升白米的口粮，粮是一月一领，即每次领 3 斗。米要保证是白米，如果是糙米，加领二成。每一房还可以领一个奴婢的口粮。仆人有儿女，在范家服役 15 年，年龄已到 50 岁的，也按口领米。范家子弟有外出做官的，不能领口粮，但如丁忧、候选在家，或者在边疆做官而将家属留在乡里的，照常支领口粮。

（2）领衣料：每年冬天，一人领绢 1 匹，5—10 岁的儿童得半匹。

（3）领婚姻费：凡嫁女的领钱 30 贯，这个女子若第二次出嫁，再领 20 贯。凡娶媳妇的领钱 20 贯，若第二次娶亲就不能再领了。

（4）领丧葬费：族人死了，按其辈分领取安葬费，尊长丧支领 25 贯，次长丧 15 贯，19 岁以下卑幼丧 7 贯，15 岁以下 3 贯、11 岁以下 2 贯，7 岁以下及奴婢均不能领取。

（5）领科举盘费：族人取得大比资格的，可领路费 10 贯，第二次大比，再领 5 贯，若无故不赴试，已领之钱交还义庄。后因物价上涨，增加给钱数目，以使“子弟知读书”之美。另外，义庄设有义学，请本族有功名的人教育本族子弟，并给教师束修。

（6）借住义庄房屋：义庄设有义宅，供族人借居，若房舍需要修理则自行设法，如果本人确实贫乏无力修缮，从义庄领钱修葺。若本人有余力，在义宅地内建造房屋，听其自便。

（7）借贷：族人一时急用，可向义庄告贷，但不得经常借，且要到时偿还。若不能归还，也不扣他的月米，以保证他的基本生活。

按照这些规定，范氏义庄中人们的生活基本需要的口粮、衣服、住房可以无偿获得，重大事项丧葬婚嫁的经费，也不用发愁就可以得到，因此说他们的基本生活费是有保障的，需要自己创收的主要是零用钱。但如果要提高生活水平，当然义庄所给予的就不够了。总之，范家人由于义庄的供给，不会为柴米油盐发愁，生活上过得去。

这里值得注意的是，凡是范家的族人，只要住在本乡，就有权利向义庄领取上述物资。范庄子孙是不分贫富的，一视同仁。而后世其他家族的义庄，只给贫穷的族人以经济资助，而不像宋代的范氏义庄发给每一个族人。以上情况是根据正常年景说的，若遇荒年，地租收不上来，义庄发放存粮，供给族人口食，其他一切费用就不能开支了。

对于范氏姻亲，确系贫穷，或遇到急难事情，或遭荒年，义庄也酌量给予资助。这一点也不同于他姓义庄，因他姓只顾宗人，姻亲一律不管。

范仲淹父子所定的义庄管理条例，也涉及族人其他方面的生活。族人为了能到时领取钱粮绢帛，必须到义庄登记人口。族人生育，在两个月内要向义庄报告，说明所生男或女，他的嫡母、生母姓氏，排行及小名，义庄经过调查证实，即予登记。如果在限期内不报告，将来就不发给米帛。所以到义庄登记户口，是族人的一件大事。族人若无田耕种，不能租佃义庄田地。在义庄怕收租子时发生争执，伤了宗族内部的和气，所以不把土地租给族人耕种。同时义庄也不买族人的垦田，希望族人不丧失土地。

族人有权告发义庄管理人，若某一族人受到义庄管理人欺凌，可以请族人到范仲淹牌位前讲理，由公众作判断。范氏义庄有要事，族人间有纠纷，都在范仲淹牌位前判断曲直。有些事情如何处理，义庄规矩没有定，义庄管事与族人共同协商，然后告范仲淹牌位，并取得范仲淹直系后人的同意，才算有效。范仲淹作为义庄创始人，虽然故世了，但仍有权威，族人认为在他灵牌前就要诚实，要对得起他，人们就要秉公办事，否则欺祖就有罪了。

义庄也给族人的生活以一定的纪律，在范仲淹父子时代族人多能遵行。到了南宋，族人贫穷的较多，就处处想占义庄的便宜，做出有害于义庄的事情，所以范之柔于嘉定三年（1210）续定规矩，加强义庄管理。当时族人侵犯义庄财产，主要是：偷砍祖坟及其附近的竹木、柴薪，到坟山放羊，义庄规则对此严加禁止，处罚违犯者本人，停发他所属一房人一年的口粮，其情节严重的要送官惩治；范仲淹所设立的天平功德寺是为祖先做福事的，有的族人侵占寺中财产，逼逐和尚，强行占种寺田、园圃，不交地租，义庄对干犯的人罚其全房月俸两月；义庄本有不许族人租种庄田的规定，有的族人假托他人名义租种，还有的夺佃户的田来耕作，有的霸占庄田水面种菱角，因而不许佃户用水，庄规于是规定对违犯者罚他全房月米半年；有的族人欺压义庄佃户，强行高价卖给佃户物品，对犯者义庄罚他全房月米两月，重者送官审理；有的族人干犯管庄人职权，介绍不合格的人充当义庄脚力、墓客，引领外郡族人到庄，打开仓库，使用米粮，对有这类行为的人，义庄罚他全房一年的月米，并要送官根究惩治；有的族人领养外姓人为子，向义庄要粮帛，有的族人把儿子给了外姓人，仍向义庄要月粮，义庄对此一概不予周济；有的义塾学生在学舍内饮酒作乐，则将受到罚及全房月米一月的处分。

对违犯义庄规矩的人的处罚，不仅是犯者本人，还牵连他的一房的人，这是义庄希望动员全族力量禁止不肖子弟的侵害义庄行为，以维护义庄利益及其长期存在。义庄还要把危害其利益的人送交官府处置。早在范仲淹建庄不久，范纯仁就发现有些破坏义庄的事，除进行宗法处理外，非要经过官府不可，所以特向宋英宗上奏，报告义庄设立情形，请求在政府立案，如有人损害义庄利益，请政府按国法判处，以保护义庄不受侵犯。宋英宗批准了他的请求，下令苏州地方官准许备案，予以保护。范之柔整顿义庄，又一次在政府立案。范允临、范瑶等增置义庄田产，也无不获得政府批准立案。范氏义庄始终得到政府的支持和保护。

范氏义庄设有管理人，接受族人监督，并以工作好坏决定领取报酬的数额。如果他能保证族人领到月粮，就给他糙米 20 石，如能给族人半年以上月粮，则给予一半以上的酬粮。在发给他粮食以前，要由族人证明他工作有成效，如若族人不愿证明，也要申明不能证明的原因，并要在范仲淹牌位前说明。管理人如果该收的租米收不足数，就扣他应领酬粮的一半，等到他收足了，再补给他应得的数量。掌管人如有侵占义庄财产的弊端，义庄将报请地方官惩处。掌管人有权处理义庄事务，不受他人干扰，尤其是有些宗族尊长爱在义庄事务中指手画脚，管事人可以不予理睬，如若他们硬要插手义庄事务，即可向官府告发他们。管理人在执行职务时，若坚持原则受到侵害，也可以告官，如族人的私生子不给月粮，倘若不服吵闹，掌管人即可将他送到官厅。

范氏义庄能存在八九百年，是其他任何义庄所无法比拟的，必有其特殊原因。笔者以为：第一，它的规章制度比较严密和切合实际，章程是历次所定，随时根据实际情形加以补充和修订，在其章法中着重讲给族人的实际好处，而不在宣扬孝道、宗法、国法，它是令族人收到经济实惠，自然不做或少做不利于社会秩序的事；给人实惠，容易得到人们的支持和爱护，从而能维持下去。第二，办庄后继有人，而且形成传统，非办不可。范仲淹父子创业，基础打得好。但是时间长了，庄田必然遭到侵蚀，日渐短少，不过在损失之后，总有族人出来补充，所以庄田最少时也在千亩以上。庄田是义庄的基础，有田就能维护。范氏后人所以继续办义庄，是因为庄子早有名声，办好它成了范氏族人的荣耀，并形成传统观念，因此有条件的人在义庄败坏时出面维护，又使其恢复起来，这样才做到长盛不衰。

义庄是一个人拿出自己的田地，作为公产，养活同宗族的人，或者只赡养同族的贫穷人，这是一种救济行为，属于社会慈善事业性质，不过它不同于养济院、育婴堂那种类型，因这些善堂靠众姓合办，或者还要依靠政府经济支持，并向全社会的人开放，所以说义庄的范围比较狭小。

靠救济来维生的族人，最低限度的生活有了保障，对他们来讲无疑是一件好事，同时也是负面作用。他们靠恩赐过活养成了依赖思想，因而对创造不一定想得多，但对如何占义庄的小便宜则颇为上劲，所以义庄不许做的那些事都出现了。看范氏义庄规矩，感到它防范族人在应得的经济权益之外侵占义庄的财产的条规不少，觉得它的消极性很大，当然义庄为保证自身的存在不得不作那些规定，但是它那种施舍性质就不是鼓励族人去创造。倘若义庄创办人把办义庄的资财用作帮助族人生产劳动，去创收，去自己养活自己，而不是让他们去领现成的米绢，或许会使族人去积极地生活。所以义庄制度本身就是养闲人的，而被养的人也只会在义庄身上打主意，吃义庄，非把义庄吃空了不甘心，甚至把义庄搞垮了，他也不心痛，因为那本来就不是他的事业。范氏义庄以外的许许多多义庄的破灭，证明了这一点。

中国儒家讲大同社会，要人们有无相恤，互救互济。农民暴动期间，时或提出有田同耕、有饭同吃主张，这是小生产社会的平均主义思想。它在历史上并不能实现，大约只有部分人作了某种实践，如张鲁的五斗米教的活动，此外，就是范仲淹建设的宗族义庄这类形式了。义庄反映了人们平均主义的愿望，即有饭同吃，但是它不鼓励吃饭的人去生产劳动，创造自己吃饭的财富，从而失去它自身长期存在的社会条件。义庄旋建旋败，其数量和重要性，在全部社会经济结构中微不足道，究其原因，还在于养闲人，不发展社会生产。中国君主社会历史上，小农的平均主义思想很吸引人，偶然的实践是失败的，历史的事实就是这样。平均主义对着剥削制度具有进步意义，但是它不管社会生产的发展，只在分配领域做文章，引出产生惰民的结果，因此从实践上看，只能认为它是落后的组织形态，缺乏现代人认识到的救济事业在“授人以渔”观念下进行，对受惠者更为有益。。

政府支持义庄，是两者互相利用。义庄帮助穷人安排生活，稳定那些社会不安定的成分。而且义庄还惩办不守政府法令的人，如范氏义庄规定，族人中有犯社会性罪过的，初犯罚他本人一年的月米，再犯就将他从宗族中除名，永远不再给他族人的待遇。除名后还不改悔，“为宗族乡党善良之害者”，即向政府控告，把他驱逐出乡里（以上范庄资料俱出自《范氏义庄规矩》，见《青照堂丛书·次编》）。义庄起着维护地方治安的作用，当然是政府欢迎的，所以才着力保护它。

范氏义庄是历史上的首创，比它略晚，其他宗族的义庄相继面世，如江西铅山人、建康军判官刘辉，以田数百亩赡养家族中的穷人（王辟之《渑水燕谈录》）。浙江诸暨人黄振及妻刘氏，“规义田”，“待之举火者数十家”（宋濂《芝园前集·诸暨孝义黄氏族谱序》）。刘、黄二族之救济本家，义庄的规制可能很不完备。南宋初魏国公张濬就设立了像样的义庄，朱熹说他“置义庄以赡宗族之贫者，以至母族，丧葬婚嫁亦皆取给焉”（《毗陵城南张氏家谱·魏公行状》）。由此可见，范氏义庄的出现不是偶然的，它是宗族制度到宋代发展的必然结果。自此之后，代有兴建。它适应了宗族多穷人而又有宗族上层需要宗法的两种人的共同要求。

浦江义门郑氏家族的生活

郑氏家族与前述范氏在家族共财方面有相同的地方，可是又有不同处：一在共爨与分爨，一在田产上，范氏为一人提供，郑氏为合族所有。郑姓制作的《郑氏规范》，对其家族生活描绘甚详。

义门郑氏居于浙江浦江感德乡仁义里，其远祖郑绮，于南宋初年同族人共爨，四世孙郑德珪、德璋兄弟为仇家陷害，弟兄争着投监，德珪终于死在狱中，德璋待哥哥的儿子郑文嗣如同自己的儿子，以孝友为世人所知（《宋史·郑绮传》）。郑文嗣当家时，已十世同居两个半世纪了，族人不敢私藏一文钱，一尺帛，元武宗（1308—1311 年在位）旌表该族为“义门”。文嗣堂弟文融（太和）主持家政时，订立族规 58 条，管理更严格，元朝政府因而豁免该族的赋役（《元史·郑文嗣传》）。到了明朝，郑家已有几百口人，有人进入政界。郑濂以粮长到南京，明太祖朱元璋（1368—1398 年在位）召见，询

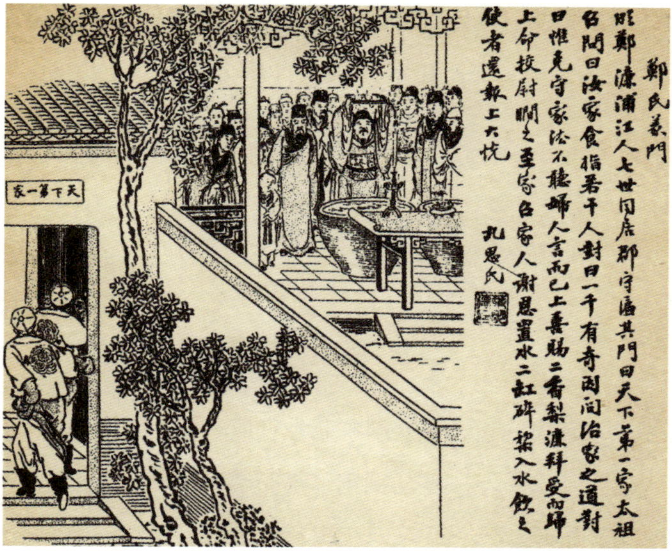

清吴友如绘《郑氏义门》

问他治家方法，表现出对这个家族的浓厚兴趣。胡惟庸案发之后，牵连到郑家，郑濂、郑湜兄弟争相赴狱。朱元璋知道后说，如此仁让的家庭，不会出叛逆，不用审问了，还进一步任用郑湜为左参议。当东宫缺官时，明朝任命郑济为春坊左庶子，征白衣郑沂为礼部尚书，郑傒出任御史，郑棠官翰林院检讨。建文帝朱允炆（1399—1402 年在位）给郑家题写“孝义家”匾，到明宪宗（1465—1487 年在位）时重新表彰郑氏为孝义之门（《明史·郑濂传》）。郑氏历经宋元明三朝同居共爨的历史。郑文融定的家规，经郑钦、郑铉、郑涛、郑湜等人修订补充，计得 168 条，名为《郑氏规范》，刊行于世。丛书《学海类编》收入，笔者主要依据这个规范考察郑氏族人的生活情形。

郑氏的家长，由兄辈终弟辈及的方法产生，宗子不一定就是族长。据《明史·郑濂传》记录，自郑文嗣起，族长的传授如下表：

郑文嗣→郑文融
↓
郑钦→郑钜→郑铭→郑铉
↓
郑渭→郑濂→郑渶

看名字就可知道，郑文嗣一辈排行取“文”字，郑钦一代名字用“金”字旁，小一辈的则用“水”字旁。兄终弟及是并尊年长和辈分的继承法。

郑氏田产甚多，专用作祭祀经费的田地就有 150 亩，用作婚嫁经费的田地多达 1500 亩，总计田产不知有多少，由上两项可知一定是很多的。田租是郑氏经济的主要来源。此外，郑氏还有商店、林木、畜牧等收入。郑氏家族凭借这些收益，得以实现共爨生活，衣食住行，丧葬嫁娶，办教育，待宾客，助邻里，一切经费均出于此。

郑氏族人的衣着由专设的羞服长掌管，族人在 4 月领取夏衣衣料，9 月支领冬衣料，以便换季。郑氏男女满一周岁开始领衣料，男子 16 岁以下的领布料，40 岁以下的在布以外领取一部分帛，40 岁以上的全部领帛，所有的人同时领取成衣费。男子到行冠礼的年龄特领礼服一套。此外，每年领新头巾、鞋子。妇女领衣料的办法和男子一样，不过她们两年才能领一次。姑娘到及笄之年，可以得到一副银首饰。族人领衣服之外，四时祭祀完后的一天，妇女还从羞服长那里领取做鞋子的材料，头油、脂粉、针、花等针线和化妆用品。妇女需要染布，也找羞服长给予安排，但各房染多少要统一，免得争长较短。

郑氏设有掌膳 2 人，专管众人的膳食，安排和督促伙房人员，及时做出饭食，以便族人到时进餐。人到 60 岁以上，得到照顾，吃膳堂单独做的适合他们口味的饮食。掌膳的若不用心去做，要受到惩罚。30 岁以下的男子不许喝酒，30 岁以上也只能少饮，如果酗酒喧哗，给以打板子处罚。妇女更不许饮酒，只有 50 岁开外才许喝一点。族人吃一样的饭不能满足食欲，就想自做饮食，如果真做了，第一次要挨训斥，再犯要受处罚。坐月子的妇女和病人，可以自做饮食，因为这是特殊需要。个人的亲友来了，膳堂备饭，但宴饮要早散，不能到一更天，如若超过 10 个人，便不许在夜间设宴。不是备不起饭菜，是怕坏了淳朴的风俗。在学的未冠青年，不许吃肉，以便养成吃苦的习惯，知道柴米油盐来之不易。

吃穿以外的生活用品也由公堂一总置办，均匀地分给各房。个人想要使用上好的、可心的东西当然做不到，设若私自托人去买，也不许可，因为这样各房不平均，容易引起嫉妒争竞。

因为生活用品来自公堂，个人也就不能有什么私财。族人如果私买田产，私存金银钱财，被家长知道了，叫到祠堂受处分，并没收所有私产。族人若不服从，将被告到官府，会受到不孝之罪的处决。至于子孙接受亲友的赠物，则要交给公堂，不能私自留下，回赠礼品自然也不需要个人负担，由公堂办理。众媳妇的娘家贫富不等，所得嫁妆及平时的馈予也就不同，于是妯娌之间的穿戴用物就会有差别，公堂为使贫者无怨，家长根据情况，单给贫家出身的一些他人所有的东西。

郑家极其重视祭祖，祠堂祭祀是族人生活的重要内容。族众公祭的日子很多，每月的初一、十五，岁时节日，四月初一日的始迁祖诞日都到祠堂祭礼，岁节和寒食节、十月初一日到坟茔祭祀，各房子孙在先人忌日自行祭奠，祭器、祭服是专用的，不得挪作他用。族人参加祭祀时，衣冠整洁，不嬉笑，不交谈，行礼时毕恭毕敬，不随意退席，不能伸懒腰、打呵欠，乃至不能打喷嚏、咳嗽。遇先人忌日不饮酒吃肉，不听音乐，不与妻子同房。纪念始迁祖诞辰诵读族谱，扫墓不让妇女参加。朔望参拜祠堂完毕，举行训诲子弟仪式，族长坐堂上，族众分男女站立于堂下，击鼓 24 声，有一个子弟讲唱：“听，听，听！凡为子者必孝其亲，为妻者必敬其夫，为兄者必爱其弟，为弟者必恭其兄。听，听，听！毋徇私以妨大义，毋怠惰以荒厥事，毋纵奢以干天刑，毋用妇言以伤和气，毋为横非以扰门庭，毋耽麹蘖以乱厥烂，有一于此，既殒尔德，复隳尔能。眷兹祖训，实系兴废，言之再三，尔宜深戒！”听罢，众人对揖，然后坐下，再听讲一个孝悌的故事，方能解散，结束礼仪。

儿童、青年要接受伦理的、文化的教育及办事能力的训练。儿童从 5 岁开始学礼，参加朔望的祠祀，8 岁进家塾读书，12 岁出就外傅，可以读到 21 岁，如果取得功名，有权继续学习，否则就从事理家的活动。在学期间，纪律严明，晚间住在学舍，不许进中门。到16岁以后，能背诵四书五经，并能讲解大义，就可以举行冠礼，不能就要到21岁；如果弟弟达到标准了，先给弟弟行冠礼，以羞辱其兄，促进他学习。已冠子弟在学的，10日一次轮流背书，假如一次背不通，揭去头巾，三次不行，就如同未冠，以示惩戒。学习的是儒家经籍，目的首先是懂礼义，其次是辞章。不许看非礼之书，凡是有淫亵言辞或妖幻符咒的书籍，不仅不读，还要烧毁。参加家务活动的青年，争取学会办事的能力，如跟随管事人到官厅，学习办理事务和处理人际关系。到了老年，特别是古稀之年，就不用出门办事了。

族中青年男女的婚姻，由家长安排。选择婚嫁对象，不贪富贵，重要的是看对方是否为温良之家，是否有疾病家史。结婚时，新郎穿戴上特为他制作的深衣、头巾和鞋子，婚仪按朱熹制定的礼法进行。新娘进门三天拜祠堂，拜家长，家长向她讲家规。族人不许纳妾，到了40岁还没有儿子，可以娶一妾，但妾不能进公堂入坐。女子出嫁，由她的父母同族中尊长议定，如果幼时由父母做主订婚的，族长因未参预其事而表示不满意，到出嫁时不给妆奁。女儿女婿回门，公堂给见面礼，个人不得再送。

族人丧事经费出自公堂，出丧不用乐，服丧期间子孙不饮酒，不吃肉，违犯者以不孝论处。郑氏不信佛老，对阴阳家也不迷信，惟笃守儒家的丧礼。

郑氏宗族及其成员有一套处理亲友关系的原则。公堂设立知宾二人，负责接待客人的事务，预备茶饭、留宿。公堂备有客馆，就是至亲来了，也不留在内宅，一律住于客舍。对姻亲，一年送一次节礼，有红白喜事另送。亲戚不分贫富，礼物一个样。郑氏女子出嫁生第一胎，到满月时，郑家馈赠礼物，再生就不送了。姻亲初见，以钱帛作为礼品相赠，不送金银及其制品，人家的厚礼也不接受。

对于不属于同居共爨范围的郑氏宗人，公堂也有所关照。如果宗人贫穷无力，婚嫁给予资助；遇灾时，自春天起每月给六斗谷，到秋收时停发；设义学，免费接收宗人子弟读书；对无家可归的宗人，拨给房屋居住；对无子的宗人，帮助他确立后人，并予少量的经济支援；无冬衣、被的宗人，也要资助；设立义祠，纪念宗人中没有后人的人。

郑氏注意处理乡邻关系和社区建设。设立义冢，供穷人埋葬；穷家生子，送去“助粥谷”二斗五升；乡人缺食贷粮，不收利息；乡人有病，酌情施与药材；修桥铺路，以利乡人行走；对乡里人的赠礼，即使很微少的也不接受。

郑氏族人内部关系的处理，更是生活中高度关注的事情。子孙对尊长，用正式的称呼，不能指名道姓；兄弟间称呼，用字，另加兄或弟的称号；夫妻、妯娌之间，均以字相称；未冠的青年人不能称字，希望他各方面成长了，取得社会承认了，才认可他的表字——美称，众人才尊敬他；子侄到了60岁才可以同伯叔坐在一起，否则要受到惩罚；卑幼要听从尊长的教导，即使哥哥只大一天，弟弟也要听从；尊长责备卑幼，即使不合事实，卑幼也要忍耐倾听，不许分辩；尊长训诫子弟，也要实事求是，态度、语言都要讲究，到不得已时，才会集众人，给予鞭挞。

郑氏族中男子在如何做人行事方面有许多规矩要遵守。清晨，听到钟声就起床，在《夙兴簿》上签到，然后各干各的事情；公堂设有《劝惩簿》，记族人的功过，还有“劝”字牌、“惩”字牌，表彰或警告有功、过的人；族人衣着要端正，免巾赤脚，裸露臂膀，以及手舞足蹈的动作，都不许做出；见到客人，行出应有礼数，言语庄重，不许掺杂俗话；交友要慎重，不能与屠竖小人为伍；族人不许做胥吏，也不准出家当和尚、道士；个人不能捐造佛老祠宇的塑像，不能滥祀神灵，以求于鬼神；族人不能与他人争奇斗艳，以戒奢崇俭；族人不许结交唱戏的人，更不得引进家门；自己也不能作曲，下棋、玩双陆、养鹰犬，都不得进行；不得欺压乡邻，图人财物；不许赌博。族人如违犯上述规则，家长聚集众人，罚其跪拜，只要比他大一岁，就要拜 30 次，以羞辱他，如不悔改，就打板子，再不悔过，则开除出族，宗图上除名，同时送官府惩治，如果悔改了，三年后复归家族。

对于妇女行为作风，不乏相应的规则。妇女凡犯“七出”之条的要受教训，以至被休出家门；女子若想管家庭外部事务，则被罚拜；新妇进门，接受半年的教育，以便通晓郑氏家规；妇女轮流做饭，到 60 岁免除；新娘进门 3 个月之后开始参加厨房值勤，凡是无故不到的，罚及她的丈夫；妇女白天在一起纺纱织布，做针线，刺绣，各尽所能；女子在自家房中养蚕，出丝归公堂，另外奖给生产者十分之一，用公堂丝、棉织成绢帛和布匹，也奖励织造者十分之一的产品，多余的由公堂出卖，作为成衣费；

如果布织得不好，给本房作应发的衣料使用，以示惩罚；媳妇有双亲的，准许回娘家探视，双亲亡故，尽管有兄弟伯叔，也不能走动，遇到娘家有喜庆丧葬的事情，也只好托人去表示自己的心意；媳妇的亲戚中有做和尚、道士的，按照家规，就不能来往了；每月初二、十六，妇女集合，听家人讲解古代贤媛淑女的故事；妇女生了女婴，不许溺毙，违犯了要受罚；女孩子长到 8 岁，母亲就不再带她走外婆家，其他至亲家也不能去，否则处罚她的母亲；妇女理发，不能用剃头匠人，因为男女授受不亲；郑氏妇女不能与农家女子往来，更不能引进卧室；郑氏男女不同厕所，不同浴室，春、冬季节供应热水，女子 10 天能洗一次澡。

几百口人的大家庭，要维持其生活秩序，要维护其家族的长盛不衰，必然要制定严密的规章制度，既要管理人忠于职守，发展家业，又要族人遵守纪律，安于本分，为此需要防范的地方太多。族人生活有保障，但被管束得太严，而且许多内容是违反人们心愿的。如禁止妇女同娘家亲密往来，就违背人的本性了；祭祀活动、公堂教育形式刻板，内容单调，重复不已，自然令人生厌；礼教惩处，当众羞辱，令人不易接受。所以在这种家庭里人们的生活是不会美满的。郑濂之辈的倡导者，不过是“行庸德，谨庸言”的平庸之徒，不足称道。这是史学家吕思勉的评论，既尖锐，又深刻。

中国宗法性制度的维持，在其内部，靠的是自身经济力量，即宗族有耕田。如在西周，实行分封制，天子（大宗）授予同姓诸侯（小宗）封地，小宗团结在大宗周围。周代分封制破坏后，周代的宗法制也就无法实现了。后世人要维系宗族，靠宗法伦理的力量不够，靠国家的支持也不够，人们知道要想“收族”，得有宗族的共同经济，即用经济力量把族人联系在一起。范氏义庄、义门郑氏就是靠建设宗族的共同经济，才使族人团结在宗族祠堂之内，长聚不散。西周宗法制的封地是在宗族中普遍实行的，宋明以来的义庄只出现在少数宗族中，从宗法制的完整性来看，到宋明早已不行了，所以范氏义庄、义门郑氏等的产生是衰落中的宗法性制度有了新因素，赖以继续维持下去。这既不反映宗法制有旺盛的生命力，也不说明它即将消失，然而使学者不能不认为中国宗法性社会有长期延续的历程。

附带说一句，21 世纪以来，中央几个权威部门联合拍摄多“季”的《记住乡愁》纪录片，其中就有浦江义门郑氏专集，表彰该家族的忠义。不只是郑家，一些古老家族亦有此殊荣，这也是一时风尚吧！

“我从哪里来”

——姓氏渊源与家族

人们常常会发出“我是谁？我从哪里来，我到哪里去？我的根！”，追问自家姓氏是怎么来的，有哪些著名先祖？在制作家谱时往往会考证姓氏源流，罗列一群历史名人。适应这种文化解读的需求，天津新蕾出版社于20世纪末推出“百家姓书系”。是的，明了姓氏渊源及其社会作用在历史上的变化，有益于人们知道自己的姓氏史和家族史。

姓氏之学，在我国发生得很早，东汉王符在其《潜夫论》中作有《志氏姓》篇，应劭的《风俗通议》有《姓氏》篇，开启了对姓氏学的研究。首先贡献出姓氏学专著的是唐代林宝的《元和姓纂》，此后宋人邓名世撰《古今姓氏书辨证》，郑樵在《通志》中用大量的篇幅写作《氏族略》，清代张澍著《姓氏寻源》。这些著作为今日探讨姓源的不可或缺的参考文献。当代学者，如吴其昌、马雍、李学勤等，在利用古籍之外，有的还运用甲骨文和金文的资料，对姓氏的渊源与演变作出考察。笔者在这里仅是使用现成的学术成果，对前人所作的姓氏来源及分类举例作一转述，希望能对读者了解自家姓氏和家族史有所裨益。

在我国姓氏发展史上，先秦和秦代以后是截然不同的阶段。在今人的理解中，姓和氏是一回事，姓氏说的就是姓，然而在先秦，姓与氏是两件事，姓，基本上是天子及极其特殊的人物才有的，是“皇天”所赐，为数极少，固定不变；氏，是天子、国君赐给下属的美称，其数量要比姓多得多，而且可以变换。那时姓与氏，仅是贵人所拥有的，许多人得不到，也即没有姓、氏。战国时代社会结构的巨大变化，典型的封分制、宗法制的破坏，使得与之相联系的姓氏制度发生相应的演化，秦汉以降，姓与氏的差别消失了，人们以氏为姓，并简单地以姓表示姓氏，同时人们普遍地拥有了它，故其数目大为增加。

在中国历史上，民族的交往，使得少数民族与汉族的姓氏文化交流融合，大大增添了姓氏的种类和数量。这就提醒我们在了解自家姓氏源流时，某一个姓氏，不见得只有一种来源，很可能是多元的。

笔者在此主要述说姓氏来源及其分类。应劭在《风俗通议·姓氏》中将姓源分为九种，即号、谥、爵、国、官、字、居、事、职，说出了命氏的基本原则与类别。张澍在其书的序言中讲到姓氏之源，“或爵或邑或山或水或字或名或冒或徙”，亦指明分类要点。郑樵《通志·氏族略》则分成三十二类，另有避仇、省言等项，比应劭概括的现象要多，这里主要依据郑樵的归类作出简要的说明，并补充他所缺略的姓源。以下所讲的姓、氏，都是我们今日概念中的“姓”，只是为反映古代姓氏的复杂情况，时而说姓或氏。

“因生以赐姓”：传说中圣人、大贤所得之姓，如夏朝姓姒，商朝姓子，周朝姓姬，齐国国君姓姜等。

以号为氏：天子所得美称，如唐、虞、夏、殷、周等。

以国为氏：天子封诸侯国所得，如鲁、晋、卫、蔡、曹、滕、燕、于（邘）、郭、管、焦、吕、江、谢、盛、茅、胡、蒋、陈、田、许、诸葛等，以及与此相联系的王子、王孙、公子、公孙等。

以邑为氏：诸侯封卿大夫所得，如尹、苏、毛、樊、羊、冯、马、单、叶、白、卢、崔、华、鲜于、钟离、堂邑等。

以乡为氏：侯爵中的乡侯所得，如裴、陆、庞、阎、郝等。

以亭为氏：侯爵中的亭侯所得，如采、欧阳等。

以地为氏：没有封爵者以居住地的名称和特征为姓，如傅、城、池、桥、济、艾、东门、西门、申徒、南宫等。

以字为氏：使用祖父的“字”为姓，如林、家、孔、张、吉、方、包、潘、成、南、乐、公羊、皇甫等。

以名为氏：用祖、父的“名”为姓，如大庭、大、怀、金等。

以次为氏：以排行为姓，如孟仲、叔、季、第五、主父等。

以族为氏：如昭、左、景、长勺等。

以官为氏：如史、太史、司马、司寇、司徒、司空、中行、庾等。

以爵为氏：如皇、王、公、侯、公乘等。

以德为氏：民间有德行之人得姓，如老成、考成、冬日等。

以技为氏：有专业技能者得姓，如巫、屠、卜、匠、优、干将等。

以事为氏：因特殊事情而得姓，如窦、车、白马、青牛等。

以谥为氏：以谥号为姓，如庄、严、康、桓、穆、宣等。

少数民族姓氏：如党、朴、赫、源、长孙、慕容、独孤、尔朱、尉迟、呼延、宇文、莫折、夫余、昭武、耶律、完颜、破六韩、阿史那、普六茹、瓜尔佳、孛尔只斤、爱新觉罗、西林觉罗等。

不知姓源的姓氏：如东、宫、翁、佟、查、奉、万、井、遇、墨、西都、北人、列御等。

领氏：登记分家，到官府领取新氏，如晋国大夫智果不满意于晋卿智宣子的立嗣办法，分裂出去，由晋国太史命为辅氏。

强制改姓：如莽、枭、兀、闻等。

避讳改姓：如庄氏避汉明帝名讳改姓严，庆氏避汉安帝父名改姓贺，师氏避晋景帝名讳改姓帅等。

避祸改姓：踈氏避王莽之难，去足为束；慕容精因北魏之难，改姓豆卢等。

避仇改姓：端木赐之后改为木氏，又为沐氏；谭氏改姓覃等。

少数民族改姓：如贺鲁改为周，乌丸改为桓，阿鹿桓亦改为桓，步六孤改为陆，万纽于改为于，孛尔只斤改为包，爱新觉罗改为金或赵或黄，瓜尔佳改为关，钮祜禄改为郎，舒穆鲁改为舒等。

省笔画改姓：如邴改为丙，邵改为召，桥改为乔等。

省字改姓：如闾邱改为邱，马服改为马等。

两姓合为一姓：这有两种情形，一是义子将本姓与义父之姓合二为一，如倪王；另一为赘婿将本姓同岳家姓氏合二为一，如陆费。

冒姓：以种种原因冒充高门大户或其他家族的姓氏。

上面说到的于、马等姓，在不同的类型里出现，这就表明一个姓氏，就其来源来讲，往往不是单纯的一种因素，可能有两个或几个来路。以卢姓而言，前面已列入以邑为姓之中，那是指齐文公的曾孙姜傒食采邑于卢，遂以卢为氏，这是卢姓的一个来源；其二是賨人七姓有卢氏；其三为北魏莫芦氏改为芦，又去草头，即为卢；四是吐伏卢氏改为卢；五是豆卢氏改为卢；六是范阳雷氏因雷音接近卢，遂改作卢；七是章仇大翼改为卢；八是陕西三原的闾氏改为卢。再如唐姓，来源有四个方面，一是唐尧的子孙，以唐为氏；二是周武王封其弟叔虞于唐，后裔以唐为氏；三是西南“白狼王”有唐姓；四是陇西羌人有唐姓。这两个姓氏的事例表明，一个姓氏产生于不同的民族和氏族。因此，今人在寻找自家姓源时，需要注意到来源的多途径，经过慎重考辨，才可能做出准确的结论。

有些姓氏的来源，在历史上就存有互相矛盾的说法，需要澄清。如今日拥有众多人口的张姓，其姓源，或谓黄帝第五子挥的子孙因张罗网的职业而得姓，或说黄帝子少昊青阳氏第五子挥为弓正，因之赐姓张，或说黄帝巡行时有张若陪同，或云因汉初三杰之一的张良而得姓，这些说法很难符合实际情况，如在张良之前已有姓张的人，显然张姓不是从张良开始的。经学者的考证，晋国有解张，字张侯，后世孙子以字为氏，故姓张。当然，张姓的人，还有来自少数民族的。

上述的姓源，包涵两种情形，主要的是说姓氏如何取得的，其次是说某些家族改姓的事实。就得姓而言，以封国、封爵、官职、名字、居地的因素为多，而且多数姓氏得于秦汉及其以前；少数民族的姓氏原本是本民族的，后从汉人习俗，改用单字姓。

简单交代了姓氏来源及其特点，可知在古代姓氏基本上是社会身份、地位的标志，先秦时代尤其如此。如见到智氏，就知其为晋国卿大夫；公子氏、公孙氏，即为国君的后裔；马氏，就可能是马服君的遗胤；司马、司空、司寇，无疑是高级官员的后人；而巫、卜、陶、匠诸氏，其职业身份立即显示出来。到了中古，倘若把姓氏与地望联结在一起表达，比如博陵崔氏、范阳卢氏、荥阳郑氏、宏农杨氏、陇西李氏、太原王氏、琅琊王氏、陈留谢氏，即为头等士族，其族人出仕则为清贵官，不要多久，就会位登显要。宋代以后，姓氏基本上不再有贵贱之别，同社会地位脱离关系（只在少数民族当政时期统治民族中少量姓氏的家族有特殊地位）。时至今日，人们的社会地位与姓氏毫无联系。但是人们从事家族宗亲活动，纂修家谱，必然求索姓氏学知识，当人们了解同自己有血缘关系的人的历史时，会倍感亲切，还会因有杰出的先人而自豪，并受到精神的启迪、鼓舞和享受，从而提高生活情趣和质量。

拟制血亲

——一种历史上的常见现象

本来没有血缘关系的人，却比附有血亲关系，诸如收养义子，认干爹娘，结拜金兰，甥婿为嗣，族际联宗，皇家赐姓，奴从主姓等，是中国历史上反复发生的现象。为什么要作这种比附呢？它涉及个人与群体（家庭、家族）、社会伦理、国家法律和政策、社会风俗等社会领域。它不仅属于历史学的研究范畴，同时是社会学、文化人类学、法制学、民族学、民俗学、伦理学等学科的研究课题。这么大的题目，自然不是这篇小文所能详谈的，这里只能摆出拟制血亲的某些现象，试图指出它同某些社会制度和文化的关系。

让我们首先了解历史上拟制血亲的一些表现。

养义子。小说《三国演义》骂吕布是“三姓家奴”，说他是无耻小人，先后作丁原、董卓的义子，历史事实是他与董卓有义父子关系。与他同时代的曹操，原应是夏侯氏家族成员，其父为太监曹腾养子，才改姓为曹氏家族的人。假子也有一些权利，五代时期，有三个养子做了皇帝，且不说继承地方首脑地位的了。皇家、官僚、民间，都有把他人之子作为自己儿子的现象；收养义子的人，有的没有生养儿子，有的则是有亲子的。

认干亲。在亲生父母主持下，男女少年、青年拜他人为干爹娘，也要拜干爹的祠堂，甚至也接受干爹的姓氏。但是干儿与养子不同，不和干爹一起生活，不继承财产，姓氏只在干亲家内部使用。

拜把子。没有血缘联系的异姓人、同姓人结盟为弟兄，秦末两位大英雄刘邦和项羽，《史记》里说他们“约为兄弟”。《三国演义》开篇写刘关张结义，史书虽未记载，不过它和《金瓶梅》第一回的《西门庆热结十兄弟》，倒反映明朝人结盟的盛行。结义，不是一母所生，表示要义同同胞。

甥婿承嗣。无子者用姊妹的儿子（外甥）、出嫁女的儿子（外孙）为继承人，如西晋开国元勋贾充死后，其妻以外孙为孙，继承爵位。有女无子者招婿为子，改名换姓，继承家业。进入家门的甥、婿，原来的亲属关系改变了，在新家庭的名分是父子、祖孙，是血亲关系了。

赐姓。皇帝给臣下赐以皇姓或他姓，刘邦对失败的项羽家族的几个成员，赐予刘姓。中古时代皇帝频频赐姓，以至建立唐朝的李氏都接受过北周赐予的少数民族姓氏。以七次下西洋而著名的郑和的郑姓，是明成祖赏赐的。

联宗。原意应当是两个或多个宗族，出自同一祖先，因为世代久远，或异地而居，失去联系，而后要恢复往来，建立统一的谱系关系。实际上一些并没有血缘关系的同姓宗族联宗续谱，以至异姓联宗；还有同姓或异姓的个人盗买他族的谱牒，或径直冒充为名门士族的成员，似乎有了血缘关系。

除了上述现象，明清时代政府规定和民间习惯，田主与佃户、东家与伙计间往往以叔侄、兄弟相称，将主家视为血缘家族中的尊长，客户视作卑幼，将生产关系笼罩在家族结构里。有的主人把自己的姓氏给予某些奴隶，仿佛真正是一家人。臣民称皇帝为君父，而皇上则称呼百姓为子民，用“血缘纽带”联系君与民。这一类的事情还有许多，不必缕叙。要之，拟制血亲和类似拟制血亲的现象，表现在各种社会生活领域。为什么会有这样的事情呢？不妨了解它的社会功能。

建设家庭、调节家庭与宗族矛盾。古代家庭附属于宗族。宗族是以有男系血缘关系的各个家庭为单位，在宗法观念的规范下组成的社会群体，男系血缘纽带是它的基本要素和不可动摇的原则。异姓承嗣、不是共祖的两个宗族联宗，直接冲击宗族的这个神圣原则，宗族被迫应战，以维护祖先崇拜和反对异姓乱宗为武器，辅以相应的宗规，制止拟制血亲。拟制血亲通常为家庭所欢迎，无子家庭选择继嗣，一般不喜欢宗族规定的“应继”法，而乐意于自由选择（甚至超出家族范围），按家庭意志立嗣，家长才有兴趣兴家立业，家庭才能兴旺，否则就可能败家，如同《儒林外史》所写的二房严监生家想立长房严贡生的幼子为继嗣，可是严贡生按宗法立了成年的次子，使二房家败人亡。拟制血亲、家庭、宗族三者搅和在一起，通常情况下拟制血亲适应家庭需要，有利家庭建设，冲击宗族的宗法血缘原则，但宗族如果处理好同它的关系，在执行宗亲法中稍具弹性，可以使之调节家庭与宗族的矛盾，所以宗族在反对它的同时，又对它有所吸纳。拟制血亲就是在这种社会环境里生存和演变的。

承认拟制血亲，就出现养子如何对待生身父母和抚养父母的伦理问题，特别是生父别无他子时，养子究竟奉侍何人，为谁做孝子？因此历史上总在讨论“生功”（生育之功）和“养功”（养育之功）孰重的问题，有益于社会道德水准的提高。

支持宗族是古代国家的国策，在继嗣方面就立有“异姓为后”的专门惩治法，另一方面皇帝又自作赐姓。看来，政府基本上是反对拟制血亲，同时又以实用主义态度默认它的某些内容，因为那对政权有好处。赐姓，对新王朝的建立和巩固，对少数民族王朝的稳定，均有益处。拟制血亲与政府有冲突与协调两面关系。

拟制血亲扩大人们的社交范围，加强生存能力。古代社会没有民权，政府基本上不允许民间社团的成立，其所鼓励的就是宗族。联宗，是宗族的壮大，是其从社会上层组织演变为民众团体的标志；同时其他的拟制血亲现象也在随着时代的演进而增多，人们用以拓宽社会联系范围，获取他人的帮助，以利生存发展。

拟制血亲影响人们的生活和精神面貌，关系到社会政治、社会组织的变化，是值得学术界探讨的历史现象。拟制血亲与国家法律、与社会伦理、与移民社会、与宗族变异等等问题，都需要深入的考察。随着社会史研究、人文学科多学科的综合研究的开展，相信会得到圆满的解决。

古人的食材、烹调术与饮食礼仪

儒家经典《论语》《孟子》(《十三经注疏》本，中华书局1980年)有着关于饮食及其礼仪的内容，孔子说“食不厌精，脍不厌细”(《论语·乡党》)，孟子云“食色，性也”(《孟子·告子上》)，《礼记·礼运》曰“饮食男女，人之大欲存焉”(《十三经注疏》本)。先秦时代人们正常地看待“食色”。笔者依据《论语》《孟子》并参考其他历史文献，试图明了古人的饮食状况、风尚、规范与观念，以及饮食文化的特征。

一、食品与食物的不充足

《论语》和《孟子》讲到的食物，分类开列如下：

食粮：黍、粟、豆、五谷(稻、黍、稷、麦、菽)；

孔子燕居图

蔬菜：瓜、蔬；

肉食：鸡、羊、马、狗、豚、彘、鱼、鳖、麋鹿；

作料：姜、芥、酱、醯；

饮料：水、酒、茶、浆。

人们的实际食物自然比上述这些要多得多，如《礼记》里有“五饮”，为水、浆、酒、醴、酏，甜酒的醴和薄粥的酏是实有食品。

古人食品以五谷为主，肉类不多，对于一般民众来讲那是难得见到了。孟子两次谈到七十岁吃肉的事。他说行仁政要不违农时，“鸡豚狗彘之畜，无失其时，七十者可以食肉矣”。（《梁

东汉酿酒画像砖

惠王上》）又说“五母鸡，二母彘，无失其时，老者足以无失肉矣！……七十非肉不饱”（《尽心》）。基于老者非肉食不能饱的认识，所以要使七十岁老翁能够吃上肉。这是仁政的理想，孟子才一再地呼吁，也可知这仅仅是愿望。连老人都没有肉吃，其他人更难见到肉食了。民间养猪，至少有三千年的传统，一直到20世纪的相当长时间内，农家养猪，腊月宰杀，以备过年，平时极少有机会享用猪肉和其他肉类，要有也是咸肉。无疑古人食品以谷类为主，肉食不占重要地位，直到如今，并没有改变这种状况。至于“朱门酒肉臭”的现象，那是极少数的权势者和大富人家的奢华享受。

古人的食物是不富足的。孟子说到两种现象，一是道路之上有饿死的人。二是行路之人必须自行携带粮食。《孟子·梁惠王》云：“民有饥色，野有饿殍”；“途有饿殍，而不知发”。孟子说这样的话，是指责一些国君不懂得爱护民人，连人到了将要饿死的状况，都舍不得发放仓库里的粮食，而自身却耽于淫乐。孟子的话表明民众遇到灾荒，无处觅食，活活饿毙在路途的现象是常见的。古代政论家总是说“耕三余一”，或者说九年耕作，余下三年食粮，这是愿望，实际达不到，故而一遇荒年，民众转死沟壑。那时生产力低下，没有多少剩余生产物，碰上大饥馑，国库也不会有多少粮食。何以见得？还是孟子说的：“居者有积仓，行者有裹囊。”（《梁惠王》）是说民富，国库才能充实。民富是家有存粮，出行有粮食可带。出门要带上食粮，直接反映那时餐饮业和商品经济极不发达，间接说明粮食不富裕，路途上很难买得到。《水浒》讲客人在饭馆，“借”米做饭，是否反映自带主食原料？我们有出门带粮票的亲身经历：进饭店、招待所食堂，不交粮票不能吃饭，这是粮食不足造成的。在饿殍满野的时候，一个伴生的现象是“易子而食”，甚至卖人肉，《水浒》里写的孙二娘饭铺不就是：“大树十子坡，客人谁敢那里过？肥的切做馒头馅，瘦的却把去填河。”（第 27 回）粮食不足问题，在中国历史上是长期存在的。

二、烹饪术、食法与儆诫

（一）烹饪术和进食

《论语·乡党》：孔子讲到祭品的准备和礼仪说，“食不厌精，脍不厌细。食饐而餲，鱼馁而肉败不食，色恶不食，臭恶不食，失饪不食，不时不食，割不正不食，不得其酱不食，肉虽多不使胜食气，惟酒无量，不及乱。沽酒市脯不食。不撤姜食，不多食”。祭礼隆重，祭品整治应讲求烹饪之法和洁净卫生，人们的饮食当然也应如此。这一番话，可视为上古饮食文化的经典之论。所谓“食不厌精，脍不厌细”，是说鱼和肉有腥膻气味，在烹饪过程中应予以清除，于是要将肉细切成小块，放上葱姜作料烧煮，以便去掉肉的腥膻气味和容易煮熟，并使作料的香味、咸味浸入肉内，做出来的菜肴就可口好吃了。由此可知中国古人早

上：东汉陶庖厨俑
下：东汉烤肉串图画像

东汉宴饮饲马图画像石

就懂得并精于烹饪之术，而它不仅源于生活的需要，更是人们笃信的礼敬神灵的必须，所以认真追求，达到精益求精的地步。

孔子讲到食品运用中，有许多注意事项：

不食腐烂之物。饭菜鱼肉已经腐败，或颜色不正常，发出腐烂的臭味，这样的食品就不能食用。

不吃不熟的食物。所谓“失饪不食”，即不吃生肉和没有煮熟的肉。

按时进餐。早、中、晚三餐，或两餐，要定时间，按时用餐，养成良好的进餐习惯。

不吃切割不得法的肉类。解割三牲，应照礼法进行，分清肉块的部位，好用于祭祀。在生活当中，若不依动物体的规则切割，会破坏食品的美味，如里脊肉、排骨肉，若是胡乱解割，里脊肉和其他部位的肉混合在一起，就不能做出美味的里脊肉菜肴，所以强调“割不正不食”，正是懂得美食的道理。

吃肉要有作料。烧煮肉类时要放作料，吃的时候也要有酱之类作料蘸着吃，品味才好。

不可吃食过量。面对很多好吃的肉食，不可任性多吃，过饱会伤身。

饮酒宜适量。饮酒到什么数量，是没有标准的，因人而定，但以不醉为原则。

不吃市场上的酒和菜肴。市上买的酒和菜，不知道是否洁净，不敢吃，要吃自家酿的酒和做的菜。

以上菜肴怎样制作，如何吃法，如何不吃或少吃，如何按时进食，既合于礼法，又有益于身体健康，全是在于讲求饮食之道和饮食卫生。这是古人的饮食方法，更成为饮食习惯，传诸后世。

（二）儆诫饮食奢侈浪费

上述食不过量的告诫，与将要说明的诫饬饮食奢侈不是一回事。现在所要说的是孔子、孟子劝谏权势者和富人不要滥饮暴食，糟蹋食物。

孔子主张饮食节俭，《论语·述而》：“子曰：饭蔬食，饮水，曲肱而枕，乐亦在其中矣！”又说“君子食无求饱，居无求安”（《学而》）。他本身吃食简单，也不是不让人吃饱吃好，而是不要在饮食上多事追求，应将心思用到正道上去。孟子也是这种态度，故云："君子之于禽兽也，见其生，不忍见其死，闻其声，不忍食其肉，是以君子远庖厨也。"（《梁惠王》）指斥饮食奢侈的人为失德。孔子将饮食无度的行为看作是严重过失，是人品不纯的大节问题。他说："出则事公卿，入则事父兄，丧事不敢不勉，不为酒困，何有于我哉！"（《子罕》）他讲做人纯正，注意四方面大事，就是国事、孝亲、丧葬和不困于酒，把不困于酒列为大事，与国事、家事相提并论，可见将"酒困"看的是多么严重的事情。所谓"酒困"，是好饮成癖，烂饮而醉，胡言乱语，失去德性。他不是禁酒主义者，而是主张饮酒适量，"不及乱"，但是反对困于酒，成为酒鬼。孟子反对酗酒，不仅视为个人品德的事，对于当权者来讲，则是荒淫无道的行为，败坏政事，民遭其殃，故云："（国君）从兽无厌谓之荒，乐酒无厌谓之亡；先王无流连之乐，荒亡之行。"（《告子》）《史记》写殷纣王"好酒淫乐，嬖于妇人。……以酒为池，县肉于林，使男女裸，相逐其间，为长夜之饮"（《史记》卷3《殷本纪》，北京中华书局标校本）。终至百姓与诸侯怨恨、叛乱，自焚而亡。"酒池肉林"成为统治者荒淫暴政的代名词，搜刮民脂民膏，尽情糟蹋酒肉，而后惨祸及身，是多么惨重的教训！不只是统治者糟蹋饮食误国，在民间也是罪过，《孟子·离娄》讲五不孝："世俗所谓不孝者，……博弈好饮酒，不顾父母之养，二不孝也。""好饮酒"，就是成癖，而饮酒消费大，以致没有能力养活老父母，则不齿于人了。

饮食要正常，不能奢侈无度，否则会带来不堪设想的后果，如无道昏君的失国，如不齿于人类的逆子，为了纠正这种误失，人们不能过分讲求饮食。

古代农业生产物有限，不允许浪费，故有孔子、孟子的劝诫。《尚书·武成》所云“暴殄天物”，后世有识者也常用这种话，儆诫人们不要滥肆捕捉动物、毁坏草木，用今天的话说是避免造成生态环境的破坏，受到大自然的惩罚。

孔孟是规劝儆诫，而西汉政府则有制定“通行饮食”罪，禁止民间聚会餐饮，若民众三人以上无故合群饮酒，罚金四两，为的是防止民众聚会，也含有制止糟蹋食物的意思。尹赏任长安令，对那些不听家长教诲的“轻薄少年恶子”、没有市籍的商贩，持枪弄棒的人，逮捕数百人，以“通行饮食群盗”罪处死（班固《汉书》卷90,《尹赏传》，北京中华书局标校本）。东汉政府仍在执行这个法令，三公曹尚书陈忠上疏言事，云及“至于通行饮食，罪至大辟”。“通行饮食”罪至死刑，可知罪过的严重程度。对于“通行饮食”罪，唐朝人李贤在注释《后汉书》记载陈忠这个话时说：“通行饮食，犹今《律》云过致资给，与同罪也”（范晔《后汉书》卷46,《陈忠传》，北京中华书局标校本）。看来唐朝已不实行这样的刑律，李贤只是做出理解性交代，我们似乎可以把通行饮食罪视为民间聚会、滥用饮食、毁坏物资而得到的重罪，不过对于受刑人，往往是同其他的恶劣行为并罪处治的。

三、饮食中反映的家庭、社会人际关系与规范

饮食通常在家庭内部进行，对食物的选择，取决于家庭的经

济状况，至于在家庭成员间的分配与待遇，就是根据个人的生理需要和人在家中的地位，不可忽视的是“孝道”成为食物分配的首要准则。饮食，先孝敬长上，以实现孝悌之道。这是伦理的问题，也是实践的问题，孟子举出曾参家族的例子：“曾子养曾皙，必有酒肉，将彻，必请所与；问有余，必曰有。曾皙死，曾元养曾子，必有酒肉，将彻，不请所与；问有余，曰亡矣，将以复进也。此所谓养口体者也，若曾子则可谓养志也，事亲若曾子者，可也。”（《孟子·离娄》）曾子和曾元将好吃的酒肉请父亲享用，用餐方式是父亲单独进膳，儿子伺候，吃好了，儿子将剩余食物撤走。他们都尽了孝。当然，这二人在体念父亲的心理方面有着很大的差距，曾子在供给酒肉的同时，询问父亲还需要什么，当父亲问及家庭伙食是否富裕时，必然给予肯定的回答，不使老人操心，而曾元就不知道问老人的其他需求，更是将家庭经济的难处抖搂出来。孟子的观念，孝养的标准，既要供奉好食品，又要能在思想上体贴老人。曾子是历史上出名的大孝子，他家的进餐方法是古人的一种类型，即分餐制，先尽老人，然后是其他人吃食。这种分餐办法，“二十四孝”的“郭巨埋儿”故事里得到印证，汉朝人郭巨给母亲供食，老人家必与孙子分食，引出郭巨埋儿侍亲的念头。好食品先给父母吃，体现出孝道，处理好家内人际关系。

对待亲友的饮食。家庭会有亲友的往来，就有招待吃饭的问题，古人颇有待客之道。《论语·微子》讲到子贡夜宿于老农家中，其家“杀鸡为黍而食之”。后世陶渊明在《桃花源记》所写

魏晋砖画《洗烫家禽图》

的村民也是杀鸡接待来客。特地宰鸡招待客人，表现出主人的好客和盛情。东汉时山阳人范式（巨卿）与汝南张劭为莫逆之交，相约二年后范式到张劭家拜见其母，届日是否能到，张母有点怀疑，张劭以其为信士，笃信能来，乃母遂“酝酒”以待，至期果然到达，成为信义之交的范例（《后汉书》卷 81，《范式传》，北京中华书局标校本）。后人据此写出小说《范巨卿鸡黍死生交》（冯梦龙编，许政扬校注《古今小说》第 16 卷，北京人民文学出版社，1958 年）。杀鸡备黍成为待客的代名词。杀鸡作食，是不容易的事情，养鸡需要饲料，是与主人争食，不可能多养，宰鸡是应节日、家庆之需和不时之需，如果家中有人生病为他杀鸡滋补，将被落下话柄。杀鸡给客人吃，是特别优待，临时来客，在农村哪里寻觅什么好吃的东西，唯有家养的鸡是最上等的食物，不惜珍贵，用来待客，可见主人的热诚和盛情。中国传统的待客之道，就是真诚无私，从食物当中充分表达出来。

君主赐食的接受方式。《论语·乡党》:“君赐食,必先正席先尝之:君赐腥,必熟而荐之;君赐生,必畜之;侍食于君,君祭先饭。”对于国君赏赐食品,必须端正恭谨地坐好品尝,表示感谢君主的赐予;所赐熟食,拿回家先祭祀祖宗,然后食用;若给的是牲畜,应当饲养备用;如果侍奉君主吃饭,先替君主尝试食品是否洁净。这是臣下与君主共餐和接受食物的礼节,系依据君臣等级差别而决定。

乡饮礼中尊重长者。孔子讲乡饮酒礼,“乡人饮酒,杖者出斯出矣”(《乡党》)。持杖的老人受到尊敬,饮酒散席,老人先离开,他人才有序地退出。

治丧节制饮食。《论语·述而》:“子食于有丧者之侧,未尝饱也。”人家丧事哀戚,客人参与发丧,大吃大喝,无有戚容,哪里是来吊唁的诚意,需要在节制饮食方面表现出悲伤之情。

慎于接受他人食物。《孟子·滕文公》:“非其道,则一箪食不可受于人。……士无事而食,不可也。”孟子的意思,接受礼品应有原则,若没有理由,虽是一篓食品也不能够接受;他的学生彭更特别指明士人尤其不可受人非分之物。

吃饭不是单纯的进食问题,上述种种饮食中,无论是在家庭,在王宫、官邸,在民间的公共场所,就餐者有就座、座席、举箸、吃法、退席的礼仪,真是吃有吃相。用餐中的礼仪、授受食物的仪式和观念、尊重长者与尊者的原则,无不表明饮食有规范,有制度,即受赐制度,侍食制度,这些礼仪又同五礼(吉礼、凶礼、嘉礼、宾礼、军礼)相联系和一致。

这些规范，体现了社会等级制度、宗法精神、敬老精神和无功不受禄的处世之道，在饮食生活领域处理了君臣、长幼、宾主，乃至胜利者与失败者之间的关系。

四、余论

（1）传统社会为政核心事务是重农耕与足民食

饮食的前提，是要有粮食；提供食粮的是农业生产，是农民的劳作；保障农业生产的一种因素，是政府应给农民以相对宽松的条件，使他们愿意与尽可能地去积极生产，而不是征敛无度无艺。为此孔子、孟子讲到民食充足对国家稳定的重要性，讲到如何争取民食的获得，君主应当怎样理政。

足食的追求。子贡问孔子为政之道，孔子回答说在于“足食、足兵，民信之矣”（《论语·颜渊》），这三个方面，基础在于民食充足，没有粮食吃，哪里能养兵，又怎么能取得民众的信任！足食是关键。《孟子·滕文公》：“后稷教民稼穑，树艺五谷，五谷熟而民人育。”孟子的“五谷熟而民人育”，是说有了民食，老百姓就好教养了。他们都看到足食对国家、对民众的重要性。怎样才能达到足食，孔孟讲了三条。

一是“不违农时”。《孟子·梁惠王》：“不违农时，谷不可胜食也……百亩之田，勿夺其时，数口之家，可以无饥矣。”粮食生产季节性非常强，倘若不及时耕耘播种，就会造成歉收，甚至全年无收成，所以孟子一再强调“不违农时”“勿夺其时”。这个道理很简单，应当是常识问题，孟子何以反复说明呢？因为那时徭役重，战争多，征发徭役，进行战争，就妨碍及时农作，因此孟子的“勿夺其时”，就是要求当政者不要搞那么多的征徭、战争，特别不能在农忙时征发徭役，以便农民耕作，国家粮食充足。于此可知“不违农时”政策是多么重要。

二是农副业并举。《孟子·尽心》：“五亩之宅，树墙下以桑，匹妇蚕之，则老者足以衣帛矣；五母鸡，二母彘，无失其时，老者足以无失肉矣；百亩之田，匹夫耕之，八口之家，足以无饥矣。”孟子讲到三种生产的同时进行，即粮食作物生产的百亩之耕，种桑养蚕的织布，豢养家禽家畜，才能有粮食和肉食吃，有衣服穿，生活就过得去了。

三是对自然资源索取有度。《孟子·梁惠王》：“数罟不入洿池，鱼鳖不可胜食也；斧斤以时入山，材木不可胜用矣。谷与鱼鳖不可胜食，材木不可胜用，是使民养生丧死无憾也。”孟子有长远眼光，懂得维护自然资源，以便可持续生产。如若竭泽而渔，毁坏山林，就不会再有水产品和木材，人们生活就不是“无憾”，而会遗憾太多。

如果实现孔孟的理想，政府以民为本，以粮为本，实行轻徭薄赋的政策，就会“足食”，老百姓就饮食无忧了。

（2）古人的饮食与礼仪制度、社会等级身份相结合，形成其独特的文化内涵。笔者认为它有下列三点特征：

第一，精妙的烹饪技术与美食。

中华饮食讲究蒸、煮、烧、炸、烤与五味调和，所谓“一人巧作千人食，五味调和百味仙”，火候和调料的运用至关重要；讲求色香味形，引发人们食欲的同时，给人一种美的享受；菜肴品类繁多，难于胜数，一种原料，就可以做出多少道菜来，如很容易得到的一方豆腐，可以煎炒（炒豆腐），水煮（煮豆腐），红烧豆腐，此外薰豆腐块、豆腐干、豆腐圆子、凉拌豆腐（拌小葱或香椿、松花蛋），与其他食品配合作出各种名目的菜肴，如同肉末混合成豆腐肉丸子，白菜烧豆腐，等等。我们能讲有多少多少种菜系，有什么“某某家菜”，就是能够制作各种色香味形的菜肴，供人享用。

第二，讲求饮食礼仪。

饮食文化的形成，礼制的要求是一个重要原因。对此我们可以从下述四方面看得出来：

其一，从祀礼的隆重、祭品的精制到食品的讲求。祭祀是国之大事，祭礼极其隆重，理所当然地要求精制祭品，供奉于祭祀对象的神灵和祖先，用以祈求神灵、祖宗的赐福和免灾。孔子讲“食不厌精，脍不厌细”，如前所述，是为祭祀神灵而作出的要求，而活着的人讲求饮食，由此而来。可以这样说，中国人的精于烹饪，是从祀神到入于人口，虔诚祭祀是产生美味佳肴的不可忽视的动因。

其二，依据食用者的职业、身份、社会地位、性别形成饮食规范、制度，如乡饮酒礼、赐食、赐酺，以及禁止糟蹋食物的“通行饮食”罪的法令。

其三，体现孝道精神，父母在世则竭力供养，死后的祭祀维系不断。

其四，规范人们在饮食中的礼仪行为。在饮食过程中，应依个人的身份地位行事，尊重君上、尊者与他人，对食品的选择、食用的量度均应体现出个人的高贵品德，而不可失德，真所谓“于饮食中见人品”。

第三，社交的重要方面。

设宴待客，赠送他人以食品，是常见的社交行为。皇帝给臣僚赐宴、赐胙、赐食品，给百姓赐酺（在规定日子内可以任意饮酒），都是莫大的恩德。官场、民间互相赠送食品，宴请客人，尤其是在节日、家庆日，就餐、送食品是不可缺少的，如女儿生育，娘家送红鸡蛋。世间所说的“女儿红”酒，即在女儿出生之时酿造，窖藏，以备女儿出嫁时请客应用。再如五月节人们互赠粽子，八月节送月饼，等等。运用食品的交往，维系、加强亲友之间的情谊，或与他人增加往来，进行感情交流，密切原来疏离的关系。饮食是社会交往的必不可少的手段。今日流行的“饭局”，某些时候有“恶俗”的成分。

古人做人的道德准则

——今人做合格公民的思考

笔者在《砥节砺行——寻找品格的磨刀石》（中国青年出版社 1991 年、天津教育出版社 2013 年）书中讲了几十位古代人物故事，主要是反映他们为自身确定的做什么样人，如何做人，终于成功的事迹。笔者在这里将进一步思考传统伦理道德对于现代人的做什么样人，如何做人，有没有借鉴因素，如果有的话，又在哪里呢？

一、古人的做人行事与道德准则

各种古人故事，令我们得知，古人做人的方方面面，就其观念层面讲，主要有下述五个方面，即立志与理想，道德良知，勤奋刻苦与坚韧不拔的精神，闻过知耻折节改行，为官作宦廉洁奉公。具体地讲：

（一）立志与理想。

人需要有做人的志气，即有理想和努力的目标。志有所谓大志和一般志向的区分，项羽、刘邦分别见到秦始皇的出行盛况，项羽说“可取而代也”，刘邦表示“大丈夫当如此也”，他们想做霸主，当统一六合的皇帝，是为大志，非一般人所敢想象。大多数人是在一定的现实条件下确立人生目标，有的人要做社稷之臣，安邦定国，辅佐君王安定天下，敢于向君主谏诤，同时讲求技巧，使唯我独尊的帝王能够接受，像汲黯、魏征、陆贽、王恕那样争取做良臣，而避免做愚忠的忠臣；有的人为苍生谋求利益，如范仲淹的“先天下之忧而忧，后天下之乐而乐”，明人蒋瑶、清人于成龙（北溟）之为民减轻负担；有的人立志兴家立业，发达家庭、家族，像傅毅要继承老祖宗、殷代傅说和汉代的傅介子事业，做出贡献；有的人出身卑下，但不甘心处于下僚、贱吏的卑微地位，寄人篱下、受人鄙视的处境，立志上进，像吕蒙之成为国士；有的人讲求生存之道，固守本分，不张扬，不妄动，像晋代撰写《博物志》的张华，但是恶劣的政治环境，在皇家的血腥屠杀中丧失性命，未能如愿。立志有大小，在于个人所处环境和人生志向，但是无论如何，立志对于个人是绝对必要的，没有志向必是碌碌无为了此一生；有了志向，努力有目标，会产生动力，奋斗进取，会成为有益于社会、家庭的人。

（二）道德良知。

人生的基本道德，即处世之道，有这么几个方面。

一是正直诚信。古人评论人常常使用的词汇是“君子”“小人”，君子大多用在评价士人以上人物方面，小人则侧重在大众方面，时至今日，人们还会说不讲信誉的人为“小人”。君子、小人之别，集中在为人是否正直，人若能处事公正，主持公道，讲求直理、正义，为此无私无畏，不趋炎附势，不做亏心事。还集中在是否诚信上，能否言行一致，诚恳待人，言必信，行必果。正直诚信，实质上是遵循实事求是的原则处世，这也是君子、正人与小人、佞人的区别所在。王安石变法中的吕惠卿那一伙人，在传统史书上就被视作小人（当然，对变法的看法不一，评价不同，此非本文主旨，这里不谈）。

二是善良。待人友善，富有同情心，乐善好施，民间门联常有“忠厚传家久”“积善之家庆有余”句，自勉自励，以善良善行博取家世兴旺，绵延发达。“二十四史”义行传、孝义传记载了许多仗义疏财的人物，乐于助人的典型。南朝会稽人严世期，得知有三户人家生子，因贫穷将要溺毙，赶快送去衣服食粮，又为老年母女孀妇养老送终，被表彰为“义行严氏之闾”。现存山西运城清代晚期“李家大院”，门楼院落的匾联突出地表现主家讲求行善的特点，北门楼悬挂“修德为善”匾，另一个门楼题名“广善门”，一个厅堂的门联曰“孝行家规善行世道”，“仁和众志德留人心”。

三是担当。富有责任心，无论是对自己、家庭、社会，承担自身的责任，不依赖，不推诿，出事敢于担当责任，富有进取心。欧阳修晚年写作，更其认真，不是像青少年时代怕前辈老师批评，而是怕后生讥议，文章千古事，不可有一丝一毫的苟且。

四是谦逊。为人谦虚谨慎，不骄不躁，持续努力，不沾沾自喜。要能够严于责己，真是“每日三省吾身”；宽以待人，所谓“克己待人”，要有度量，原谅他人对自己的冒犯，不记仇，不报复。谦谦君子，是好品德。

五是荣辱感。为人处世应有荣辱感，获取社会舆论（古人的“月旦评”）的好评，避免恶评，就要立身行事完全符合社会道德规范。

六是重大节。讲求气节的完善，忠于国家，忠于所事的主人，以至于牺牲性命——“杀身成仁”，如同苏武、文天祥之行事；不变节，不做民族国家的罪人，不做小人。

（三）勤奋刻苦。

立志做正人君子，必须实践，为此要有办事的本领，要有恒心，要能忍辱负重，以艰苦奋斗、吃苦耐劳、坚韧不拔的精神去克服种种困难，践履自身的志向。

苦学本领。苏秦经历锥刺股的苦读，从而对东方六国的政治形势了如指掌，提出合纵之策，说动东方诸侯，配六国相印，实现东方诸国的联合抗秦。在极贫状态下，朱买臣的樵采、王欢的乞讨吟诵，刘孝标的“书淫”，匡衡的凿壁偷光、车胤的囊萤、孙康的映雪苦读、王冕的放牛作画，终于在各自的领域获得成功。

坚持不懈。勾践卧薪尝胆的复仇，班超的通西域，玄奘的西天取经，鉴真的东传佛学和中华文化，是典型的持之以恒、百折不回、坚韧不拔精神的体现。吴王夫差继位之初，立志为父王报仇，俘虏了越王勾践，志骄意满，放回勾践，勾践以卧薪尝胆精神，十年生聚，成为最终胜利者。这个故事中，一个有恒心者笑在最后，一个胜利后丧失斗志的人亡国辱身。玄奘取经，真是九死一生，过沙漠，孤身一人，上无飞鸟，下无走兽，连水都没得喝；在西域，高昌国王出于好意，强行扣留他，他用绝食的方式抗争，才能继续西行；过帕米尔高原，冰天雪地，马匹冻死，就不在话下了；在印度，几乎被强盗杀害。经历十七年的磨难，取经回到长安。

忍辱负重。勾践在吴王宫中，为生病的夫差用药而尝试粪便，屈辱到极点。苏秦东游失败回家，没有人理睬他，嫂子不给做饭，备受歧视，刺激他锥刺股般地读书求学。朱买臣遭受被妻子休弃而成为鳏夫的羞辱。他们困乏、卑贱到极点，却向着志气方向努力，被世人讥笑，甚至不被家人理解，心理的刺痛比饥饿还要难受，在身心俱疲的情况下，他们如饥如渴的求知精神、完成事业的使命感，激励着他们继续朝着目标方向努力，终归闯出来，成为成功人士。

艰苦奋斗，实现人生目标，重要的是应有办事的本领，还要有坚韧不拔、百折不回、忍辱负重的精神，引导人们走向成功之途。

（四）闻过知耻、折节改行。

“人非圣贤，孰能无过”，人人都会有大大小小的过失，这不可怕，重要的是抱着什么样的态度，是闻过知耻加以改正，抑或是文过饰非，甚至记恨揭短的人，这就要看能否自律了。前述道德内涵中有荣辱感，知耻辱，是人应有的修养。顾炎武“以不知为耻”，在学问上极其严格要求自己，把不懂的事情认为是耻辱，非要探究明白不可。其实人非万能，一个人不可能将所有的学问都掌握。至于人生中出现的错误，更是羞耻之事了。有的人知耻改正，最动人的例子的是“除三害”的周处。他的家乡居民为三害而苦恼，因为老虎、蛟（鳄鱼之类）和西郭周肆虐，伤害人，祸害人，人们唉声叹气，不知如何是好，西郭周就是周处，他见人们忧愁，不知就里，询问邻人，人家如实相告，周处这才知道自己是三害之一，与禽兽同类，让人痛恨，不改过怎么得了，于是上山打死老虎，到河中与蛟搏斗，随着水流远离家乡，人们以为他也死了，高兴三害皆去，可以过安生日子了，纷纷庆贺。其实，乡人如此做法是不合适的，除虎、蛟二害是好事，但除害的是周处啊，怎么能置他的生死于不顾，而庆幸呢！几天后周处杀了蛟返回，见此情状，心情非常沉重，没有怨恨乡人的不近情理，也不是自暴自弃，而是想到自家罪孽深重，才使人如此痛恨，于是痛下决心，彻底改正，成为《世说新语》赞扬的“忠臣孝子”。他能严于责己，不计较他人的不义，迈出重新做人的关键性步法，实现折节改行，成为新人。寇准原是顽劣少年，为害邻里，受母亲痛责，而后悟出母之大爱——望子成龙，乃痛改前非，成为宋代名相。比他稍晚一点的司马光在《涑水记闻》中讲到他的接收母训，“折节从学”。折节，是改变节操，是人生观的变化，是从邪行改入正道。所以人要能改正错误，是思想上起变化，是在做什么样的人的方向上做出了正确的决定。闻过知耻、勇于改正，不仅令人谅解他，更令人尊敬他。与此相反的态度是文过饰非，此人就无希望了。隋炀帝就是文过饰非的人，最终惨死亡国，令后人深以为戒。

（五）为官作宦廉洁奉公。

传统社会，有志向的人，多半要做“人上人”，要做官，改变门风，提高社会地位。但是做官应有为官之道。“为君难，为臣不易”，君臣是一个社会范畴，官民是另一个社会范畴。官既要忠君，又要爱民，是做清官、廉吏，还是做贪官、酷吏，在于做官人的选择。廉洁奉公，是爱惜百姓而公事不废，对上对下都有利，这是社会对官员的基本要求，有的人朝着这个方向努力，表现在四个方面。其一，避免额外征敛，为民请命。赋役是必须的，税外加税，差役无度，就民不堪命了。清官就是坚守正常赋役原则。明代扬州知府蒋瑶，在明武宗和一群宦官像蝗虫一样，到扬州祸害，蒋瑶拒绝贡献奇珍异宝和特产的勒索，只供应日常的饮食，气得太监在北返时，用铁链锁拿他同行，后来把他放回任所，百姓痛哭迎接，因为他拒绝皇帝宦官搜刮，百姓被少扒一层皮。其二，拒绝贿赂和“友情”回报。杨震拒收王密在夜间怀揣的10斤金子，王密说没有人能够知道你收礼，杨震说怎么不知，天知、地知、你知、我知。他是凭天理良心办事，不收礼，更不会聚敛。其三，自身清苦在所不计。明清两朝实行低俸禄制，官员难于养家糊口，必然税外加征耗羡，清官自律，甘于过苦日子。于成龙任广西罗城县令，用土垒砌的台子当办公桌，只有一口锅做饭，穷得连仆人都跑光了，就是不多征钱粮，百姓可怜他，送去钱物，一样不收，后来赴任四川合州知州，路途遥远，百姓送他上路，他一一辞谢，只有一位盲人坚持同行，说你路费肯定不够，我会算命赚钱帮助你，果然是在他资助下才能到达新任所。其四，廉洁奉公的道德遗产。不贪赃的官员，需要顶住两种压力，一是在恶劣官风环境中，清官被贪官包围，不同流合污，难于继续做官，顶得住的才真正成为廉吏；二是家中贫乏，妻室子女跟着受罪，或有怨言。清官要的是名声，廉洁家风，传给后人。他们缺乏物质财富，但拥有精神财富。

二、做有社会公德的人和合格公民

古代的完人是那样，今人又当如何呢？今人需要传承先人的美德，更应当高于古人做人的要求；要求的内容方方面面，关键是处理好人际关系，处理好社会关系，最起码的是做有社会公德的人，是做现代的合格公民。具体地考虑，可能是下述几点：

（一）做对己对人对社会有责任、有义务的人。

做人首先要对自己负责。人要生存，还想过得好一些，必然要为己着想，为自己担起责任，如若有条件（如健康身体）、有能力（非痴呆残障）不去劳作，依靠父母、子女、他人、社会维生，很难是健全的人。做人要顾及他人，尊重他人，不能漠视他人，富有同情心，以助人为乐的精神，力所能及地帮助他人，视行仁义为己任，是对他人、对社会的责任，而绝对不能危害他人，盘算他人，藐视他人，干损人利己、损人不利己的事情。与此同时，做对社会负责的人，做社会优秀分子，是促进社会发展的人，而不是社会蠹虫。做人，需要有公而忘私、舍己为人的精神，然而“我为人人，人人为我”，是人类社会最重要的原则，最值得提倡，做人就做这样遵守社会道德准则的人。

（二）做有良心讲诚信有尊严讲体面的人。

古人有“家丑不可外扬”之说，隐恶扬善，不尊重事实，自然是不对的，但却反映出古人极其看重荣誉，富有羞耻心。做人应有公德，自尊、自爱、自律、诚信、守法，有荣誉感、羞耻心。做人守信誉，令人尊重，继续相处、合作，否则难以为继。只有讲信誉，才能让人尊敬，才能有体面，这是真正维护自己的尊严。为了守信誉，古人常常指天为誓——“天打五雷轰”，违约是多么大的罪过！今人，时或表示自己说的是真话，曰“我是负责任的”，请相信。如果是说了谎话，不负责任，那是说亏心话，做亏心事，是不负责任，是道德有亏，良心有愧的。当下社会，诚信缺失，信任危机在各个领域都充分表现出来，甚至被人说成是“缺德社会”“道德沦丧的盛世”，哀哉！痛哉！面对讥讽，应有正确态度，需要从善如流，相信自己，改过自新。做人需要自律，知羞耻，自尊自爱，处事、办事讲良心，讲诚信，获取真正的荣誉，摒弃虚誉，总之要做有良心讲公德的人。

（三）做富有智慧情趣高雅的人。

现代文明社会，今人的聪明比前人不知高过多少倍；今人的物质享受是前人无法比拟的，也是无法想象的；前人讲求艰苦奋斗，今人往往追求吃喝玩乐的生活享受；今人多“富贵病”，心理疾病；这一切，表现在艺术文化方面，是高雅文化隐退，有低俗文化泛滥之忧。迈向太空的人类，进入信息化、数字化时代，与丰富的物质享受同时，更需要做富有智慧、拥有技能的人，做具有高雅生活态度的人。要着装得体，修饰仪表，举止文明，讲究礼貌，遵守社会文明规范。暴发户行为，在古代为人贱视，现代社会依然如此，胡乱花钱购物，显示阔气，见钱眼开的商家一边赚你的钱，一边还鄙视你，因为你不够文明。甚而至于，你有钱，我的商店也不欢迎你，也不对你开放，因为我的客人是要讲文明的。这时候你就不能说是种族歧视了，谁让你表现出的是不文明的作风呢！努力做有高雅情趣的人，生活才会富有意义。

（四）做具有独立人格的人。

这是做现代人的根本之点，也涵盖了前面三点的一些内容。作为现代人，必须真正懂得自由、平等、博爱、民主、人权的道理，坚持真理，懂得并维护自身的公民权利，努力承担应尽的义务。处事独立思考，独立担当事务，承担责任。因为独立思考，就不会人云亦云，随大流。主人翁意识强烈，不做附从，不论从事什么职业，不论处于政治、经济、社会中什么地位，应有独立人格，有主见，不依附上司、老板、“家长”，不是他人的“人”，他人的附庸，不需要看上面脸色行事，不盲从、屈从，不说违心话，做违心事。

（五）做地球之友——做致力于处理好天人关系的人。

人类认识自然，认识地球，认识“天”有一个很长过程，至今远未完结，大约也不可能完结。古人敬畏大自然，创造那么多自然神和动物神，乃至植物神信仰，同时不敢浪费自然资源和生活资源，否则，暴殄天物，有天诛之灾。从而探求天人之际，渴望天人和谐。随着科学的发展，人在自然面前主动性增强了，也在破坏生态环境中吃到苦头，意识到自然力的无比威力，生态环境污染给人类自身造成了严重危害，得到“人定胜天”的幼稚病教训。敏感的人们关爱地球，做地球之友，致力于“绿色革命”，保护生态环境，懂得人为改善生态环境，滥肆采伐，滥造水库，滥施农药，破坏生态环境，贻害无穷；地球资源有限，岂可无节制地滥用。最根本的是否定人类中心主义，天人和谐，人类与动物、植物和谐共存，给动植物生存环境和资源，不能人都抢光。公民对自身的要求随时代在丰富、在提高，要做生态环境保护者，造福子孙后代。

做什么样的现代人？做对己对人对社会有责任、有义务的人，有良心讲诚信、谦虚谨慎的人，智慧而又有高雅气质的人，与地球、动植物交友的人，具有独立人格的人。总之，是有公德，真正懂得自由、平等、博爱、民主、人权的道理，善于理性思维，坚持真理，懂得并维护自身公民的权利，努力承担应尽的义务，是讲公德的合格人。

后记

2019年9月间中国工人出版社傅娉编辑联系笔者，表示枣梨本书的意向。这个小册子已有湖南出版社（1982）、中国社会出版社（1999）和中华书局（2005）三个印本，如今再有第四个版本，自然很高兴地接受了。接下来是愉快合作的过程。

学人的社会责任感鞭策笔者再度审视拙作：为何写作本书？是如何写作的？快意和遗憾何在？1988年写的《小叙》对此有所说明，时过三十一年，即使2003年写的《后记》也历时十六载，依然在笔耕的笔者有了一些新的认知，并由此而进行某些加工，补叙于次。

继续实现初衷。1985年笔者在南开大学开设“中国社会史”课程，同时写出《开展社会史的研究》一文（发表在《百科知识》月刊1986年第一期），提出从事中国社会史研究的必要性、社会史研究对象、方法和研讨意义，认为社会史研究的内容是："社会结构、宗族、家庭、婚姻、妇女、人口结构及就业、犯罪、社会救济、文娱、时令节日、衣食住行的规式与崇尚、丧祭习俗等。"该文实际上是笔者课程设计蓝图，于是在课程中讲授社会结构中的一些群体以及人们的生活情景。授课应当有讲义发给学生，笔者深知自身的知识写不出稍微像样的讲义，不敢写，于是就在具体史事上下功夫，希望将分体史厘清了，再去综合撰写整体的社会史教材。笔者在20世纪80年代的耕耘，写出关于《小叙》开篇说出的有关"古人的婚姻，家庭生活，人口的再生产、死亡、丧葬、迁徙和社会救济，社会结构中人们的群体生活，古人衣饰的规制与风尚，古人的文化娱乐"方面的文章，于1988年汇集成书稿，为异日写作《中国社会史》做起步准备。20世纪90年代以来，又陆续写出属于社会结构的士族、农民构成、地主构成、唐明皇与高力士主奴关系，以及在生育、饮食、娱乐方面的文章，由于大多是札记式的，与原先汇集的内容、文笔相类，现在将这些文字增补进来，无非是令本书社会史内容丰满一点。前面说到20世纪80年代笔者有愿望书写社会史讲义而无能力，但念念于兹，于1994年主编《中国社会结构的演变》（河南人民出版社），撰写近20万字的《绪论》，勾勒上古至近代前期（—1919年）中国社会结构简史，20世纪末开始集中精力，投入教材《社会史概论》编撰，并由高等教育出版社于2004年印刷面世，多少了却多年的心愿，然而深知它的严重不足，即没有给出稍微完整的"中国社会史"。这种遗憾长期压抑心头，大概是无法消失的了。

关怀现实的史学求用。20世纪80年代文艺界提出“干预生活”的一项创作原则，与史学研究求用的观念相吻合，笔者就是在此语境下撰文的，是以《小叙》有云：“笔者以拳拳之心盼望我们民族摆脱过时的、落后的古老传统的束缚，创造新文明，人民生活幸福美满，以高度文明的生活方式、生活面貌立足于世界各民族之林。”笔者深知两千多年的君主专制制度及其特征的等级制与观念影响深远，是以帝王崇拜文化心态流传，臣民意识绵延，“摆脱过时的、落后的古老传统的束缚”，就是要将它们扫进历史垃圾堆。

社会史和历史学研究的蓬勃发展令人欣喜。笔者写作此文之日，微信朋友圈的史学研究信息纷呈：中山大学历史学系第17次史学沙龙《东亚海域的航海指南书目》，李孝悌著《明清以降的宗教城市与启蒙》，何炳棣著、徐泓译注《明清社会史论》出版，百年南开大学讲坛：王健演讲《对传统的温情与敬意——江南文化视域下的新安医学》，李伯重《技术与国运——“天朝上国”盛衰再反思》，葛兆光《近世中国为什么会衰落？引起衰落的病根儿是否还在中国的身体中？》，王晴佳著《晚清士人的西学阅读史》，华东师大历史系讲座预告：李仁渊演讲《一个家族与三块石刻：历史田野中的消逝与永恒》，石洋《雇佣活动与东汉社会》，刘士永《抗战时期军事营养学浅释》《历史哲学与历史认识论前沿》讲座圆满举行，张小也《与历史学同学闲聊》，吴震《章学诚是“近代“意义上的”学者吗？——评山口久和〈章学诚的知识论〉》，沈卫荣《从大元史到新清史》，盛思新《中国为什么传统上不重视东南亚？——21世纪海上丝绸之路的历史思考》，王汎森《人的消失——20世纪史学的一种反思》《西装文化入门：西装的发展历史》，刘路新《上海的四大百货公司》，周一良《日本推理小说与清代考据之学》，陈志武《从金融角度视角看中国近代史》，金国平主编《澳门学：探赜与汇知》，上海社联编《能不忆江南——江南文化十讲》，王嘉乐《清康雍乾三朝的宫作松花砚》，袁丁著《跨国移民与近代广东侨乡》，张国刚《历史的中国与西方》，北京外国语大学历史学院等主办“全球史与中国2019年”系列讲座第94—98讲，王素《吐鲁番出土“功德疏”所见西州庶民的净土信仰》《钟荣光集》出版引起学界关注，赵冈、陈钟毅著《中国土地制度史》，王汎森《〈柳如是别传〉是陈寅恪晚年的史学实验》，天泽读书会活动预告：冯克力演讲《可见的历史与可体悟的尊严——漫谈〈老照片〉》，等等。罗列的这些专著、论文、演讲、访谈，是随机所得，但是它们反映出史学研究涉猎面的广阔，从题目即可知研讨的深入，就中有方向性的论题，如历史哲学与历史认识论前沿性思考，“人”在历史著作中的位置——是主角还是制度史事件史的配角？有了这类问题意识，相信社会史研究、历史学研究会健康地向前发展。

感谢学友。拙作的四次面世，笔者特别感谢出版界的朋友，总是念念于五内：湖南出版社许久文先生、中国社会出版社周葵女士、中华书局李世文先生、于瑾女士，如今中国工人出版社傅婷女士提议再出新版，乃有此一版的与读者见面。书中有三幅配图，是学友杨宇翔副教授绘画。中华书局版的配图，系请好友阎爱民教授复印，笔者欲将本书扫描成电子文档，家中竟无收藏，遂借他的藏书扫描了，他又帮助网上购置此书。中国工人出版社与笔者签订出版合同，适值笔者旅行途中，不方便，烦请余新忠教授代为签订了。凡此种种，笔者向各位朋友、学友道谢了！

著者谨识

2020 年 10 月 31 日

图书在版编目（CIP）数据

古人日常生活与社会风俗 / 冯尔康著. -- 北京：中国工人出版社，2020.8
ISBN 978-7-5008-7455-3

Ⅰ.①古… Ⅱ.①冯… Ⅲ.①社会生活—历史—中国—古代—文集
Ⅳ.①D691.9-53

中国版本图书馆CIP数据核字（2020）第142569号

古人日常生活与社会风俗

出 版 人 王娇萍
责任编辑 傅 娉
责任印制 黄 丽
出版发行 中国工人出版社
地　　址 北京市东城区鼓楼外大街45号 邮编：100120
网　　址 http://www.wp-china.com
电　　话 （010）62005043（总编室）
（010）62005039（印制管理中心）
（010）62379038（社科文艺分社）
发行热线 （010）62005996 82029051
经　　销 各地书店
印　　刷 北京盛通印刷股份有限公司
开　　本 880毫米×1230毫米 1/32
印　　张 16.5
字　　数 335千字
版　　次 2021年1月第1版 2025年7月第4次印刷
定　　价 98.00元